47都道府県・遺跡百科

石神 裕之 著

丸善出版

まえがき

　日本列島は、四季の織りなす豊かな自然や多様な地形に彩られた山野をもち、その恵まれた環境のなかで人々は暮らしを営んできた。しかし一方で、それらを生み出す気候や地殻変動は時として猛威を振るい、多くの災害を引き起こしてきたのである。人々はその猛威を泰然と受け止め、復興の歴史を積み重ねてきた。その葛藤の様子は本書に掲げた遺跡調査の成果から具体的に知ることができる。

　遺跡とは、人間と自然の営みそのものであり、その痕跡がない場所などは存在しない。何かしらのかたちで、遺跡は残されているのである。昨今では、世界遺産を例に出すまでもなく、遺跡を基にしたまちづくりも盛んである。それは自らの生まれ育ってきた土地の歴史を知るという点できわめて有益であるが、一方でそうした遺跡の「商品化」が適切な歴史認識を育むことができるのか、いささかの不安もある。

　本書は47都道府県という現在的な枠組みのなかでまとめられたものである。一方で、実際の人間活動はそうした現代人のとらえ方とは相容れない、広く壮大なスケールで営まれてきた。したがって個々の遺跡の記述から、その多様な人間活動を伝えきることは不可能であり、あくまでもその一端を紹介したにすぎない。せめて、さまざまな土地に根ざし生きてきた過去の人々の姿が、少しでも立体的に浮かび上がるように、限られた紙幅のなかで遺跡を選択したつもりである。一方でまた、たった1つの遺跡からでも、そこに人間が活動した姿を思い浮かべることは可能であると筆者は考えている。

　　山や小川や泉や沼は、原住民にとっては単なる美しい景色や興味ある景観にとどまるものではない……。それらはいずれも彼の先祖の誰かがつくり出したものなのである。自分を取り巻く

景観の中に、彼は敬愛する不滅の存在〔祖先〕の功業を読み取る。これらの存在はいまも、ごく短時間、人間の形をとることができ、その多くを彼は父や祖父や兄弟や母や姉妹として直接的経験で知っている。その土地自体が彼にとっては、昔からあって今も生きている1つの家系図のようなものである。

これはストレーロウ（T. G. H. Strehlow）という文化人類学者がオーストラリア先住民の北アランダ族の調査で採集した「景観」への意識をまとめたものである。それを著名な文化人類学者レヴィ＝ストロース（Lévi-Strauss）が、著書『野生の思考』のなかで引用し、先住民のなかで育まれてきた象徴体系と歴史意識との関わりを論じた。

遺跡とは人がつくり出した、まさに景観の1つであり、その土地が育んできた記憶である。本書で振るい落とされた遺跡は数多いが、そうした遺跡に対して愛着をもたれている方も多くおられるだろう。その思慕の気持ちはオーストラリアの先住民と同じく、遺跡という景観に自らにつながる祖先の姿を見ているからなのかもしれない。

土地の家系図としての遺跡。もし本書に掲載された遺跡に少しでも関心をもたれたなら、現地に足を運び、遺跡を五感で体感していただければと思う。遠い時代の人々の暮らしぶりがきっと目の前によみがえり、私たち現代人とのつながりを感じとることができるはずである。それがまた新しい発見をもたらし、さらなる土地の歴史への好奇心を芽生えさせてくれるに違いない。

そのきっかけとして本書が役立つのなら望外の喜びである。

2018年1月

石 神 裕 之

目　　次

第Ⅰ部　遺跡の基礎知識

序．遺跡大国日本　2

1．遺跡の発見か破壊か
　埋蔵文化財行政　3／発掘調査─観察と記録　4／整理作業　7

2．考古資料の性質
　遺跡と遺構　8／遺物と考古学的文化　9

3．日本考古学の先駆者たち
　日本考古学の黎明─E. S. モース　12／型式と編年の鬼─山内清男　13／弥生土器と鏡の碩学─小林行雄　14／旧石器発見の立役者─相沢忠洋　15

4．考古学トピック
　骨を調べる　16／年代を測る　18／災害を知る　20

結．遺跡のゆくえ　21

第Ⅱ部　都道府県別 遺跡とその特色

北海道　24 /【東北地方】青森県　31 / 岩手県　37 / 宮城県　44 / 秋田県　50 / 山形県　55 / 福島県　60 /【関東地方】茨城県　66 / 栃木県　72 / 群馬県　78 / 埼玉県　86 / 千葉県　92 / 東京都　98 / 神奈川県　110 /【北陸地方】新潟県　116 / 富山県　121 / 石川県　125 / 福井県　131 /【甲信地方】山梨県　137 / 長野県　143 /【東海地方】岐阜県　150 / 静岡県　156 / 愛知県　163 /【近畿地方】三重県　170 / 滋賀県　175 / 京都府　181 / 大阪府　191 / 兵庫県　201 / 奈良県　211 / 和歌山県　225 /【中国地方】鳥取県　230 / 島根県　235 / 岡山県　241 / 広島県　248 / 山口県　254 /【四国地方】徳島県　259 / 香川県　265 / 愛媛県　271 / 高知県　277 /【九州・沖縄地方】福岡県　283 / 佐賀県　293 / 長崎県　301 / 熊本県　307 / 大分県　312 / 宮崎県　318 / 鹿児島県　324 / 沖縄県　332

●コラム「考古学用語解説」

時代区分　43 / 遺跡と実年代　49 / 骨角器　54 / 型式、サヌカイト　72 / 石器　109 / 掘立柱建物・礎石建物　115 / サケ・マス論　120 / 石皿・磨石　124 / 遺跡名、縄文尺、竪穴住居　130 / 縄文の食卓、貝塚　136 / ヒスイの道・黒曜石の道・貝の道　142 / 土偶　155 / 家畜、甕棺　162 / 水田、環濠集落、鏡　169 / 銅鐸　174・180 / 古墳　234 / 埴輪　240 / 特別史跡、水中遺跡、海進・海退　247 / 土師器・須恵器　253 / 中世考古学　258 / 官道　270 / 城郭　282 / 木簡　311 / 墓標　317 / 近世・近現代考古学の危機　331

●**基本文献／引用・参照文献**　340
●**遺跡名索引**　342

第Ⅰ部

遺跡の基礎知識

凡例

* 本書の時代・時期区分は以下のとおりである。
  ・旧石器時代…前期・中期・後期
  ・縄文時代…草創期・早期・前期・中期・後期・晩期
  ・弥生時代…先Ⅰ期・Ⅰ期・Ⅱ期・Ⅲ期・Ⅳ期・Ⅴ期
    なお発掘報告書や参考文献の記述を尊重し、便宜的に先Ⅰ期を早期、Ⅰ期を前期、Ⅱ～Ⅳ期を中期、Ⅴ期を後期などに対応して使用した。
  ・古墳時代…前期・中期・後期・終末期
  ・歴史時代…古代・中世・近世・近代。便宜的に飛鳥・奈良・鎌倉・室町・戦国・江戸などの一般的な時代名称も使用した。
  ・北海道は旧石器・縄文・続縄文・擦文・オホーツク・アイヌの各文化の時代、沖縄は旧石器・貝塚・グスク・尚氏などの時代を使用した。
* 常用漢字・現代仮名遣いを使用しているが、学術用語や固有名詞については、この限りではない。簡潔な文章を旨とし、敬称などは略した。
* 年代表記は、西暦とし、必要に応じて（ ）内に元号を付した。慣例に従い改元年号で付すことを原則とした。表記は原則としてアラビア数字を用いた。
* 度量衡はメートル法で、原則として記号・略号を用いた。
* 遺跡の周辺環境の理解を助けるため、立地や標高についておおよその目安を示した。
* 考古学用語はできるかぎり統一しているが、報告書などの記載を元に記述しているため異同がある。
* 読者の便宜を図るため、国特別史跡・国史跡に指定されている遺跡は 史 の記号を付した。
* 本書末尾に本文で引用あるいは参考とした文献のリストを掲げた。

序
遺跡大国日本

　日本の総面積は37万7,815km²。行政区画として、1都1道2府43県に分けられている。さて、ここで問題である。今、日本列島に存在している遺跡の数はいくつあるか、ご存知だろうか。

　その答えは「結. 遺跡のゆくえ」(21頁)で述べることにしたいが、ヒントとして、日本では毎年1万件近い発掘調査が行われている。まさに日本は全国どこにでも遺跡がある「遺跡大国」なのである。では、こうした遺跡はなにゆえ発掘されることになったのか。実は遺跡が先か、発掘が先かというコロンブスの卵のような話で、議論を先取りすれば、日本国内の遺跡の大半は、発掘したことで「遺跡」となったものばかりなのである。

　その背景に、戦後の国土開発の歴史があることは論をまたない。そもそも遺跡発掘には、大きく分けて2種類の調査がある。1つは、考古学研究者などが主体となって学術的見地から場所を特定して調査する「学術調査」。こちらは毎年300～400件で推移しており、大学などの研究機関が母体となって、学生が主体となって発掘を行う。調査面積もそれほど大きくないものが大半である。それに対して、道路建設や都市再開発など何らかの土木工事に伴って行われる発掘調査は、「緊急発掘」と呼ばれ、これが現在の発掘の主因となっている。戦後の経済成長とともに、その件数は増え続け、現在全国で年8,000～9,000件が行われている。調査面積も学術発掘に比べて巨大なものとなる場合が多く、その実際の発掘を担うのは地方自治体の「埋蔵文化財行政」に携わる人々である。したがって「行政発掘」と呼ばれることも多い。

　日本の遺跡は、1950年に制定された文化財保護法（以下、文保法）に基づいて、「埋蔵文化財」という枠組みにおいて保護・管理がなされている。その基礎となるのが、遺跡の地名表や分布図を掲載した『遺跡地図』である。実務を担当する都道府県や市区町村の担当部局では、どこにどのような遺跡があるかリスト化し、地図にその範囲を記録してきた。こうして公的に認知された「周知の埋蔵文化財包蔵地」こそが、日本における「遺跡」

なのである。では、こうした遺跡はいかに「発見」されてきたのか。その概要を通して、遺跡の意味を考えてみたい。

1 遺跡の発見か破壊か

埋蔵文化財行政

　「遺跡」はどのように発見されるのか。すでに触れたように、日本の発掘調査の主流は「緊急（行政）発掘」である。道路や都市の開発行為に先立ち、「記録保存」という目的で調査が行われている。これは1964年に文化財保護委員会（文化庁〈1968年設置〉の前身）より出された通知「史跡名勝天然記念物および埋蔵文化財包蔵地等の保護について」に基づくもので、文化財は原則として開発計画から除外するように求めつつも、その計画に支障をきたす場合は、文化財保護委員会と事前協議のうえ、やむを得ないと判断された場合、「滅失」する部分について「事前調査」を行い、「記録」を残すということになった。いわば遺跡を破壊することを前提とした調査のしくみが誕生したのだ。

　そして、その経費は「当該事業関係予算」より負担することとされ、いわゆる「原因者負担」と呼ばれる発掘経費の負担を事業者が行うという不文律ができたのである。これは公共事業を念頭に置いた通知であったが、民間による開発においても適用されるようになり、今日では開発事業における免罪符としての役割を担うようになってしまった。もちろん、幸運にも保存され、国や都道府県などの史跡に指定されて残される場合もないわけではない。しかし、年約1万件の発掘現場の多くは消滅していく運命にあるのである。その実態は、第Ⅱ部を読み進めていただければ、ご理解いただけると思う。

　さて、実際に何らかの開発行為を行う場合を見てみよう。まず、開発事業者は市区町村の埋蔵文化財担当部局に対して「周知の埋蔵文化財包蔵地（以下、包蔵地）」であるかの事前照会を行う。そこで『遺跡地図』上の「包

蔵地」に該当すれば、「試掘・確認調査」を実施し、遺跡が存在している可能性が高い場合は「本調査」、遺跡が存在する可能性が低ければ、慎重に工事を進める「慎重工事」や担当者による「立合調査」によって、遺跡破壊が行われないようにする。他方、「包蔵地」に該当しない地域でも、何らかの遺跡の不時発見があった場合は、速やかに発見届を提出し、場合によっては「本調査」となる（文保法第96条）。

こうした「事前調査」に従事するために、数多くの埋蔵文化財担当部署が各地方自治体にでき、1970年代以降は「埋蔵文化財センター」が設立されて、多くの「記録保存」を行ってきた。しかし、近年の経済情勢の変化から埋蔵文化財担当部局の縮小が相次ぎ、専門職の人材不足もあって、1998年、文化庁は民間の発掘調査組織（いわゆる発掘業者）が主体となった外注による発掘調査を認めた。現在、発掘精度や調査の質などをめぐって、さまざまな議論が沸き起こる事態となっている。

少し堅苦しい内容になったが、いわばこうした法制度の傘の下で日本の「遺跡」は日々発見されているのである。

発掘調査―観察と記録

さてここでは、実際の「本調査」ではどのような作業が行われているか、その手順や概略を見てみたいと思う。考古学の調査は、何といっても土を「ほる」作業が基本である。しかし、一口に掘ると言っても、庭にごみ捨て穴でも掘るように、やみくもにスコップで掘るといったわけにはいかない。慎重に掘り進めていくことが必要となる。したがって、発掘作業は「いかに掘ったか」という「経験知」の要素が強く、ある種の職人技の側面がある。そこで、まずは考古学の基本である「ほる」という作業について、段階に分けて説明してみたい。

試掘調査　本格的な発掘調査を行う前に、遺跡の残存状況などを確認するために、「トレンチ」と呼ばれる数ｍ四方の試し掘りの穴を掘り、観察する（試掘）。これは前述の「包蔵地」において土木工事が行われるときに実施される「確認（試掘）調査」でも同様の方法をとる。また「本調査」に際して、どのように掘り進めていくか検討するために、事前に行うこともある。重要な点は遺構と遺物の確認であり、また、土層

の観察を行い、生活面（その土地に人間が住んでいた時代の地表面）を確認し、発掘手順を考える資料を得ることが主眼である。

調査計画の立案
いかに土木工事に伴うとしても、調査目的を明確にする必要がある。試掘の成果や表採（地表に現れている遺物の採集）調査、また地形などを加味し、開発地という「点」の調査を地域の歴史解明につなげられるように課題を設定することが大切となる。そして、期間（整理作業を含む）や調査費用などを勘案しつつ、計画を立案する。

表土はぎ
発掘は、まず調査対象範囲の「表土」と呼ばれる現在の地表面の土壌を取り除く作業を行う。その厚さは地域によってさまざまで、東京都内であれば、戦災復興や関東大震災の復興に際しての盛土などが厚く堆積し、江戸幕末期の生活面に達するまでに約1〜2m程度の土層が堆積している。こうした地層がいくつも累積し、その間には人間の活動痕跡が残されている生活面も存在する。考古学では、こうした地層の観察が出土遺物の年代を考える際にも重要な要素となる。

遺構確認
表土を取り除いた後、各時代の人々の痕跡を探す。竪穴住居の柱穴やごみ捨て穴など、土に刻まれた人間の生活痕跡を考古学では「遺構」と呼んでいる。こうした遺構は、周りの地表面とは異なる土の「色」や「固さ」をしており、そうした「違い」を見逃さずに遺構を見出す。そして調査範囲に遺構がどのように分布しているか測量し、図面を作成する（全体図）。また一辺2〜10mの方眼（グリッド）で調査範囲を区画し、平面座標を設定したうえで、遺物や遺構を3次元的に記録できるようにする。

遺構調査
実際の掘削の作業である。例えば穴（遺構）の平面形態が長方形であれば、その長軸方向に二等分して半分の土は残して、もう半分の部分を掘り下げていく。これを「半截」という。それによって穴を埋めた堆積の様子を断面として確認できる。積み重なる土層の様子を観察し、遺構が複数重なっていた場合は、その新旧の関係を土層の切り合い関係を確認することによって判別する。ただし、こうした土層とは何らかのかたちで人間の活動や行為が介在するものであり、規則通りになるとは限らない。したがって、ていねいな観察によって後世の撹乱や詳細な堆積状況の把握が不可欠となる。

土層観察と図化

遺構の半裁が完了したら、その土層断面の層位に線を引き、堆積状況を可視化する（分層、すなわち堆積層を観察し、区分すること）。そして、堆積の様子を観察し、図化する（土層断面図〈セクション図〉）。土壌に含まれる土砂や礫の質、固さ、そして色も観察して記録する。土壌の色は、『標準土色帖』と呼ばれる色相・明度・彩度によって示された基準色のリストを用いて、正確に色調判定を行う。また、図化だけでなく、写真によっても記録を行う。この時の発掘担当者の「解釈」によって、遺構の新旧はもちろん、何の目的でつくられたのかといった遺構の性格づけが決定する。一度発掘すれば、もはや二度と元に戻すことはできないわけであり、こうした記録が発掘作業において最も大切な作業となる。

完掘

土層の観察・記録を終えると、残りの堆積した土を遺物の確認をしつつ、ていねいに層位ごとに掘削していく。遺物はどの層位から出たものか、半裁時よりも詳細に記録を取る。レーザー測量機器などで位置・高さを正確に計測することもある。また、木製品や貝・骨類などの自然遺物はもろいため、その取り上げは慎重に行う必要がある。また、種子や微細な魚骨、石器製作時の剥片など、肉眼で把握できない微小遺物は見落としてしまうことがあるほか（サンプリングエラー）、花粉やプラントオパール（植物珪酸体・イネなどに含まれる）といった、近年ではミクロなレベルの「遺物」にも関心が注がれるようになり、これらを適切に取り上げるために、土壌ごと取り上げて持ち帰り、整理作業時に篩などを用いて遺物を検出する試みも行われている。こうして「検出」された遺物は、後の整理作業に向けて収納箱に一時保管される。

そして、堆積していた土がすべて取り除かれた遺構は、その平面や断面形状を図化する（平面図・断面図〈エレベーション図〉）。現在では、「光波（測距儀）」と呼ばれるレーザー測量機器によって電子データ化された平面図を記録することが多くなっているが、平板測量といった人の手による図化も併せて行われることがある。

こうした遺構調査を、一つひとつ丹念に続けていきながら、遺跡の全体像を明らかにしていくのである。遺構とは人間の営為の結果であり、時代や遺跡の性格によってさまざまなものが存在する。まったく予期しない様

相の遺構も突然現れてくることもあり、調査の方法は試行錯誤を繰り返しつつ、臨機応変に工夫して進めることが求められるのである。

■整理作業—復元と考察

　発掘調査で取り上げられた遺物や調査記録は、次に適切な整理作業によって、さらに歴史を明らかにするための資料とする。

遺物洗浄と復元　　　整理事務所などに持ち込まれた遺物は、まずは洗浄する。ブラシなどでていねいに、特に土器の破片などは割れた断面の汚れをよく落とし、次の復元作業に際して破片同士をしっかりと接着できるようにする。この洗浄が遺物観察の最初であり、遺物そのものの状態や材質、重さ、形を確認する大切な作業といえる。そして洗浄したものは、材質や器種（例えば碗・皿・壺など）別に分類し、同類のものを集めて、破片の接合作業に備える。整理作業とはこうした「分類」が基本である。時に数万点という遺物も、適切な分類を行うことで効率よく整理することができるのである。次に、遺物を器種ごとに破片を観察しつつ接合して、元の形に復元する。1つの遺構内だけでなく、別々の遺構から出土した破片が接合することもあり、確認の作業は手間と時間が膨大にかかるのである。ちなみに、接合作業では本来の「かたち」がわかっていると比較的容易に復元ができることもある。そうした意味で、後述する**型式学的研究**などを日頃から学んでおくことが大切となる。

遺物の実測　　　復元した遺物は、遺構と同様にじっくりと観察して、計測し、図化を行う。「実測図」と呼ばれている。その手法はモノの正面・左右側面・断面、場合によっては上・下面など、観察者が必要と判断した面をさまざまな道具を駆使しつつ、正確に計測し、図化する。いわゆるスケッチ画と異なり、陰影などは付けず建築製図のように正確な線によって形を記録する。最近では写真や3D計測機器を用いて外形を測定し、図化するといった方法も用いられている。立体的な表現や質感など、遺物や材質によっては独自の作法もあり、また受け継がれてきた伝統によって描き方が異なる場合もある。この実測図を製図ペンによりトレースし、発掘報告書に掲載するのである（最近では、画像処理・製図ソフトを用いてコンピュータを駆使した作業が一般的となっている）。

第Ⅰ部　遺跡の基礎知識　　7

発掘報告書の作成　発掘調査の成果を研究者はもとより、市民に公開するために、報告書が作成される。特に「行政発掘」では、開発業者は発掘費用とともに整理作業の費用も負担する。せっかくの発掘によって得た遺構や遺物の情報が、いかなる人間活動の痕跡を示すものであったのか。それらを適切に伝えることが、発掘調査そのものの意義を示すうえできわめて重要である。そのとき、前述のような個々の遺構・遺物の整理作業によって生み出された単なるデータの集積というだけでなく、その土地に刻まれた人間の営みの記憶を後世につなぐものとするためには、適切な研究法の下で分析や考察を行い、その遺構・遺物の評価を研ぎ澄ましていくことが求められるのである。

2 考古資料の性質

遺跡と遺構

そもそも遺跡とは何だろうか。過去の人間活動の痕跡といっても幅は広い。人間活動の種類から見れば、貝塚・集落跡・古墳・祭祀遺跡・窯跡・寺院跡・宮殿跡・山城跡など、あげればキリがないほど多様である。地下に埋没しているものばかりでなく、地上に残されたものもある。また平地・台地・高地・洞窟・低湿地・砂丘など、その立地もさまざまあり、湖底や海底など水中に存するものもある。こうした遺跡のうち、行政によって重要と判断されたものは、前述のように「埋蔵文化財包蔵地」の名で保存対象となり、「史跡」の名で保護対策が行われる遺跡もある。

しかし、考古資料としての遺跡とは、法制度にかかわらず、考古学研究者が人間活動の「場」として認知した痕跡であり、さらにそこには個々の活動の痕跡としての「遺構」や、そこで使用された「モノ、すなわち遺物」が遺されている。そもそも考古学とは、そうした過去の人間活動を物質的に残された資料を基にして探る学問である。だからこそ、その資料の姿は

多様であり、研究関心や調査方法の進展とともに、その種類は増え続けているのである。
　佐原真によれば、日本で遺跡と遺構を使い分けるようになったのは、戦後1950年代以降のことであるという（佐原、1995）。遺構は建築学で使われた用語で、飛鳥の寺院跡などの発掘に際して、全体と部分を切り分けるために用いるようになったとされる。竪穴住居の柱穴や床、炉、カマド、あるいは建物の礎石跡や便所、井戸、ごみ穴、溝などの生活に伴う施設、そして縄文時代の狩猟の落し穴など、遺構の種類も多様である。また、地震痕跡や洪水跡などの自然の営為によるものでも、人間活動と密接に関わる痕跡はすべて含まれる。

遺物と考古学的文化

　遺物は人間によって製作あるいは使用された人工物（artifact）の総称である。また、栽培植物の種子や食用とした獣・魚骨、そして寄生虫の卵など、人間活動とともにある自然遺物もまた考古学の研究対象となる。遺物もまた遺跡・遺構と同様に、人間活動の多様さと研究者の関心や調査法の進展により、その対象範囲は今も拡大を続けている。
　さて、こうした遺物がもつ性質はさまざまにある。例えば農工具や装身具、武器、信仰に関わるものなど、「機能」によって分類することも可能であり、石や銅、青銅、鉄、動物骨、植物など「材質」によって分類することもできる。材質については、デンマークの考古学者トムゼン（C.J. Thomsen、1788〜1865）によって、古物の三時期区分（石器→青銅器→鉄器）として体系化され、時代区分の概念としても用いられている。
　遺物とは、人間活動が最も反映されたものである。そのあり方を追うことは、その背景にある社会や文化を明らかにすることにもつながる。考古学では、特に遺物に認められる特徴、すなわち属性を基に、遺物の分類を試みる。その属性を改めて整理すると、時間的属性、空間的属性、社会・文化的属性の3種類がある。それらの属性を基に、一定のまとまりとした分類単位を「型式」と称し、その型式を生み出す作業や方法を「型式学（typology）」と呼ぶのである。
　スウェーデンの考古学者モンテリウス（G.O.A. Montelius、1843〜1921）

によって確立された型式学は、生物学における「種」の概念を応用したものであり、当時最新の理論であった進化論や層位学的方法を援用し、型式設定の原理を構築した。例えば、身の周りのモノのかたちを見ても、新幹線の初期形式である、ずんぐりとした0形車両とカモノハシの嘴のような先端をもつ最新式のN700A形の車両では、その形状に違いのあることは誰もが理解できるだろう。こうした同じ機能をもつモノの「違い」を示す属性を詳細に抽出することで、より細分化した分類を行うことができる。

特に時間的属性では、時間の経過とともに変化しやすい属性を対象とする。例えば、弁当などに用いられている緑色のビニール仕切り（バラン）は、もともと笹の葉などが使用されていたが、ビニール製となっても、本来は必要ないが葉脈の痕跡をそのまま残している（失能的成体と呼ぶ）。こうした特定の要素が残存したり、加えられたりしていく変化のあり方を序列化していくことで、その由来や新旧の順番を整理する。

さらに、層位学的方法も重要である。それは地質学における「地層累重の法則」と呼ばれるもので、一連の地層においては、上に重なる地層は下の地層よりも新しいという常識的な事実を基にしている。加えて、地層から出土する化石を基にすることで、離れた場所の地層の間でも「同時代性」の検討が可能となるとする「地層同定の法則」があり、この化石を「標準（示準）化石（type-fossil）」と呼び、これらによって地質年代の配列がつくられるのである。

この2つの法則の概念を踏まえ、型式学的検討によって新旧の定められた遺物が、どの層位に出土するかを検討することで、その順序が層位学的にも矛盾しなければ、型式学的な判断は正しいと判断されることになる。こうして基準となる型式組列ができることで、その遺跡に隣接する地域の資料との比較検討により、個々の遺物、ひいては遺跡の時間的・空間的位置が定まり、より広範な「考古学的編年体系」が構築されることになるのである。すなわち、編年とはそうした時間・空間の系列に沿って、遺構・遺物を配列する作業やその序列をいう。

ただし、この時間軸はあくまでも「相対的な年代」であり、暦年代（絶対年代）ではない。暦年代との対応は別の自然科学を基にした理化学的な手法などを用いて検討することが必要となる。この点は別途、後述したい。また、2000年に起きた旧石器捏造事件のように、火山灰由来の石器出土層

が数十万年前と自然科学的に年代比定されている場合でも、石器を埋めるという悪意ある行為には無力であり、層位を過信することなく、型式学的検討を含めて詳細に分析することが不可欠である。

さて型式学的検討は、時間的要素だけでなく、空間的要素の検討も重要な課題となる。例えば、同一型式の遺物が特定の範囲に認められた場合、「分布圏」と称して、一群の人間の活動範囲を示す証拠として重要視する。ただし、遺物が「存在しない」ということは、その当時も存在しなかったことの証明とはならない。例えば佐原真は蕨手刀を事例に、東日本に出土事例が多いのは、平安時代まで長らく墓への副葬の風習があったからであり、西日本ではそれらを副葬する習俗が早暁なくなり、蕨手刀が鋳直されたために分布に空白が生じるとした（佐原、1985）。ほかにも遺跡調査が十分行われていないことに起因する場合もあれば、何らかの理由で消滅した可能性もあるだろう。あくまでも「現在の不在」は見かけ上の不在であって、「本来の不在」ではない可能性があることを肝に銘じておく必要がある。

さて、第二次世界大戦前、ドイツの考古学者コッシナ（G. Kossina）は、こうした遺物の分布圏を言語学や人類学の知識を巧みに援用してゲルマン民族の活動と結び付け、ナチス・ドイツによる領土拡大の野心に対してよい口実を与えてしまった（エガース、1981）。そもそも遺物の分布範囲からとらえられることは、あくまでも考古学的文化の範囲にすぎず、それを担った人間すなわち文化的集団の活動範囲にすぎない。この文化的集団は、言語や人種、形質的特徴などによってまとめられる集団とは異なるものであり、偏狭な民族意識やナショナリズムによって、都合よく解釈されることのないように気をつけなければならない。

さらにいえば、この考古学的文化は、ただ1種類の遺物によってのみとらえられるものではない。例えば、現代日本の食卓に並ぶ碗や皿、箸、スプーン、コップなど食生活に伴うモノ（すなわち型式）は数多く存在するが、それらが単体で日本の食器文化を示すのではなく、さまざまな食器の組合せが形成されて初めて、現代日本らしい食器群が形成される。そうした特定の型式の組合せ（アセンブリッジ〈assemblage〉）を共有する複数の人間集団が見出されるとき、ある特定の考古学的文化が存在したと考える。ただし、英国の考古学者ゴードン・チャイルド（V.G. Childe）がいうように、「考古学的資料は、人間の思想や目的の表現体」であり、それらを支

える社会や価値体系を背景にもっている（チャイルド、1969）。つまり、考古学的文化とは、その文化全体から見れば、ごく一部の物質文化を示すものにすぎないという点は留意しておく必要がある。

　加えて、社会や人間行動の目的を知るためには、遺物（型式）が果たした役割について考えることが必要である。そうした型式の機能推定については、4つの方法がある。食器群のように、互いに伴って発見される「共存関係」を把握したり、生活環境の類似する地域の民族事例を踏まえた「類推」、「使用痕」の観察や分析、「実験による推定」などがあげられる（鈴木、1988）。恣意的な解釈に陥らないためには、適切な手順に基づく検討が大切となる。考古学資料を通した歴史復元のあり方は、まず編年体系の確立と型式の組合せを通した考古学的文化の整理であり、そのうえで、それらを生み出した社会・文化がいかに形成されていったかを明らかにしていくことが求められているのである。

3 日本考古学の先駆者たち

日本考古学の黎明―E.S.モース (1838〜1925)

　日本で最初に近代学問を背景とした発掘を行ったのは、モース（Edward Sylvester Morse）である。もともとはハーバード大学で動物学を学び、1877年に日本沿海の腕足類などの研究を目的として来日した。その後の大森貝塚発掘の経緯は第Ⅱ部に詳しいが、出土遺物の分類や図化など、今日の発掘報告書に通じる的確な実測図や記録がなされ、その手法は考古学への見識の高さを示している。しかし、こうした科学的手法は継承されず、日本考古学は主として日本人論へと展開していく。すなわち、縄文土器や石器を用いた時代を「石器時代」として、その人々は、アイヌの伝説に登場するコロボックルであると東京大学人類学講座を率いた坪井正五郎（1863〜1913）は主張、アイヌ説と並んで議論の的となった。裏を返せば縄文土器を用いていた人々は、現在の日本人とは別の「人種」とするもの

で、その後の鳥居龍蔵（1870〜1953）による弥生土器の使用者を「固有日本人」と評価するような人種論へと展開した。

　一方で、日本人考古学者よりも科学的な考古学の成果を残しているお雇い外国人と呼ばれる人々がいる。例えば、江戸後期にシーボルト事件で国外追放となったP.F. シーボルトの次男H.P. シーボルト（オーストリア、1852〜1908）は、1869年に外交官として来日。勤務のかたわらで考古学の研究にあたり、『考古説略』（吉田正春訳、1879）を著した。本書では日本で初めて「考古学」の語が登場し、西欧考古学の事例を紹介しつつ、その目的や近代考古学の研究方法を示した。また、J. ミルン（英国、1850〜1913）は1876年に来日し、工部大学校で鉱山学や地質学を教授した。特に日本の地震学発展に大いに寄与したが、他方で人類学や考古学にも関心をもち、横浜の下末吉貝塚（神奈川県）の発掘を行っている。

　また、大阪造幣寮の化学兼冶金技師として1872年に来日したW. ガウランド（英国、1842〜1922）は、畿内を中心とした古墳（dolmen）の調査を行い、正確な測量図や写真を数多く残したことで知られる。そして、N.G. マンロー（英国、1863〜1942）は1891年に来日し、横浜の病院などで医師として働くかたわら、考古学研究に力を入れ、1879年には根岸貝塚（神奈川県）、1905年には三ッ沢貝塚（神奈川県）を発掘した。この時はトレンチ法による発掘を行い、貝塚を層位ごとに発掘することを試みた。その結果、上下層の遺物内容が異なることを指摘し、松本彦七郎（1887〜1975）が1918年、19年に里浜貝塚（宮城県）で実践するよりも早く、層位学的調査の意義を示した。

型式と編年の鬼―山内清男（1902〜70）

　「縄文原体」という耳慣れない用語が、山内を語るうえのキーワードとなる。山内は1919年、東京帝国大学理学部人類学教室選科に入り、大学卒業後は東北帝国大学医学部解剖学教室に勤務。毎年近隣の遺跡を発掘し、数年の間に東北地方の土器の年代的序列を完成した。その大きな原動力となったのが、「縄文原体」と呼ばれる撚紐である。当時は明らかでなかった縄文土器の施文方法について、実験的に撚紐を自身で作成し、粘土板に転がし、縄文土器の文様と比較して、その方法を明らかにした。また、松

第Ⅰ部　遺跡の基礎知識　13

本彦七郎による貝塚の層位学的発掘で、貝層の上下で、土器の形態や文様、厚さなどが異なることが明らかとなったことから、山内は松本の手法を高く評価するとともに、その方法論的成果を取り入れ、「編年」研究に一層取り組んだ。

　そして1937年、「縄紋土器型式の細別と大別」(『先史考古学』第1巻第1号)において、自身が行った東北、関東地方の発掘調査や各地の成果を合わせて、北海道から九州までの型式の細別と編年を提示した。これによって縄紋(文)土器型式を5期(早・前・中・後・晩期、後に草創期が加わる)に大別する全国的な秩序が明示され、山内はさらにその精緻化を進めることになる。

　しかし、こうした型式重視の方向性は反発を生み、1937年に刊行された雑誌『ひだびと』第5巻9号の誌上「考古学的遺物と用途の問題」において、赤木清（風俗史学者江馬務〈1884～1979〉の筆名）は「土器偏重」の編年重視の研究を批判した。対して甲野勇(1901～1967)、八幡一郎(1902～87)がこの議論を受けて立ち、編年研究の重要性を主張して、いわゆる「ひだびと論争」と呼ばれる論争となった。残念ながら双方の議論がかみ合わず、型式だけでなく、その背景となる思想や社会を重視すべきという赤木の真意が伝わらないまま議論は収束した。その後、日本考古学の主流は、型式分類と編年研究が目的化する傾向が顕著になっていく。

弥生土器と鏡の碩学—小林行雄 (1911～89)

　弥生土器の編年と「三角縁神獣鏡」が小林の代表的研究といってよいだろう。1932年に神戸高等工業学校建築科卒業後、しばらく建築事務所に勤務したが、1934年に『本山考古室図録』編集に従事したことで、日本初の考古学講座を開設し、『通論考古学』(1922年刊)を著した京都帝国大学教授浜田耕作(1881～1938)に認められ、1935年8月、京都帝国大学考古学研究室助手に就任した。浜田はロンドン大学教授でエジプト考古学の権威ペトリー（W.M.F. Petrie、英国、1853～1942）に学び、些細な土器破片でも重視する姿勢を受け継ぎ、日本考古学の礎を築いた。その薫陶を受けた研究者の1人が、小林である。

　その後小林は、「明石原人」の骨を発見した直良信夫(1902～85)の紹

介で、森本六爾(1903～36)が主催する東京考古学会(1927年設立)の同人となり、森本の死後は同人雑誌『考古学』の編集を担当した。森本は当時、明確になっていなかった弥生時代の稲作の可能性を明らかにするため、精力的に研究を進めていた。その影響を受け、小林は1933年には「様式」という概念を提示し、弥生土器を分類、整理する科学的な手法の構築を試みていく。その集大成が、1938年刊行の『弥生式土器聚成図録』(森本六爾・小林行雄編、1939)である。唐古遺跡(奈良県)出土の土器を基に、甕、壺、無頸壺、鉢、高坏、器台など器種ごとに時代的変遷と系統関係を整理して、5つの様式に分類し、弥生土器編年の基礎を編み出した。森本は同書の完成前、1936年32歳で病没したが、編年対象となった唐古遺跡は、森本没後に調査されたもので、弥生土器とともに籾や木製農耕具が多数発見され、森本の主張した弥生時代の稲作が実証された遺跡でもある。

なお、森本に薫陶を受けた考古学者には、長野県諏訪にあって「縄文農耕論」など縄文時代研究を在野できわめた藤森栄一(1935～73)や後述する岩宿遺跡の調査にあたる明治大学教授杉原荘介(1913～83)、墓標や古梵鐘などの研究で成果を示した坪井良平(1897～1984)など多数いる。特に坪井は在野の考古学徒でありながら、4,000基近い山城木津惣墓(京都府)の中・近世墓標を1人で調査するとともに、型式分類・整理を行い、考古学では先駆的な数量的分析を行った。墓標の歴史資料としての有効性を示した研究者として、学界に存在感を示している。

さて小林は、京都大学助手就任以来、国内外で古墳の調査を数多く手がけ、1950年には一貫山銚子塚古墳(福岡県)で多数の「三角縁神獣鏡」を発掘し、以後は鏡の研究に没頭していく。特に三角縁神獣鏡の「同笵鏡(同じ鋳型によって鋳造された鏡)」について検討した「分有関係」論は、中央の大和政権と地方豪族との主従関係を示すものとされ、戦後の耶馬台国論争のなかで大和説を補強する根拠ともなった。

旧石器発見の立役者──相沢忠洋 (1926～89)

戦後の日本考古学において、最初かつ最大の発見が旧石器の発見であった。相沢忠洋は東京に生まれ、幼少より苦労が絶えなかったが、考古学への関心があり、父の郷里群馬県桐生に移住後は、遺跡探訪や遺物の採集な

どを行う。戦後、海軍より復員した相沢は、行商のかたわら独学で考古学的調査を行うようになり、1946年11月赤城山麓の切通しの崖で細石器を採集、1949年夏には関東ローム層から槍先型尖頭器を発見した。相沢は、東京に赴き、慶應義塾大学の江坂輝彌（1919～2015）や明治大学の芹沢長介（1919～2006）らに相談した。芹沢が強く関心をもち、ついに杉原荘介とともに明治大学考古学研究室によって発掘が行われることになる。1949年9月には予備調査を行い、旧石器の存在を確認、同年10月、学術的な発掘調査によって、日本列島にはないと信じられていた旧石器時代の文化層が存在したことが明らかになったのである。

4 考古学トピック

　考古学は過去人類の活動を研究する学問であるが、人間活動とひと口に言っても当然多岐にわたる。そのため、そうした多彩な内容について研究していくうえでは、多くの他分野の学問との協業が必要となっている。そして研究領域のなかには、さらに研究が深化し、「〇〇考古学」といったテーマに合わせ、豊かな考古学研究の世界が広がりつつある。
　例えば、文字のない時代を対象とする先史考古学に対して、文字記録のある歴史考古学は、古代はもとより中世や近世を対象とし、戦争遺跡も含めた近現代にも関心が広がっている。また、地震考古学や火山灰考古学など自然と人間との関わりをとらえる環境考古学や文化財保存科学も発展しつつある。ここでは、一部ではあるが、その内容を紹介したい。

■骨を調べる

形質人類学　人類の進化、その命題に挑むのが古人類学・形質人類学という学問である。アフリカ大陸で700万年前にチンパンジーの祖先と別れた、人類の祖先（サヘラントロプス・チャデンシス）が登場し、猿人から原人、旧人と枝分かれを繰り返しながら、現生人類であ

るホモ・サピエンスに至ったとされる。こうした人類進化のなかで、関心を呼んでいるものの1つが、旧人のネアンデルタールと新人のクロマニョンの2種である。

最近では、分子生物学の進展によりDNA解析によって人類の起源に関する研究が進み、アフリカを起源としてこれらの先行人類が世界中へと拡散していったとする「単一起源説」が定説となりつつある。そして、この両者が同時代に併存していた時期があるとされ、なぜネアンデルタールが絶滅したかについて、さまざまに議論がある（タッターソル、2005）。1つには、咽頭の形質の違いから、ネアンデルタールは言葉を発することが十分にできず、高度な情報伝達ができなかったことが、絶滅の理由の1つではないかとする説もあるが、詳細は不明であり、今後の研究が待たれる。

他方、日本列島に焦点を絞れば、いわゆる「日本人起源論」も多数の議論がある。現在では形質人類学の研究によって、旧石器時代人につながる東南アジア系の縄文人と弥生時代に日本列島へ流入してきた東北アジア系の弥生人の混血によって形成されているとする「二重構造論」が学界の見解として定着している（篠田、2007）。しかし、どの程度の弥生人の流入があったのか、大量の流入を想定している人類学の見解に対して、考古学はそれに対して懐疑的な説もあり、今後さらなる研究が必要といえよう。

形質人類学は骨を計測し、統計学的な処理を行って、その変化をとらえるが、例えば江戸時代の芝増上寺徳川将軍墓（東京都）から出土した将軍の骨を分析したところ、顔が細長く、顎が華奢で、歯の咬耗がほとんどないといった特徴が見出され、それらは貴族形質と呼ばれて、顔の形に見られる庶民との「階層差」の存在を明らかにした（鈴木、1985）。ちなみに、貴族形質は庶民でも一定程度認められており、やわらかい食事といった食生活などの要因が指摘されている。また最近では、病理学的な検討により、過去の人類の死因や疾患の特定も可能となっている。

さて、骨の分析では、近年盛んなものとして「食性分析」がある。植物のたんぱく質には酸素や窒素が含まれ、それらの食物連鎖のなかで、人間をはじめ動物の遺体に含まれる炭素・窒素の安定同位体比は変化する。その値を調べることによって、何をどの程度食べたかを明らかにできるというものだ。具体的には、肉・乳製品、魚介類、C3植物（コメ、ムギ、果実、野菜など）、C4植物（トウモロコシ、ヒエ、アワ、キビなど〈光合成をC3

第Ⅰ部　遺跡の基礎知識　17

植物よりも濃縮して行う））をどの程度の比率で食べたかが判明するもので、例えば北方に住む縄文人では、海獣類を摂取している比率が高いが、中部地方の内陸部では獣類やドングリ（C3植物）を多く摂取しているといった食生活の違いを知ることができる（松井編、2002）。

動物考古学　こうした人骨を研究する領域のほかに、人間が食べた魚・鳥獣類の骨を研究する「動物考古学」と呼ばれる分野もある（松井編、2002）。人間活動で最も重要なものは食であり、食料獲得のために人々は働いてきた。そうした狩猟採集活動の一端を「骨」から研究するのである。重要な仕事は、「種」や「部位」の「同定」であり、種が判明することで、生息域などから採集範囲がわかるほか、部位が判明すれば、解体場所や方法なども推定でき、いわゆる生業活動の実態を解明することにつながる。また、原始社会における「家畜化」も重要な課題である。前述したように、骨はもろく、微細な資料も多いので、土壌ごと取り上げて篩によって水洗選別（ウォーター・セパレーション）などを行い、見落しを少なくしつつ、分析を行う。このようにして新たな知見を考古学に提供してくれるのである。

年代を測る

年輪年代測定法　そもそも木材には成長の記録としての「年輪」ができ、その幅は気候によって毎年異なる。そこで、年輪幅の変化パターン（標準年輪曲線）を分析し構築することで、発掘された木材の年輪幅をそのパターンにあてはめて、木材の年代を比定しようとする手法が年輪年代測定法である。木材に表皮や辺材が残っていると、その木材の伐採年代がわかるため、きわめて有効な年代比定の方法として多用されている（光谷、2001）。ただし、地域はもとより樹種や日照時間などによっても年輪の幅は異なってくるため、伐採地域や生息地点など、詳細な情報を基に厳密な分析が必要であり、その有効性について疑う声もあり、さらなる議論が必要である。

放射性炭素年代測定法　これに対して、近年きわめて多用されているのが、炭素の放射性同位体を用いた放射性炭素年代測定法（以下、14C年代測定法）である。米国の化学者リビー

（W.F. Libby、1908〜80）によって開発されたもので、この功績により1960年にノーベル化学賞を受賞している。その原理は、炭素の同位体（元素の中性子数が異なる）、3種類（炭素12、13、14）のうち炭素14（14C）は放射性炭素と呼ばれて、次第に窒素14（14N）に壊変する性質をもっている。生物は大気中や海水中の二酸化炭素（CO_2）を取り込むため、体内の炭素14の割合は大気中や海水中の割合と等しい値をもつ。しかし、生物の死後、遺体中の炭素14の割合は放射壊変によって減少していく。このとき、炭素14の半減期（元の質量から半分になる期間）は、5,730 ± 40年という値（リビーは当初5,568 ± 30年を提示した）を示すため、質量分析器などで現在の割合を計測すると、確率統計学的に年代を求めることができるというものである（西本、2006）。

ただし、その年代はB.P.（before physics〈物理年代：核実験により、炭素量が変化したため、1950年を基点として算出される〉）が用いられる。加えて、大気中の炭素14の割合は変動することから、氷河や湖沼などの年縞堆積物および年輪年代などにより、各時代の炭素量を測定して、より詳細な年代の較正が行われる。これを較正年代といい、calibrated（較正済み）を意味する「cal」を付けて「calBP」で表される。ちなみに、年縞堆積物の分析では、福井県水月湖で採集された約7万年分の年縞堆積物が、較正に際して用いられる国際標準「IntCal」と呼ばれるデータセットの改訂にも役立てられている。また、陸域の生物と海域の生物の放射性炭素濃度は異なるという現象（海洋リザーバー効果）があることから、これらを適切にとらえて分析することが必要となる。

最も著名な成果としては、2003年に国立歴史民俗博物館の研究グループが、弥生時代の始まりは従来考えられてきた前5〜4世紀ではなく、約500年さかのぼった前10〜9世紀である可能性が高いことを発表した（西本編、2006）。

この研究は、それまでのβ線測定法（窒素14に壊変する時に放射されるβ線を検知して数える方法）とは異なるAMS（accelerator mass spectrometry、加速器質量分析計）測定法によって、炭素14（14C）を直接数える方法でとらえた値を基にしたもので、その内容から学界のみならず社会にも広く衝撃を与えた。現在まで数多くの議論が重ねられてきているが、依然として年代の真偽については決着がついていない。

第Ⅰ部　遺跡の基礎知識

なお、こうした理化学的な年代測定では、遺跡・遺物などからの採取が容易で、一定の量を確保でき、正確な時を刻む性質のある素材を選定することが必要であり、そうした意味で炭素はきわめて良好な試料といえる。前述のような留意点があることを前提として、考古学の側が算出された数値を適切に解釈し、意味づけていくことが重要といえよう。

災害を知る

火山灰考古学　日本列島には、およそ110を超える活火山が存在し、目に見える活動が各地で認められる。それらに対する地質学や火山学といった自然科学の成果を援用したのが、いわゆる「火山灰考古学」である（新井、1993）。

　例えば、相沢忠洋が最初に旧石器を発見したのは、岩宿遺跡（群馬県）における中部ローム層（浅間、榛名、赤城、男体の諸火山に由来する火山灰の風化土壌）に該当し、テフラ（tephra、火山岩屑物）主体の姶良 Tn 火山灰土層（2.9〜2.6万年前）よりも下位の層から、「岩宿Ⅰ文化」の石器が出土した。こうした広域に広がるテフラを鉱物学的に分析することで、どの地域の火山噴出物かを特定し、その噴出年代についても自然科学的な分析により推定が可能になっている。年代を決定する資料に乏しい後期旧石器時代において、年代比定に大きな役割を果たしている。

　そして、第Ⅱ部で詳述する金井東裏遺跡（群馬県）や黒井峯遺跡（群馬県）など、噴火による火山噴出物で密封された遺跡は、地域の災害の歴史を知るうえで大きな役割を担う。イタリア・古代ローマのポンペイ遺跡（79年のヴェスビオ火山の噴火の降下軽石と火砕流で埋没）と同様に、瞬時に人々の生活を保存したものであり、共存する遺物の様相を知ることができる。その他、自然災害の痕跡としては、真の継体天皇陵との議論もある今城塚古墳（大阪府）は墳丘全体に大きな地滑り跡が認められ、伏見地震（1596〈文禄5〉年）による被害であると考えられている。こうした地割れや断層の痕跡、液状化現象に伴う噴砂といった「遺構」は全国各地で発見され、「地震考古学」の資料となっている。

　また、2007年、08年に調査された仙台市の沓形遺跡（宮城県）では、津波堆積物が弥生時代中期中葉の水田跡の上位に認められ、貞観地震（869

〈貞観11〉年）以前に大規模な津波が海岸より2.5km程度まで到達していた可能性を、東日本大震災以前に示した。こうした自然災害を考古学的にとらえることは重要であるが、人工物ではない自然遺構は、考古学研究者のみでは解釈できるものではなく、その判断はしかるべき自然科学領域の研究者によってなされなければならない。

結
遺跡のゆくえ

さて冒頭の問題の答え合せをしよう。日本の遺跡数は2016年現在で約47万カ所である（文化庁文化財部記念物課、2017）。この数値は、「埋蔵文化財包蔵地」の数が基本であり、試掘や同一遺跡の別地点などの発掘件数を数えるならば、その倍近い数値になるかもしれない。次頁の図は、文化庁が調査した数値を基に、都道府県ごとの遺跡数を塗り分けたものである。西日本では1万5,000カ所を超える県もあり、兵庫県の2万8,761遺跡が、全国の遺跡数のトップとなる。他方、最も少ないのは高知県の2,560遺跡で、国土開発の粗密が遺跡数にも反映されているといえよう。

こうして発掘された遺跡が、現在どのような境遇にあるかについては、前述してきた通りであり、個々の遺跡については第Ⅱ部を参照されたい。多くの遺跡が発掘されても、それらが破壊されている現実。マスメディアで流される「新発見」、「日本最古」という言葉がもつ空虚な響きを感じざるを得ない。遺跡の整備の名の下に、観光資源化が進む昨今。消費されるものではなく、将来に継承していくための遺跡保存とはいかにあるべきか。今一度、正面から向き合う時期に来ているのではないだろうか。

最後にもう1つ、考古学と現代社会との関わりについて少し述べておきたい。2016年に京都で開催された世界考古学会議（WAC）において、考古学とマイノリティのセッションが設けられ、世界の研究者が一堂に会して活発な議論が行われた。日本政府は2020年をめどに国立アイヌ民族博物館（仮称）を建設する構想を示し、検討が進んでいる。こうした北方や琉球・南方の文化といった、いわゆるマイノリティの人々の歴史に対して、

日本考古学はどのように向き合ってきたのか。今一度振り返ってみる必要があるだろう。形質人類学の項でも述べたように、日本人論と考古学は切り離すことができない。日本とは、日本人とは何か。偏狭な自民族中心主義に陥らないように、今少し成熟した議論が必要であり、そうした現代社会における課題とも考古学は密接につながっている。考古学とは、過去のみならず現在、そして未来に対して責任を負う学問なのである。

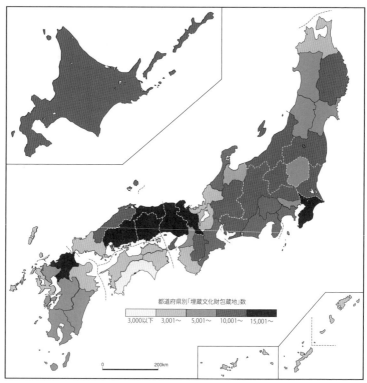

図　都道府県別の埋蔵文化財包蔵地数

　文化庁の統計データによれば、2017年現在の日本の遺跡数は46万8,835カ所。そのうち約3万3,000カ所の「遺跡」が消滅している。ただし、この「遺跡」は残存範囲を想定して指定されたもので、一部でもその範囲が破壊されず残っていれば消滅とはならない。個々の発掘地点でいえば、その数は多くなるはずである。

第Ⅱ部

都道府県別
遺跡とその特色

凡例
* 本書の時代・時期区分は以下のとおりである。
  ・旧石器時代…前期・中期・後期
  ・縄文時代…草創期・早期・前期・中期・後期・晩期
  ・弥生時代…先Ⅰ期・Ⅰ期・Ⅱ期・Ⅲ期・Ⅳ期・Ⅴ期
    なお発掘報告書や参考文献の記述を尊重し、便宜的に先Ⅰ期を早期、Ⅰ期を前期、Ⅱ～Ⅳ期を中期、Ⅴ期を後期などに対応して使用した。
  ・古墳時代…前期・中期・後期・終末期
  ・歴史時代…古代・中世・近世・近代。便宜的に飛鳥・奈良・鎌倉・室町・戦国・江戸などの一般的な時代名称も使用した。
  ・北海道は旧石器・縄文・続縄文・擦文・オホーツク・アイヌの各文化の時代、沖縄は旧石器・貝塚・グスク・尚氏などの時代を使用した。
* 常用漢字・現代仮名遣いを使用しているが、学術用語や固有名詞については、この限りではない。簡潔な文章を旨とし、敬称などは略した。
* 年代表記は、西暦とし、必要に応じて（ ）内に元号を付した。慣例に従い改元年号で付すことを原則とした。表記は原則としてアラビア数字を用いた。
* 度量衡はメートル法で、原則として記号・略号を用いた。
* 遺跡の周辺環境の理解を助けるため、立地や標高についておおよその目安を示した。
* 考古学用語はできるかぎり統一しているが、報告書などの記載を元に記述しているため異同がある。
* 読者の便宜を図るため、国特別史跡・国史跡に指定されている遺跡は 史 の記号を付した。
* 本書末尾に本文で引用あるいは参考とした文献のリストを掲げた。

① 北海道

最寄貝塚（被甕葬）

地域の特色　北海道は、日本列島の北端に位置しており、西は日本海、東は太平洋、北はオホーツク海、南は津軽海峡と四方を海に囲まれている。中央部に4本の山地（北見・日高・天塩・夕張）が位置し、石狩岳をはじめ高山が連なっている。この中央山地の東側には、千島火山帯に属する山地が形成される。中央山地の西側には、石狩川の沖積平野である石狩低地帯が広がる。その西には後志火山群を形成する那須火山帯、渡島山地、鳥海火山帯があり、石狩低地帯以西の渡島半島などは、本州の津軽や下北半島と近似した地質的性質をもつ。河川は中央山地を発して日本海や太平洋岸に達するもので、石狩川、天塩川、十勝川、釧路川、常呂川などがある。

　こうした河川の河岸段丘や扇状地などの流域に主な遺跡が立地するほか、上記のような地形が文化的要素の展開にも影響を与えている。縄文時代に続く、農耕を営まない「続縄文時代」の末期には、土師器が本州より波及し在来土器にも影響を与えたが、石狩低地帯より東、中央山地を越えては広がらなかった。後続する「擦文文化」は7〜13世紀初頭にかけて北海道全域と本州北端部に展開したが、これと併行する5〜10世紀にかけて発展した「オホーツク文化」は、北海道東北部沿岸から、サハリン、千島列島、カムチャッカ半島に広がるものの、中央山地以西には広がらず、その文化的広がりは複雑な様相を示す。13世紀以降は「アイヌ文化」が形成されていくが、本州の影響が次第に強まり、15世紀には東北地方北部の和人が道南地域に拠点を築き、アイヌとの衝突を招いた。16世紀末以降、蠣崎氏（松前氏）が活躍し、幕藩体制に組み込まれていく。松前藩は蝦夷地を藩士に分け（商場知行制）、後には商人に請け負わせるなどして（場所請負制）、アイヌを使役する漁業経営を行い、再びアイヌとの争いを生じた。

　1868年、新政府は蝦夷地経営に着手するも、旧幕府軍の占領により中断。翌年に開拓使が置かれ、1869年、北海道と改称された。一方、松前藩は

廃藩置県で館県と改称したが、1869年に廃止。1872年には全道が開拓使の直轄地となる。その後、道内は3県体制が敷かれたが、1886年北海道庁を設置。千島列島を含む北海道全域が管轄下となった。

主な遺跡

白滝遺跡群
＊紋別郡遠軽町：湧別川両岸の標高約300〜450mの丘陵、段丘上に位置　時代 旧石器時代　史

遠軽町（旧白滝村字旧白滝・白滝・上白滝・奥白滝）に点在する遺跡群であり、現在までに100カ所ほどの遺跡が確認されている。1927年に遠間栄治によって先駆的な発見がなされ、戦後、1952年には吉崎昌一によって旧石器時代に属する遺跡であることが確認された。以後、断続的に小規模な調査が行われ、1956年の北海道大学、1959〜61年の白滝団体研究会、1961年の明治大学による調査は著名である。

その後、1995〜2008年には旭川・紋別自動車道の建設工事に伴い、約14万m^{2}の大規模な調査が行われ、総数752万点、11.8トンの石器が出土した。黒曜石が約99％を占め、湧別技法をもつ白滝型舟底形石器や広郷型ナイフ形石器、細石刃、細石刃核、ホロカ型彫器、有舌尖頭器、小型舟底形石器など、北海道内で見られる多様な石器群が出土している。文化層を2つに分け検討が行われており、14C年代測定法では27,000〜10,000年前の年代値が得られている。多くの接合資料が復元され、黒曜石資源を背景とした原産地での石器製作の実体が解明されつつある。

ピリカ遺跡
＊瀬棚郡今金町：ピリカベツ川左岸の標高150〜160mの丘陵に位置　時代 旧石器時代　史

1983〜84年に後志利別川の支流、ピリカベツ川のダム建設に伴い北海道埋蔵文化財センターにより調査された。16カ所の石器集中ブロックと墓と推定される遺構が検出されている。遺物は峠下型細石核、荒屋型彫器などを主体とする石器群と蘭越型細石核や玉類が出土した。さらに上位には、有舌尖頭器、局部磨製石斧、石刃、広郷型細石刃核などが検出され、これらが3つの文化層に分離できる可能性が指摘されている。黒曜石の産地は、赤井川（余市郡赤井川村）産が87％、十勝三股（上士幌町）が1％、白滝産は8％、置戸（常呂郡置戸町）産4％で、北海道内の主要な黒曜石産地のものがすべて出土している点は興味深い。

東釧路貝塚
＊釧路市：釧路湿原に北面した海岸段丘上、標高14〜16m前後に位置　時代 縄文時代早期〜擦文時代　史

1910年、塩田弓吉によって「茂尻矢貝塚」の名で紹介され、多くの研究者が訪れた。戦後、1949年以降、58、60、65、66年に釧路考古学研究会や釧路市立博物館によって組織的な調査が実施された。貝塚は東西120m、南北90mの範囲に広がり、西側が開いた馬蹄形を呈していた。11のブロックに分かれていたが、鉄道や道路工事で4ブロックは消滅した。南側の7ブロックが史跡となっている。2枚の貝層を境として、その上部に2層、下部に3層以上の文化層が確認されている。縄文時代早期、前期、中期の土器のほか、続縄文時代、擦文時代の土器も出土している。これらに伴った石器、骨角器も多量に出土した。また土坑墓や縄文時代早期、中期の竪穴住居跡も検出されている。貝層はアサリが主体で70％を占め、カキ、オオノガイ、ウバガイなどが見られる。また、貝層中にイルカの頭骨を放射状に配し、火を焚き、ベンガラを散布した埋葬遺構が検出され、注目を浴びた。いわゆるアイヌ文化における「物送り」の習俗の祖型とする説も提起されている。

垣ノ島遺跡　＊函館市：太平洋に面した海岸段丘上、東斜面の標高32〜50mに位置　時代 縄文時代早期〜後期

　2000年、国道建設に伴う発掘調査が行われ、縄文時代早期後半の土坑墓群から副葬品と見られる子どもの足形をつけた足形付土版が出土したほか、後期後半の漆塗り注口土器や香炉形土器なども認められた。2003〜10年にも発掘調査が実施され、直径10mを超える縄文時代中期前半の大型住居跡や多数の後期の住居跡、コの字を呈する縄文時代中期末〜後期初頭の長軸約120mに及ぶ国内最大級の盛土遺構が検出されている。遺跡全体の規模も、舌状の海岸段丘のほぼ全体、南北500m、東西200mに広がり、拠点の集落であったことがうかがわれる。また約6,000年の長期にわたる定住の様相を具体的に示しており、きわめて貴重な遺跡といえる。

サイベ沢遺跡　＊函館市：函館平野の東側に発達した標高約25mの段丘上に位置　時代 縄文時代前期〜中期

　1881年に坪井正五郎によって報告され、本格的調査は1949年に市立函館博物館と北海道大学によって行われた。サイベ沢南岸段丘の東側と西側の2地点が調査され、25層の文化層が認められた。このうち円筒土器を含む下層のⅠ〜Ⅳの文化層は円筒下層式に対比され、上層のⅤ〜Ⅶの文化層は円筒上層b式〜d式に対比され、北海道における円筒土器編年の基準資料として評価されている。下層の文化層からは土器以外に石鏃・石斧などの石器や釣針・骨銛などが出土し、石囲いのある仰臥屈葬の人骨も検

出された。上層の文化層からは上記の石器に石冠を加え、石製飾玉・土製玉・土製環飾などの装身具、土偶も出土した。

静川遺跡
＊苫小牧市：安平川の北側、厚真台地北端部、標高10〜20mに位置　時代　縄文時代中期後半

　厚真台地の先端部に点在する縄文時代の遺跡の1つ。苫小牧東部工業地帯の造成に伴い、1982年に苫小牧市教育委員会によって調査された。きわめて特徴的なのは、遺跡東側のA地区で検出された深さ約2m、全長138.5mに及ぶヒョウタン形の環濠である。内部には2軒の住居跡があり、少量の余市式土器が出土した。谷を挟んだ西側のB地区では27軒の住居跡が検出され、時期的にはA地区同様のものが大半を占めていたが、一部、縄文晩期にあたる住居跡も存在した。環濠をもつ集落跡については、防御施設や祭祀場といった説が提起され、議論が続いている。

美々遺跡群
＊千歳市：美沢川左岸の台地、標高10〜20mに位置　時代　縄文時代後期〜晩期・擦文時代・アイヌ文化期

　1976年、新千歳空港建設に伴って発掘が始まり、以後断続的に調査が行われている。美々4遺跡からは、多数の土坑墓が検出され、人骨、玉類、櫛、耳飾、石棒、石斧、土器などの副葬品が多数出土している。特筆されるのは、「環状土籬」と呼ばれる周堤墓として築かれている点で、直径10mを超える竪穴状の構築物をつくり、周りに土手を盛り上げたもので、土手の頂上から竪穴底部までは約2mを測る。竪穴内に土坑墓がつくられており、形質人類学の成果では、青年骨が多く、男女が混在して埋葬されているという。北海道特有の墳墓であり、千歳市内では、国指定史跡となった「キウス周堤墓群」などが著名である。この遺跡からは、高さ31.5cm、最大幅16.2cm、胴および上下肢をもった特異な形態の動物形土製品が出土し、その装飾や文様からは、東北地方の縄文晩期の影響がうかがわれる。加えて1985年の調査では、縄文時代晩期終末（約2,300年前）に降灰した樽前c火山灰の下から、人間の歩いた足跡やウサギ、キツネ、シカのものと思われる足跡（ケモノ道）が発見されたことは特筆される。

　また、1981年から調査された美々8遺跡は、美沢川水面下に位置する。樽前山の火山灰堆積で川の水位上昇が起こり、集落の低地部が埋没したものと考えられる。擦文時代の土器のほか、アイヌ文化期の住居跡や舟着場、水場遺構、炭化物集中（炉跡・送り場）などの遺構や珠洲系擂鉢、近世陶磁器、刀子のほか、漆器椀や箸、茶筅、下駄、樽、ヒキリ板と杵といった大量の木製品も出土し、和人との交流を示唆する遺物も多い。

1990年には、メカジキが刻まれた早櫂水掻部と車櫂受台が出土した。アイヌ文化において、メカジキは「レプン・カムイ（海の神様）」とされ、神聖なものであり、漁の対象でもあり、人々の思いを伝える遺物といえよう。当地は東蝦夷地と西蝦夷地を結ぶ「シコツ（勇払）越」の道筋にあたり、松浦武四郎の『再航蝦夷日誌』（1846年）に現れる「ミミ憩所」あるいは「ビビ小休所」と推定される建物跡も検出されている。

フゴッペ洞窟

＊余市郡余市町：小樽市西方約12kmの積丹半島北側の通称丸山に開口、標高約7mに位置　時代 続縄文時代　史

地元住民により洞窟の存在は知られていたが、1950年、札幌から海水浴に来た中学生が再発見、兄が在学していた高校の郷土研究部の顧問や名取武光を中心に発掘調査を行った。その後、河野広道を中心として別の高校が調査を行い、続縄文時代の岩壁彫刻を発見、新聞紙上で功名争いとなる事態となった。その後1951年、52年に名取らにより正式な発掘がなされ、数百に及ぶ岩壁彫刻の存在が明らかとなった。砂質凝灰岩の海食洞穴で、間口約7m、高さ約8.2m、奥行約6m。陰刻されたモチーフは人物像や動物、海獣、舟などで、壁面下部ではやや具象的表現のものが、上部には抽象的なものが多くなる傾向が認められた。洞穴内には貝層や灰層が計75層にもわたって堆積し、多数の土器や石器、骨角器、装身具、自然遺物が出土した。土器では下層に古墳時代併行の続縄文後期の土器（後北C_2式、D式）、上層には続縄文文化終末期の北大式が見られるが、全体としては江別式後半のものが多い。洞穴内が土砂で埋没していたことから、後世の追刻の可能性はなく、かつて1866年に小樽港北端で発見され、長らく真偽論争のあった手宮洞窟遺跡（小樽市）の彫刻も続縄文時代のものであるとの評価が定まった。なお、これらの彫刻は北東アジアに連なるトーテミズム・シャーマニズム的な要素を反映したものと考えられている。

最寄貝塚

＊網走市：網走川河口の左岸、標高約5mの砂丘上に位置　時代 オホーツク文化期を代表する複合遺跡　史

1989年に『東京人類学会雑誌』において初めて報告がなされ、1910年代には米村喜男衛らによって保護・調査活動が行われた。1936年には国指定史跡となったが、1941年5月、海軍基地建設に際して破壊の危機に瀕したものの、米村の努力で最小限にとどめられた。戦後、1947年以降に、東京大学・北海道大学・網走市郷土博物館による共同調査が3回にわたり行われた。アイヌ文化期、オホーツク文化期、続縄文期、縄文晩期の遺構、遺物が検出された。土器は刻文・貼付浮文が多数を占め、ソーメン文と

呼ばれる粘土紐貼付文をもつ厚手深鉢が多い。

　石器は少ないが、骨角器では、骨鏃・骨銛が多く出土した。また骨製箆・骨斧・骨鍬など特徴的遺物も見られる。直刀や蕨手刀、内反小刀といった鉄器や錫製耳環、青銅製品、切子玉、硬玉・軟玉類なども出土した。また、オホーツク期の貝層および下位層より、被甕葬や配石葬、木郭墓など各種の墓坑が発見された。人骨の形質人類学的特徴はアイヌとは異なり、エスキモー・アリュート系あるいはウリチとの類似が指摘されている。

志苔館跡
＊函館市：津軽海峡を望む標高18〜25mの海岸段丘上に位置
時代　室町時代（15世紀前半）　　史

　松前藩の史書『新羅之記録』（1646年）には、和人の豪族によって築かれた館（砦）が渡島半島の津軽海峡から日本海にそって12館存在したことが記されており、そのうちの1つが志苔館である。1983年、84年に史跡整備の一環として函館市教育委員会によって調査が行われた。南側は急斜面地形、西側は志海苔川に面する郭内の面積は約4,100m²で、四方を高さ1.5〜3mほどの土塁で囲まれ、外側には二重の壕がめぐらされている。柵列によって3区画に分けられ、柱穴群や井戸、土坑が検出された。遺物には中国産の青磁や白磁といった磁器、瀬戸・珠洲など国内窯の陶器や鉄、銅製品、木製品が出土している。また特筆されるのは、遺跡に近接した道路工事に際して、合わせて約37万4,000枚の銭貨を埋納した越前珠洲窯の大甕が3基検出され、中世居館としての位置を示しているものとして注目される。なお、ほかの12館跡のうち、大館跡（松前郡松前町）は松前氏の祖・蛎崎氏の居城となった館で、松前城の背後の丘陵上にあり、土塁、空壕、土塁跡が残されている。

フシココタンチャシ
＊釧路市：太平洋に面する舌状台地の突端部、標高約20mに位置　時代　アイヌ文化期

　1974年、チャシの背後に昆布干場が造成されることとなり、チャシの全面発掘としては嚆矢となる調査が行われた。チャシの類型では、海に臨む崖上に築くいわゆる「面崖式」にあたる。台地の基部に壕を掘り、両斜面にはピットが多数認められ、逆茂木のようなものが構築されていたと考えられる。また郭内の壕の周囲にも柱穴があり、柵列（アイヌ語では「サギリ」）を形成していたと思われる。特筆されるのは、アオウミガメの「送り場」の遺構が検出されたことで、頭を海に向けた状態で1体埋葬されていた。「送り」とは、アイヌ文化に特有の儀礼の1つで、獲得し利用する動物たちを神の化身ととらえ、天上界へと帰る動物（遺体）に供物を捧げ

ることで、その再訪を期待したと考えられる。

ポロモイチャシ
＊沙流郡平取町：沙流川左岸の河岸段丘の先端部、標高47mに位置　時代 アイヌ文化期

1984年に調査が行われ、段丘突出部の基部に弧状の濠が認められたほか、土塁上に柵列を検出した。いわゆる「丘先式」チャシである。壕の中間部から北東に伸びる弧状の濠によって区画された2つの郭が形成され、中央部に建物跡を検出した。内耳鍋、刀子、鎌、鉈など多量の鉄製品のほか、16～17世紀初頭の唐津大皿や鹿角製銃先が出土している。川が蛇行しているところにできる淵をアイヌ文化では「モイ（moy）」といい、遡上するサケが日中、休息場にするとされることから、こうした場所に築かれるチャシを「砦」ではなく、生業に関わる活動をしていた遺跡と考える研究者もいる。

また、沙流川流域にも多数のチャシ跡や集落跡が点在し、例えば沙流川支流のカンカン川とポンカンカン沢に挟まれた台地に位置するイルカエシ遺跡（平取町：標高約60m）では、掘立柱建物跡が21棟（チセ〈家屋〉12棟・プー〈倉庫〉9棟）検出され、集落跡と考えられる。住居は3時期にわたり建替えが行われたと考えられている。多数出土した遺物のなかには、肥前系磁器や唐津系陶器なども認められたほか、墓跡（南東頭位の女性）からは副葬品として、鉄鎌や刀子、煙管、漆器椀などが検出された。興味深い点は、足元に鋤先と鉄鍋が置かれていたことで、ほかの遺跡の女性墓でも、鉈、鎌、鍋などが副葬される事例が知られている。東へ50mほどの距離には比高差20m上にシラッチセチャシがあり、17世紀前半段階でのコタンとチャシとの関係を検討するうえで貴重な遺跡といえる。

シベチャリチャシ
＊日高郡新ひだか町：静内川の左岸の河岸段丘上、標高約80mに位置　時代 アイヌ文化期（17世紀）

いわゆる舌上台地の端部に形成され、「丘先式」のチャシ。1963年に調査が行われ、段丘突出部の基部に柵列や幅8m、深さ1.5mの空壕が検出された。さらに、外側にも壕が形成されていたとされるが、現存しない。鉄鍋や鉄斧、陶器、漆器、煙管といった遺物が出土している。樽前b火山灰（1667年降灰）が壕内に堆積しており、17世紀後半には活動していたと推定される。弘前藩の官撰史書である『津軽一統志』（1731年）には、「沙武者」が「渋沙里（静内を指す）」の居城で「籠居」したことが記されており、シャクシャインの戦い（1669〈寛文9〉年）に関わるチャシ跡として評価されている。別名、不動坂チャシ。

② 青森県

亀ヶ岡遺跡（遮光器土偶）

地域の特色　青森県は、東北地方の最北部に位置する県。東は太平洋に、西は日本海に面しており、北は津軽海峡を隔てて北海道に臨み、三方を海に囲まれている。那須火山帯に重なる奥羽山脈が県中央を縦貫し、最高峰八甲田山（1,585m）により東西に地域を二分する。東は南部地方で火山灰に覆われた台地や段丘が広く分布する。西は津軽地方で、広大な沖積平野と山地とが大部分を占めている。南部地方北端には下北半島が位置し、津軽地方北端には山地と丘陵とからなる津軽半島がある。2つの半島に囲まれて陸奥湾が形成され、南側には日本最北端の椿の天然林が位置する夏泊半島が存在する。こうした地形を反映して、南部地方は太平洋岸型の気候、津軽地方は日本海型の気候であり、特に冬の降雪量などに違いがある。

　三内丸山遺跡をはじめとして、縄文時代の遺跡が丘陵端や台地を中心として県内各地に数多く認められており、特に大平山元遺跡は日本列島において、最古級の土器が出土したことで知られている。弥生時代以降、古代の遺跡は多くないが、いわゆる律令制下において「蝦夷」と呼ばれた人々の痕跡が認められ、北海道の続縄文文化や擦文文化に属する土器が県内で多く出土するなど、北方文化との密接なつながりを見ることができる。アイヌ系地名が豊富に見出されることも、その傍証として評価されている。

　阿倍比羅夫の蝦夷征討の際に、小田山（八甲田山）の麓に熊野三所大権現を祀った熊野奥照神社をはじめ古い起源をもつ神社や伝説も多い。津軽地方の七夕祭である「佞武多」は坂上田村麻呂が蝦夷をおびきよせるのに用いたのが起源であるとする伝説などもある。中世には安藤（安東）氏、後の津軽氏や南部氏が割拠し、江戸時代には、弘前藩南部家、盛岡藩津軽家、黒石藩津軽家、八戸藩南部家などが支配した。

　1868年、盛岡藩の一部が三戸県になる。1969年、八戸、七戸、弘前、黒石藩が成立。1970年には会津藩が移封し、斗南藩が成立した。1871年

の廃藩置県により、弘前、黒石、斗南、七戸、八戸、館の諸県が併存したが、同年9月に諸県を弘前県に合併、さらに青森県と改称。同年11月青森県を新置した。1873年には二戸郡を岩手県に移管、現在の県域が確定した。

主な遺跡

長者久保遺跡　＊上北郡東北町：小川原湖に注ぐ七戸川支流の土場川左岸丘陵、標高65mに位置　時代 旧石器時代終末期

1962～64年にかけて山内清男や佐藤達雄らによって発掘調査が行われた。7層の文化層を有し、第5層からは尖頭器、掻器、打製石斧のほか、山内清男が極東シベリアの新石器文化と並行する4,000年前後のものと主張した円鑿形局部磨製石斧が出土している。断面形態が正三角形を呈する点が特徴的である。土器は出土していないものの、後に述べる大平山元Ⅰ遺跡と並び、縄文時代の開始年代をとらえるうえで重要な遺跡である。なお、県内では石灰岩地帯の下北半島にも第四紀の哺乳類化石や旧石器時代の遺跡が認められ、物見台1遺跡（東通村）や尻労安倍洞窟（東通村）などが知られる。尻労安倍洞窟では、ナイフ形石器・台形石器とともにノウサギ属やヒグマ、大型偶蹄類などの動物遺体が検出され、資料の乏しい旧石器時代の狩猟採集活動を知るうえで、大きな成果を上げている。

大平山元遺跡　＊東津軽郡外ヶ浜町：蟹田川左岸の河岸段丘上、標高26～30mに位置　時代 旧石器時代～縄文時代草創期　史

1975年以降、発掘調査が行われており、Ⅰ～Ⅳの地点に分かれている。特に大平山元Ⅰ遺跡からは、縄文土器に付着した炭化物のAMS-14C年代測定法により1万6,500年前（較正年代）の値が算出されている。平底の無文土器で、草創期の土器型式である隆起線文土器よりも先行するものととらえられている。石器も多く検出されており、Ⅱ・Ⅲ遺跡では礫群や石器製作跡が認められ、Ⅲ遺跡では細石刃製作の石核・扇形削片石器などが出土している。特に「大平山元技法」と呼ばれる大型尖頭器をベースとした扇状削片とスキー状削片から彫器をつくり出す方法は特筆される。また、局部磨製石斧や打製石斧、石鏃が認められ、いわゆる新石器文化である縄文文化への過渡期を示す遺跡として注目されている。

最花貝塚　＊むつ市：田名部川支流、青平川左岸の斗南丘台地、標高25～26mに位置　時代 縄文時代中期末

1947～48年に八幡一郎らによって竪穴住居跡や人骨が発見され、以後酒詰仲男、江坂輝彌らによって断続的に調査が行われた。A～Dの4地

点があり、弧状ないし馬蹄形を呈し、下北地方で最大の貝塚である。貝層は汽水性のヤマトシジミが99％を占め、貝類18種、魚類24種、哺乳類16種、鳥類11種で、ハクチョウも認められた。また、現在も検討が続く「最花式（さいかしき）」と称される縄文中期末葉の土器が出土している。

是川遺跡（これかわ）　＊むつ市：新井田川左岸に位置　**時代** 縄文時代前期〜晩期　**史**

　一王子、中居、堀田の3遺跡群の総称。中居、堀田は低位河岸段丘上標高10〜16m、一王子は丘陵斜面標高20〜30mに位置する。特に是川中居（これかわなかい）遺跡は1913年より発掘が行われ、1920〜28年にかけて断続的に発掘された。1926年に発見された木製品類は、遺跡を全国的に著名なものとした。遺跡南側に湿地が形成され、泥炭層中より、漆を施した飾り太刀や弓、椀（わん）、高杯（たかつき）、櫛（くし）のほか、装飾の施された板状木製品（いたじょうもくせいひん）（形状から二弦琴状（にげんことじょう）の楽器とも推定される）、籃胎漆器（らんたいしっき）と呼ばれる樹皮や蔓で編んだ籠に漆を施した製品などが出土した。きわめて高い漆工および木工技術を呈している。

　土器には、いわゆる煮焚き用とされる半粗製、粗製土器のほか、「亀ヶ岡式土器（かめがおかしき）」と称される美しい装飾文様を施文された注口形や香炉形の特殊な器形の土器が多数検出された。その精製土器の割合は1割程度で、祭祀などで用いられた可能性も指摘される。赤や黒の漆が施されたものも多く、亀ヶ岡文化の特徴として知られている。

　是川遺跡は、当初から地元の泉山岩次郎（いずみやまいわじろう）、斐次郎（あやじろう）兄弟が私費により遺物を収集し、資料の散逸防止に努めてきたもので、戦前に発見された資料の大部分を保管してきた。戦後、県に寄贈され、現在は国指定重要文化財となっている。また是川堀田（これかわほりた）遺跡は考古学史上著名な「ミネルヴァ論争」の舞台となった遺跡である。山内清男が東西日本での縄文文化の終末に年代的な差はないとしたのに対して、喜田貞吉（きたさだきち）は宋銭（そうせん）や鉄滓（てっさい）がこの遺跡や岩手県東磐井郡大原町の縄文時代の遺跡から出土することを根拠として、東北地方の縄文文化は平安時代末まで続くと主張した。結果は山内説に落ち着いたものの、発掘手法の問題点を示した論争ということができる。

　なお、1989年には新井田川（にいだ）を挟んで是川遺跡の対岸にある風張1（かざはり）遺跡から、縄文時代後期後半の「合掌土偶（がっしょうどぐう）」が発掘されている。風張1遺跡からは約70点の土偶が出土しているが、完形はこの土偶だけである。また新井田川右岸の段丘上、標高約50mに位置する松石橋（まついしばし）遺跡（八戸市）からは、「被籠土器（ひかごどき）」と呼ばれる籠の網目痕が認められる土器が出土した。この土器は、弥生時代前期の遠賀川系（おんががわけい）土器との関わりが指摘されており、縄文時

東北地方　33

代晩期の東北地方での文化的変化の様相がうかがい知れる。

亀ヶ岡遺跡
＊つがる市：屏風山丘陵の一角、飯岡支丘、標高4〜16mに位置　時代 縄文時代晩期　史

　いわゆる「亀ヶ岡文化」の標識遺跡である。古くから関心が注がれており、北畠氏の家記『永禄日記』の1623（元和9）年の記事には、土器の出土と「亀ヶ岡」の地名が記されている。ただし、異本ではその記述がないなど、後世の補筆をうかがわせる点もあり、菅江真澄の関与も指摘されている。1889年に若林勝邦による発掘が行われ、以後断続的に調査が行われる。特に1887年に住民が発見した「遮光器土偶（重要文化財）」は、亀ヶ岡遺跡の名を全国に知らしめた。戦後、慶應義塾大学や県教育委員会、青森県郷土館などにより調査が進められている。

　遺物は低湿地部分において多く出土し、泥炭層の上層、泥質土層より晩期の大洞B式〜A'式土器（山内清男が大洞遺跡（岩手県大船渡市）出土土器より分類した6型式）や石器、土製品、漆製品などが認められる。また丘陵部の発掘では土坑墓が検出されている。亀ヶ岡式の特徴は、精製・半精製・粗製をつくり分け、鉢形、皿形、壺形、注口形、香炉形などの器種を使い分けていた点があげられる。特徴的な装飾や文様をもつ土器、土偶、漆工芸の技術などのほか、近年ではガラス玉や勾玉、モミなど、弥生文化の様相をうかがわせる遺物も認められ、その文化の成熟度とともに、縄文文化と新たな文化との関わり方をとらえるうえで重要な遺跡である。

三内丸山遺跡
＊青森市：八甲田山につながる台地の縁辺部、標高約20mに位置　時代 縄文時代前期末〜中期　史

　1953〜67年にかけて、慶應義塾大学や青森市教育委員会により発掘が行われ、以後断続的な調査がなされてきたが、1992年に県営野球場建設に伴う発掘調査で巨大な集落の姿が明らかとなり、一躍脚光を浴びた。500棟を超える竪穴住居跡はもちろん、長さ32m、幅10mを呈する大型の竪穴住居跡、また掘立柱建物跡や環状配石墓、貯蔵穴と考えられる巨大な土坑、土器、石器、土偶やヒスイ製品などの生活廃棄物や廃土を捨てて形成された2mを超える盛土、道路といった土木工事の痕跡も認められた。特に直径1mのクリの巨木の柱6本を用いた掘立柱建物跡は、現在復元されて、遺跡のシンボル的な存在となっている。柱の下部を焦がして腐朽しづらくするなど、当時の技術力の一端を見ることができる。また自然遺物では、動物骨ではノウサギやムササビなどの小動物が認められ、シカ、イノシシなどが少ない点は特徴的である。植物種子では、クリ、オニグル

ミ、トチのほか、ヒョウタン、ゴボウ、マメなどの栽培植物が出土した。特にDNA分析によりクリの栽培の可能性が指摘された点は特筆される。

　土器はいわゆる「円筒式」であり、縄文時代前期末〜中期に比定される。木製品や漆製品も出土しており、針葉樹（ヒノキ科）の樹皮で編まれた「縄文ポシェット」は有名である。また、釣針や銛といった骨角器も多数出土している。また、土偶は2,000点以上出土しているが、元来円筒土器文化では岩偶が発達し、土偶をもたなかったが、前期末葉に大木式土器文化の影響から土偶が出現する。立たせることを目的としない板状土偶である点も特徴的。三内地域における遺跡からは、土偶が多数出土しており、そうした祭祀を基調とする文化的結びつきが存在した可能性も指摘されている。新たな研究を通じて、縄文文化のイメージを大きく変えつつある。

垂柳遺跡　＊南津軽郡田舎館村：浅瀬石川下流の沖積扇状地、標高約30mに位置　時代　弥生時代中期　　　　　　　　　　　　　　史

　戦後1956年に実施された土地区画整理事業に際して、地元の田舎館中学校の教員であった工藤正によってモミ痕の認められる土器などが発見された。1958年に東北大学の伊東信雄らが調査を行い、炭化米の出土などから日本最北端の弥生時代中期の稲作の痕跡として、注目を浴びた。学会では冷涼な土地性から稲作の存在を疑問視する声もあったが、1982年、本格的な発掘調査が行われ、規則性を有する区画をもつ水田跡が656面のほか、畦畔や水路などが検出されたことで、東北地方における稲作を伴う弥生文化の存在が名実ともに認められた。

　特筆されるのは、112面の水田跡から1,586個の足跡が検出されたことであろう。その足跡は子どもから大人までさまざまであり、足跡のない空間にはイネが生育していたと考えられ、おそらく直播き（苗の移植栽培ではなく、直接水田にモミをまく方法）であった可能性が指摘されている。遺物としては、沈線、変形工字、鋸歯状、列点などの文様を有する田舎館式土器や扁平片刃石斧、石鏃、磨石のほか、イネ科植物のプラントオパールや花粉なども検出されている。石鏃の存在から、狩猟が生業活動の一端を担っていたことを示し、生業形態の縄文文化との関わりや農耕へ移行過程を考えるうえでも貴重な遺跡といえよう。

　なお、岩木山麓の標高17m、灌漑用の砂沢溜池内より発見された砂沢遺跡（弘前市）では、1987年の発掘調査で水田跡6枚が発見され、弥生時代の水田跡としては日本最北、東日本最古と評価されている。炭化米のほか、碧玉製の管玉も検出され、出土した土器（砂沢式）にはモミ痕の付着

したものも認められることから、弥生時代初頭に属する土器と考えられている。縄文時代最終末の大洞式土器の技法や器種を受け継ぎながらも、甕・壺などの弥生文化の特徴的な器種が共伴しており、東北地方における初期の弥生文化の実態をとらえていくうえで、貴重な遺跡となっている。

十三湊遺跡
＊五所川原市：十三湖の西、半島状に伸びる砂州上、標高1.7～2.5mに位置　時代 室町時代　史

1991～93年にかけて、国立歴史民俗博物館、富山大学考古学研究室などが総合的な学術調査を行い、現在まで調査が継続されている。中世の十三湊の姿はかなり明瞭なものになってきている。遺構としては、大土塁や船着場、大型の礎石建物や道路、溝などが検出された。ここ十三湊は、中世の日本海における海運や北方交易を担った安藤氏の拠点であったとされているが、館と推定される遺構は、12世紀代には確実に認められ、その後の13世紀後半から14世紀末にかけて町屋などの都市計画も進められたと考えられる。しかし、15世紀中頃には大きな土地利用の変化が認められることから、安藤氏が南部氏との戦争に敗れて北海道へ退去したとされる時期とも関わり、注目される。遺物としては、中国、朝鮮半島からの輸入陶磁器類や、珠洲焼、古瀬戸といった陶器類が多量に出土し、2万枚以上の埋蔵銭も認められている。

近隣には、福島城跡（五所川原市）があり、高さ3～4mの土塁や城門、柵跡なども検出されている。城域は一辺1kmほどの三角形を呈し、西寄りに方形の郭を有している。十三湖を挟んで十三湊遺跡とは対岸に位置し、安藤氏の居城とも評価されていたが、近年では10世紀後半以降に構築されたと考えられており、安藤氏との関係は薄いものと考えられる。

浪岡城跡
＊青森市：浪岡川右岸の標高約40mに位置　時代 室町時代　史

1977年以降、史跡整備に伴う発掘調査が実施されている。8つの郭から構成され、城の中心である「内館」と「北館」、「東館」、「西館」および堀跡の一部が調査された。掘立柱建物跡、井戸、土居、溝のほか、鉄や銅製品を製作した跡も認められている。遺物は青白磁や染付など舶載磁器や武具、農工具、仏具類、文房具をはじめ豊富な生活用具が出土している。銅製品や茶臼といった石製品も認められている。浪岡城は南北朝期の北畠顕家の子孫の居城とされており、公家の日記など史料にも登場するが、1578（天正6）年、大浦（後の津軽）為信によって落城した。

③ 岩手県

柳之御所跡（白磁四耳壺）

地域の特色　岩手県は、東北地方の太平洋側に位置する。東は太平洋に臨み、三陸海岸が広がる。南部はリアス海岸で北部は隆起海岸を呈し、様相が異なる。県の面積の8割は山地であり、内陸部の中央を南流する北上川を挟んで、西に奥羽山脈、東に北上高地が南北に縦走する。奥羽山脈は那須火山帯に属し多くの活火山を抱えており、最高峰は現在も火山活動が続く岩手山（標高2,038m）である。太平洋側と日本海側とを区分し、気候はもとより文化や歴史的な側面でも境界をなす。太平洋側の北上山地は古生層を主体とした1,000m級の隆起準平原の高地となり、最高峰の早池峰山は遠野物語にも登場し、霊峰として信仰対象とされてきた。この2つの山系の間を北上川が流れ、その流域には各時代の遺跡が集中しており、特に中流域の北上川右岸に発達した河岸段丘には多くの遺跡が発見されている。また、北上山地から北流し、八戸湾に注ぐ馬淵川流域にも、河岸段丘に沿って縄文時代から平安時代の遺跡が密に認められる。

　古代より一貫して陸奥国に属す。8世紀以降、朝廷による「蝦夷（東北地方に古くから集住した集団・言語や習俗など未解明な部分も多く、その系譜は諸説ある）」討伐が行われ、「俘囚（夷俘。服属した蝦夷）」の支配が進められていく。そうした東北経営の拠点としての城柵跡が県内にも認められる。11世紀末以降、「東夷の酋長」と呼ばれた奥州安倍氏や「出羽山北の俘囚主」と呼ばれた出羽清原氏の地位を継承した奥州藤原氏が平泉を中心に、自ら「東夷の遠酋」と称して奥6郡（胆沢・江刺・和賀・紫波・稗貫・岩手）と山北3郡（出羽国、山本・平鹿・雄勝）を支配した。1189年、源頼朝の奥州征伐により在地勢力は一掃され、鎌倉武士団の御家人らが地頭となり、南北朝期には北畠顕家が陸奥守として多賀城に入り奥州支配を図る。武士が割拠した混乱状態が続き、その様相が城館跡として1,400カ所以上、県内には残されている。江戸時代には盛岡藩と仙台藩、

八戸藩、一関藩などの領域で区分された。明治維新以後、盛岡藩は1868年に盛岡県となり、以後紆余曲折を経て1873年に岩手県と改称。1877年に青森県二戸郡と宮城県気仙郡を編入し、現在の岩手県の範囲が確定した。

主な遺跡

金森遺跡（かなもりいせき） ＊一関市：金流川の中位段丘（花泉段丘）上、標高30～50mに位置　**時代** 後期旧石器時代

1929年、旱魃に対処するための池の掘削に際して、動物骨が出土したことに端を発し、1953年、曽根宏らにより調査が行われ、以後、松本彦七郎、直良信夫、加藤晋平らが調査を実施した。旧石器時代の金流川（北上川支流）は現在よりも高い位置を流れ、遺跡はその氾濫原にあたる。腐食泥炭層と砂質粘土層から大量の哺乳動物化石が出土したほか、骨角器が検出された。動物化石では、ハナイズミモリウシ、ナウマンゾウ、オオツノジカ、ヘラジカなど北方型のマンモス動物群と関係が深い。花粉分析から当時は亜寒帯・針葉樹林が広がる環境であったと推測され、現在のサハリン南部に近い気候であったと考えられる。また、火山灰の調査によって、AT（姶良火山灰）が検出され、花泉層が約3万5,000年前から1万6,000年前とされて、文化層の対比が明確になった。別名花泉遺跡。なお、大台野遺跡（西和賀町）は同時期の石器が出土した遺跡として著名である。

蛸ノ浦貝塚（たこのうらかいづか） ＊大船渡市：大船渡湾東岸の南北が開析された標高約40mの丘陵に位置　**時代** 縄文時代前・中期

戦前より存在が知られ、1957年、西村正衛らの調査によって、住居跡・埋葬人骨などが確認された。岩手県内、三陸沿岸の貝塚では、最大級の規模で保存状態も良好な遺跡である。貝層は、東西約120m、南北約100mの範囲に、幅7～40m、厚さ0.8～2m程度で堆積し、ほぼ環状に回る。アサリを主体として25種類の貝類が確認でき、魚類、哺乳類の骨も認められ、イルカやクジラの骨が検出されている。遺物では、土器のほか打製石斧、石錘、石鏃などの石製品や骨角製品も認められ、オオカミの牙やサメの椎骨、鳥骨でつくられた垂飾品や釣針、鹿角製箆などが出土している。

西田遺跡（にしだいせき） ＊紫波郡紫波町：北上高地西縁、北上川で切られた残丘上、標高104mに位置　**時代** 縄文時代中期中葉

東北新幹線建設工事に伴い、1975～77年に県教育委員会が3次にわたり調査を実施した。残丘北部から墓坑や柱穴、住居跡、貯蔵穴状土坑、落し穴などが検出された。特筆されるのは、これらの遺構群が環状に配置さ

れている点で、集落の中心には約20～30基ごとにまとまりをもった墓坑群が同心円状に並び、その外周に掘立柱建物の柱穴群、さらに外側には竪穴住居跡がめぐっていた。こうした計画的な集落構造の配置はほかの遺跡でも認められ、柳上遺跡（北上市）にも近似した構成が見られる。また掘立柱建物群は長方形もしくは六角形を呈し、建物の軸方向が中心を意識していることから、墓坑との関わりも想定されている。同様の遺構は1989年から農工団地造成に伴い調査が行われた御所野遺跡（一戸町：馬淵川右岸の段丘面、標高約200m付近に位置）でも認められ、中央の配石遺構および墓坑を中心として600軒近い竪穴住居跡が検出されたほか、大型の土屋根住居跡や六本柱の大型の掘立柱建物も認められるなど、西田遺跡とともに、独特の集落構成を示す遺跡として注目される。ほかに、大館町遺跡（盛岡市）、崎山貝塚（宮古市）、大日向Ⅱ遺跡（軽米町）など拠点的集落遺跡でも認められている。

萪内遺跡
＊盛岡市：雫石川右岸、河岸段丘上、標高164～168mに位置
時代 縄文時代後・晩期

1976年からダム建設に伴い調査が実施され、現在は御所湖の底に沈んでいる。発掘面積は30万m²に及び、竪穴住居跡、配石墓坑、貯蔵穴、旧河川道、木造遺構などが検出された。甕棺を伴う墓坑や火葬骨も認められており、興味深い。遺物では土器、石器や石鏃、漆を塗布した木皿や櫛などの木製品が検出されている。特に大型土偶は著名で、仮面をつけた状態を示す頭部（重要文化財）、右耳、右脚部が出土した。当初は全身像で全長90cm程度あったものと考えられている。またトーテムポール状の木製品（残存長65cm）をはじめ多種多様な木製品や漆製品も出土している。加えて河川利用の実態として、クリ材を川底に打ち込んだ魞状遺構も認められ、水汲み場、洗い場と推定される遺構とともに、付近から当時の人々の足跡も検出されている。

大洞貝塚
＊大船渡市：大船渡湾東岸の小高い丘の南北斜面に位置し、標高は20～30m　時代 縄文時代後・晩期　史

1925年に長谷部言人、山内清男らが発掘調査を実施した。北斜面西側の崖上をA地区、崖下をA'地区、北斜面東側をB地区とし、南斜面をC地区と区分している。東北地方の著名な土器型式である「大洞式」の標識遺跡であり、山内は「大洞B、B-C、C_1、C_2、A、A'」を設定している。一般には「亀ヶ岡式土器」と呼ばれるもので、大洞式には精製、半精製、粗製の土器がある。精製は三叉状の入組文や羊歯状文、雲形磨消縄文、

工字状文などで装飾されているが、粗製は縄文や条痕文（平行する数本の条線からなる文様。貝殻や細棒を用いる）が施され、深鉢や鉢が多い。

　土器以外の遺物では、多数の骨角製品や装飾具が認められ、燕形離頭銛や両鐖（あぐ、カエシ）型釣針などが検出されたほか、アサリを主体とした貝類、魚類や哺乳類の骨も多数出土した。また人骨も発見され、長谷部が大洞貝塚や細浦貝塚（大船渡市）の事例を基に「外聴道骨腫（外耳道に骨増殖を生じ、外耳道が狭くなるもの。海人の職業病とされる）」の人骨が多い点を指摘しており、三陸海岸における貝塚を知るうえで重要な遺跡である。史前学会、慶應義塾大学、早稲田大学なども調査を行っている。

九年橋遺跡
＊北上市：旧和賀川流路で、和賀川左岸の自然堤防、標高59mに位置　時代　縄文時代晩期

　1973年より宅地造成に伴って、11回にわたり調査が行われた。土器型式より、晩期前半（大洞BC・C_1）と後半（大洞C_2・A）に形成されたと考えられる。住居跡や石囲炉のほか、配石や積石遺構も検出されている。また、遺物は土器が3,000点以上と膨大で、特に完形品が多数出土し、土偶や石製品、耳飾や玉類などの土製品、骨角製品も大量に検出された。石器を柄に取り付ける際などに使用するアスファルトは、長谷堂貝塚や上水沢Ⅱ遺跡などでも認められ、国内原産地が秋田県や新潟県に限定されることから、他地域との交流を示すものとして注目される。また、低湿地遺跡であるため、花粉分析では、ソバが検出された。

角塚古墳
＊奥州市（旧胆沢町）：胆沢川扇状地の水沢段丘上、標高75～80mに位置　時代　古墳時代（5世紀末～6世紀初）　史

　戦前、森口多里によって古墳と推定され、戦後工事に伴う土取りのため、一部を掘削した際に円筒埴輪の破片が検出され、古墳であることが認知された。東北地方北部で唯一の前方後円墳であり、最大・最古の古墳。1974年、75年に周濠の測量と調査が行われたが、主軸の全長は約45m、後円部径は28.3mを測る。後円部の比高差は4.3m、2段築成であり、葺石で覆われていた。形象埴輪の破片が多数検出され、水鳥やイノシシ、家屋などが見られる。5世紀末から6世紀初めに、胆沢地方にも古墳築造の技術が伝えられたことや権力基盤をもつ首長の存在を示すものとして貴重である。なお、この古墳には大蛇の角を納めたとする伝説があり、「角塚」あるいは「一本杉（墳丘頂上に一本の杉が立っていた）」とも呼ばれ、古老たちは、そこへ行くとヘビに祟られると言っていたという。そのため住民も近づかず、耕作などによる墳丘の破壊が比較的進まなかったようである。

江釣子古墳群（えづりここふんぐん）

＊北上市：和賀川右岸の標高約70m付近の河岸段丘上に点在　時代　古墳時代　史

　長沼、猫谷地、五条丸、八幡の4つの古墳群からなり、北上市和賀町から上江釣子まで約6kmにわたり、118の古墳（長沼13、猫谷地24、五条丸73、八幡8）が確認されている。江釣子付近の古墳は古くから「蝦夷塚」と呼ばれており、盛岡藩黒沢尻通代官、星川吉寛をはじめ、近世後期の史料には「蝦夷塚」発掘の記載が散見される。古墳は径10m前後から2～3mの大きさを測り、高さはおおむね1m程度と小ぶりで、農耕などで消滅した古墳も多い。特徴は川原石を小口積みして横穴式石室を構築する点で、周溝をもつものや墳丘全体を川原石で覆う形態もある。遺物には、直刀（ちょくとう）のほか、蕨手刀（わらびてとう）もあり、轡（くつわ）、鉄鏃（てつぞく）、鉄鍬（てつくわ）などの鉄製品や金銅製腕輪（こんどうせいうでわ）、錫製腕輪（すずせいうでわ）、ヒスイやメノウの勾玉、水晶製の切子玉、ガラス玉なども検出されている。北上川中流域では、7世紀末から8世紀にかけてこうした川原石積みの群集墳が出現し、蝦夷の活動との関わりも想定されている。なお1982年には、長らく行方知れずであった吉寛の著した蝦夷塚発掘の記録原本と蕨手刀が、盛岡市内の酒屋の土蔵から発見されている。

胆沢城跡（いさわじょうあと）

＊奥州市：北上川西岸、合流する胆沢川を北限とし、標高45～50mに位置　時代　平安時代　史

　1954年より板橋源（いたばしげん）らによって発掘が開始され、1974年以降は市教育委員会により断続的に調査が続けられている。これまでに築地と内外の溝が構築された外郭（方約675m）と外郭内中央の南3分の1寄りに構築された政庁（方約89m）の二重構造であったことや、政庁の周囲に存在した官衙（かんが）地区の様相が明らかになってきている。政庁中央の正殿は正面5間、奥行2間の東西棟で瓦葺建物と想定されている。ほかに脇殿2棟が左右に配置されていた。胆沢城の変遷は3期に大別でき、9世紀後半以降に施設が充実する2期に画期が想定されている。

　遺物は土器類のほか、木簡が多数検出されており、蝦夷が貢進した白米の付札は当時の蝦夷の状況を示す資料といえる。また漆紙文書（うるしがみもんじょ）も認められ、「兵士歴名簿」や「兵士欠勤簿」など、兵士の実態を示す資料や釈奠（せきてん）の儀式で用いられる『古文孝経（こぶんこうきょう）』の断簡も出土し、辺境支配のあり方を考えるうえで重要な資料が出土している。

　胆沢城は坂上田村麻呂（さかのうえのたむらまろ）によって造営された城柵で、802（延暦21）年に設置された。その翌年には、約60km北方にある志波城（しわじょう）（盛岡市：雫石川右岸の沖積段丘上。1976年より東北縦貫自動車道建設に伴い調査が行

われる）が築かれた。外郭の築地は一辺840m、大溝が一辺930mの方形を呈し、場内には1,000棟を超える竪穴住居跡が検出された。また内郭は方約150mの築地で、正殿が正面6間、奥行3間の東西棟と、城柵として規模が大きい点が特徴である。ただし、たび重なる水害で廃止され、さらに徳丹城（矢巾町）が813（弘仁4）年頃に文屋綿麻呂によって築かれた。1956年以降調査されており、外郭の一辺は350m、北辺のみ築地で、後は内外に溝をもつ丸太列であったと推定される。また70mほどの間隔で櫓を配していた。内郭は一辺80mの柱列で、中央に正殿と思われる庇付きの建物と2棟の脇殿が存在した。こうした官衙的機能をもつ諸城柵の存在は、平安時代の朝廷による東北経営の実態を示すものであり、貴重である。

柳之御所跡（やなぎのごしょあと）
＊西磐井郡平泉町：北上川西岸の河岸段丘上、標高20～25mに位置　**時代** 平安時代後期から鎌倉時代前期　**史**

昭和初期より存在が知られ、1969年からは20次にわたり調査が行われてきたが、バイパス・堤防工事に伴って、1988年より本格的な発掘調査が実施された。遺跡の範囲は、北西から南東にかけて細長く、最大長800m、最大幅200mに広がる。総面積は11万m^2に及び、そのうちの約4万m^2が調査されている。外郭を一部で二重となる堀によって囲み、堀の内外では遺構や遺物の様相には大きな違いがある。特に堀内部の中心部は大規模な塀で区画され、中に園池を伴う中心建物群が存在している。また、多数の棒状の板片や種子が出土した土坑の土壌分析を行った結果、多様な寄生虫卵が検出され、いわゆる「トイレ」遺構であることが判明している。ちなみに、板片は「チュウ木」と呼ばれ、用便時に現在のトイレットペーパーのような役割を果たすものとされる。これらの自然遺物を通して、当時の食生活が推測されている。

　豊富な遺物群としては、20トンに及ぶ「かわらけ」があり、手づくねの京都系のかわらけが9割を占めている。ほかに甕、壺、片口といった、常滑、渥美窯の東海産陶器や白磁四耳壺といった中国産陶磁器も認められる。また漆器椀や下駄、将棋の駒といった木製品や温石、石鍋などの石製品、金属製品など、飲食具・調理具はじめ多様な生活財が検出されている。興味深い遺物としては、和鏡や印章、轡なども見られるほか、形代や呪符といった祭祀的な遺物も認められる。また木簡や墨書土器も多数発見されており、特に折敷の底板に記された「人々給絹日記」と標題のある墨書は、宴に出席した人々への「引き出物」リストとして興味深い。

　柳之御所跡は、12世紀代の奥州藤原氏の居館跡であると考えられるが、

1.5km南西には浄土庭園の池や遣水遺構、伽藍跡が発見された「毛越寺庭園」が位置するほか、西には発掘調査によって、模した平等院鳳凰堂より規模が大きいことがわかった「無量光院跡」、東には浄土池と大・小阿弥陀堂を設け、極楽浄土を表現した庭園「観自在王院」などもあり、奥州藤原氏の栄華を理解するうえで貴重な遺跡群が点在している。これらの庭園や寺院の遺跡は、中尊寺金色堂などとともに、2011年世界文化遺産「平泉―仏国土（浄土）を表す建築・庭園および考古学的遺跡群―」の構成遺産として登録された。

山口館跡（やまぐちだてあと）

＊宮古市：黒森山から南に伸びた丘陵、標高60〜80m付近に位置　時代　室町時代後期〜戦国時代

2003年より「宮古市北部環状線道路改良工事」に伴い、大規模な発掘調査を実施。新旧2時期の縄張が確認され、南北500m、東西400mの範囲にわたる大規模な館である。斜面東側には二重の堀が築かれ、尾根に竪穴住居跡、西斜面には工房跡や製炭遺構が確認された。工房跡からは、鍛造薄片や鉄滓などが検出され、鍛冶に伴う遺構であることをうかがわせる。奈良・平安時代の製鉄関連遺跡は宮古市や山田町付近に多いが、その理由としては原料である砂鉄が豊富であることがあげられよう。遺物としては、国内産の陶磁器や中国陶磁器、北宋銭を中心とした渡来銭も認められている。なお、1997年の調査では、平安時代（9世紀後半〜10世紀前半）の竪穴住居跡から錫杖頭、三鈷鏡、鐘鈴などが出土した。黒森山が霊山として信仰を集めており、そうした修験者の活動の地でもあったようである。館の主については、資史料より、南部氏の家臣小笠原氏であったとも考えられるが、断定はできていない。

コラム　考古学用語解説

☞「時代区分」

時代区分とは、第Ⅰ部で述べたように、文字記録のある時代の物質的な資料も考古学は扱う。そこで便宜的に先史・歴史の区分を用いて研究領域をとらえ、中世や近世考古学も提唱されている。しかし、こうした時代区分は、歴史研究者が史料に基づいて決定したものであり、物質文化はこうした画期で劇的に変化することはない。それは先史であっても同様であり、近年、14C（放射性炭素）年代測定の分析が注目を浴びているが、縄文と弥生という「時代」はいかに分けられるのか、着実な議論が必要である。

4 宮城県

多賀城跡(「大垣」墨書須恵器坏)

地域の特色　宮城県は、本州、東北地方南部の太平洋側に位置する。西は奥羽山脈によって、山形県、秋田県の境となし、北東部の海岸寄りには岩手県との境をなす北上山地、南の福島県境には阿武隈山地の先端が山地を形づくっている。北の岩手県からは東北最大河川である北上川が南流し、石巻湾と追波湾に注ぐ。そして南部では福島県から阿武隈川が北流し、亘理郡亘理町の荒浜で太平洋に流れ込んでいる。これらの河川の流域に平野があり、阿武隈川流域には角田盆地、亘理から仙台にかけての海岸沿いの一帯、また北上・迫・江合・鳴瀬各河川の流域にわたって仙台平野が広がる。そして、牡鹿郡より本吉郡・気仙沼市にかけての牡鹿半島は、岩手県から続く三陸海岸のリアス海岸が形成され、縄文時代の貝塚地帯ともなっている。

その他、県内の遺跡は低丘陵、台地、河川の段丘、自然堤防上などに立地するが、特に奥羽山脈から派生した丘陵・台地周辺に多く分布している。2011年の東日本大震災以後、復興事業に伴う発掘調査も行われており、特に本文でも指摘するように、過去数回の津波堆積物が海岸平野部の遺跡で検出されており、関心を集めている。

古代の宮城県は陸奥国に属しており、その拠点として著名なのが多賀城である。ほかにも城柵、官衙遺跡が認められており、東北経営の中心的役割を果たしていたことが知られる。中世には、関東御家人の恩賞地となる。南北朝時代以後は大崎氏が奥州探題として勢力を伸ばしたが、伊達氏が台頭し勢力を二分する。豊臣秀吉による奥州仕置などを経て、現在の宮城県・岩手県南部・福島県宇多郡は伊達氏領となり、以後、近世を通して伊達氏の支配となる。1868年、仙台藩および土浦・宇都宮・高崎各藩の取締地および南部氏の転封地となり、以後複雑な管轄替えを経て1871年、廃藩置県によって仙台県が置かれ、この年の11月、角田・仙台・登米・胆沢各県を分合して、仙台県(翌1872年正月宮城県と改称)および一関

県（12月水沢県、1875年11月磐井県と改称）とした。1876年4月、磐井県の廃止により5郡（玉造・栗原・登米・本吉・気仙22万5,095石）が宮城県管轄となり、宮城県の伊具・刈田・亘理3郡および宇多郡のうち9万5,314石が磐前県に分割併合、8月磐前県の廃止により、伊具・刈田・亘理3郡が再び宮城県管轄となって、現在の県域が確定した。

主な遺跡

富沢遺跡（とみざわ）　＊仙台市：名取川と広瀬川の自然堤防の後背湿地、標高8〜16mに位置　時代 旧石器時代〜近世

1983年、地下鉄工事に伴う発掘で弥生時代〜中世にかけての水田跡が重複して発見され、以後、断続的な調査が進められている。宮城県内で初めて発見された水田跡である。弥生時代中期中頃から後期にかけて、8期にわたる水田が重層的に検出されている。興味深いのは、水田面の間に自然堆積の層が挟まれることで、一定期間の休耕状態を経る必要性があった可能性を示唆している。

また1987年、小学校建設に伴う発掘では、弥生時代の水田遺構の下より旧石器時代の針葉樹林の根株や幹、そして石器が検出され、シカ類と思われる哺乳類の糞や昆虫の翅、種子や花粉なども検出された。炭化物の集中も認められており、約2万年前と想定される人類の活動はもちろん、最後の氷期であった当時の古環境の実態が明らかとなった。現在、これらの旧石器時代の遺構は現地保存され、「地底の森ミュージアム」として公開されている。

里浜貝塚（さとはま）　＊東松島市：宮戸島北西部、東西に伸びる丘陵上、標高20〜40mに位置　時代 縄文時代前期〜弥生時代　史

東西約640m、南北200mの規模をもち、西畑、台囲、寺下囲、袖窪、畑中、梨ノ木囲などの各地区にわたる。1918〜19年、松本彦七郎、長谷部言人らによって、寺下囲地点の本格的な発掘調査が行われた。特に松本は地質学に依拠した分層発掘を行い、土器編年研究の基礎的な知見を提示したことは学史に名高い。また多数の埋葬人骨が発見されており、形質人類学的な研究も進められた。戦後は東北歴史博物館などにより各地区で調査が実施されており、特に1979年から行われた西畑地点の調査では、土壌を悉皆的に取り上げ、水洗選別によって微細な遺物の抽出を行った。その結果、従来発見できなかった微小な貝や魚骨などを含めた動物遺体の分析が可能となり、縄文時代晩期における季節ごとに計画的で豊かな生業形

態や食生活の実態が明らかとなった。また、土器や石器、骨角製装身具のほか製塩土器も多数発掘されている。丘陵の東西に縄文前期初頭には小規模な集落が営まれ、その後西側の丘陵頂部、東側の南斜面、西側の南斜面と変遷しながら大規模な集落や貝塚が形成されたと考えられる。

　松島湾沿岸には多数の貝塚が形成され、宮城県内の約3割の貝塚が集中している。西ノ浜貝塚（松島町）を代表とする松島遺跡群、山内清男が縄文時代前・中期の大木式土器の型式編年を設定した大木囲貝塚（七ヶ浜町）や二月田貝塚（七ヶ浜町）などを含む七ヶ浜遺跡群などがあり、こうした拠点的集落を軸に、長く人々の活動が営まれていたことが確認できる。ただし、晩期には中小規模の貝塚が形成されることから、何らかの生活形態の変化も想定される。

　なお寺下囲貝塚では、弥生土器を含んでおり、モミ痕を有する土器片が検出され、蛤刃石斧や鉄製鋩頭も出土している。

鱸沼遺跡
＊角田市：阿武隈川左岸、鱸沼丘陵の標高約25mに位置
時代　縄文時代〜弥生時代初め

　1969年、変電所建設に伴う調査において、弥生土器を発見。加えて石包丁や片刃石斧など弥生文化に伴う遺物が出土した。特筆されるのは、炭化米が出土したことで、穂についた状態のものもあり、穂摘みによる収穫がなされていたことが示唆された。また、炭化したクリも出土している。他方、石鏃、石棒など、縄文文化の要素も認められており、県南部、阿武隈川流域における弥生文化の受容のあり方をとらえるうえで貴重な遺跡といえる。

沓形遺跡
＊仙台市：名取川左岸の後背湿地と自然堤防上、標高2〜3mに位置　時代　弥生時代〜中世

　高速鉄道東西線の建設に伴い、2007年より本格的な発掘調査が行われ、弥生時代から中世にかけて水田跡（4面）が検出された。特に基本層6a1層（弥生時代中期中葉）では、津波堆積物と思われる砂質層が上位に広く検出され、海岸線より2.5km離れたこの土地に津波が到達した可能性を初めて明らかにした。

雷神山古墳
＊名取市：小豆島丘陵南東部、標高約34mに位置
時代　古墳時代中期　　　　　　　　　　　　　　　　史

　1976年、77年に名取市教育委員会によって、墳丘部の発掘調査が行われた。全長168m、後円部径96m、高さ12m。前方部の最大幅も96mを測るが、高さは6mと後円部に比べて低い点は特徴的である。規模は東北

地方最大とされる。後円部は3段に築造され、前方部は2段築造と想定される。丘陵を利用して構築されたものであり、土取りのためと思われる周濠が構築されている。壺形埴輪が認められ、以前は遠見塚古墳（仙台市）（戦後、米軍により土取りが行われ後円部の3分の2が消滅したが、全長110m、後円部径63m、高さ6.5m、前方部幅37m、高さ2.5mの大型古墳で、粘土郭）よりも新しいと考えられてきたが、現在では5世紀前半かそれ以前の構築と考えられている。東側に径54mの円墳である小塚古墳がある。

多賀城

＊多賀城市：仙台平野を望む標高50mほどの小丘陵に位置
時代 奈良時代前半〜平安時代 史

律令国家によって蝦夷支配の拠点として設置された城柵。江戸時代には松尾芭蕉が「つぼの石碑（多賀城碑を指す）」を訪れ、『おくの細道』に感動を記しているが、多賀城として一般に意識されるようになったのは明治以後のことである。1921年に国指定史跡に指定。戦後、1961年からは断続的に発掘調査が行われている。1961年に国特別史跡。北は加瀬沼、西に砂押川、東には沢を限りとして、不整四辺形の外郭（東辺約1,050m、西辺約660m、南辺約870m、北辺約780m）が構築される。

外郭は丘陵部が築地塀、低地部は丸太材を立てた材木塀で区画されていたことが明らかとなっている。1979年の調査では、外郭の築地遺構より「大垣」と墨書された須恵器坏が検出されており、東北経営の拠点としての威容を示す築地塀であったことが想像される。

中央政庁の遺構は大別して4期に区分できる。創建期である第Ⅰ期は奈良時代前半となるが、史料上の記載はない。多賀城碑には742（神亀元）年に鎮守将軍大野東人によって設置されたとある。発掘により政庁の正殿1棟、脇殿2棟と思われる掘立柱建物の遺構が検出されている。第Ⅱ期は主要な遺構が礎石建物に転換する時期であり、東・西楼や石敷広場などが構築される。発掘では築地塀内側の溝に大量の焼けた瓦の堆積も認められ、史料に記載される780（宝亀11）年の伊治公呰麻呂の反乱により、多賀城が襲撃された事件との関わりが想定されている。第Ⅲ期は襲撃後に再建された建物群の遺構と考えられ、正殿は凝灰岩の切石基壇の上に建てられている。また、城の郭内には役所の建物が配置され、外郭にも兵舎と思われる方形の竪穴住居跡が検出されている。そして869（貞観11）年に陸奥国を襲った大地震による築地塀の崩壊など被害痕跡が認められている。ちなみに、2011年の東日本大震災による津波は、多賀城南側の砂押川南岸まで到達している。そして、第Ⅳ期は地震後に復興された建物で、政庁

北側に新たな建物が構築されている。

　門は東西南北（北は未発見）に開かれ、第Ⅱ期以降は八脚門（8本の柱で屋根を支える）であった。中央の方形を呈する政庁（東西103m、南北116m）の遺構配置から、正面は南側と考えられる。他方、外郭東門はコの字状に凹み、ほかの門とは構造が異なる（西門も一時期、同一の形態）。なお南側は外郭とは別に、内側にも門と塀が形成されていた時期があったことが遺構により確認されており、外郭の大きさが変化した可能性が考えられる。外郭外の南側には、南北と東西の大路を軸として区画された道路が認められており、多賀城に関わる役人らが居住していたことが想定される。

　遺物では土師器、須恵器のほか、灰釉陶器、緑釉陶器、青・白磁類が出土しているほか、硯や文字資料として木簡のほか、1978年に、漆の付着によって腐朽を免れた「漆紙文書」が発見されており、当時の役人らの業務の様子をうかがい知る貴重な資料となっている。

　また瓦類は当初、多賀城より約30km北の木戸瓦窯跡（大崎市）、日の出山瓦窯跡（色麻町）といった窯で焼成されたものが用いられたことがわかっている。第Ⅱ期以後は近隣の春日大沢窯跡群（利府町）や台の原・小田原窯跡群（仙台市）から供給されていた。

　近隣の遺跡としては、南東1kmの丘陵上には、九州大宰府の観世音寺と伽藍配置が共通する多賀城廃寺（多賀城市）がある。また県北栗原地方の拠点である伊治城跡（栗原市）では、弩と呼ばれる弓の発射器具が出土しており、律令政府と蝦夷との戦いの様子が偲ばれる。なお、著名な「多賀城碑」は外郭南門近くに現存し、724（神亀元）年に大野東人によってつくられたもので、史料では藤原恵美朝獦によって修復された記録が残る。その後、江戸時代に、伊達綱村が徳川光圀の助言で覆屋を構築。1997～98年に発掘調査が行われ、古代から変わらず、同じ場所に碑が建てられていたことが確かめられた。

切込焼西山磁器工房跡
（きりごめやきにしやまじきこうぼうあと）

＊加美郡加美町：丘陵西向き斜面、標高150～165mに位置　時代 江戸時代後期

　1975年より東北大学により発掘調査が行われ、西山と呼ばれる窯跡近くより、製作工房跡が発見された。切込焼は、伝世品の銘文などから天保年間より創業されたと考えられており、13代藩主伊達慶邦により藩の直営事業となっている。山裾の西山、中山、東山と呼ばれる地点に、窯跡が5基残されている。この遺跡からは、ロクロ用具、窯道具、磁器および素

焼製品など、製作に関わる遺物が多数出土している。

　肥前有田の磁器の文様などを写した製品も認められ、いわゆる「御用器（ごよう き）」として藩に献納されたものもあったと考えられる。他方、いわゆる生活財としての日用品としての器も多数製作されており、切込窯の製品と考えられる磁器が東北各地の近世遺跡でも認められている。

　なお、出土した素焼の水滴型（すいてきがた）に「山下」の刻銘が確認されており、切込町に残る墓碑銘より、丹波熊野郡久米（美）浜に生まれ、切込瀬戸山の棟梁となった山下吉蔵（やましたきちぞう）と関わるものと想定されている。吉蔵は1864（元治2）年に66歳で没していることから、吉蔵の後半生における工房と考えられている。その後、幕末の混乱もあり次第に衰退し、1879年に閉窯したという。

コラム ● 考古学用語解説

☞「遺跡と実年代」

第Ⅰ部19頁で述べたように、弥生時代の開始時期が定説を覆し、紀元前10世紀にさかのぼるとする研究もあり、発掘資料による相対年代と実年代との対応は極めて繊細な問題を含んでいる。しかし、尺度がないままでは時代のイメージがつきづらい点もあるだろう。そこで、現在、定説として比定されている年代を示し、補助線としたい。

　まず日本の【旧石器時代】は、世界的な時代区分では、後期（上部）旧石器時代に相当する。およそ「最終氷期」（約6万年前～1万年前）に比定され、さらに「最終間氷期」（約13～6万年前）を含むか否かは議論がある。

　【縄文時代】は各時期の開始時期を、草創期（1万3,000年前）、早期（9,500年前）、前期（6,500年前）、中期（5,000年前）、後期（4,000年前）、晩期（3,000～2,200年前）に比定する。

　【弥生時代】は前述の理由から、縄文時代と一部重複する。弥生時代先Ⅰ期（早期・前4・5～3世紀）、Ⅰ期（前期・前3～2世紀）、Ⅱ～Ⅳ期（中期・前2～後1世紀）、Ⅴ～Ⅵ期（後期・後1～3世紀）の範囲とされる。

　【古墳時代】は中国・日本の諸史書の記述も踏まえ時期が比定されており、古墳時代前期（3世紀後半～4世紀後半）、中期（4世紀後半～5世紀後半）、後期（5世紀末葉～6世紀末葉）となり、律令制の誕生を画期として【奈良時代】となる。

胡桃館遺跡（木簡）

地域の特色

秋田県は、東北地方の北西に位置し、日本海に面する。東に1,000m級の奥羽山脈、その西には出羽山地が南北に縦走し、北部には白神山地が位置する。また南側の山形県との境には鳥海山（標高2,236m）があり、この付近を水源とする子吉川は本荘平野を形成しつつ、日本海に注ぐ。そして、十分一沢川と南沢川が合流し形成される雄物川は、横手盆地、秋田平野を流れ、日本海に注ぐ。北部には米代川が流れ、内陸盆地（花輪〈鹿角〉・大館・鷹巣）が展開しつつ、能代平野を経て、日本海に注いでいる。そして、日本海側の中央に寒風火山・本山・真山を主峰とする男鹿半島が形成される。海岸線は、3つの河川が形成したほぼ直線的な海岸砂丘が広がっている。これらの砂丘の内側の潟湖が埋積したものが各平野であり、河川の流域を中心として著名な遺跡が点在している。特に米代川流域は、縄文時代前期から中期にかけての「円筒式土器文化」の南限であり、雄物川が「大木式土器文化」の北限と評価されており、文化交流のあり方にも河川が影響を与えている。なお八郎潟は、潟の面積約222km^{2}で琵琶湖に次ぐ大きさであったが、1957〜66年に干拓されている。

712（和銅5）年の出羽国の建置以降、各地の開発が進められ、733（天平5）年には秋田村高清水岡に出羽柵（後の秋田城）が設置されたが、その成果は必ずしも芳しくなかった。平安時代末期には奥州藤原氏の支配となり、源頼朝による奥州征伐後は、由利氏、橘氏のほか、小野寺、浅利、成田、安保、秋元、奈良などの御家人が地頭職を得てこの地域を治めた。さらに津軽から安東氏が勢力を広げるとともに、仙北地方には戸沢、本堂、六郷などの諸氏が拠り、由利郡には十二頭といわれるような諸氏が割拠して、戦国争乱の世を迎えた。

江戸時代には旧領主が常陸地方に国替えとなり、秋田・仙北地方は佐竹氏（久保田〈秋田〉20万石）、由利郡は六郷氏（本荘2万石）・岩城氏（亀

田2万石)・生駒氏（矢島8千石・分家2千石)・仁賀保氏（元1万石、後に平沢2千石・分家千石）などの支配となる。鹿角郡は南部氏の支配が続き、また由利郡南境地域は天領となった。戊辰戦争後、出羽国は分割され、現在の秋田県領域は「羽後国」となる。その後、1871年の廃藩置県によって、佐竹氏の支配する秋田藩（旧久保田藩）が廃せられて秋田県となり、次いで同年11月、秋田・岩崎・本荘・亀田・矢島の5県と陸中江刺県のうちの鹿角郡を合わせて秋田県が置かれた。

主な遺跡

米ヶ森遺跡（よねがもり）
＊大仙市：横手盆地の北端、米ヶ森山麓の台地右端、標高100mに位置　**時代** 旧石器時代、縄文時代中期

1961年、地元の小学校教諭の長山幹丸（ながやまみきまる）によって発見され、1969年より5次にわたり発掘調査が実施された。旧石器時代後期のナイフ形石器（杉久保型・東山型・米ヶ森型）、彫器（ちょうき）、掻器（そうき）、米ヶ森型台形石器、細石刃（さいせきじん）などが発見された。特に1つの石核から規格性のある石器を20個近く取り出す、米ヶ森型台形石器の製作技法は「米ヶ森技法」と呼ばれ、この遺跡が標識遺跡となっている。また、縄文時代中期末（大木10式）の竪穴住居跡（たてあなじゅうきょ）が発見されているが、いずれも小型（径3m前後）で、炉が壁寄りにつくられ、その奥に自然石を立てる形態が特徴的である。

杉沢台遺跡（すぎさわだい）
＊能代市：米代川右岸の東雲台地、標高約40mに位置　**時代** 縄文時代前期末　史

1980年より、能代開拓建設事業に伴って発掘調査が行われた。特徴的な遺構は、長軸31m、幅8.8mの巨大な竪穴住居跡が発見されたことで、大型住居跡3軒、一般的なサイズの竪穴住居跡40軒などが認められた。この日本最大級の特大住居跡は、14～20本程度の柱穴列と壁の間が1段高くなった床面を形成する。また、地床炉が中央に列をなして6基検出されており、少なくとも3回の建替えが行われた可能性が指摘されている。こうした大型竪穴住居跡は石川県や富山県の項でも取り上げているが、積雪量の多い地域を中心として認められており、その背景に冬季の共同作業場とする説が指摘されている。

一丈木遺跡（いちじょうぎ）
＊仙北郡美郷町：仙北平野の東端、標高約140mの台地の西端に位置　**時代** 縄文時代中期

1972年から発掘調査が行われ、遺跡の範囲は約5万m²に及ぶ。竪穴住居跡が21軒、袋状ピットなどが検出された。住居跡には周溝がめぐって

東北地方　51

おり、中心には石囲炉をもっており、興味深い点は、住居跡のなかには同じ場所で2回建て替えられ、縮小されているものが見られる点である。当初の大きさは直径6.8mの円形であったが、1度目の建替えでは5.8m、そして2度目は4.4mと縮小していた。増築ではなく、縮小する事例は希少である。土器は縄文中期の大木8a・b式期のものが主体で、円筒上層式土器も見られる。ほかに土偶、器台、磨製石器、石鏃などが出土している。

大湯環状列石
＊鹿角市：大湯川左岸の風張台地の中央部、標高17mに位置 時代 縄文時代後期前半 史

　1931年の耕地整理の折に発見され、1942年に神代文化研究所によって大規模な発掘調査が試みられた。戦後は1946年、甲野勇、後藤守一らによって調査が行われ、さらに1951年と52年に本格的な発掘調査がなされ、その成果は翌年報告書として刊行された。名前の通り、配石遺構が特徴的であり、130mの距離を置いて2つの地区に広がる。野中堂遺跡は最初の環状列石遺構が認められた地点だが、内外二重の同心円が施され、外帯の直径は40mで、外帯を構成する小単位の組石は32以上、内帯は11以上の組石で構成されている。万座遺跡は内外に同心円状の外帯の直径45〜46m、野中堂と同様、内外二重に同心円状の石が配され、外帯43単位、内帯4単位の組石が認められたほか、日時計状遺構も伴っていた。そして配石外帯の周囲には、方形あるいは六角形の竪穴式建物跡が巡っており、炉がないことから祭祀的な目的があったのではないかと解釈されている。

　ちなみに、配石は遺跡から約7km離れた大滝川の支流、安久谷川から運ばれた石英閃緑ヒン岩からなる。遺物は、土器（日常的な器種のほか、ベンガラなど赤色塗彩を施した土器も多数検出している）のほか、キノコ型土製品や刺突文で装飾された土版など、祭祀を想定させる遺物も多数検出されている。

　興味深い点としては、万座遺跡の小単位配石遺構の下を調査したところ小判形の土坑が認められたことがあげられる。この点については、野中堂遺跡から北東約300mの地点にある一本木後口遺跡では、1979年より行われた発掘調査において、43の配石の下から土坑が確認されている。そのうち2基から土器棺と推定される土器が発見されており、墓地説が有力になっている。また類似した環状列石は高屋館跡（鹿角市）や伊勢堂岱遺跡（北秋田市）など周辺でも発見されており、環状列石文化の広がりをうかがわせる。本遺跡は1956年、国特別史跡となっている。

漆下遺跡
*北秋田市：小又川左岸、標高134～142mの微高地に位置
時代 縄文時代後期

2001年より、森吉山ダム建設に伴い発掘調査が実施され、竪穴住居跡や配石遺構群、環状に配置された掘立柱建物群などが認められた。特に配石遺構では、その直下に土坑が検出され、装飾具と思われる玉類も出土しており、墓の可能性が指摘されている。また、きわめて珍しいX字形配石遺構も認められたほか、1段低い平坦面へと下る「石積階段」や盛土といった土木遺構も検出されている。遺物は、土器、土製品、石器、石製品が見られたが、特にクマ形の土製品や石棒の存在や用途の判然としない環状土製品、鐸形土製品、異形石器、三脚石器といったものも多数検出されており、興味深い。また、漆やアスファルトを貯蔵した土器も多数出土した。アスファルトは、県内では潟上市や能代市で産出するが、鳥野上岱遺跡（能代市）では、アスファルト精製に用いられたと考えられる土器が出土している。こうした場所から米代川などを経由し、「交易品」として搬入されたものと考えられる。

秋田城跡
*秋田市：秋田市中央部の高清水丘陵、標高約40～50mに位置
時代 奈良時代前半～平安時代　　　　　　　　　　　　　　　史

その存在は、著名な菅江真澄の随筆に「出羽柵」として記されているほか、戦前には秋田中学の教諭大山宏によって調査が進められ、1939年には国指定史跡となった。本格的な発掘調査は、1958年以降に行われ、59～62年には齋藤忠によって国主導の発掘調査が行われた。この時の調査では、内郭地区の柵列跡や掘立柱建物群、四天王寺跡が検出された。その後、1972年から改めて調査が実施され、外郭の築地塀や現・護国神社付近では政庁域の存在が確認されている。瓦や土器のほか、漆紙文書や「天平六年月」銘の木簡などの出土文字史料も認められ、また全国でも珍しい水洗便所遺構（2×3間の掘立柱建物）が発見されている。

県内には、ほかに払田柵跡（大仙市・美里町、横手盆地南東部の長森〈標高52m〉と真山〈標高65m〉と標高35m前後の沖積低地に位置）もある。1906年、耕地整理に際して柵列と考えられる埋木が発見され、1930年には上田三平が発掘、その後1931年に秋田県内で最初の国指定史跡になった。もともと「正史」に登場しない城柵であり、その役割などは議論がなされてきたが、1974年より発掘調査を実施。内郭と思われる柵列や建物配置、建替えが4回行われていたことがわかった。創建年次は8世紀末で、10世紀末から11世紀初めには廃絶したものと推定されている。

胡桃館遺跡
　＊北秋田市：米代川中流、阿仁川との合流点、標高30mの沖積地に位置　**時代** 平安時代後期

　1963年、町営野球場造成に際して木柱が発見され、1967年から発掘調査が行われた。A〜Cの3地区に分けて行われ、特にB地区では、2m近いシラス層の下から、建物跡が3棟検出された。例えば1棟（B1）は、桁行3間（南北）、梁間2間（東西）の掘立柱（径17cm）と板壁（厚さ2cm）でつくられたものであった。床面は土間で、中央に炭の堆積した部分が認められたほか、東南隅には角材を馬蹄形に回らせ、墨と灰が充填された施設も認められた。また、高床の倉庫（B3、東西3.1m、南北1.9m）もあり、完存した束柱から床の高さは1.2mほどであったと推測される。C地区からも建物跡が検出されたほか、各地区で柱列や柵列も認められた。土器や須恵器のほか、「守」「寺」と書かれた墨書土器や木簡も出土しており、11〜12世紀初頭の中心的な役割をもった建物と考えられる。蝦夷に対する米の支給を記した板「月料給出物名張（約22cm四方）」が出土していたことが、2005年3月に確認された。これらの家屋は建築部材が残っており、建築史学的にもきわめて貴重である。残存の理由としては、十和田火山の噴出物である「輝石石英安山岩質浮石」が洪水に際して米代川を流れ下り、建物を埋没させたものと推測されている。「シラス洪水」と呼ばれる火山泥流が具体的にいつ起きたかを示す記録はないが、米代川流域にはこうした「埋没住居」が古くから発見されており、菅江真澄（『埋没之家居』）や黒沢道方（『秋田千年瓦』）、平田篤胤（『皇国度制考』、岡田知康の実見録を転載）が記録を残している点は興味深い。なお、男鹿半島の小谷地遺跡（男鹿市）では5世紀代の埋没家屋も発掘されている。

コラム ● 考古学用語解説

☞「骨角器」

骨角器とは、哺乳類や鳥類、魚類などの骨を利用して製作した道具のこと。日本では縄文時代の遺跡より出土するが、ヨーロッパでは後期旧石器時代より使用例が知られ、古くから人類の道具素材として利用されてきたことがわかる。鏃や釣針、銛頭などに用いられ、特に回転式銛頭は獲物に命中すると銛が柄から外れ、装着している縄を引くと体内で回転するという高度な漁労具である。また腕輪や耳飾、櫛など装身具でも骨や角は利用されている。また弥生時代には卜占に利用されたカメの甲羅やシカ・イノシシの肩甲骨、また中近世のサイコロ、笄や簪といったものも骨角器に含まれる。

⑥ 山形県

西ノ前遺跡（土偶「縄文の女神」）

地域の特色　山形県は、東北地方の南西部に位置し、日本海に面する。北は出羽山地の一部を形成する鳥海山（2,237m）を中心として山地が東西に連なり、秋田県との境界をなす。東は蔵王連峰を含む奥羽山脈によって宮城県と隔てられており、南には吾妻山系、南西部には越後山地が連なって、それぞれ福島県、新潟県に接している。山地や丘陵が面積の約4分の3を占め、そうした山々を縫うように流れる最上川の河口に庄内平野が形成されている。また、奥羽山脈と出羽山地の間には盆地帯が形成され、米沢盆地、山形盆地、新庄盆地および小国盆地などの小盆地が点在している。また、出羽丘陵の南部には月山（1,984m）や羽黒山、湯殿山などいわゆる「出羽三山」と呼ばれた山岳信仰の霊山が位置しており、これらが内陸盆地と海岸の平野部を隔てている。

　内陸盆地を中心として、最上川流域には旧石器時代から縄文時代の遺跡が多数認められている。特に旧石器時代の遺跡が東北他県に比べ数多く確認されている。古代は出羽国にあたり、『和名類聚抄』によれば、出羽国の郡郷は11部58郷あった。そのうち本県に所在したのは、最上郡（8郷）・村山郡（6郷）・置賜郡（7郷）・飽海郡（9郷）・田川郡（5郷）・出羽郡（5郷）の6郡40郷であった。平安時代以後は荘園化が進み、小田島荘、寒河江荘、大曾根荘のほか、東北荘園の北限とされる遊佐荘などが存在した。中世以降は、大江氏・大泉氏などの地頭武士が勢力を拡大したが、南北朝時代に羽州探題として斯波兼頼が山形に入り、その後最上氏と称して支配することになる。戦国期には最上義光によって統一が進み、上杉景勝が置賜郡を一部支配したほかは、最上氏の支配に属していた。

　江戸時代には、最上氏が1622（元和8）年に改易され、領地は山形、上山、新庄、鶴岡の諸藩に分封、天領なども設けられた。加えて山形城主をはじめ、頻繁に領主の交替が行われたことから、領有形態が錯綜することになった。明治維新を経て、1869年の版籍奉還により、知藩事8名と新政府直

轄の酒田県が誕生したが、翌年、山形藩など村山地方の小藩・分領が合併され、先の酒田県を合わせて山形県が成立した。さらに、1871年の廃藩置県により、同年11月、山形県、酒田県（後に鶴岡県）、置賜県の3県に再編された。その後1876年8月、山形県へと統一された。

主な遺跡

上屋地遺跡（かみやち）
＊西置賜郡飯豊町：最上川上流の置賜白川の左岸、標高400mに位置　時代 旧石器時代

東北地方における旧石器文化研究の先駆的遺跡。1967年の羽越水害によって崩落した崖面より、地理学者の米地文夫（よねちふみお）が石片を採集したことに始まる。遺跡はA・Bの2つの地区に分かれ、B遺跡は1968〜70年にかけて山形大学と県立博物館の主導で調査が行われた。確認された堆積層のうち粘土質層（第2層）と下部の礫層（れきそう）（第3層）から硬質頁岩、流紋岩などを加工した握槌（にぎりつち）（ハンド・アックス）や斜軸尖頭器（しゃじくせんとうき）、掻器類（そうきるい）のほか、円盤型石核などの石器群が出土した。

1971〜73年には、上位の河岸段丘上に位置するA遺跡で調査が行われ、最上層からは両面調整尖頭器や片刃石斧、掻器を含む2つの石器群が層位的に検出された。特に斜軸尖頭器（せんとうき）は先端部が尖（とが）り、基部に近い部分が幅広い尖頭器である。その技法は、ほかの石核石器（亀ノ子形石核（かめのこがたせきかく））を含め、いわゆるルヴァロワ型石核を用いた剥片剥離の特徴（ルヴァロワ技法）をもち、ユーラシア大陸におけるルヴァロワ＝ムスティエ文化期との関連が指摘されている。A遺跡が位置する河岸段丘の堆積土から出土した木材片の14C年代測定（β測定法（べーた））の結果では、3万1,900年B.P.の年代が算出されている。また、B遺跡でも湖岸段丘の堆積土の泥炭より2万9,600±1,700年B.P.の値が算出されており、日本列島における旧石器文化を考えていくうえで重要な遺跡である。

東山遺跡（ひがしやま）
＊西置賜郡小国町：小国盆地の東縁、荒川と横川の河岸段丘上、標高180mに位置　時代 旧石器時代

東山型ナイフ形石器の標準遺跡。1962年に発見され、翌63年に試掘調査が行われた。基部と先端部に細かい加工を施す形態の硬質頁岩・玉髄質の「東山型ナイフ形石器（ひがしやまがた）」が特徴的であり、ナイフ形石器のほか先刃式掻器、彫刻刀形石器・石刃・石刃核などがある。東山型ナイフ形石器は周辺の遺跡はもとより、北海道、北陸にも認められている。小国盆地には旧石器時代の遺跡が多く、例えば、荒川の河岸段丘下位面、東山遺跡の北西

1.5kmに位置する横道遺跡（小国町）では、細身で両先端が柳の葉のように尖り、本州東北部、津軽海峡以南に分布する「杉久保型ナイフ石器」が出土している。この杉久保型と東山型とに共伴する石器には違いがあり、年代差が指摘されているほか、横道遺跡に近い湯の花遺跡では細石刃を伴う細石器群が出土、東山遺跡の南に位置する平林遺跡では、細石刃以前の小型の両面調整尖頭器とナイフ形石器が伴出し、尖頭器出現期の遺跡として知られているなど、小国町の旧石器時代の遺跡には特色があり、旧石器文化の変遷を知るうえで、貴重な遺跡群といえる。

水木田遺跡
＊最上郡最上町：小国川右岸の段丘上、標高約187mに位置
時代 縄文時代中期前半

1978年、圃場整備に伴い、県教育委員会によって発掘された。馬蹄形の集落を形成し、8棟の竪穴住居跡が発見されているが、おおむね径5〜6m、中央部に1m以上のやや大きめの地床炉をもつ。長方形に石を組み（8×7m）、中央部から焼土を検出した配石遺構も認められている。住居跡の数に比べても完形の土器量はきわめて多い。大きな波状口縁に粘土紐で貼り付けたり、竹管を用いた文様など多彩な土器を含んでいることがわかる。縄文時代中期初頭〜中葉期（大木7a式〜大木8a式）にわたる集落であり、北方の円筒上層b式や関東の五領ヶ台式、北陸地方の新崎式に対比しうる土器群が認められ、広い文化的交流のあり方がうかがわれる。

吹浦遺跡
＊飽海郡遊佐町：鳥海山麓の日本海に面した緩斜面、標高6〜16mに位置　**時代** 縄文時代前期

1919年に、羽越本線の工事によって貝塚が発見され、人類学者の長谷部言人によって発掘された。1951年から県内初の学術調査が行われ、縄文時代前期の竪穴住居跡や石器製作跡などが検出された。土器は東北北部の「円筒式」や東北南部の「大木式」との関わりが指摘され、独自の「吹浦式」の提唱もされたが、近年では再考されつつある。加えて、平安時代前期の竪穴住居跡や掘立柱建物が検出されているほか、大小さまざまな形態の貯蔵穴と推測される土坑が多数検出されている。

西ノ前遺跡
＊最上郡舟形町：小国川左岸の段丘上、標高72mに位置
時代 縄文時代中期

1986年、県教育委員会の遺跡詳細分布調査によって発見され、国道13号線尾花沢新庄道路の建設工事に伴い1991年より試掘調査を実施、1992年には本格的な発掘調査が行われた。長軸10mを超える大型住居跡3棟を含む竪穴住居跡9棟、フラスコ状土坑60基や土器捨場などが発見されて

いる。特筆されるのが、高さ45cmと国内最大級の完形土偶が出土したことである。張り出した胸部や腹部、そして後ろに突き出た腰など、その均整のとれた八頭身の姿から「縄文の女神」とも呼ばれる。ていねいな調整や装飾も見られ、2012年に国宝に指定された。発見時は、頭部、胸部、腰部、脚部の5片に分かれて見つかり、その周辺より大小の土偶片47点が出土している。県内では台の上遺跡（米沢市）の169点をはじめ、土偶を多量に出土する遺跡も存在するが、数点程度の遺跡が一般的であり、その差異の生じる理由は何か、など興味は尽きない。

天神森古墳
＊東置賜郡川西町：米沢盆地西端の沖積低地、標高215～220m付近に位置　時代 古墳時代前半

　東北地方でも前方後方墳としては最大の規模をもち、また日本海側北限の前方後方墳である。自然堤防状の地形を利用して整形し、盛土した古墳である。周溝や葺石、埴輪は認められない。全長75.5mで主軸は東西方向となっている。後方部の長さは43m、幅56m、高さ4.3mを測る。前方部は長さ32.5m、幅32m、高さ3mの規模である。1980年に調査が行われ、後方部墳頂左（南）縁辺と右（北）側くびれ部から、底部を穿孔した壺形土器（二重口縁広口土師壺）が出土した（古墳前期・塩釜式）。4世紀末の首長墓として評価される。墳丘後円部に天満宮の祠が祀られている。

稲荷森古墳
＊南陽市：米沢盆地、吉野川右岸の孤立丘陵を切断して形成。標高217m　時代 古墳時代　史

　最上川流域最大の前方後円墳。1978年と79年に調査が行われた。全長96m、前方部の長さが34m、端部幅が32m、高さ5m。後円部径が62m、高さ10mを測る。東北地方でも有数の規模であり、日本海側では前方後円墳の北限となる。形態的にはやや前方部が低く短小な銚子型を呈し、葺石や埴輪は確認されていない。また、内部主体の調査もされておらず、年代の比定は難しいが、後円部の地山直上に形成された竪穴住居跡が検出され、土師器の器台も出土している。後円部の北東境からも底部穿孔の土師壺が見られたことから、4世紀末の首長墓と解釈されている。

城輪柵跡
＊酒田市：庄内平野北半の中央部、標高11～13mに位置　時代 平安時代　史

　出羽国府跡とされる。1931年に水田のなかに埋没する角材列を発見し、翌年から調査が行われ、720mを一辺とする正方形の外郭施設の存在を明らかにするとともに、門や櫓の跡も検出した。戦後は暗渠排水工事などに伴い、1964年から再び調査を開始、現在も継続して行われている。現

在では一辺115mの方形の内郭や正殿、後殿、東西脇殿などの建物が認められており、その配置はほかの国府跡における建物配置と類似することから、この遺跡が出羽国府であると評価する根拠となっている。また、遺構の状況から3つの時期が想定され、9世紀前半、10世紀後半、11～12世紀に区分できる。

なお『日本三代実録』には、9世紀末に出羽国府の移転の記事があり、城輪から東方3kmほどに位置する八森遺跡（八幡町）では、城輪柵では遺構の希薄な9世紀後半の正殿跡や、一辺90mの方形区画が認められている。移転の理由は自然災害と推定されているが、この八森遺跡が出羽国府の一時移転した国衙跡と考えられている。城輪柵と周辺では、集落跡も多数認められ、計画的な集落などの形成が図られたと推定されているほか城輪柵の遺構年代と一致し、国府とともに成立、衰退したことが考えられる。また、県内の他の遺跡では平安時代でも竪穴住居が一般的だが、この周辺では掘立柱建物がほとんどであり、木材生産を含めて計画的な「都市」づくりのあり方がうかがわれる。

亀ヶ崎城跡

＊酒田市：庄内平野の西端、標高3m、最上川の自然堤防上に位置　時代　中世～近世

古くは東禅寺城とも呼ばれ、戦国期は最上氏によって支配された。最上氏改易後、酒井氏が庄内藩を治めることになった折、鶴ヶ岡を居城としたが、支城として存続。明治維新後に廃城となる。現在、本丸跡・二の丸跡は山形県立酒田東高校の敷地となり、一部の土塁を残して遺構は現存していない。近年の発掘で、近世段階の本丸と二の丸の間の内堀が検出されたほか、18世紀後半から19世紀前半の肥前・唐津系や瀬戸美濃系などの陶磁器類や金属製品、木製品などが検出されている。

また、1875年に解体された本城である鶴ヶ岡城（鶴岡市）も、濠は現存するものの本丸や二の丸は鶴岡公園となり、1887年に創建された酒井忠勝を祭神とする荘内神社が現存する。近年、発掘調査が行われており、二の丸堀跡、百間堀跡から近世の木製品を中心とした多量の遺物が出土している。戊辰戦争後、山形県内の城郭は廃城、解体されたものが多く、近年の発掘により、近世段階の様相が明らかになりつつある。

⑦ 福島県

天神原遺跡（土器棺墓）

地域の特色

　福島県は、東北地方の最南端に位置する。東は太平洋に面し、西は越後山脈を境として新潟県と接し、東北地方最高峰の燧ヶ岳や尾瀬ヶ原を境として、西南の一部を群馬県に接する。南は茨城・栃木県、北は宮城・山形県に接している。県中央に奥羽山脈が走り、県東側には阿武隈高地が広がる。阿武隈高地を境として東の海岸沿いを「浜通り」、宮城県側へと流れる阿武隈川を軸として、福島盆地や郡山盆地の広がる県中央部を「中通り」、奥羽山脈が位置し、猪苗代湖、会津盆地を中心に山がちの地形の広がる「会津」の3つの地域に区分されている。

　縄文時代の貝塚は浜通りに点在し、太平洋沿岸に沿って東北地方と関東地方との文化的影響を多分に受けて、多様な発展を見た。他方、会津盆地では、縄文時代前期末に噴火した沼沢火山の噴出物が堆積するなど不安定な生活環境であったと推定され、遺跡の分布は希薄である。弥生時代以降は、中小河川の河口部や盆地の扇状地などに集落遺跡が点在するが、丘陵の谷地形を利用した水田跡が番匠地遺跡（いわき市）で検出されるなど、沖積平野や扇状地以外の土地利用が認められる点は興味深い。

　古代は陸奥国にあたり、現在の栃木県境に5世紀には白河関（白河市）が置かれ、「蝦夷」の地との境を示す軍事上の要衝とされた。源頼朝の奥州征伐後、白河地方は結城（後の白河）氏が治め、佐竹氏に征服される。会津地方は中世以降蘆名領であったが、後に伊達領となり、上杉領を経て、江戸時代は保科（松平）氏となった。白河地方は蒲生氏郷の支配下の後、上杉氏が治め、近世は丹羽氏が幕末まで領した。浜通りは奥州征伐後、千葉氏の一族相馬氏が宇多郡、行方郡を治め、戦国時代には相馬氏、田村氏、蘆名氏、佐竹氏、伊達氏などが群雄割拠したが、小田原征伐後は岩城・相馬氏が統治。関ヶ原の戦後、西軍に与したとして両氏とも領土を没収。しかし、相馬三胤が幕府に陳情し、浜通り北部は中村藩相馬家の領地となっ

た。岩城氏の領地は譜代が治めた。近世には11藩領と、14藩の飛地領、天領が置かれたが、戊辰戦争で新政府軍に抵抗したため、一時的に領地は没収された。1871年、白河、二本松、棚倉、高田、刈谷、青森、三池、石岡県の分領が統合。二本松県となるが、直後に福島県と改称。1876年には福島県、磐前県・若松県が合併。亘理・伊具・刈田郡は宮城県へ編入された。1878年には伊達郡湯原村が宮城県へ編入。1886年には東蒲原郡が新潟県に編入され、県域が確定した。

主な遺跡

仙台内前遺跡（せんだいうちまえ）
＊福島市：阿武隈川支流、水原川左岸、標高約225mに位置　時代　縄文時代草創期

　1987年に発掘調査が行われ、石器および土器の集中域を2カ所、住居跡1軒を検出した。A地点北ブロックでは打製石斧、磨製石斧や石鏃とともに縄文時代草創期の「爪形文土器」が認められた。また、石器製作に伴う石屑が大量に検出されており、その付近に完成した石器（磨製石斧・打製石斧・半月形石器・円盤状石器）を埋めたと思われる痕跡も検出された。また、A地点南ブロックでは竪穴住居跡が発見された。その形態は浅く地面を掘りくぼめ、8本の柱穴が確認された。炉は存在せず、屋外で煮炊きをしていた可能性が考えられる。

　県内では、高山遺跡（白河市）、達中久保遺跡（石川町）などで発見されているが、仙台内前遺跡の出土遺物は質量ともに最も豊富である。

新地貝塚（しんち）
＊相馬郡新地町：阿武隈高地の丘陵に連続する低位段丘、標高約20mに位置　時代　縄文時代中期〜後期　史

　1924年に東京大学人類学教室と山内清男により発掘調査が実施された。貝塚南側のA・B地区で行われ、貝塚の貝層ごとに重層的な調査が行われ、縄文時代後期後半から晩期前半にかけての土器型式の変遷がとらえられたことで、学史的にも名高い。また多種類の骨角器・貝輪などの装飾品、石器も多く出土した。貝塚の西にある手長明神社跡とともに国指定史跡となっており、小川貝塚とも呼ばれる。なお、貝塚の存在は江戸時代から知られており、『奥羽観蹟聞老志』（佐久間洞巖、1719年）には、貝塚生成伝説が載っている。

寺脇貝塚（てらわき）
＊いわき市：小名浜湾北側の低い舌状台地、標高14m付近に位置　時代　縄文時代後期〜晩期

　1950、57、61、65年に発掘調査が行われている。小名浜湾の東端に突

き出す三崎の基部にあたり、AからCの3地点に貝層が認められた。主体はA地区であり、晩期の資料が多数検出されている。B地区は後期後半の資料を重層的に検出し、C地区は晩期資料が主体である。貝層の主体は、クボガイ、サザエ、イボニシなどの岩礁性巻貝であり、多数の鹿骨製の漁労具も出土している。特に、結合式釣針と閉窩式回転銛頭は「寺脇型」とも呼ばれている。土器は後期では関東の影響が強く、晩期になると東北の影響が強くなるとされる。現在は、墓地造成や宅地開発により遺跡は消滅した。

浜通り南部は多数の貝塚を有しており、例えば岬の突端には綱取貝塚（いわき市）があり、縄文時代後期主体で岩礁性巻貝が多く、魚類ではマダイ、クロダイなどが出土している。釣針などは東北地方の影響が強い。また本遺跡の北方、海岸沿いには薄磯貝塚（いわき市）がある。薄磯貝塚では縄文時代後期～弥生時代中期の遺構や遺物が検出されている。岩礁性の貝類を主体として、寺脇遺跡同様に多数の漁労具が認められる。魚類遺体はマダイ、スズキ、クロダイ、マグロなどで、外洋性の漁労活動が行われていたと推測される。ほかに多数の岩版やカニの線刻画が出土しており、鹿角やアワビを配置した祭祀を示唆する遺構も検出されている。

西方前遺跡（にしかわまえ）

＊田村郡三春町：大滝根川西岸の氾濫原上、標高約270mに位置　**時代**　縄文時代中期後半～弥生時代

三原ダム建設工事に伴い、1984～86年にかけて4次にわたって発掘調査が行われた。縄文時代中期後半～末の竪穴住居跡18棟、縄文時代後期前半の住居跡8棟（うち敷石住居跡3棟）、縄文時代晩期の住居跡8棟、縄文時代後期の配石墓36基、などが検出された。住居跡の特徴として、中期後半の炉は、炭の堆積した土器埋設部と焼成痕のある石組部、前庭部からなる「複式炉」を呈している。福島県や宮城県、山形県南部に事例が認められることから、その機能に関心が寄せられている。

他方、敷石住居跡もきわめて特異であり、円形と方形をつなぐ平面形状を呈し、例えば3号敷石住居跡は全長11mの大型住居だが、炉脇に石棒が立てられ、敷石上から大型土偶の腰の部分とシカとイノシシの焼骨片が出土した。こうした敷石住居跡は、同じく三原ダム建設に伴い発掘調査が実施された柴原A遺跡（三原町）でも8棟検出されている。加えて、敷石住居跡の近くやその周辺に、配石遺構が36基検出された。それぞれ数基のまとまりで形成され、配石の下には土坑を伴い、うち1基からは土坑底面より成人男性の歯が出土した。こうした点から配石遺構は墓跡と考

えられており、柴原A遺跡でも55基が確認された。

　これらの敷石住居跡や配石墓については、その性格や機能をめぐってさまざまな議論が行われている。基本的には祭祀に関わる遺跡として評価されつつあるが、今後の資料的蓄積が必要といえる。なお、いずれの遺跡も、遺構上面に厚い砂の堆積層が認められ、縄文時代後期前半に大洪水があった可能性も指摘されている。

荒屋敷遺跡
＊大沼郡三島町：只見川南岸、旧倉掛沢が形成した標高約260mの扇状地に位置　時代 縄文時代晩期～弥生時代前期

　1985～86年にかけて、国道252号線改良工事に伴い発掘調査が実施された。低湿地であったため、縄文時代晩期～弥生時代前期の土器、石器とともに木製品を中心とした有機質遺物を大量に含んだ包含層が検出され、遺物の総数は約2万点を数える。縄文時代晩期の掘立柱建物跡やクリ材を用いた直径約40cmの柱群や土坑も検出されている。有機質遺物では、漆塗木弓、石斧の柄、木製浅鉢、コップ形木製品があり、半加工品も認められることから、製作工程を知ることができる。また、漆塗竪形櫛やヘアピン状製品、編布、繊維加工品などが認められる。これらの漆製品には、多様な技法が確認され、縄文時代晩期の高度な工芸技術を示す重要な遺跡といえる。また特筆される遺物として、ほぼ完形に近い遠賀川系の壺形土器が縄文時代晩期の土器群とともに出土し、東北地方における弥生文化との接触のあり方を示すものとして注目される。

天神原遺跡
＊双葉郡楢葉町：阿武隈高地より東に伸びた双葉段丘、標高約40mに位置　時代 弥生時代中期

　1962年に弥生時代の合蓋土器棺墓が発見され、1964年、65年に発掘調査が行われた。さらに1979年にも調査が行われ、土坑墓48基、土器棺墓32基などが確認された。東日本では最大級の弥生時代中期の墓跡である。土器棺墓は遺跡の北西と中央、南東に集中し、土坑墓も同様に群を形成している。土器棺は当初から別個体のものと1個の土器を身と蓋に分けたものが存在する。土坑墓からは赤色顔料を底面などに施したものや副葬品として第1号から流紋岩質凝灰岩の半玦状小型勾玉58、第2号からも同じく小型勾玉26と管玉1が出土している。こうした副葬品から、土坑墓は成人を、乳幼児は土器棺墓へ埋葬した可能性が指摘されている。墓の分布状態から、それらが地縁的な集団の関係を示唆しているとも推測されている。土器棺に多用される弥生土器は、桜井式に後続する弥生中期末の天神原式に比定されている。

東北地方　63

会津大塚山古墳 （あいづおおつかやま）

＊会津若松市：会津盆地東縁山地の西側の独立丘陵、標高約270mに位置　[時代]古墳時代前期　[史]

1964年に発掘調査が行われた。東北地方最古級の前方後円墳とされ、1984年の測量調査の結果、主軸長114m、後円部径約70m、前方部幅54mを測ることがわかった。後円部はやや西側にふくらみ、くびれ部東側に張出し部が存在する。後円部中央に南北主軸に直交する2基の木棺が検出された。南棺は長さ8.4m、幅1.1m、北棺は長さ6.5m、幅約1mを測り、それぞれ割竹形木棺（わりたけがたもっかん）を粘土塊で押さえていた。南棺からは倣製三角縁唐草文帯二神二獣鏡（ほうせいさんかくぶちからくさもんたいにしんにじゅうきょう）、変形神獣鏡（へんけいしんじゅうきょう）、硬玉製勾玉（こうぎょくせいまがたま）、碧玉製管玉（へきぎょくせいくだたま）、琥珀製算盤玉（こはくせいそろばんだま）、ガラス製小玉、竹櫛（たけぐし）、鉄製三葉環頭大刀（てつせいさんようかんとうたち）、鉄剣、鉄小刀、銅鏃（どうぞく）、鉄鏃（てつぞく）、直弧文漆塗靫（ちょっこもんうるしぬりゆき）、槍鉋（やりがんな）、鉄斧（てつおの）、砥石（といし）、石杵（いしきね）などが、北棺からは捩文鏡（ねじもんきょう）、碧玉製管玉、碧玉製紡錘車、鉄製直刀、鉄剣、銅鏃、鉄鏃、靫、鉄斧、鉄製刀子（とうす）などが出土した。三角縁二神二獣鏡は鶴山丸山古墳（つるやままるやま）（岡山県備前市）出土鏡と同笵（どうはん）であるとされる。東北地方において、こうした豊富な副葬品が出土した古墳は少なく、畿内との関わりを示唆する事例として貴重である。築造年代は4世紀の第3四半期と考えられている。墳丘は大塚山古墳として国指定史跡、出土遺物は「会津大塚山古墳出土品」として国指定重要文化財となっている。

清戸迫横穴 （きよとさくおうけつ）

＊双葉郡双葉町：阿武隈高地東縁、前田川南岸の丘陵、標高350mに位置　[時代]古墳時代後期　[史]

1968年、学校建設に伴う敷地造成工事に際して、双葉町教育委員会によって調査が行われた。凝灰岩を基盤とする丘陵に53基の横穴墓が発見され、未掘の横穴墓を加えると200基以上になると考えられている。横穴墓群は谷筋に沿って16の支群により形成されている。1つの群あたり、数基から数十基で構成されているが、必ずしも普遍的なものではない。特に注目された横穴墓は76号横穴墓である。装飾壁画が玄室（げんしつ）（奥行3.1m、幅2.8m、高さ1.5m）の奥壁に描かれており、中央付近に半時計回りに収束する渦巻文（うずまきもん）を大きく描く。そして、渦巻きの外側の先端は、右側に描いた人物像の肩部に連結させている。人物像は帽子をかぶり、向かって右側の腕を横に上げ、左側の腕は腰に、そして足をハの字にして立っている。さらに右側端にも、小さめに馬上人物像（ばじょうじんぶつぞう）が描かれ、この人物像も帽子をかぶり、両手を横に広げている。人物像は渦巻文の左にも1人描かれており、渦巻文の下にも、右に鹿、左側に鹿を矢で射ろうとしている人物や犬が描かれる。この壁画は赤1色で表現されて、出土遺物は認められていないが、

8号横穴墓からは鉄製頭椎大刀、挂甲小札、鉄斧、鉄鏃など武器・武具も出土しており、おおむね7世紀代のものと考えられている。浜通り地方には中田装飾横穴（いわき市）や羽山装飾横穴（原町）など、装飾壁画をもつ横穴墓があり、注目される。なお清戸廻横穴は、2007年に奥壁に析出した白色物質（岩盤中の塩分と推定）が発見され、町教育委員会による対策工事が行われていたが、東日本大震災における福島第一原子力発電所の事故により途絶。2017年現在、帰還困難区域のため一般の立入りができない状況にある。

大戸古窯跡群

＊会津若松市：会津盆地南東端、標高300mの丘陵斜面に分布　時代　奈良時代後半〜室町時代

　1982年に南原地区の大規模果樹園開発に伴い、南原19号・25号窯跡が発掘されたことで認知された。1986年、87年には会津若松教育委員会によって分布調査が行われ、東日本で最大級の規模をもつ古窯跡群であることが明らかとなった。会津若松市の大戸町宮内、上雨屋、南原、香塩に、須恵器窯や中世窯が200基以上点在しているとされる。1989年に調査された南原33号窯跡は、全長4.9m、小型半地下式の8世紀後半の窯で階段状の構造になり、小型の杯、椀類などを焼成していたものと考えられる。また、9世紀前半の窯と考えられている南原19号窯跡は、全長6.9mで、階段構造の地下式窯跡であり、一部天井が残されていた。焼成部には、排水や大甕など大型の製品の出し入れに対応した凹状の舟底形ピットが確認されている。南原19号・25号窯跡の遺物としては、杯、蓋、皿、擂鉢、鉢、壺、甕、水甕、水瓶、長頸壺、双耳瓶、平瓶、横瓶、円面硯、窯道具など、多様な器種が発掘された。また、南原19号窯跡から出土した杯、焼台の底部には、「神」「佛」などヘラ描きが施された遺物も検出されている。

　そして、1990年に調査された上雨屋7号窯では、10世紀と推定される掘立柱建物跡と須恵器を製作した工房跡が発見された。床面に残るロクロ穴の痕跡からは、東海系の須恵器窯の影響が濃厚と考えられている。大戸窯の製品供給の範囲は、東北地方はもとより南は関東地方まで出土例がある。窯は8世紀中葉には開窯し、途中11世紀代の中断を挟んで、12世紀後半には中世陶器の生産を開始、14世紀前半まで約600年間操業していたと考えられており、さらなる窯跡の発掘調査が期待される。

8 茨城県

虎塚古墳（両袖型玄門付横穴式石室）

地域の特色　茨城県は、関東地方の東北部に位置する県。県北部は阿武隈・八溝山地などの高地が占め、福島県と接する。北西は栃木県と接し、南西は利根川を挟んで埼玉県、千葉県と接している。東側は太平洋に面し、北側は海崖が多く、海岸との間は南北に狭い平地が続く。中部以南は関東平野の一部をなしており、広大な平地である。また、八溝山地最南端に位置するのが筑波山であり、古来より歌枕の地としても著名である。他方、利根川下流域には、わが国第2の大湖である霞ヶ浦、北浦をはじめ湖沼が多く点在する。

こうした県南側を中心として、縄文時代以降の貝塚が発達しており、日本人の手によって初めて発掘された陸平（おかだいら）貝塚をはじめとして、著名な遺跡も数多い。貝塚数としては全国で2番目に多い。総じて縄文時代は中期・後期の遺跡が圧倒的に多く、県南部や県南西部に遺跡分布が密である。遺跡の規模も県北と県南・県南西とでは相違がある。例えば貝塚の場合、県北の久慈川・那珂川流域では貝類は汽水性のヤマトシジミを主として貝層も薄いが、県南・県南西では鹹水性（かんすいせいかいるい）貝類を主として貝層も厚い。他方、県北部の那珂川流域にも貝塚が認められ、古墳時代以降には、多数の古墳が構築される拠点の1つとなっている。古墳分布が県南部と県南西部に多く、政治的・経済的要因が背景にあると考えられている一方、横穴墓は県北部が多く、これは地形的な条件に制約されているといえる。

古代においては、旧常陸国全域と旧下総国の北西部を含んでいる。近年、国分寺以前の創建と考えられる茨城廃寺跡（石岡市）から「茨木寺」と墨書のある土器が発見されている。中世には馬場氏、北条氏が支配し、室町時代には佐竹氏が常陸の守護となる。また結城氏、小山氏などが覇を争ったほか、1455（享徳4）年以降は鎌倉公方足利成氏（あしかがしげうじ）が鎌倉から古河城を根拠地に移したが、次第に後北条氏による関東支配が確立し、勢力は衰退した。後北条氏の討伐後は、徳川氏の支配となり、幕府開幕後は水戸、宍戸、

土浦、笠間、松岡、矢田部、牛久など16藩の諸藩の領地や天領があった。
　1871年16藩は県となったが、同年11月南部を新治県、西部を印旛県、北部を茨城県に統合。1875年5月さらにこれを統一して茨城県となった。

主な遺跡

後野遺跡　＊ひたちなか市：那珂川の支流が解析した丘陵上、標高約30mに位置　時代　旧石器時代終末期～縄文時代草創期

　1975年、中学生が石器を採取したことが発端となり、勝田市教育委員会により発掘調査が実施された。A・B地区からなり、A地区では、彫器、掻器、削器、尖頭器、石斧などが検出され、彫器－掻器といった多目的な機能をもつ石器に特色をもつ。剥片石器の石材は、東北地方産の硬質頁岩と推定され、黒耀石については、蛍光X線分析により青森県深浦産と判別されている。加えてA地区では、37点の無文土器片が検出された。長者久保遺跡（青森県）や神子柴遺跡（長野県）から出土した石器群と本遺跡の石器群との共通性が指定されていることから、こうした石器群と土器が伴う事例として大きな注目を集めた。
　B地区は、細石刃と細石刃石核、彫器、削器、礫器などが検出された。後期旧石器時代の最終末期の所産と評価されており、細石刃石核や荒屋型彫器など、北方系の特徴が認められ、その南限資料として注目される。こうした2つの異なる石器文化層の先後関係が発掘調査によって実証されたほか、無文土器と石器群との関係が認められるなど、茨城県における旧石器時代から縄文時代への移行期を検討するうえで重要な遺跡といえる。

陸平貝塚　＊稲敷郡美浦村：霞ヶ浦沿岸、馬掛台地先端部、標高20～25mに位置　時代　縄文時代早期～後期　　　　　　　　　　　　　　史

　1879年、飯島魁、佐々木忠次郎らによって行われた発掘は、大森貝塚（東京都品川区・大田区）に次ぐものであり、日本考古学史上、きわめて著名な遺跡である。台地斜面に8地点の貝塚が確認され、ハマグリ、サルボウなどを主体とする純鹹貝塚（海産貝類主体）である。最長130m、厚さ3mを超える貝層が残存し、台地平坦部の貝塚の内側に縄文時代の集落跡があるものと推定されている。大森貝塚出土土器を「大森（薄手）式」、本遺跡出土土器を「陸平（厚手）式」と称し、縄文土器編年研究の端緒となった遺跡でもある。佐々木らの発掘した地点は、A貝塚と呼ばれる。その報告書（佐々木忠二郎・飯島魁、1880）とともに、日本人のみによる初めての本格的発掘調査としても名高い。1948年の酒詰仲男らによる再調

査（B貝塚）では、貝層下部に縄文時代中期の阿玉台式、上部では加曾利E式、また一部には縄文時代後期の堀之内式を含む貝層が載る。加えて、貝層下土層に縄文時代早期の茅山式、表面で加曾利B式も採集された。貝層の保存状態が良好な貝塚であり、史跡整備が行われている。

上高津貝塚　＊土浦市：桜川右岸、支谷に浸食された台地上、標高22m前後に位置　時代　縄文時代中期〜後期　史

1969年に江見水蔭が『探険実記 地中の秘密』（博文館）でこの貝塚について紹介し、1930年には、大山柏ら大山史前学研究所によってB地点の発掘調査が行われた。1953年には、清水潤三ら慶應義塾高校考古会がA地点を、1968〜69年には、慶應義塾大学、東京大学がA・B地点の調査を実施した。A〜Eの5つの地点貝塚が、台地の縁辺部に環状に分布している。集落はその中央部に営まれたと推測される。貝層の主体はヤマトシジミであり、ほかにシカ、イノシシ、魚骨類などが多数出土している。特に貝層の調査では、サンプル採集による水洗選別法が取り入れられ、微細な魚骨、貝類などの分析から、資源利用や環境変化の具体的な姿を明らかにするなど、大きな成果を得た。1977年に国史跡の指定を受け、1990〜91年にも、土浦市教育委員会によってA・C地点貝塚が調査されており、これらの成果も踏まえて、上高津貝塚ふるさと歴史の広場として公園整備がなされ、資料館も開館した。

霞ヶ浦・北浦沿岸には、多数の縄文時代の遺跡が残り、その多くは貝塚である。学史上で名高い遺跡も多く、坪井正五郎が発見、紹介した椎塚貝塚（稲敷市）や佐藤伝蔵、若林勝邦らによって発見され、山内清男も調査した浮島貝塚（稲敷市）、近藤義郎によって縄文時代の製塩土器が確認された広畑貝塚（稲敷市）など、枚挙にいとまがない。この地域は東京からも近く、良好に残る貝層の存在などから、多くの考古学徒たちの関心を引き付けたといえよう。

女方遺跡　＊筑西市：鬼怒川左岸の低台地、平坦部標高約39mに位置　時代　弥生時代前期

1939〜42年にかけて、宇都宮病院に勤務していた医師、田中國男によって発掘調査が行われ、41基ものピット群や竪穴住居跡が発見された。ピット群は直径80cm、深さは10〜20cm程度掘り込まれており、ピット内からは弥生土器が検出されることから「再葬墓」ではないかと考えられている。東日本で初めて発見された再葬墓として関心を集めた。特に出土した土器のなかでも口縁部、頸部に人面を配した、人面付き長胴壺形土

器は著名である。現在は宅地開発によって消滅した。

なお茨城県内の弥生土器の標識遺跡として著名な十王台遺跡（多賀郡十王町）は1935年前後に発見されたもので、山内清男がより地域的個性の強い要素をとらえ、弥生時代後期のものと評価したが、本格的な発掘調査がなく、依然として検討が必要な点も多い。

舟塚山古墳　＊石岡市：恋瀬川河口、東岸台地の西端、標高約20mに位置
時代 古墳時代中期

関東地方で第2位の規模をもつ茨城県内最大の前方後円墳。全長186m、前方部幅100m、高さ10m、後円部径90m、高さ11mを測る。3段築成の前方後円墳で、幅40m前後の盾形の周濠をもつ。1963年に明治大学によって測量調査が行われたが、主体部についての本格的な発掘調査は行われていない。墳丘に円筒埴輪片が散見され、後円部東裾には鹿島神社が鎮座する。近接して陪塚があり、前方部に近い1基から盾、短甲が検出され、後円部側の1基からは箱式石棺と滑石製模造品、刀子などが発見されたとされる。5世紀後半の築造と考えられ、茨城国造初祖筑紫刀禰の墳墓に比定されている。

舟塚山古墳の東方300mには府中愛宕山古墳（石岡市：県指定史跡）がある。古来この2つの古墳は「入舟（舟塚山）」「出舟（府中愛宕山）」と呼ばれたという。1979年に測量調査が行われ、全長約96.5m、前方部幅57m、高さ7.5m、後円部径57m、高さ8.5mの前方後円墳で、かつて坪井正五郎らによって発掘が行われ壺形土器などが発見されたという。舟塚山古墳より築造時期が下り、5世紀末～6世紀初めと考えられている。

虎塚古墳　＊ひたちなか市：那珂川左岸、沖積地を望む台地南縁上、標高20mに位置
時代 古墳時代後期

1973～77年にかけて、勝田市史編さん事業の一環として、大塚初重ら明治大学の発掘調査が行われた。全長56.5m、前方部幅38.5m、高さ5m、後円部径32.5m、高さ5.5mを測る前方後円墳である。前方部を北西に向けて築造され、周溝を有するとともに、墳丘西北隅には土橋状の遺構をもつ。墳丘上には葺石および埴輪は認められていない。

主体部は後円部中央からやや南に奥壁をもち、南に開口する。両袖型玄門付横穴式石室で、玄室の全長は2.8m、奥壁の幅1.8m、玄門部幅1.3mで、高さは中央部で1.4m。長さ1.3m、幅1.2mの羨道があり、その前面に長さ1mの墓道が付設されている。玄室は凝灰岩切石が用いられ、奥壁1枚、東側壁1枚、西側壁1枚、天井石は3枚、床石は7枚で構築される。

関東地方　69

石室内には、彩色壁画が認められ、奥壁と左右の側壁には下塗りとして白色粘土が施され、その上に幾何学文や具象的な文様が赤色顔料によって描かれている。また天井や床、梁石、柱石は赤色顔料が塗布される。玄門部扉石の柄に連続三角文、玄室奥壁の壁画は中段中央に、径35cmほどの環状文が2つ配され、上方に2段の平行線と連続三角文、環状文上段には上下連続三角文、環状文下段には、東から鞆・靫・大刀・槍・矛と思われるかたちを描く。東壁は上端に連続三角文、奥壁寄り上部に連続三角文から吊り下げたかたちの小円文、その横に双頭渦文・靫・楯形文・円文、玄門近くには井桁文・有棘棒・頸玉・さしば・鐙・凹字各形文を描く。西壁は上端に連続三角文、その下方に9個の円文が1列に並び、円文の直下には舟状の弧線形文が1つ、玄門寄りには東壁同様の鐙状文と意味の判然としない図文が2つ発見された。
　遺物は石室内に成人男子の遺骨のほか、鉄刀、刀子、毛抜形鉄製品、鉄鏃、透かしをもつ鉄板などがあり、石室前庭部には鉄釧、鉄製環、鉄釘、笠鋲状鉄器、鉄矛、鉄鏃、土師器などが検出されており、追葬の可能性も指摘されている。7世紀初頭の築造と考えられ、東国において装飾壁画をもつ横穴式石室の事例として貴重である。世界でも初めて未開口時に保存科学の技術を導入して調査が実施されたことでも知られる。国指定史跡として整備され、現在は年2回一般公開がなされている。
　なお、周辺には同時期に築造された2個の陪塚と考えられる円墳があり、また丘陵南斜面側には十五郎横穴群（ひたちなか市）がある。古墳時代後期〜平安時代前期の横穴群で、総数300基ともいわれ、勾玉、切子玉などの副葬品を伴う改葬墓が検出されている。

船玉古墳
＊筑西市：鬼怒川東岸の台地上、標高35m付近に位置
時代　古墳時代後期

　江戸時代より存在が知られ、10基の円墳を有する古墳群の主墳。1927年には鳥居龍蔵らが調査を行い、石室内の彩色壁画（奥壁・東側壁に円文、舟、家など）が確認された。1971年には明治大学による調査が行われ、従来想定されていた円墳ではなく、一辺35mの方墳であることが判明した。1984〜85年には茨城大学による調査も行われている。
　内部構造は横穴式石室で、羨道・前室・玄室の現存全長は11.5m。雲母片岩の大型板石を用いた古墳の壁面には壁画が存在しており、壁画は主に後室の奥壁と西側壁とに見られ、前室の東側壁にもわずかながら確認される。壁画はいずれも赤色顔料で描かれているが、開口時期が古いため、退

色が著しく、鳥居の調査に認められた壁画は判然としない。1971年の調査の時に、奥壁中央下部に靭と思われる壁画が発見され、数本の矢が認められた。なお、墳丘上に船玉神社の社殿があり、建立に際して、南側に参道と石段を付設したため墳丘の一部が削平されている。

鹿の子遺跡　＊石岡市：山王川沿岸の台地上、標高約20～25ｍに位置
時代　奈良時代後半～平安時代前半

　常磐自動車道の工事に際して、1979年より発掘調査が行われ、現在まで断続的に調査が行われている。一辺245ｍ四方の溝に区画された官衙と想定される地区をはじめ、溝外にも集落跡が点在しており、10万㎡を超える県下最大級の遺跡である。これまでに竪穴住居跡、工房跡、掘立柱建物跡、溝、土坑、連房式竪穴跡など、多数の遺構が検出されており、その分布形態から、規格性をもって計画的に構築されていた可能性をうかがわせる。遺物では、土師器、須恵器、瓦のほか、鉱滓や砥石など工房的な要素をうかがわせる遺物も認められる。墨書土器にも、太刀、矢作、小札など武器に関わる内容もあり、実際に鉄製品として小札、鏃などが検出されている。そして特筆されるのが、漆紙文書の存在である。戸籍、計帳、田籍に関わる内容や具注暦などが記されたものが認められ、地名や人名、「延暦」の年号も検出されており、当該地域に関わる新たな文字資料であるとともに、土器編年研究にも有益な資料になるものと期待されている。なお常陸国分尼寺跡（石岡市）は南西300ｍほどの場所に位置する。

村松白根遺跡　＊那珂郡東海村：久慈川左岸の海岸砂丘上、標高約10ｍに位置　時代　室町時代～江戸時代初頭

　大強度陽子加速器施設の建設に伴い、発掘調査が行われた。室町時代後半から江戸時代初頭にかけてと推定される大規模な製塩遺構や工房跡が検出された。塩分濃度を高める役割があったと推定される鹹水槽と思われる遺構や釜屋跡、内部に炉をもつ掘立柱建物跡などが検出された。また墓坑や貝類の集積層も認められている。遺物では輸入陶磁器、土師器などが出土したほか、興味深いものとして、中世に流通した中国明代の銭貨である永楽通寶の枝銭が発見された。日本国内において、中国銭の私的な鋳造が行われていた可能性を示すものとして注目される。ほかにも砥石や鉄製の鶴嘴なども出土し、また笄、賽子などの骨角製品も認められるなど、多様な工房的役割を担っていたことをうかがわせる。遺跡近くには、中世当時の港であった真崎浦が位置しており、生産と流通の拠点であった可能性が想定される。17世紀初頭には廃絶したものと考えられている。

⑨ 栃木県

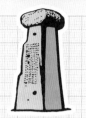

笠石神社（那須国造碑）

地域の特色　栃木県は、関東地方北部の内陸に位置する。東部は八溝山地で茨城県と接し、西部は急峻な足尾山塊において群馬県に接する。北は帝釈山地によって福島県と境をなし、南部の低湿帯において茨城、埼玉、群馬各県と接している。県内の主要河川は那珂川、鬼怒川、渡良瀬川などで、いずれも西部山地に源を発する。西部山地は北部の帝釈山地と南部の足尾山地からなる。帝釈山地の東部から南部にかけては、那須・高原・日光の各火山群が分布し、なかでも男体山や中禅寺湖は日光国立公園に指定され著名だが、かつては急峻な地形から山岳修行の中核でもあった。

　内陸部に位置するが、縄文海進により県南部には貝塚を伴う遺跡もある。縄文時代の遺跡の多くは県北部を中心として認められ、弥生時代の遺跡は中期以降の集落跡や小規模な水田遺構が、北部山間の塩谷、那須地方に認められている。古墳時代以降、利根川水系に属する思川、姿川流域などで、古墳の築造が始まり、中核的な発展を遂げていく。

　古代には下野国にあたり、律令制以前は支配者を異にする下毛野国と那須国との2国が鬼怒川を挟んで東西に存在した。下毛野国は上毛野国とともに毛野と称された地域であったが、後に上下2国に分割されたという。なお那須国を支配した那須国造については、700（文武天皇4）年に建立された那須国造碑（大田原市）の碑文に記録が残る。939（天慶2）年には、平将門が下野をはじめ東国8ヵ国の国衙を制圧し、新皇と称したが、940（天慶3）年に平貞盛と下野押領使藤原秀郷によって滅ぼされた。この秀郷の子孫が在庁官人として下野国衙の機能の一端を担いつつ、小山、下河辺、足利、結城などの諸氏を分出させ、有力な東国武士団へと成長していく。藤原氏直系の小山氏が鎌倉時代以降、守護として支配を強めるが、その後衰退、室町時代には古河公方足利氏や関東管領上杉氏の狭間で、佐野、小山、宇都宮、那須、結城、小田各氏が割拠した。

関ケ原以後は、下野南部は徳川氏の譜代大名、ほかは旧族大名の下に置かれた。明治維新後は真岡県、日光県が成立し、その後合併。日光・宇都宮・烏山・黒羽・大田原・茂木の6県および他地域に県庁を有する17県の管轄地を合併して、宇都宮県が成立した。1871年宇都宮県および群馬県の一部は栃木県に合併された。1884年、県庁を宇都宮に置くこととなり、栃木県を宇都宮県と改称したがすぐに旧に復し、その後、寒川郡、梁田郡などが編入され、1896年に現在の県域が確定した。

主な遺跡

寺野東遺跡　＊小山市：鬼怒川支流、田川右岸の宝木台地東端、標高約43mに位置　時代 旧石器時代後期〜平安時代　史

　1990〜95年にかけて工業団地造成に伴い、発掘調査が実施された。旧石器時代後期の石器集中地区のほか、縄文時代中期〜後期の竪穴住居跡70軒以上と木の実などを貯えた袋状土坑が検出された。また特筆される遺構としては、縄文時代中期末〜後期初頭とされる水場遺構や、後期後半〜晩期前半とされる環状盛土遺構および木組遺構である。水場遺構は台地西側の斜面から谷底面にかけて、幅約12m、奥行約17m、深さ1m前後のＵ字形に掘り込み、土留めや足場を組んで、谷部から溝を設けて水を引き込んでいた。また、堅果・根茎類の灰汁抜きのための水晒し施設として、木組遺構も発見されている。この木組遺構の東側、台地の平坦面から斜面にかけて、環状盛土遺構が発掘されている。西側のみ残存し、東側半分は鬼怒川、田川による浸食や享保年間（1716〜36年）に開削された「吉田用水」によって掘削されている。この盛土遺構は、祭祀などを行うたびに盛土を施したと考えられ、ドーナツ状に築かれている。4つのブロックが検出され、おおむね外径（南北）約165m、盛土の幅15〜30m、高さ最大約2mを測る。環状の中央には石敷台状遺構（長軸22m、短軸17m）が認められる。出土遺物としては、土器、石剣、石棒に加えて、耳飾、土偶、垂飾、土版、土面、鹿角製の簪などが出土している。ほかに古墳時代前期の集落跡、古墳時代中期末〜後期の群集墳、奈良・平安時代の集落跡なども検出されている。国指定史跡として史跡公園（おやま縄文まつりの広場）が整備されている。

根古谷台遺跡　＊宇都宮市：思川支流、姿川右岸の段丘上、標高約120mに位置　時代 縄文時代前期　史

　1982〜88年にかけて、公園墓地の造成に伴い発掘調査が実施された。

関東地方　73

300基を超える土坑・墓坑群が楕円形に広がり、その「広場」状の空間を囲むかたちで建物群が配される。特に、縄文時代前期の長方形大型建物跡15棟は、長軸20mを超えるものも含まれており、興味深い。ほかに竪穴住居跡が27棟、掘立柱建物跡が17棟確認されており、建替えが行われるなど長期間存続した集落であったことをうかがわせる。墓坑群は5～10基を単位として構成されており、そのうちの一群（9基で構成）から玦状耳飾、管玉、石匙、石鏃などの副葬品が出土した。

遺跡の性格として、血縁関係をもつ集団による非日常的な祭祀の場といった評価がなされており、縄文時代の社会構造や精神生活を探るうえで全国的にも貴重な遺跡である。1988年に国指定史跡となり、史跡公園（うつのみや遺跡の広場）として整備されている。

藤本観音山古墳
*足利市：渡良瀬川支流、矢場川南岸の低台地、標高約30mに位置　時代　古墳時代前期

栃木県最大級の前方後方墳。1984年の調査で、主軸長111.7m、前方部の幅約42m、高さ5.4m、後方部の幅約70m、高さ11.8mを測る。前方部2段、後方部3段で築成される。主体部の調査は行われていないが、竪穴式の埋葬施設が残存しているものと想定されている。墳丘周囲には周濠が伴い、周濠を含めると全長は210mとなる。埴輪は確認されていないが、後方部の頂部に二重口縁の壺形土器などが認められている。築造は4世紀代と推定され、西北西約1kmに位置する薬師塚古墳（群馬県太田市）をはじめとした矢場古墳群に含まれるものとして評価されている。なお、古墳南側の周濠付近において、同時期の竪穴建物21棟、土坑3基などが確認されており、古墳築造あるいは祭祀に関わる遺構の可能性が指摘されている。

吾妻古墳
*足利市：黒川左岸の台地上、標高約56mに位置
時代　古墳時代後期

栃木県下最大級の前方後円墳。主軸長127.85mを測り、2段築成になる。第1墳丘の上に第2墳丘が形成され、前方部幅約66m、後円部径約72mの第1墳丘の上に、前方部幅約42m、後円部径約44mの第2墳丘が載る。第1墳丘には周濠（幅約24m、深さ3m）がめぐる。形状は相似形ではなく、葺石は認められず、第2墳丘の中位付近に円筒埴輪が検出されている。築造年代は6世紀後半と推定されている。

前方部に主体部をもち、全長8.4mと推定される横穴式石室は奥壁や側壁が緑色岩の一枚石で構成され、玄門は凝灰岩切石を割り抜いてつくられ

ている。玄室前面の側壁は川原石を小口積みしたものであり、羨門は凝灰岩でつくられていた。主体部前面から桂甲小札や金銅製品などが検出されている。幕末に壬生藩主鳥居忠宝が庭石として石室の玄門や天井石をもち出した記録があり、それらは壬生城城址公園に現存する。周辺の70基近い古墳で構成される藤井古墳群の中の主墳。

琵琶塚古墳
＊小山市：思川と姿川に挟まれた洪積台地上、標高約45mに位置　時代　古墳時代後期　史

栃木県内最大級の前方後円墳。主軸長約123m、前方部幅約70m、高さ約9m、後円部径約75m、高さ約11mを測る。3段築成で、墳丘には円筒埴輪が立てられていた。周濠は二重で、内側は幅19〜20m、外側は墳丘東側に幅12〜14m程度で構築されている。主体部の調査はなされていない。

また、本墳の北方200mには摩利支天塚古墳（小山市）があり、主軸長約116.8m、前方部幅75m、高さ7m、後円部径約70m、高さ10mを測る。3段築成で、北側のくびれ部裾から円筒埴輪片が採集された。幅30m前後の盾形の周濠がめぐり、その外縁には堤状のものがめぐっていた。6世紀初頭と見なされている。なお、墳頂に摩利支天の社祠があるため、この名がある。下野地方における首長墓と考えられ、周辺にも多数の古墳が残されていることから、その活動をとらえるうえで重要な古墳群といえよう。

上侍塚古墳
＊大田原市：那珂川右岸の段丘端部、標高約140mに位置　時代　古墳時代中期　史

近世、水戸藩主徳川光圀の命で調査が行われたことで知られる。主軸長114m、前方部幅52m、高さ7m、後方部幅約60m、高さ12mで、那須地方では最大級の規模をもつ。墳丘の東麓は崖に接し、周濠が存在した可能性は低いとされる。日本三古碑の1つとされる那須国造碑（大田原市、花崗岩、高さ120cm、152字の文字が刻まれ、那須直韋提の徳を偲び、意斯麻呂らが建碑）の発見に関連して、那須国造の墓を探索すべく、1692（元禄5）年、光圀は小口村（馬頭町）の庄屋大金重貞（旅僧円順によって、1676（延宝4）年に発見された「那須国造碑」をみずから執筆した『那須記』に記載、光圀に献上）に対して発掘調査を命じ、捩文鏡、直刀、管玉、石釧、甲、鉄鏃、刀子などが出土した。主体部は後方部墳頂に位置し、粘土槨と推定されている。後述の下侍塚古墳も発掘し、出土遺物を詳細に記録（『湯津上村車塚御修理』、ただし上・下侍塚の図版類が逆転して記されている）、調査後は原状に復し墳丘に松を植えるなど、文化財保護の嚆矢として評価される。副葬品や墳丘の形状から5世紀初頭の築造とされ

ている。当古墳の北方約700mに下侍塚古墳（那須郡湯津上村）がある。主軸長84m、前方部幅36m、高さ5m、後方部幅48m、高さ9.4mを測る前方後方墳である。上侍塚古墳より後につくられた古墳と評価されているが、1975年の周濠調査で出土した土器には古い形態や技法がうかがわれ、上侍塚古墳に先行させて位置づける評価もなされている。なお、那須郡衙跡（小川町）は那須国造碑や上・下侍塚古墳より南西約3.5kmに位置し、東西約280m、南北約180mの区画内に7世紀末以降の約50棟以上の建物群が確認されている。那須評設置（689年〈持統3〉）と年代的にも近似し、倉庫的な掘立柱建物群が多いが、8世紀後半以降の大型礎石建物跡（瓦葺）も確認されている。

下野国府跡
＊栃木市：思川右岸、標高約45mに位置
時代 奈良時代〜平安時代　　　　　　　　　　　　　　　　　　史

1976年より発掘調査が進められ、1979年に宮目神社（宮野辺）周辺に国府の中心官衙である国庁跡が検出された。政庁の区画は約90m四方で、掘立柱の板塀などが確認され、正殿があったと推定される場所は社殿が現存し未調査であるが、その前に前殿を検出した。正殿と前殿の東西には細長い南北棟の脇殿が左右対称で配置されていた。当初は、板や檜皮葺であったと考えられるが、後に瓦葺となり、建替えの様相から4期に区分されている。

木簡や漆紙文書が多数出土しており、木簡の大半が付札ではなく文書用である点は興味深い。「都賀郡」「寒川郡」「天平元年」「延暦十年」といった、郡名や年代、人名が墨書されている。漆紙文書には人名や売地券と見られるものがあるほか、田籍文書も認められ、広範囲に条里が布かれたことがうかがわれる。

時期区分4期のうち、最も新しい第Ⅳ期の建物群は10世紀前半には機能が失われた可能性が指摘されており、939（天慶2）年に平将門が数千の兵を率いて「下野国庁」を攻めた記事（『扶桑略記』）との関わりも注目される。

男体山頂遺跡
＊日光市：男体山山頂、標高約2,486m付近に位置
時代 奈良時代〜江戸時代

1877年、米国の動物学者で大森貝塚を発掘したことで名高いE.S.モース（1838〜1925）が、男体山に登山した際に、銭貨、槍の穂先などが散乱していること発見し、『日本その日その日』（1917年刊）に遺跡としてその様子を記したことで世に知られた。1924年と59年に発掘調査が実施

され、山岳信仰に関わる6,000点を超える遺物が出土した。古来より男体山は峰修行の行場であり、近世には毎年旧暦7月1日から7日まで、中禅寺上人の先達で日光山の修験者のほか、講中の者が禅頂（霊山の頂上への登山）した。このための禅頂小屋が山麓に多数設けられていたという。発掘調査は太郎山（たろうやま）神社を中心とする範囲に限られていたが、遺跡の範囲はさらに広がるものと考えられる。

遺物としては、鏡、銅印、密教法具、経筒、銭貨、土器、陶磁器などがあり、前述した山岳信仰に関わる遺物が多く認められた。特に「建久六（1195）年九月五日」銘の御正体（みしょうたい）（本地仏の像を示した鏡）をはじめ経筒、禅頂札などの出土品は国指定重要文化財となっている。

コラム ● 考古学用語解説

☞「型式」

型式とは、考古資料の分類方法の1つだが、その認識には違いがある。例えば弥生時代では、壺・甕・鉢といった器種を「形式」として重視し、同時期に存在する形式のまとまりを「様式」とする。縄文時代では型式を重視し、形式や様式はあまり用いられなかったが、小林達雄が複数型式に通底する要素を基に「様式」という型式群のまとまりを提起した。研究する時代によって、とらえ方が異なる点に留意したい。

☞「サヌカイト」

西日本の旧石器時代～弥生時代の遺跡で見かけるサヌカイト。岩石学的には輝石安山岩（デイサイト）を指し、香川県五色台と金山周辺、大阪・奈良県境の二上山周辺で産出する。灰黒色や黒色で硬く緻密な性質をもつため、叩くと金属音を発し、カンカン石とも呼ばれる。このサヌカイトの特性を活かして、旧石器時代には「瀬戸内技法」と呼ばれる横長（翼状）剝片を剝ぎ取る技術が生まれ、西日本各地で国府型ナイフ形石器と呼ばれる規格化された石器が多数製作された。蛍光X線分析の結果、出土したサヌカイト製石器の産地は、ほぼ香川県のものであることがわかっている。

岡山県津島岡大遺跡（岡山市）では、縄文時代後期の集落跡からサヌカイトを保管した痕跡が検出されたほか、同じく縄文時代後期の広島県洗谷貝塚（福山市）でも2基の小土坑からサヌカイトの集積が発見されている。旧石器時代には海水面が海退により低かったため、陸路で行き来していたと思われるが、縄文時代以降は海進で瀬戸内海が形成されており、海路によって調達していたと考えられる。こうした石器素材としては、関東の伊豆神津島産の黒曜石なども同様で、縄文・弥生の人々が海を乗り越え、苦労してでも手に入れたい素材であった。いかなる「交易」あるいは「交換」の姿が存在していたのか、興味は尽きない。

⑩ 群馬県

太田市飯塚町（埴輪「挂甲の武人」）

地域の特色　群馬県は、関東平野の北部に位置し、中央を利根川が南流、その南端に神流川が合流しつつ、埼玉県との境をなしている。県北部には、三国山脈や那須火山帯に属する2,000m級の山々が信越国境を画しており、いわゆる表裏日本を分けている。西南部は秩父からの関東山地が長野・埼玉県境に続く。県域のほぼ中央に赤城山・榛名山が併立し、赤城山麓には旧石器時代の遺跡が認められ、岩宿遺跡（みどり市）は著名である。また、利根川を境として東部の渡良瀬川流域には遊水池や河跡湖が多く、利根川の流路変遷が遺跡形成にも大きな影響を与えている。利根川支流を含めた流域の平野部には古墳時代前期・中期の大古墳群が分布するほか、県域では榛名山や浅間山噴火による被害の痕跡をとどめた集落遺跡も多い。

　古代には毛野国と呼ばれ、さらに上毛野国（かみつけののくに）として分立した。『大宝律令（たいほうりつりょう）』によって上毛野国は上野国に改められ、国府は前橋市元総社町の地と推定される。711（和銅4）年に多胡郡（たごぐん）が新設され、その記念で立碑された多胡碑に、甘楽・緑野・片岡の三郡の名が見える。東山道は西の碓氷峠から榛名・赤城などの山麓を東に通り、下野国足利駅に抜けていた。また、左右馬寮直轄の九牧があり、牧監が置かれていた。承平・天慶の乱では平将門（たいらのまさかど）により、上野国府が占拠されている。

　中世には新田荘が設置され、源義家（みなもとのよしいえ）の孫の義重が荘司となって支配した。1333（元弘3）年に新田義貞（にったよしさだ）が新田郡生品神社で挙兵、鎌倉幕府を倒した。室町時代には、上野国は上杉氏が守護となる。後に後北条氏に追われて、上野国は上杉・武田（甲斐国）・北条（小田原）三氏の争奪戦の場となり、1590（天正18）年の豊臣秀吉（とよとみひでよし）の小田原征伐後、徳川家康（とくがわいえやす）が関東を領有。譜代の家臣を配し、関ケ原以後、上野国内には前橋・高崎・沼田・安中・館林・伊勢崎・小幡・七日市・吉井の9藩が分立し、ほかに約25万石の直轄領・旗本領が分散していた。1886年6月、岩鼻県が設置され、旧

78

幕領は武蔵国西南部の幕領とともにその管下に属した。1871年の廃藩置県で群馬県が置かれ、山田・新田・邑楽の3郡は栃木県、熊谷県などを経て、1876年編入、上野国全郡が群馬県になり、現在に至る。

主な遺跡

岩宿遺跡
＊みどり市：大間々扇状地上の残丘鞍部の西斜面、標高約160mに位置　時代 旧石器時代　史

1946年秋頃、相沢忠洋が稲荷山、琴平山の鞍部を通る村道の崖面から、石器を採集。これを東京の考古学者らに示し、1949年、明治大学の杉原荘介、芹沢長介らが発掘調査を実施。日本における旧石器時代の存在を初めて明らかにした。調査の結果、3つの文化層が認められ、腐植表土の下に、黄褐色粘土層（阿佐見層）上部の岩宿Ⅲ石器文化が、黄褐色粘土層下部には岩宿Ⅱ石器文化が、黄褐色粘土層下の暗褐色粘土層（岩宿層）に岩宿Ⅰ石器文化が発見された。現在、関東ローム層の研究から、黄褐色粘土層は上部ローム層に、暗褐色粘土層（岩宿層）は中部ローム層上位に、それぞれ比定されている。

これまで継続して調査が行われており、岩宿Ⅰ石器文化は、姶良・丹沢火山灰の降下時（約2.9～2.6万年前）よりも前に位置づけられ、敲打器の一種である局部磨製石斧、削器または掻器様の石器などが認められている。岩宿Ⅱ石器文化は小型の切出ナイフ形石器と尖頭器様の石器、不定形の削器などで構成される。このほかに岩宿Ⅲ石器文化や岩宿0文化の提唱がなされているが、資料的に不明な点が多い。

日本で初めて更新世の人類文化の存在を明らかにしたものであり、考古学史上きわめて重要な遺跡である。1979年に国史跡に指定されている。

下触牛伏遺跡
＊伊勢崎市：赤城山麓の台地の末端部、標高94～96mに位置　時代 旧石器時代

1982～84年にかけて、障がい者スポーツセンター建設に伴い、県埋蔵文化調査事業団によって発掘調査が実施された。古墳時代の竪穴住居跡などが検出されたが、ローム層を掘りくぼめた壁面などより石器が検出され、旧石器時代の調査を進めた結果、第Ⅰ文化層よりナイフ形石器や槍先形尖頭器を中心とする石器群と、さらに下層の第Ⅱ文化層でも石器が発見された。発掘後の遺物の出土状況を整理するなかで、出土石器が直径約50mの大規模な環状ブロック群をなしていることが判明し、話題となった。この発見により、全国の旧石器時代の遺跡においても、同様の環状ブロック

を形成する遺跡の存在が再評価され、複数あるブロックにおける石器の接合関係から、同時に活動していた集団の世帯数を想定するなど、その意味をめぐって今も議論が続いている。

乾田Ⅱ遺跡
＊利根郡みなかみ町：利根川の河岸段丘上、標高480mに位置　**時代**　縄文時代草創期～後期

1977年、78年に国道改良工事に先立ち、水上町教育委員会が発掘調査を実施した。遺構としては、縄文時代前期の住居跡が1棟発掘された。遺物は縄文時代早期～後期の土器で、中期が主体を占める。興味深いのは、細隆起線文、微隆起線文土器の破片がスクレイパー・ポイントとともに出土したことで、内面がかなり荒れ、変色しているといった特徴があった。県内でも最古級の土器とされ、北陸系の土器の影響が認められる。

三原田遺跡
＊渋川市：赤城山西麓の舌状台地の末端、標高約270mに位置　**時代**　縄文時代中期～後期

1972～74年にかけて、住宅団地建設に伴い発掘調査が実施された。縄文時代の竪穴住居跡が300軒以上、4,000基に及ぶ土坑が検出された。住居跡は130mほどの環状をなして分布しており、その多くは重複していた。これらの住居跡は分類、整理されて住居史の編年研究が行われ、新たな研究法の開発へとつながるとともに、従来祭祀遺構とされていた敷石住居の役割についても、一般的な住居であるとする新たな見解が示された。遺物は、縄文時代中期の土器（勝坂式・阿玉台式・加曾利E式など）を主体として、石鏃、削器、打製・磨製石斧や石皿、石錘、土錘、石棒、硬玉製大珠などが検出されている。土器では、加曾利E式初頭の遺物のなかに、独特な文様構成を示す土器群があり、新たな型式（三原田式）も提唱されており、北関東の縄文土器研究においても重要な遺跡といえる。

千網谷戸遺跡
＊桐生市：渡良瀬川左岸、山田川と合流する台地上、標高約140mに位置　**時代**　縄文時代後期～晩期

1939年刊行の『山田郡誌』に遺物の紹介がなされ、戦後1946年から54年まで十数回にわたって発掘調査が行われたほか、現在まで断続的に調査が行われている。縄文時代晩期に比定される隅丸方形のプランをもつ竪穴住居跡が検出されたほか、後期の住居跡も認められる。その他、環状集石遺構や敷石遺構、配石墓坑などが認められる。土器は縄文時代後期～晩期（堀ノ内Ⅰ、加曾利B、安行Ⅱ・Ⅰ、大洞B、大洞BC、大洞C_2、大洞A）のものが認められ、特に北関東の縄文時代晩期終末期として特徴的な土器として、千網式土器が設定された。ほかに石斧、石剣、石棒、独鈷石、岩

版、垂飾、石錘、石冠などの石器・石製品や土偶・耳飾などの土製品、骨角器などがある。獣骨の出土量は貝塚ではない遺跡としては比較的多く、シカ、イノシシ、ツキノワグマ、アナグマ、イタチなどが見られ、当時の動物利用の様相を知ることができる。また土製耳飾は2,000点近く検出され、削りくずなどが認められ、製作工程の復元も行われている。出土した大型漏斗状透彫付耳栓については、国重要文化財に指定されている。

矢瀬遺跡（やぜいせき）
＊利根郡みなかみ町：利根川上流域右岸の最下位段丘面、標高393mに位置　時代 縄文時代後期後半～晩期終末　史

1992年に道路工事に伴い発掘調査が実施され、縄文時代後期後半から晩期末葉までを中心とする集落跡が確認された。竪穴住居跡のほか配石墓100基以上、祭壇場や石敷・石組の水場遺構などが検出された。特に水場からは、クリやクルミ、トチノキ、カヤといった実が出土し、堅果類のあく抜きや加工が行われていたことがわかった。

そして、遺構の分布を見ると、中央部に水路と作業場をもつ水場があり、直径50cm前後のクリ材を半截するなどして並べた巨木柱列とその内部に石組の「祭壇」をしつらえた祭祀場と推定される遺構が隣接し、それらを囲むように配石墓群や竪穴住居跡などが存在しているなど、計画的な集落の構築が行われている可能性が考えられている。遺物は多量の土器・石器のほか、漏斗状透し彫り耳飾や線刻礫、ヒスイ製勾玉などの特殊な遺物も多く出土している。遺跡は国史跡に指定され、整備復元されている。

岩櫃山遺跡（いわびつやまいせき）
＊吾妻郡東吾妻町：岩櫃山南側の山頂の崖地、標高約795m付近に位置　時代 弥生時代中期前半

1939年に地元住民の紹介で、杉原荘介が注目し、発掘調査が実施された。岩櫃山頂にあり、一般には鷹ノ巣洞陰と呼ばれる。岩陰内の上段部分で土器が検出されているほか、下段では17個の土器が3つのまとまりをもって認められた。長頸壺形土器、小形壺形土器、コップ形土器、甕形土器などの弥生土器が検出されており、これらの群は人為的に埋置された墓地と推測されており、2次埋葬と推定される人骨の破片が検出されたことから、土器を蔵骨器とした洗骨葬による再葬墓遺跡として評価されている。副葬品と思われる数個の頁岩や黒曜石の剥片が発見されている。杉原は出土土器について、東海系（丸子式・水神平式）を母体として中部高地系（庄ノ畑式）なども類似する土器と縄文時代晩期（大洞式）に祖形をもつ土器に分類し、これらが混在する土器について、岩櫃式土器と評価し、その標識遺跡となっている。

太田天神山古墳　＊太田市：沖積低地の微高地上、標高約40mに位置
時代　古墳時代中期

1965年に周堀の調査が行われ、墳丘長210m、後円部径125m、前方部幅129m。後円部高さは16.5m、前方部の高さは11.7m。東日本最大の前方後円墳である。現在は水田となっているが、周濠は湛水堀が二重にめぐっており、内堀幅は24〜36mで、これに中堤と外堀を含めた全長は364mとなる。3段築成と推定され、墳丘面には河原石葺石が施され、円筒埴輪列が認められる。外堀に接して陪塚2基が伴っている。主体部は凝灰岩製の長持形石棺で、後円部頂から鞍部への中腹に一部露出している。近世後期、1738（元文3）年の「石棺御尋書」によれば、墓石として転用されていた底板材と想定される石材は長さ9尺あまり（2.7m）、幅5尺あまり（1.5m）と大きく、畿内における長持形石棺と比べても遜色がない。5世紀中葉ないしは後半に築造されたと考えられ、当時の当地域の権力を象徴するものといえる。なお鞍部に天満宮の祠があり、後円部裾と前方部外堀部には、国道122号と東武鉄道小泉線が横断する。国史跡に指定されている。

保渡田二子山古墳　＊高崎市：榛名山東南麓、井野川左岸台地上、標高約130mに位置
時代　古墳時代後期

1930年に後藤守一らによって発掘調査が行われた。墳丘長110m、後円部径74m、前方部幅71m、高さ約6m（前方部・後円部とも）を測る前方後円墳である。葺石や埴輪類も確認されている。主体部は竪穴式石室であり、刳抜式の凝灰岩製舟形石棺が納められていた。遺物は鉄鏃、轡の残片と円筒埴輪片などが発見されている。また内堀内の墳丘側部に4基の中島が設けられている。この二子山の東方約200mには八幡塚古墳（墳丘長102m）があり、残念ながら削平が進んでいるものの前方後円墳を呈し、二子山古墳と類似し、内堀に4基の中島をもつ。

1929年に発掘調査が行われ、中島の1基から土師器壺、坩、坏、高坏などが認められ、前方部前面の中堤上に、円筒埴輪で区画した中に人物埴輪、飾馬、鶏、猪といった形象埴輪が出土した。そして八幡塚古墳の西北には薬師塚古墳（墳丘長100m）があり、この古墳は1683（天和3）年に発掘が行われている。主体部の舟形石棺から、内行花文鏡や勾玉、ガラス小玉と金銅製馬具類が発見されている。3古墳は5世紀末から6世紀前半にかけて成立した首長墓と考えられ、時期を同じくする井野川流域の水田の発達や南東1kmにある三ッ寺Ⅰ遺跡（豪族居館）との関連も指摘されて

いる。これらは「保渡田古墳群」と呼ばれ、現在は「上毛野はにわの里公園」として整備されている。国史跡。

黒井峯遺跡（くろいみね）　＊渋川市：吾妻川左岸の上位段丘面の台地上、標高250mに位置　時代 古墳時代後期　史

　1982年以降、子持村教育委員会により確認調査が行われ、以後継続的な調査が行われている。この地域では、6世紀中頃と推定される榛名山二ッ岳の爆発時に噴出した大量の軽石・火山灰（FP）が2mほどの厚さで一帯を覆っている。この軽石の採集に際して、遺構らしき大小のくぼみが発見されたことから、県教育委員会の地下レーダー探査が行われ、かつての地表面の凹凸や住居跡と思われるくぼみが100カ所で認められたことにより、本格的な発掘調査が実施されることになった。

　1985年の調査では、古墳時代当時の地表面がそのまま確認されるとともに、竪穴住居跡、平地住居跡、祭祀遺構、畠、水田、道路、立木跡なども検出された。当時の構造物のほとんどが焼失・倒壊を免れたまま埋没しており、当時の集落景観を復元することが可能になるものとして注目を浴びた。柴垣や柵列で画された住居、小屋、耕作地などからなる居住単位は、世帯あるいは世帯共同体に対応するものと評価されている。また一辺約4mの方形を呈し、30cmほど壇状に盛上った遺構からは、200個体に及ぶ土器や石製模造品が検出されており、また田畠の畦に土器を数個体置いた遺構など、祭祀と推定される痕跡も確認されている。

　いわゆるイタリア・ポンペイのように、一度に降下した大量の軽石の堆積によって埋められた集落跡であり、当時の地表面がまったく改変を受けずに残っていることから、きわめて多くの考古学的知見を与えてくれる遺跡として高く評価されている。

　なお、火山灰に埋まった遺跡としては、2012年、国道353号金井バイパス（上信自動車道）建設工事に伴う調査として発掘された、金井東裏遺跡（かないひがしうら）（渋川市）が著名である。厚さ約2mに及ぶ軽石層の下位に、榛名山が古墳時代後期（6世紀初頭）に噴火した時の火山灰や火砕流が厚さ約30cm堆積する。その火山灰で埋まった溝から、甲（よろい）を着装した成人男性人骨1体と、乳児頭骨1点、甲の部品1点が出土した。甲を着装した人骨は、榛名山の方向を向き、顔を伏せて、膝立ちの状態で、ほぼ全身骨が残存していた。古代榛名山の噴火による被災の様相を伝える遺跡として貴重である。

三ッ寺Ⅰ遺跡（みつでら）　＊高崎市：榛名山東南裾部、井出台地の東縁部、標高123mに位置　時代 古墳時代後期

関東地方　83

1981～83年にかけて、上越新幹線の建設に伴い発掘調査が実施された。県道前橋・安中線と上越新幹線の交差する地点で周囲の水田より約1.5m高く、通称「島畑」と呼ばれる方形の台地状の土地に位置する。大規模な掘立柱建物跡や竪穴住居跡が検出されるとともに、一辺約86mの方形区画の居住区が設けられ、その周囲を幅約40m、深さ約3mの濠が囲んでいた。方形区画は、濠の排土によって厚さ約1mの盛土がなされており、四周は河原石によって葺石が高さ約2.7mにわたり構築されていた。

　また、西辺に2基、南辺に1基、張出部が設けられている。濠の内部の縁辺には3重の柵列がめぐり、内部は柱列と溝によって区画され、北区は竪穴住居跡、南区では東西約11.7m、南北13.6mの建物があり、「宮殿」的な様相を示す。出土遺物にはいわゆる祭祀に関わる遺物が認められ、剣形や子持勾玉など石製模造品が200点あまり検出されており、ほかには土師器類や須恵器の大甕、高坏、蓋杯、器台などもあるほか、木製品も多数出土し、模造刀や弓など、祭祀に関わる可能性の高い遺物が認められている。遺物からは6世紀の構築と推定されている。

　遺跡から北西約1kmには、構築年代が同時期と考えられている保渡田古墳群があり、これらの被葬者とも緊密な関係が推定される。古墳時代の豪族の居館跡としては、本遺跡の北東約3kmに位置する北谷遺跡（高崎市）があり、遺跡は約90m四方の郭部分を幅約30mの堀が囲む形態で、6ヵ所の張出し部と2ヵ所の土橋状の構造が認められている。堀内の埋没土の下層には、6世紀初頭降下の榛名山噴火火山灰層が認められることから、5世紀後半の構築と推定されている。構造や規模から、近接する三ッ寺Ⅰ遺跡との関係が議論となっている。

　なお、三ッ寺Ⅰ遺跡は調査後、新幹線工事により一部破壊されたが、北谷遺跡はその経緯を踏まえ、保存運動が実施され、2005年に国史跡に指定され、保存整備が進められている。

上野国分寺跡
＊高崎市：榛名山東麓の扇状地の台地上、標高約125mに位置　**時代** 奈良時代　史

　従来、この地には金堂跡の基壇と礎石、その西南の塔跡の礎石が残っており、1926年に国史跡に指定された。1980年から史跡整備に伴って発掘調査が行われ、寺域南辺の濠と築地跡とが発見され、方2町（東西218m、南北218～233m）の寺域をもつことが確認された。国府跡と推定される場所から西北にあたり、牛池川や染谷川に挟まれた低台地上にある。

　僧寺跡の東塔跡は確認されていないが、金堂西南の塔跡の礎石は、巨石

を使用しており、聖武天皇宸筆の『金光明最勝王経』を納めるのにふさわしい。11世紀初頭の記録である九条家本『延喜式』裏文書（いわゆる『上野国交替実録帳』）には、伽藍の衰退を示しているが、なお存在は明らかである。ただし1180（治承4）年に足利俊綱が上野国府を焼き払ったと『吾妻鏡』にあり、礎石はいずれも火をかぶり、破損していることから、この時上野国分寺も焼亡したものと推測されている。

女堀遺跡　＊前橋市：赤城山南麓の台地上、標高約100mに位置
時代　平安時代末〜鎌倉時代

1979年から圃場整備事業に伴い、前橋市飯土井から東大室地域で発掘調査が行われ、中世初頭の農業用水跡であることが明らかとなった。上幅20〜25m、深さ3mに及ぶ溝の底面に、幅5〜6mの小溝をもつ構造であり、通水勾配の計算が十分でなく、完成を見ないまま放置されたことが明らかとなった。幅広い溝の中央にさらに溝を設ける2段構造を呈している。1108（天仁元）年に爆発した浅間山の火山灰（As-Bテフラ）の上層から掘削されているほか、火山灰を鋤き込んだ畠も認められ、開削年代は12世紀とする説が有力である。堀の終末点に位置した淵名荘（仁和寺法金剛院領）に向けて、秀郷流藤原氏（家綱・俊綱ら）によって開削された説や上野国守護安達氏の説などもある。前橋市上泉から佐波郡東村西国定まで約13kmにわたる遺構であり、一部は国史跡に指定されている。

鎌原埋没村遺跡　＊吾妻郡嬬恋村：浅間山北麓の台地上、標高約900mに位置
時代　江戸時代中期

1979年、学習院大学による考古学的な発掘調査が実施され、埋没家屋や石段、さらに寺院の一部や犠牲者の遺体などが確認された。1783（天明3）年の浅間山噴火によって埋没した村落遺跡であり、全村の人口の80％が犠牲となったことから、古くより火山被害の村として知られてきた。鎌原観音堂などの高所をわずかに残して、全村一瞬に埋没したもので、現在観音堂への階段は15段を残すのみだが、さらに20段以上の階段が検出され（伝説では150段以上）、上から40段目付近で2体の女性の全身骨が検出された。また村内の延命寺跡でも、寺院の建物遺構や陶磁器などの生活財、仏具や仏像の破片などとともに、人骨が検出されている。

鎌原村は中山道の脇街道に面し、人口は500人前後、戸数約120戸の宿場的機能をもった村落と推定されている。噴火の際に発生したいわゆる「押し出し（熱泥流とされる）」によって埋没したもので、村の復活には数十年の時間を要したことが、文献史学の研究によって明らかにされている。

⑪ 埼玉県

稲荷山古墳（金錯銘鉄剣）

地域の特色　埼玉県は、関東地方中西部に位置する内陸県。利根川によって北は群馬、栃木県と接し、江戸川を境として東を千葉県と接する。南は東京都、西は秩父山地を境として山梨県、長野県と接する。西部の山岳盆地地帯は奥秩父と称され、三国山は群馬・長野県と三県が接し、甲武信岳も山梨・埼玉・長野の三県が接する。隣接する「三峰」で総称される白石山・霧藻ヶ峰・妙法岳などは、山岳信仰の拠点であり、麓に三峰神社が位置する。

県中央部には台地丘陵地帯が広がり、東は利根川と荒川の二大河川によって開析された沖積平野となる。これらの河川は近世初頭に大きな瀬替えが行われ、現在の流路となったが、古代から中世にかけては流路が激しく変化した。特に利根川は近世の瀬替えまで東京湾に流下しており、利根川により自然堤防や沖積地が形成された。そうした地形を反映して、下総台地、大宮台地、武蔵野台地の縁辺部を中心に縄文時代の遺跡が多く点在する。特に縄文海進と呼ばれる海岸線の変動に応じて、貝塚は多い。後に県北部を中心に古墳群が構築され、埼玉古墳群が武蔵統合の一大拠点であったことは、稲荷山古墳出土鉄剣の金錯銘文からも推測される。

古代には武蔵国北半に位置し、21郡中15郡が存在した。郡衙跡は発見されていないが、中宿古代倉庫群跡（深谷市）は8～9世紀の榛沢郡の郡衙跡とも推定されている。また県西部の丘陵地帯では上質の粘土が採れ、多くの須恵器や瓦の窯跡が残る。律令期以降は桓武平氏の流れをくむ武士団が割拠。室町時代には鎌倉府が置かれ、関東管領は上杉氏が継承するとともに、武蔵国守護を兼任した。戦国期には後北条氏の支配下となる。

江戸時代は、天領、藩領、旗本・寺社領が錯綜し、複雑な領有関係が生じた。明治維新後は、忍・川越・岩槻の3藩、飛地をもつ前橋藩など13藩、一橋家領、および岩鼻・韮山県、武蔵・下総知県事の管地が置かれた。

1872年の廃藩置県により諸藩は県となった、荒川以東の埼玉県（埼玉郡、

足立・葛飾郡の一部）と、同以西の入間県（埼玉県所属以外の13郡と多摩郡の一部）に統合。以後、合併と分離を繰り返し、1877年に群馬県に編入されていた旧入間県域が編入され、ほぼ現在の県域が定まった。

主な遺跡

砂川遺跡　＊所沢市：狭山丘陵から流れる砂川堀上流の台地上、標高104mに位置　時代　旧石器時代後期

1966年、73年に明治大学考古学研究室によって、3地点の発掘調査が行われた。A地点からは、3つの石器集中ブロックが検出され、360点以上の石器が発掘された。F地点からも3つのブロックから400点近い石器が出土した。特にナイフ形石器や彫器など、縦長剥片を素材とし、この剥片は両設打面によってつくり出される特徴をもち、「砂川型石刃器技法」として評価されている。これらの石器群については、緻密な接合作業と資料操作によって、具体的な製作と消費の様相が明らかにされたものであり、旧石器時代後期のきわめて貴重な資料といえる。出土遺物は国指定重要文化財となっている。

松木遺跡　＊さいたま市：荒川左岸、舌状台地の南端、標高約15mに位置　時代　旧石器時代終末期〜縄文時代草創期

1982年の発掘調査によって旧石器時代の石器群が発見されて以降、断続的に調査が行われている。6カ所ほどの小ブロックに分けられ、黒曜石の剥片や砕片、焼礫群が認められ、スクレイパー、ナイフ形石器、角錘状石器なども認められた。その後も剥片や砕片が検出されており、また撚糸文土器をはじめ縄文時代早期の土器が遺跡範囲から広く検出されている。住居跡は認められていないものの、集落跡であったと考えられている。1993年の調査では、縄文時代前期と推定される高さ2.7cmの土偶が検出された。近隣には同じく旧石器時代、縄文時代早期〜中期の遺跡である大古里遺跡（さいたま市）があり、旧石器時代の石器ユニットのほか、特に縄文時代早期末葉とされるファイヤーピット（炉穴）は100基を超えるもので特徴的である。この時期の竪穴住居跡も検出されている。

水子貝塚　＊富士見市：荒川低地に面する舌状台地基部、標高約19mに位置　時代　縄文時代前期　史

1938年以降、調査が断続的に行われ、竪穴住居跡が検出されているほか、直径約160mに及ぶ、環状の地点貝塚約67カ所あまりが発見されている。時期は縄文時代前期（黒浜・諸磯式期）に比定されるが、貝塚の形成期は

黒浜期に比定されている。また1991年の発掘調査では、貝層下から女性の人骨1体分がほぼ完全な形で検出されている。近隣には、当貝塚よりやや古い時期の縄文時代前期前半（花積下層・関山式期）の貝塚である打越遺跡（富士見市）も位置し、竪穴住居跡が多数検出されて、集落跡と考えられている。また1937年に火工廠建設に伴い発見され、山内清男、関野克らが発掘した上福岡貝塚（上福岡市）も縄文前期前半期にあたり、関野が住居面積から居住人数を推定する公式を提示したことでも知られる。これらの遺跡は縄文海進による「古入間川」沿いの縄文前期の貝塚の形成過程を明らかにするうえで貴重な遺跡であるが、打越、上福岡は現在宅地化が進み、水子貝塚のみ1969年に国史跡に指定され、史跡公園として整備されている。

真福寺貝塚（しんぷくじかいづか）
＊さいたま市：北足立台地の西縁、台地上標高12mから低地にかけて位置　時代 縄文時代後期〜晩期　史

1926年に大山柏ら大山史前学研究所によって発掘調査が行われ、以後断続的に調査が行われた。縄文時代後期中葉加曾利B期に形成された貝層は最大厚40cmで、ヤマトシジミやハマグリを主体とする。低湿地では柵列が検出されているほか、縄文時代後期初頭から晩期初頭の土器やマクワウリ、ソバの種子、弓や櫛などの藍胎漆器が出土したことでも知られる。特に出土した土器については、山内清男が詳細な編年研究を行い、安行猿貝塚（川口市）を標識遺跡とする安行式土器の諸型式を整理検討して、その編年の確立をみた。

他方、1940年に東京大学が発掘調査した際には、泥炭層や台地上の大形竪穴住居跡などが認められている。1965年の慶應義塾大学の泥炭層遺跡の調査でも、安行Ⅲc式の見直しが行われるなど、現在でも関心が高い。なお、赤彩された「みみずく土偶」は国指定重要文化財となっている。残念ながら大山の調査した資料の大部分は戦災で失われている。

池上遺跡（いけがみいせき）
＊熊谷市：星川右岸、荒川沖積扇状地の自然堤防上、標高約22mに位置　時代 弥生時代中期

1978年の発掘調査で弥生時代中期の竪穴住居跡を確認し、1981年、国道125号線バイパス工事に伴い、発掘調査が実施された。竪穴住居跡のほか、環濠と考えられる大溝や多数の土坑などが検出されている。

竪穴住居跡のうち一軒は長辺10.6m、短辺7.2mの大型住居が認められたほか、焼失住居跡も検出され、炭化米が多量に出土している。池上遺跡が稲作に生活基盤を置く集落であったことを裏づけている。弥生時代中期

の土器（須和田式）が出土しているほか、石包丁、各種磨製石斧、石鍬状の石斧、環状石器、漆で補修された土器、銅鏃、土偶なども検出されている。周辺の池上西遺跡（熊谷市）や方形周溝墓が検出された小敷田遺跡（行田市）など、広大な沖積低地で稲作を営んだ集落群といえ、関東地方での初期農耕集落の実態を明らかにするうえで貴重な遺跡である。

寿能泥炭層遺跡

＊さいたま市：芝川流域の沖積低地、標高約6mに位置
時代 縄文時代～平安時代

1979～81年にかけて、埼玉県立博物館によって発掘調査が行われ、東西200m、南北100mの範囲に縄文時代草創期から平安時代にかけての遺物包含層が認められた。遺構は木道や木杭などあまり認められていないが、遺物では多数の木製品が出土した。特に縄文時代中期から晩期の漆器の鉢、高坏、杓子などの什器、櫛、飾弓のほか、古墳時代の椀・櫛、平安時代の椀など生活財が大量に認められた。また縄文時代の丸木弓、櫂、石棒状木製品、古墳時代の竪杵、横槌、織機の部材、梯子、建築材、平安時代の横櫛、御敷、曲物、柱材など大量の木製品は低湿地遺跡の特質を示している。また縄文時代草創期の撚糸文土器群に先行する条痕文、擦痕文土器の存在が確認されており、住居跡は認められていないものの、長い期間にわたり水辺利用の拠点的な位置づけにあったことをうかがわせる。またいわゆる「見沼田圃」と呼ばれる低湿地の一部であり、小支谷を西に約1kmさかのぼった氷川神社社叢に点在する遺跡群との関連もうかがわれる。その他、種子や花粉分析など自然遺物に対する検討により、古環境の変遷を復原できたことも大きな成果といえよう。

稲荷山古墳

＊行田市：利根川と荒川に挟まれた低台地上、18mに位置
時代 古墳時代前期　　　　　　　　　　　　　　　　　史

1968年より県教育委員会によって発掘調査が行われた。墳丘長120mの前方後円墳で、埼玉古墳群の主墳。前方部幅74m、高さ10.7m、後円部径62m、高さ11.7m。長方形の二重の周濠をめぐらせ、西側の周堤帯には方形区画を有する。この区画内より、多くの円筒埴輪などが出土しており、儀礼的な交換であった可能性をうかがわせる。なお、前方部は1937年に土取りで削平されたが、現在は復元されている。主体部は後円部頂上に2基の粘土槨・礫槨が検出されている。礫槨には、鏡（環状乳四神四獣鏡）、勾玉、鉄剣、鉄矛、銀環2、鉄刀4、馬具・挂甲などが残存していた。特に鉄剣は、長さ73.5cmで、元興寺文化財研究所によって、X線による撮影がなされ、115字の文字が金象嵌で施されていることが判明した。剣身

の部分に金象嵌の銘文があり、表に57文字、裏に58文字ある。書風は円筆に特色があり、中国の5世紀代の書風の影響が強く見られるとされる。冒頭の「辛亥年七月」はこの銘文の象嵌された鉄剣作製時と考えられるが、稲荷山古墳は5世紀末～6世紀初頭の築造であると推定されていることから、471年にあたるとする説が有力である。

ほかに文中の「獲加多支鹵大王(ワカタケル)」は、『宋書』倭国伝の倭王武、記紀の雄略天皇(ゆうりゃくてんのう)にあたるとする説が有力であるほか、「斯鬼宮(しきのみや)」など大和王権との関わりを示唆する文言が認められる。そして乎獲居臣(ヲワケ)が、意富比(オホヒコ)から8代にわたって、大王に代々杖刀人として奉仕してきたことを記した記事が認められ、古代の中央と東国との関係を知るうえできわめて貴重な資料といえる。

埼玉古墳群は前方後円墳9基と大型円墳1基(日本最大の円墳とされる丸墓山古墳(まるはかやま))、その他小円墳から形成されているが、稲荷山古墳以外で発掘調査がなされているのは、全長90mで最も新しい6世紀末の将軍塚古墳(しょうぐんづか)である。ほかに古墳群内最大で武蔵国でも最大級とされる二子山古墳(ふたごやま)(全長138m)や鉄砲山古墳(てっぽうやま)(全長109m)などもある。すべての古墳が一族による築造ではなく、前方後円墳の主軸方向から3つの軸が認められており、古墳形態や埴輪などの遺物による検討を踏まえつつ、第1の権力者とともにそれを補佐する勢力が存在した可能性が指摘されている。

吉見百穴(よしみひゃくあな)

＊比企郡吉見町：市野川に面する凝灰岩質の丘陵斜面、標高45mに位置　時代　古墳時代後期　史

1887年に、帝国大学理科大学（東京大学理学部）の坪井正五郎(つぼいしょうごろう)が地元の根岸武香(ねぎしたけか)らの援助を得て発掘調査を行った。横穴をめぐって、坪井の「穴居説」や神風山人（白井光太郎(しらいみつたろう)）の「墓穴説」が学界の論争となる。小支谷によって4カ所の突出部に分かれ、平均45度の急斜面に密集して横穴が形成されている。斜面の上・中・下で3段に分布し、突き出したそれぞれの斜面に平行するように配列されていた。特に西側突出部に配列された横穴墓は、東側に比べて整然と並んでいる。また横穴は、斜面にほぼ直角にうがたれており、墓の形態はいずれも玄室(げんしつ)と羨道(せんどう)とからなっている。玄室の形態はおおむね8通りの型式に分類されており、正方形が最も多い。

玄室内の棺座は約7割に認められ、左右いずれか1カ所に設けたものが多い。排水溝は棺座の縁に設けられたものと玄室から羨道への通路に加工されて外部に排水したものがある。このほか龕状(がんじょう)施設や棚状(たなじょう)施設も認められている。副葬品は、金環(きんかん)、銀環(ぎんかん)、勾玉(まがたま)、管玉(くだたま)、小玉(こだま)といった装身具、

直刀、刀装具、鉄鏃などの武器類、高坏、提瓶などの須恵器、土師器、円筒埴輪がある。

　第二次世界大戦時は地下工場となり、戦後は荒廃した。しかし1950年、地元に吉見百穴保存会が結成され、整備が始まった。そして1954年には、金井塚良一の指導で県立松山高等学校郷土部員により実測調査が行われ、指定区域内に200基以上の横穴墓が現存していることが確認され、分布・形態・構造などの分析が行われた。現在は国史跡となっている。

東金子窯跡群

＊入間市：秩父山地から舌状に突出した加治丘陵、標高180mに位置　時代 平安時代

　1951年以降、断続的に発掘調査が行われており、多数の瓦、須恵器を中心とした窯跡が検出された。東西4km、南北2kmの範囲に分布し、丘陵の6つの谷戸を中心とした斜面に20支群、丘陵の北または南側の台地緩斜面に2支群が確認されている。埼玉県内における末野窯跡群（大里郡寄居町）、南比企窯跡群（比企郡鳩山町・嵐山町・ときがわ町）と並ぶ古代の北武蔵三大古窯跡群の1つである。

　1951、63、66年に発掘された谷津池窯跡では半地下式窯跡、トンネル式窯跡、地上式窯跡、工房跡、竪穴住居跡が認められ、風字硯が出土している。また、1969年に発掘された新久窯跡ではA・C・D・E地点で半地下式窯跡、地下式窯跡、形態不明窯跡、工房跡などが調査されており、A地点で風字硯、円面硯、紡錘車、D地点で風字硯、円面硯など、E地点では紡錘車が検出されている。窯の繰業年代は8世紀後半から9世紀末頃と推定され、9世紀中頃に最盛期を迎えたものと考えられている。また谷津池窯跡1号窯、八坂前窯跡4・5・6号窯、新久窯跡A地点1・2号窯、E地点1号窯では武蔵国分寺（東京都国分寺市）七重塔再建瓦と同笵の軒丸瓦、もしくは軒平瓦が出土し、また谷久保窯跡では灰原から同笵軒丸瓦が認められている。これにより、当窯跡群が武蔵国分寺七重塔再建を直接担っていたことが明らかとなり、関東地方の平安時代の土器編年においても、重要な標識遺跡となっている。

⑫ 千葉県

加曽利貝塚（土器「加曽利E式」）

地域の特色　千葉県は、関東地方の南東部に位置する。北はおおむね利根川を境として茨城県と接し、西は江戸川を隔てて埼玉県および東京都、西部は東京湾・浦賀水道を隔てて東京都、神奈川県と対する。地形はおおむね平坦であり、県域の4割強が標高20〜30m程度の台地であり、2割強が低地からなる。県域南部は標高200〜400m程度の房総丘陵を形成する。県の北端の利根川、西端の江戸川は近世以降に開削されたものであり、それ以前には北は鬼怒川、渡良瀬川が流れ、西は旧利根川、中川が東京湾側に注いでいた。また小櫃川・小糸川が台地から東京湾へと流れ、太平洋側には夷隅川・栗山川などが流れる。

　こうした東京湾沿岸から現・江戸川左岸に位置する下総台地では、海進、海退による浸食で樹枝状の谷が形成され、それらが縄文時代前期の縄文海進と呼ばれる海面上昇においては入江状になり、台地縁辺部には多くの貝塚が形成された。加曽利貝塚をはじめとして、数多くの貝塚が調査され、縄文時代研究において多くの知見を提示している。

　古代においては、県域は安房・上総・下総国（一部は茨城県）の房総3国が占める。古くから大和朝廷の東国・東北地方経略の拠点として重要な位置を占め、古代末期には広大な私有地を有する豪族が成立した。しかし、平将門の乱（935〈承平5〉〜940〈天慶3〉年）や平忠常の乱（1028〈長元元〉〜1031〈長元4〉年）が起こるなど、中央政府に対して対抗する豪族も多数現れた。中世以降は、千葉氏や上総氏の支配となるが、次第に北条氏による影響力が強まった。室町時代になると上総守護には犬懸上杉氏、安房には山内上杉氏が配され、下総千葉氏を牽制する鎌倉府の政策がうかがわれる。なお、安房では戦国期以降に里見氏が台頭し、後北条氏と激しく対立することとなる。

　近世以後は、1590年の徳川家康の関東入国を契機として、房総地方は江戸の膝元となり、基本的な支配の状況としては、旗本領・大名領・代官

領などが複雑に交錯する土地となった。例えば下総では、幕末の大名領としては佐倉藩領・関宿藩領・生実藩領などのほか、一宮藩領・常陸土浦藩領・下野烏山藩領・出羽長瀞藩領・駿河田中藩領・遠江浜松藩領・山城淀藩領などがあった。

また、下総には小金牧・佐倉牧などの幕府直轄の牧が多数設けられ、将軍の狩場としても多く利用された。そうした牧遺構が下総台地を中心に現在も点在している。上総でも東金付近に鷹場が設けられ、拠点となる東金御殿のほか、街道筋に船橋御殿（船橋市）・御茶屋御殿（千葉市）が造営された。なお牧跡は、明治維新後は旧幕臣の開墾地となった。

1868年の房総3国は、旧領主16名・移封藩主7名、合わせて23名の藩主支配地と、新しく明治新政府から任命された2名の知事（安房上総知県事・下総知県事、代官領・旗本領を管轄）の管轄地からなっていた。1869年になると安房上総知県事は宮谷県、下総知県事の管轄地には葛飾県が置かれた。両県は1873年11月まで存続し、前者は廃藩置県によって成立した諸県とともに木更津県、後者は同様に印旛県に統合された。次いで1875年6月木更津県と印旛県は統合され、ここに千葉県が設置された。

主な遺跡

加曾利貝塚
＊千葉市：都川の支谷奥部の西側舌状台地上、標高約32mに位置　時代　縄文時代早期後半～晩期　　　　　　　　　　　　史

1907年に東京人類学会によって調査が行われ、全国的な知名度を得た。1924年に八幡一郎、甲野勇らが発掘調査を行い、南貝塚のB地点およびE地点から、「加曾利B式」、「加曾利E式」の新たな土器型式を見出し、標識遺跡として縄文土器研究の重要な遺跡となった。また、1937年には大山柏率いる大山史前学研究所によって調査が行われ、竪穴住居跡のなかに人骨が埋葬される「廃屋墓」が発見されたほか、貝塚が隣接するなどの特殊性が確認された。ちなみに、北貝塚は直径130mほどで環状を呈するが、南貝塚は馬蹄形を呈し、直径170mを測り、双方が八の字に連結するような形状をもつ。また1973年には、貝塚の東側より、長軸19m、短軸16mを呈する巨大な竪穴遺構が認められ、等間隔に並んだ柱穴列が同心円状に三重にめぐらされており、土偶や石棒も認められ、祭祀など特殊な用途の遺構であったものと考えられている。こうした大規模竪穴住居跡は吉見台遺跡（佐倉市）でも認められており、長軸19m、短軸16.5mの楕円形で、縄文時代晩期と推定されている。

貝層は厚い地点で約2mあり、ハマグリ、アサリ、ツメタガイなど主鹹貝塚で、竪穴住居跡の数はすでに140軒近く発掘されている。特に、住居内より複数体の人骨が発見されており、姥山貝塚（市川市）での事例と同様に、何らかの事故などを背景として廃絶した可能性をうかがわせる。土器のほか、土偶、耳飾はもちろん、独鈷石、石皿、磨製石斧、石棒、石鏃、骨角器の釣針、ヤス、その他動物骨として、イノシシ、シカ、マグロ、クロダイ、スズキ、クジラなどの獣骨、魚骨が出土している。

　国特別史跡に指定され、貝層の断面を保存した施設をはじめ、遺跡公園の整備が行われている。この都川流域には木戸場貝塚（千葉市）、荒屋敷貝塚（千葉市）、宝導寺貝塚など、大小30以上の貝塚が支谷をもつ台地上に認められており、遺跡の多くが開発による消滅の危機に瀕している。

上本郷貝塚　＊松戸市：新坂川左岸の台地上、標高約28mに位置
　時代　縄文時代前期～後期

　1928年に山内清男・伊東信雄らによって発掘調査が実施された貝塚。11区の小貝塚から構成され、地点によって異なる型式の土器が出土した。これらの土器を基に型式学的な検討が行われ、諸磯、勝坂、阿玉台、加曾利E、堀之内、加曾利B、安行という年代序列がつくられたことでも知られる。戦後、東京教育大学による調査が行われ、加曾利E式期の竪穴住居跡や黒浜～加曾利E期の土器やマガキ製の貝輪、軽石製浮子などが出土している。

　坂川流域をはじめ、現在の江戸川左岸の台地上には多数の貝塚が点在し、環状貝塚のほぼ全域を発掘し、集落構成を明らかにしたことで知られる縄文時代中期～晩期の貝の花貝塚（松戸市）や、100軒以上の縄文時代前期（花積下層～関山式期）の住居跡が検出されたことで知られる幸田貝塚（松戸市）など、縄文時代前期～晩期までの多数の貝塚が発掘されており、縄文文化研究の重要な知見を数多く提示している。

姥山貝塚　＊市川市：大柏川左岸、向根支谷中程台地縁辺、標高約24mに位置
　時代　縄文時代中期中葉～後期中葉　　史

　1893年に八木奘三郎らによる発掘によって知られ、その後1926年に東京人類学会の遠足会で住居跡などが検出され、東京大学人類学教室によって本格的な発掘調査が行われた。この時、本邦初となる完全形の竪穴住居跡が発見され、全部で20軒が検出された。そのうち1軒の床面からは、5体（成人男女各2体・子ども1体）の人骨が発見され、家族構成や規模、その埋葬の背景などを分析するうえの重要な知見を提供した。また、遺構

の平板測量や遺跡の空中写真の撮影、大判カメラによる記録撮影など画期的な調査技法が試みられた。スウェーデンのグスタフ・アドルフ皇太子が発掘調査に訪れている。

戦後、1948年、49年にも調査が行われ、1962年の発掘でも多数の埋葬人骨が発見された。また、縄文中期末の火災住居跡の炭化材は、日本の発掘資料では初めて14C年代が米国において測定され、4,546±220年B.P.という測定値が得られている。

近隣の真間川流域には、東西200m、南北250mの馬蹄形貝塚の曽谷貝塚（市川市）や堀之内貝塚（市川市）がある。ちなみに、曽谷貝塚は山内清男が1935年前後に発掘し、曽谷式土器を設定したものの、彼自身が安行Ⅰ式土器との区別を十分しえないまま、現在まで単一型式としての土器の検出に成功せず、「幻の型式」とも呼ばれている。

天神前遺跡
＊佐倉市：印旛沼南方の小支谷の谷頭、標高約30mの台地上に位置　時代　弥生時代中期

1963年より明治大学考古学研究室によって調査が行われ、その後1964、73、74年にも発掘調査が行われている。長径1〜2m、短径0.5〜1mの長楕円形の小竪穴が検出され、小竪穴中には1個ないし数個の土器が人為的に埋納されていた。土器中には人骨が認められたことから、これらの小竪穴が墓坑であったことが確認された。埋納された土器は頸の長い壺型土器が多く、遺体を白骨化したうえでなければ収納できないことから、土葬のうえで白骨化した遺体を収納したと考えられている。人骨の1体分すべてが埋納されていないことから、儀式的なものであった可能性が指摘されている。東日本における弥生時代の葬制（再葬墓）研究において貴重な知見を提示した。

龍角寺古墳群
＊成田市：印旛沼北東側の台地上、標高約30〜35mに位置　時代　古墳時代後期　史

100基を超す古墳群で形成される。1980年代の測量調査で、円墳71基、方墳5基、前方後円墳35基を確認し、関東地方有数の古墳群であることが確認された。最大の前方後円墳は、浅間山古墳（K111）で、全長66m、後円部径45m、前方部幅48m、高さ7mを測り、6世紀の築造と推定される。ほかの前方後円墳は墳丘長20〜40m程度の小規模なものであり、帆立貝形が多い。岩屋古墳は、一辺80m、高さ13.2mの方墳で、全国でも第2位の規模を誇る。3段築成からなり、墳丘南側に江戸時代に開口された2基の横穴式石室が認められる。ともに凝灰岩質砂岩の切石で構築され、東側

の石室が全長6.45m、西側が全長4.8mを呈する。構築年代は7世紀後半と推定されている。

ミソ岩屋古墳は、岩屋古墳の北西に位置する方墳で、30×35m、高さ5.5mを測り、墳丘南東側に横穴式石室（凝灰質砂岩切石互目積）が開口する。石室の全長は4.6m、形態や構造は岩屋古墳に類似している。副葬品は認められていない。被葬者は岩屋古墳の被葬者と同族と推定されており、築造時期も近いものと考えられている。

こうした古墳は谷の入り組んだ台地ごとに群を形成しているほか、地域の首長の氏寺として創建された龍角寺（岩屋古墳から北西1.6kmに位置し、発掘調査により塔や金堂の基壇が確認され、瓦類の特徴から7世紀後半と推測されている）との関わりを含めて、古代の印旛沼周辺地域を考えるうえで、重要な意味をもつ。現在は千葉県立房総風土記の丘として古墳の整備が行われ、副葬品は房総風土記の丘資料館で公開されている。

金鈴塚古墳
＊木更津市：小櫃川下流域左岸の沖積地、標高約5.5mに位置
時代 古墳時代後期

1950年、早稲田大学によって調査が行われた。調査時に、墳丘は後円部の大半と前方部の一部を残すのみであった。主軸長約95m、後円部径55m、前方部幅72m。後円部に、南へ開口する凝灰岩切石積の袖無型横穴式石室があり、石室中央部に緑泥片岩の組合式箱形石棺が残存していた。棺内には青年と推測される人骨1体と副葬品が認められ、玄室入口付近や石室の奥壁付近にもさらに1体ずつ人骨が認められた。1932年の農道開設の際に、羨門部を破壊して飾沓・鞍・雲珠などの副葬品が取り出されていたが、1950年の調査時点でもほかの副葬品は埋葬時のままであり、服飾品や武具、馬具、須恵器、土師器、木器などが多数検出された。

特に、二子塚の旧名を改めることになった、5個の小形金鈴は腰飾の短冊形布とともに棺外の環頭大刀の傍らに認められた。銅承台付盞鋺2個や鶏冠頭大刀（銀荘2、金銅荘1）は出土事例がまれであり、細身の鞘は黒漆塗と思われる。仿製三神五獣鏡や四乳文鏡、挂甲小札などの出土品は重要文化財に指定され、金鈴塚遺物保存館に保管されている。これら副葬品類から判断して、古墳の築造年代は7世紀初めと評価されている。

木更津周辺には丘陵上や砂丘上には祇園・長須賀古墳群と呼ばれる多くの古墳があり、鉢巻に動物文の毛彫のある眉庇付兜を出土した大塚山古墳（木更津市）や四仏四獣鏡を出土した鶴巻塚古墳、丸山古墳といった小規模円墳など多彩であり、小櫃川流域の古代を考えるうえで貴重な知

安房国分寺跡(あわこくぶんじあと)

＊館山市：館山平野の南東部、標高19m前後の砂丘上に位置　[時代]　奈良時代

1932年、34年に調査が行われ、本格的な発掘は戦後、1976～78年にかけて行われた。主な遺構としては、東西約22m、南北約15mの基壇が1基と基壇の北西約40m地点で確認された溝が1条である。基壇は版築が施され、金堂基壇と考えられている。基壇上からは礎石や柱穴は検出されなかったが、現在同所に位置する国分寺境内に旧礎石と推測される厚さ45cm、長軸74cmの加工された石が遺存している。出土遺物としては、素縁七葉素弁蓮華文軒丸瓦や平瓦、丸瓦、堤瓦などが認められる。軒丸瓦は瓦当面に布目痕を残すものが多く、平瓦には縄目のほか斜格子の叩き目を有するものがある。ほかに8世紀代から10世紀頃の土師器、須恵器も検出され、土師器の坏に「吉」「松」と推測される篦書の施された土器が1点ずつ出土している。このほか特殊なものとして、石帯（巡方〈装飾座金〉の破片）1点と三彩の獣脚1点がある。

そもそも安房国は712（和銅5）年に成立後、741（天平13）年に上総国に合併され、さらに757年に再設置される経緯をたどり、国分寺の存在自体が疑問視されていたが、この発掘調査により安房国分寺造営がより確かなものとなった。なお県内では、下総国分寺跡（市川市）も調査が行われており、金堂、講堂、塔の基壇が発見され、法隆寺式の伽藍配置であったことが明らかとなった。また、軒丸瓦の文様が一般的な「蓮華文」ではなく、「宝相華文」であるなど、やや特殊な様相を示している。

村上込の内遺跡(むらかみこめのうちいせき)

＊八千代市：下総台地の北西部、段丘面の標高約27m付近に位置　[時代]　奈良時代

1973～74年にかけて、団地造成に伴い発掘調査が実施された。弥生時代の竪穴住居跡14軒、奈良・平安時代の竪穴住居跡155軒、掘立柱建物跡24軒などが検出された。遺物としては、弥生時代の土器は後期に属するもので、その他土師器、須恵器、灰釉陶器に加え、鎌や刀子、斧といった鉄製品、紡錘車なども検出された。特筆されるのは、墨書の施された土師器で、総点数243点が出土し、県内有数の出土量を誇る。杯のほか蓋や皿にも書かれており、「来」「毛」「借」「山」「利」「利他」などが認められ、こうした墨書文字の出土状況を竪穴住居との対応から分析した試みも行われているが、その意味については判然としていない。

⑬ 東京都

大森貝塚（深鉢型土器）

地域の特色　東京都は、日本列島の東西の接点にあり、関東地方南部に位置する。北は埼玉県、西は山梨県、西南は神奈川県、東南は東京湾に面する。東は江戸川を境に千葉県、北は荒川中流部を境として埼玉県に接する。西端には2,000m級の関東山地があり、東に向かって武蔵野台地や多摩丘陵が続く。末端部で崖線を形成し、東京湾へ注ぐ荒川や古利根川などの形成した沖積低地となる。武蔵野台地北側は武蔵野層、南側は下末吉層を主体とする台地で、内陸部の湧水地付近に旧石器時代や縄文時代の遺跡が多く認められ、台地東縁には著名な大森貝塚（品川区）をはじめ、縄文時代の貝塚が多数分布する。弥生時代以降の遺跡は、中小河川流域の台地上に認められ、多摩川流域では古墳が点在する。都市開発の影響で都心部での調査件数が多く、主に近世以降の遺跡が大半を占める。一方、多摩地域では縄文時代を中心に先史時代の遺跡が残る。基本的に複数の時代にまたがる複合遺跡が多く、その種類はバラエティに富んでいる。

　古代においては、武蔵国の南半に相当する。国府は多磨郡に置かれた。939（天慶2）年には平将門が新皇を称し、この地も占領されたが、翌年藤原秀郷らに下総国猿島郡で討たれ、首塚（千代田区大手町）が今に残る。その後、いわゆる武蔵七党と呼ばれる武士団（横山・西・村山・野与・児玉・丹〈丹治〉・猪俣・私市・綴党）が活躍し、勢力を競った。中世以降は関東公方や実質的には関東管領が治め、関東管領・扇谷上杉氏の家宰太田資長（道灌）が古河公方足利成氏の進出を阻止するため、江戸城を築城した。その後は後北条氏が制圧し、支配した。

　豊臣秀吉による小田原征伐後の1590（天正18）年8月、徳川家康は江戸城に入った。家康・秀忠・家光の三代にわたり、大土木工事により江戸城を大城下町として整備され、現在の東京の骨格をかたちづくった。1653（承応2）年には玉川上水を開削、江戸への給水が実現するとともに、広大な

武蔵野の開墾が可能になり、多摩地域の開発が進んだ。1868年4月、江戸城は開城。同年7月江戸は東京と改称された。1872年に東京府が成立、1889年には東京市が分離、1943年、現在の東京都が成立した。

> 主な遺跡

鈴木遺跡
＊小平市：武蔵野段丘上、石神井川源流域の標高約73～75mに位置　時代　旧石器時代～縄文時代後期

1974年、鈴木小学校建設に伴い、近世の玉川上水の分水に掛けられた「定右衛門水車」や水路跡が検出された。その確認調査が行われたところ、礫群が発見され、本格的な発掘調査が実施された。1967年に遺物の採集がなされており、回田遺跡として認知されていた土地にあたる。旧石器時代の調査では、立川ロームⅢ～Ⅹ層の間に、12枚の文化層が確認され、礫群や石器集中部、炉穴や落し穴と思われる土坑も検出されている。石器類3万6,000点、礫類7万5,000点など、武蔵野台地上の遺跡でも際立って多く、拠点的集落であった可能性も指摘される。層位別の石器組成では、局部磨製石器・ナイフ形石器に代表されるⅩ～Ⅶ層、石刃技法によるナイフ形石器の卓越するⅥ層、ナイフ形石器の盛行するⅤ～Ⅳ層、尖頭器・細石刃中心のⅢ層となる。縄文時代には落し穴や集石土坑のほかに生活痕跡はなく、出土遺物もわずかとなる。

はけうえ遺跡
＊調布市：武蔵野台地西南縁、国分寺崖線傾斜面の標高60～72mに位置　時代　旧石器時代～縄文時代後期

1977～79年にかけて、都市計画道路府中・清瀬線の建設に伴い、発掘調査が実施された。特に旧石器時代の遺物としては、立川ローム層中に11の文化層が認められ、96カ所に及ぶ石器・礫群の集中部が検出された。ナイフ形石器を主体とし、礫群や配石、炭化物の集中部なども確認されている。調査では石器や礫群の集中部の微細遺物を検出するために、土壌の水洗選別が行われ、石器製作に伴うチップ（微小剥片）の分布などから、人間活動の具体的な様相を検討する試みが行われている。また、縄文時代早期～後期中葉までの竪穴住居跡や土坑も検出され、特に縄文早期の撚糸文系土器群を主体とした資料は豊富で、300点近いスタンプ形石器は関心を呼んだ。また縄文後期の柄鏡形住居跡も検出されている。

野川遺跡
＊調布市：野川西岸、立川段丘の舌状台地、標高約48mに位置　時代　縄文時代後期

1970年の野川改修工事に伴い発掘調査が実施された。立川ローム層中

に、文化層10層（武蔵野第Ⅲ層〜第Ⅷ層）が確認され、石器群の変遷を層位的にとらえることができた遺跡として知られる。大きく3期に区分され、礫器（れっき）と削器類が中心の段階（野川Ⅰ期）、ナイフ形石器が出現し、尖頭器や台形石器など多様な石器組成の段階（野川Ⅱ期）、また大型尖頭器や礫器を主体とする段階（野川Ⅲ期）が認識されている。調査では、特に狭い範囲から石器が集中して出土する「ユニット」をとらえ、そこから生活面の把握や人間行動の推定がなされた。またナイフ形石器を出土する文化層を中心に、焼けた礫のまとまり（礫群）が多数検出されており、それらを石蒸しなどの調理用施設とする説もある。月見野（つきみの）遺跡群（神奈川県大和市）とともに、研究史のうえでの大きな画期をなすものとして評価されている。

赤羽台（あかばねだい）遺跡
＊北区：武蔵野台地北東端、標高約20mに位置
時代　旧石器時代〜古墳時代後期・近代

1982〜85年にかけて東北新幹線建設に伴い発掘調査が実施され、旧石器時代の礫群、縄文時代早期の炉穴、縄文後期の集落、弥生時代中期・後期の集落、古墳時代前期・後期の集落および古墳群、奈良・平安時代の集落と横穴墓群、中世の地下式坑（ちかしきこう）などが確認されている。特に弥生後期から古墳時代前期の住居跡は200軒以上が検出され、弥生時代後期の集落は環濠をもつ。古墳時代後期には、台地東側に竪穴住居跡が認められ、中央側には古墳群が検出されている。古墳は直径20〜30m前後の円墳で、主体部は横穴式石室である。3号墳の石材は凝灰岩質砂岩で部分的にマガキが敷かれている。4号墳では人物、形象埴輪（けいしょうはにわ）や円筒埴輪（えんとうはにわ）が認められており、古墳群は6世紀後半〜7世紀前半に比定される。台地南側の斜面には、20基以上の横穴墓が築造され、7世紀後半〜8世紀初頭と想定される。なお赤羽台には、旧陸軍第1師団工兵第1連隊があり、発掘調査の過程で、退避壕などの遺構と歩兵銃・銃剣・食器などの遺物が検出された。

下宅部（しもやけべ）遺跡
＊東村山市：北川の左岸、狭山丘陵縁辺部、標高約75mに位置
時代　縄文時代後期

1995年、都営住宅の建替え工事に伴い発掘調査が行われた。丘陵縁辺部と低地平坦部からは竪穴状遺構・粘土採掘坑・土坑群・配石墓などが発見された。旧河道の低湿地からは多量の縄文後期・晩期の土器・石器のほか、動物の解体作業場を思わせる多量の猪や鹿の骨とともに飾弓（かざりゆみ）を含む20本の弓が出土し、水場遺構からは皿や鉢などの木製容器、高床建物の柱など大型の木組加工材や水晒し中の植物繊維および網代などが出土した。

また、杭として転用された漆掻き痕跡を示す漆の木が、縄文時代としては初めて発見された。丸木舟製作場もあり、長さ6.6m、太さ約80cmの欅材を舳先と艫のように加工した舟材や木組が出土した。また、漆塗の土器、木製の飾弓、杓子柄、皿や漆で補修された注口土器などだけでなく、漆容器や赤色顔料を粉砕する磨石が出土しており、漆製品の製作活動が行われていた可能性をうかがわせる。生業活動の一端を解明する多様な資料が発見され、豊富な動植物遺体の分析と併せて、今後の研究が期待される。

多摩ニュータウン遺跡群

＊八王子市・町田市・稲城市：多摩丘陵の標高約40〜170mに点在　時代 旧石器時代後期〜江戸時代

　1965年、多摩ニュータウン建設に伴い「多摩ニュータウン遺跡調査会」が発足。3,000haにわたる造成地に対して逐次、発掘調査が行われ、その調査地点は約1,000カ所に及び、世界有数の規模の遺跡調査といえる。用地内には、北東に多摩川に並走して流れる大栗川と乞田川、南側に三沢川があり、河川の両側には、丘陵を開析する谷が発達している。起伏のある地形の丘陵斜面や尾根筋に遺跡は分布しており、時代も多岐にわたる。

　No.72遺跡（八王子市）は、本遺跡群でも最大級の縄文時代の遺跡とされ、縄文時代中期（勝坂式・加曾利E式・称名寺式）の275軒の住居跡が検出されている。大栗川左岸、丘陵先端の舌状の段丘面に東西約220m、南北約110mの範囲で住居跡が環状に検出された。敷石を伴う柄鏡形住居跡も検出されている。No.107（八王子市）では、縄文時代中期の住居跡のほか、環状墓坑群が検出されている。No.248遺跡（町田市）では、縄文時代中期（勝坂式・加曾利E式・称名寺式）〜後期（堀之内式）の深さ4〜5mを呈する粘土採掘坑群が検出され、粘土供給地と推定されている。隣接するNo.245遺跡（町田市）では、縄文時代中期中葉（勝坂式・加曾利E式）から後期前半（堀之内式）の竪穴住居跡が67軒検出され、その多くから粘土ブロックが検出されたほか、51号住居跡では未焼成土器や底部に擦痕をもつ器台形の土器が検出され、土器製作に関わる遺跡と推測されている。なおNo.248遺跡の粘土採掘坑から出土した土器・石斧とNo.245遺跡出土の破片が接合し、同集落との関わりが明らかとなっている。

　No.200・917・918・919・920遺跡（町田市）は近接する尾根の斜面地に、弥生時代後期末から古墳時代前期の竪穴住居跡が検出されており、No.200遺跡では小高い尾根筋に方形周溝墓も認められる。これらの様相から、長期的に集落が営まれていたことがうかがわれる。またNo.769遺跡（多摩市）

では、旧石器時代〜中世までの遺構や遺物が幅広く検出され、細石刃関連資料群やナイフ形石器、伊豆産の黒曜石などが認められているほか、古代の住居跡も確認されるなど、やはり長期にわたる土地の利用が見られる。

No.513遺跡（稲城市）では、多摩郡が寄進する国分寺瓦などが出土しているほか、No.342遺跡（町田市）、No.446遺跡（八王子市）など7世紀後半の須恵器窯も認められる。多摩丘陵には古代の窯跡群が点在し、国分寺瓦や須恵器の生産が盛んに行われていた。南多摩窯跡群と総称される。No.457遺跡（多摩市）では、中世の在地土豪の居館跡と推定される溝跡や掘立柱建物跡、段切り跡、土器、陶器のほか舶載磁器や北宋銭などが検出されている。No.107遺跡（八王子市）では、中世の山内上杉氏の重臣、大石氏の居館跡と推定される堀跡、掘立柱建物跡などが検出された。独立丘陵の先端部を利用したもので、5つの「郭」や主郭と考えられる部分では、建物遺構が検出されている。なおNo.107遺跡の背後のNo.484遺跡（八王子市）では、約2万7,000枚もの大量備蓄銭が発見されている。

また、No.335遺跡（町田市）では、61基の近世墓坑群が検出され、墓坑の形状が17世紀後半以降、隅丸長方形から円形へと変化することから、埋葬する棺の形態変化など、葬送儀礼の様相を考えるうえで貴重な知見が明らかとなった。No.919遺跡（町田市）では屋敷跡とともに、近世の炭焼窯が6基検出され、江戸へ供給する薪炭生産に関する貴重な知見を得た。

大森貝塚

＊品川区・大田区：武蔵野台地荏原台の東斜面、標高約13mに位置　時代　縄文時代後期後半　史

1877年、腕足類の研究のため単身日本を訪れたエドワード・S・モースが、横浜から東京への汽車の車窓より、貝層を発見したことに始まる。同年9月16日には、帝国鉄道線路脇へ向かい、11月に至るまで調査した。日本初の学術的な発掘調査が行われた遺跡として著名である。その成果は、雑誌『Nature』（1977、12巻422号）に発表されたほか、1879年に出版された報告書『Shell Mounds of Omori』に結実した。

当時の研究レベルとしてはきわめて科学性が高く、採集した貝類の種類（ハイガイ・サルボウ・アカガイ・アサリ・ハマグリ・バイガイなど）やイノシシ、シカなどの動物遺体、そして土器や石器、土版、骨角器などについても詳細な検討が加えられていたほか、測点を定めて作成した実測図も添付されていた。また、外国の貝塚との比較や土器の機能の検討、人骨の痕跡から食人風習の存在を指摘するなど、その後の考古学研究に大きな影響を与えた。

なお、大森貝塚の正確な位置については、戦前より諸説があり、発掘に参加した佐々木忠次郎は大森区新井宿山王下2550番地（現大田区）の臼井邸内と主張し、人類学者松村瞭（発掘に参加した松村任三の子息）らは品川区大井町鹿嶋谷2955番地の殿村邸内だと主張した。1928年には、東京日日新聞社社長本山彦一を発起人として、「大森貝塚」の碑が殿村邸内に、1929年には、佐々木、浜田耕作、長谷部言人、黒板勝美らを発起人として、臼井邸内に「大森貝墟」の碑が建てられた。なお近年、考古学者・佐原真が土地補償証などの史料により、荏原郡大井村の桜井甚右衛門の土地（同村2960番地字鹿嶋谷・品川区大井6丁目）であることを突き止めた。

　1984年、品川区側の「大森貝塚遺跡庭園」整備に伴う調査の結果、縄文時代の土器（後期・加曾利B2式、晩期・安行3a式）を伴う貝層が発見された。1993年にも、貝層のほか竪穴住居跡（加曾利B式・曾谷式）が確認され、土製耳飾や土偶、土製円盤、骨角器（釣針・刺突具・角製彫刻品・犬歯穿孔品）、貝輪が検出されている。遺物は東京大学総合研究博物館に所蔵され、国指定重要文化財となっている。

伊皿子貝塚
＊港区：高輪台地の東斜面、標高約10mに位置
時代　縄文時代後期・弥生時代中期

　1977年に、日本電信電話公社関連ビルの建設に伴い調査が行われた。近代以降、三井家伊皿子邸があり、1945年に米軍の空襲によって貝層も破壊されたと考えられていた。1978〜79年にかけて清水潤三、鈴木公雄らによって調査が行われ、最大180cmもの純貝層が厚く堆積していることが明らかとなった。調査では、精緻な調査方法が取り入れられ、貝層をサンプリングしたうえで水洗選別を行い、ハイガイ、マガキなどの主体となる貝類だけでなく、陸産小型貝類なども検出されて、複数回にわたる貝層の形成過程の推定が初めて行われた。また貝塚上面に弥生時代中期の方形周溝墓が構築され、この一角の土坑からウシの頭骨が出土した。なお貝層の一部は樹脂で凝固、剥離した実物標本を採集し、港区立港郷土資料館と三田台公園内の施設に展示されている。

中里貝塚
＊北区：武蔵野台地北東縁辺部の崖線下、標高約10mに位置
時代　縄文時代後期　　　　　　　　　　　　　　　　史

　明治時代に白З光太郎や佐藤伝蔵・鳥居龍蔵によって踏査され、その存在は古くから知られていた。1958年に和島誠一により、縄文時代中期後半の土器を包含する貝層が確認され、1983年、東北新幹線の建設に伴

い調査が実施され、JR上中里駅から田端操車場に至る国内最大級の規模とも評価される貝塚であることが明らかとなった。幅100m、厚さ4m前後で、東西に約1kmにわたる規模と考えられ、貝種はハマグリとカキを主として、両種が互層をなす純貝層である。貝層からは縄文時代中期の土器や魚骨、獣骨などがわずかに出土するにすぎない。こうした傾向から、貝を採取し加工処理していた「ハマ貝塚」であると考えられている。また、砂地に粘土を敷き、焼けたマガキや礫が検出された浅い土坑があり、「貝蒸し遺構」と推定されている。全長5.79m、幅72cmの独木舟も出土し、ムクノキの一本材で縄文時代中期初頭と推定されている。遺物には、弥生土器（弥生町式・前野町式）や木簡や風字硯、布目瓦、瓦塔などもあり、古代に至るまで生活が営まれていたことを示唆する。貝塚は全面保存のために埋め戻され、出土遺物は北区飛鳥山博物館に展示されている。国史跡。

久ヶ原遺跡

＊大田区：武蔵野台地の南端、呑川右岸の標高13〜19mに位置　時代 弥生時代中期〜古墳時代前期

1927年、耕地整理に伴う道路整備に際して、竪穴住居跡や土器片が発見され、遺跡として認識された。その後、森本六爾、小林行雄、杉原荘介らは南関東地方の弥生土器の編年作成にあたり、本遺跡の土器を久ヶ原式と命名し、弥生時代後期前半に位置づけた。これまでに遺跡の範囲は約27万m^2とも想定される大規模な拠点的集落として評価されている。

本格的な調査は1970年以降で、宅地化された一帯の地点的な調査が進められ、その実態を明らかにする試みが進められている。これまでに50地点以上の発掘調査が行われており、検出された竪穴住居跡の数は200基を超えている。弥生時代中期前葉から古墳時代前期の土器や住居跡が検出されており、主体は弥生時代後期前葉から中葉である。一般に「久ヶ原式」土器は壺・広口壺・小型壺・無頸壺・台付甕・鉢・高坏などの器形が認められ、文様には羽状縄文が施されたり、山形文や菱形連繋文を組み合わせたりして複雑な文様を構成している。遺跡では水田跡の検出事例はなく、また集落の全容解明にはさらなる調査が必要といえる。

芝丸山古墳

＊港区：武蔵野台地の東縁、愛宕山縁辺の標高約15mに位置　時代 古墳時代中期

1897年に坪井正五郎によって発掘された。芝丸山古墳は現在、芝公園内に位置し、全長約106m、後円部径約64mの前方後円墳。その他十数基の円墳が周囲に点在する。坪井正五郎による発掘では、主体部は明瞭でなく遺構は確認されなかった。築造年代は、5世紀代と推定されている。戦

後1958年にはホテル建設に伴い、東京都教育委員会による調査が行われ、1号墳、4号墳など円墳の再調査がなされている。円墳群は、横穴式石室と推定され、勾玉、切子玉、管玉、耳環、銅釧、直刀、鉄鏃、須恵器などが発見された。埴輪なども確認されている。都指定史跡。

野毛大塚古墳　＊世田谷区：多摩川・矢沢川に挟まれた武蔵野台地先端部、標高約30mに位置　時代 古墳時代中期

1897年、地元住民によって主体部の発掘がなされ、石棺を認め、直刀、甲冑、玉、多量の石製模造品などが出土した。径66mの円墳で、造出部をもち、帆立貝型古墳とも考えられている。墳丘全面に葺石がなされ、埴輪列がめぐっていた。周溝は馬蹄形に全周し、周溝を含めた全長は約102mを測る。5世紀前半の築造と推定され、多摩川下流域の野毛古墳群では中心的な古墳。埋葬施設は後円部墳頂に4基の主体部が認められており、明治期の発掘では第2主体部が発掘され、組合せ式の箱形石棺であったことが確認されている。1989〜92年の発掘調査では、中央の第1主体部は粘土槨・割竹形木棺、第3主体部と第4主体部は箱形木棺であることが確認された。副葬品には前述の石製模造品のほか、内行花文鏡・玉類・直刀・鉄剣・鉄槍・鉄矛・鉄鏃・革綴衝角付冑・革綴短甲・頸甲・肩甲などがあり、関東地方の古墳でも質・量ともに卓越した内容をもち、武具類の副葬の様相から、畿内との関わりも想定されている。都指定史跡。

なお、多摩川流域において最大級の前方後円墳は亀甲山古墳（大田区）であり、主軸長約107mを呈する。国史跡。後円部の南端は削平されているものの、ほぼ原形を保っている。主体部は未調査のため詳細は不明で、葺石や埴輪も認められていない。築造年代は4世紀後半と推定されている。

伊興遺跡　＊足立区：沖積低地の荒川右岸、標高約2〜3mに位置　時代 古墳時代後期

1950年に採集された子持勾玉をはじめとする膨大な玉類などの資料を、大場磐雄が実見したことから認知されるようになった。1957年に大場磐雄らによる発掘調査が実施され、珠文鏡や滑石製模造品などの祭祀に関連する遺物や住居跡などが発見された。1987年以降の下水道関連事業などに伴う発掘調査では、微高地上に展開する集落跡だけではなく、微高地周辺の湿地部に木製品や植物、動物遺体などの自然遺物が大量に包含されていることが判明した。遺物としては、5世紀代の朝鮮半島系陶質土器、古式須恵器がある。また奈良・平安時代の墨書土器も検出されており、「七万」「川前」「肥太」などと記されていたほか、騎馬像が描かれた木札、「延暦

十七」や「□々如律令腹□」と記された木簡などが出土している。こうした遺物から官衙的な性格を有する集落であったとも推定されている。

武蔵国府関連遺跡（むさしこくふ）
＊府中市：多摩川左岸の立川段丘上、標高約65mに位置　時代　古墳時代後期　史

1975年以降の250次以上にわたる発掘調査の結果、大型掘立柱建物跡や礎石建物跡と多量の瓦・磚類が検出されている。国庁の位置は明確ではないが、大国魂神社東側が確実視されている。国府の範囲は東西500m、南北250mと想定されているが、東側地区では「多寺」「□磨寺」の銘のある平瓦や塔の心礎、掘込み地業の基壇跡が検出されていることから、寺院の存在も想定されている。西側地区からは郡名瓦や磚が出土し、築地塀跡と考えられる二条の大溝が、南北2町、西1町以上にわたり検出されている。8世紀前葉には大型掘立柱建物を含む国衙が造営されたと考えられ、8世紀中葉の国分寺創建期には、瓦葺の礎石建物が整備されたと推測されている。周辺の武蔵国府関連遺跡の成果からは、道路や街区の主軸方向に違いが認められ、国府に伴う町並みが画一的に計画されたものではないことが示唆されている。遺物には銅製、石製の帯金具、錠前、焼印、小札、分銅、緑釉陶器、三彩小壺、浄瓶、平瓶、刀子、金鋲、火打金具、鎌、手鎌、鉄鏃、鑿、金槌、紡錘車、円面硯、風字硯、瓦塔、馬形土製品、銭貨があり、国府と集落に集住する人々の生業や生活が垣間見られる。

八王子城跡（はちおうじじょうあと）
＊八王子市：深沢山の尾根の先端、標高約460mに位置　時代　戦国時代　史

1990年の落城400年事業に向けた整備の一環として、1987年より発掘調査が実施された。八王子城は戦国期の山城跡であり、後北条氏三代氏康の三男氏照が築城したものである。後北条氏の本城である小田原城最大の支城として、関東支配の重要な位置を占めていた。1590（天正18）年6月23日、前田利家・上杉景勝により攻められ、城主氏照が小田原に主力を率いて不在であったため、わずか1日で落城した。

城域は東西約1.6km、南北約1kmに及ぶ。城の構造は急峻な山頂に築かれた要害地区、城主の居館跡（御主殿）を中心とする居館地区、家臣団の屋敷跡や寺院跡の伝承地を含む根小屋地区、および外郭の防御施設群からなり、さらにその東方の元八王子町に城下町が広がっている。東方を大手、北方を搦手としている。1987年の発掘調査では、御主殿への登城口の石段や2カ所の踊り場が発掘された。88年には御主殿地区と城山川を挟んだ、曳橋々台部や御主殿への登城道、大手門跡などが検出されている。

御主殿内部の発掘調査の結果、大型の礎石建物跡やそれに伴う石敷きの通路や水路、庭園跡などが検出されている。瓦類が検出されていないことから、板葺屋根と考えられる。出土した7万点を超える遺物は、陶磁器類が大半を占め、中国明代の染付磁器や白磁など舶載磁器、瀬戸・美濃・常滑産の陶器のほか、ベネチア産のレースガラスも検出された。1989年から、大手道・御主殿虎口・曳橋の復元整備がなされている。国史跡。

都立一橋高校内遺跡（とりつひとつばしこうこうない）
＊千代田区：標高約5mに位置
[時代] 江戸時代

1975年より都立一橋高校の改築工事に際して、人骨が不時発見され、近世墓地であることが確認されたため、発掘調査が実施された。その後、墓坑だけでなく、井戸や土蔵基礎や木製枠を伴う穴蔵、ごみ穴、流し場、下水溝なども検出された。遺跡地は、明暦の大火（1657年）以前は寺院であり、墓坑はそうした寺院墓地に関わる遺構と考えられる。また、明暦の大火の焼土層が検出されており、それより上部で検出され井戸や土蔵などの遺構は、いわゆる町人地の痕跡と推定される。低地のため、陶磁器や土器のほか、土製品、硯や煙管、また下駄や漆器など木製品の残存も多くあり、当時の生活財の様相を知るうえで貴重である。東京都内で初めて本格的に江戸時代の遺跡を調査した事例として、よく知られている。

汐留遺跡（しおどめ）
＊港区：隅田川河口西岸域の低地、標高約3～4mに位置
[時代] 江戸時代

旧国鉄汐留貨物駅跡地の再開発事業に伴い、1990年より確認調査が実施され、翌1991年より汐留地区遺跡調査会が発掘調査を実施、その後1992～93年には東京都埋蔵文化財センターが調査を行った。遺跡地は江戸時代には、播磨脇坂家、陸奥伊達家、会津保科（松平）家の上屋敷、および、一部は江戸後期に韮山代官江川太郎左衛門（えがわたろうざえもん）屋敷と播磨小笠原家上屋敷が存在した。調査の結果、大名屋敷造成時の大規模なしがらみを含む土留め施設や護岸石垣、海手側の船入施設、また御殿の建物基礎、玉川上水から引水された上水道の木樋や井戸、庭園遺構など大名屋敷のさまざまな遺構が検出された。

また、遺物は陶磁器や土器、大量の瓦類のほか、煙管などの金属製品、漆器、木製品類、食物残滓としての魚骨や貝類、獣骨類など多様な遺物が出土した。特に中国産や鍋島藩窯など、高価な陶磁器類も見られる一方、肥前・瀬戸などの国産陶磁器も多数検出された。大名屋敷は御殿空間とともに詰人空間と呼ばれる家臣団も居住しており、そうした多様な階層の集

住の様子が、生活財の使用傾向からも認めることができる。

この地は日本初の鉄道駅、新橋停車場が置かれた場所であり、駅舎建物基礎やプラットホームの基礎、その他鉄道関連遺構が多数検出された。発掘総面積は3万m²を超え、大名屋敷や新橋停車場について、部分ではなく全体的な様相をとらえたという点で、大きな意義をもつ調査といえよう。

東京大学構内遺跡（とうきょうだいがくこうない いせき）
＊文京区：武蔵野台地の東縁辺部、標高約25〜30mに位置　時代 江戸時代

1983年、東京大学本郷キャンパスの山上会館、御殿下グラウンド建設に伴い、確認調査が行われたことを端緒として、1990年には埋蔵文化財調査室が設置されて、発掘調査が継続的に行われてきた。加賀前田家上屋敷における御殿空間の建物跡や能舞台跡、石室などの施設のあり方や家臣の長屋建物の配置など、屋敷地内の空間構造が明らかとなっている。また中国・国産陶磁器をはじめ、多数の生活財、貝類や獣骨類などの自然遺物も検出されている。特に将軍の御成に伴う遺物など、大名屋敷特有の機能を知る遺物もあり、多くの貴重な知見を得ている。

他方、加賀大聖寺藩内の窯製品である「古九谷」と称される磁器について、理学部7号館地点出土の陶片を基に、自然科学的分析（蛍光X線分析・放射化分析）を行った結果、肥前有田・山辺田窯の製品と類似し、古九谷とされる資料が肥前有田で焼成された可能性のあることが明らかになるなど、新たな方法論の検討も進められている。ほかにも富山前田家、加賀大聖寺前田家上屋敷や常陸徳川家中屋敷の存在した場所もあり、地点的発掘ながら、大名屋敷の生活を知るうえで貴重な成果が得られている。

日本橋一丁目遺跡（にほんばしいっちょうめ いせき）
＊中央区：隅田川右岸、日本橋台地上、標高約2〜3mに位置　時代 江戸時代

2000〜01年、旧東急百貨店跡地再開発に伴う発掘調査が実施された。江戸時代の石組下水や木樋下水をはじめとして、長屋建物の基礎や井戸、土蔵基礎、木製枠を伴う穴蔵、ごみ穴、焼土処理遺構などが検出された。特に本遺跡では、土器皿2枚を合せ口にして、出産時の胎盤を埋納する胞衣埋納遺構（なまいのういこう）が55基も確認され、庶民の出産習俗を知る重要な知見が得られた。陶磁器・土器、木製品のほか、中村座の土間札（入場券）も検出され、町人地日本橋にふさわしい遺物といえる。なお石組下水は、何回もの改修が行われ、石組が積み重ねられ、整地が繰り返されており、災害都市江戸の実態をうかがい知ることができる。

内藤町遺跡(ないとうちょう)
*新宿区：武蔵野台地上、標高約45〜50mに位置
時代 江戸時代

　1989年、都市計画道路放射5号線整備事業に伴う発掘調査として実施された。現在の新宿御苑北側に位置し、大半は信濃内藤家の下屋敷にあたる。大名屋敷地では、ごみ穴や地下室が検出され、多数の陶磁器や土器、瓦類が出土した。肥前鍋島藩窯の磁器（鍋島焼）が多数出土し、大名家の贈答品として流通していたことを裏づける発見となった。また、旗本拝領地の範囲からは、近接する内藤新宿の旅籠屋や茶屋の屋号が釘書された陶磁器が検出され、宿場町の生活を彷彿とさせる資料が認められている。

コラム ● 考古学用語解説

☞「石器」

人類誕生以来、生活に必要な道具として石器を利用してきた。当初の石器は打撃により礫を打ち欠いた礫（石核）石器（片刃剥離をチョッパー、両刃剥離をチョッピングトゥール〈礫器〉と呼ぶ）が見られるが、次第に剥片の製作技法が発達し、ハンドアックス（石塊の両面を打ち欠き製作した大型石器）に加え、剥片を素材としたナイフ形石器やスクレイパー（杉原荘介は石刃末端に刃部を形成したエンドスクレイパーを掻器・石刃側縁に刃部を形成したサイドスクレイパーを削器と称し区別した）が多用された。ほかに尖頭器など着柄するものや、細石刃、台形石器など複数個を組み合わせて着柄し、使用するものなどが現れる。縄文時代以降は、磨製石器が盛行した。

　また石器の定義として、広義には石を打ち欠いた剥片や石屑、残塊（石核・残核）を含めることもある。旧石器捏造事件に際して出土した石器の多くは、こうした製作時の剥片が認められておらず、当初から奇異であるとの指摘もあった。旧石器時代の遺跡調査では、こうした石器製作の総合的なプロセスをとらえることの必要性を物語っている。

関東地方　109

14 神奈川県

相模国分寺（五葉単弁蓮華文軒丸瓦）

地域の特色

神奈川県は、関東地方の南西部に位置する。北東は多摩川、多摩丘陵などを境として東京都に接し、北西は丹沢山地を境として山梨県に、西は箱根火山などを境として、静岡県に接している。そして南は相模湾、東に東京湾に面する。北部の丘陵地域には、標高100m以下の多摩丘陵が位置し、多摩丘陵東南部には低台地の下末吉台地、加えて南の三浦半島へと続く標高100〜200mの三浦半島の丘陵が位置し、こうした台地の縁辺部には、多数の貝塚をはじめとした縄文時代の遺跡が分布する。また、県中央部を南流する相模川北部の相模原台地などには、目黒川流域、引地川上流域、目久尻川上流域、姥川・鳩川流域などに旧石器時代の遺跡が多数集中し、縄文時代の遺跡も数多く点在している。弥生時代には、横浜、川崎の丘陵地帯を中心に集落遺跡が認められ、他方、多摩川下流域の多摩川低地を基盤として、白山古墳をはじめとした古墳が構築され、これらの地域での権力者が沖積平野を基盤として出現したことを物語っている。

古代には旧相模国全9郡と旧武蔵国3郡が県域を占めていた。相模国は、古代の相武国と師長国とを合わせたものである。海老名市国分には国府跡、国分寺跡と見られる遺跡が現存しているが、酒匂川の流域を中心として、現在の小田原市や南足柄市などの地域も国府の所在地が想定されている。また、長者原遺跡（横浜市）など100棟以上の掘立柱建物跡が検出された遺跡もあり、官衙との関連をうかがわせる。なお、箱根山は古代では足柄峠と呼ばれ、相模国と駿河国との境界をなすと同時に、中国・遠国の境でもあり、「坂東」の地名の由来ともなった。1180（治承4）年に源頼朝が伊豆に挙兵し、後に鎌倉に幕府を開いてからは、鎌倉が武家の都として拠点となった。ここに交通路が集中するとともに、鎌倉には防衛施設を兼ねる七切通が設けられた。また、中世の鎌倉は多数の戦乱の舞台ともなり、滑川河口右岸の海岸沿いに位置する由比ガ浜南遺跡（鎌倉市）や滑川右

岸のやや内陸に位置する由比ガ浜中世集団墓地遺跡（鎌倉市）では、数多くの人骨が出土し、刀創の痕跡のある個体も多く認められたことは、土地柄を示すものといえる。他方、県内には、三浦氏や大森氏、小田原北条氏の一族によって築かれた、多数の中世城郭の痕跡も現存している。

後北条氏の滅亡後は徳川氏の支配となり、近世になると、小田原藩をはじめ、他藩の飛地や旗本領、代官領が混在することとなった。江戸城構築に際して、「伊豆石」と称される石材が伊豆半島、箱根近辺より大量に切り出された。そうした石切場の遺構が早川石丁場群（小田原市、国史跡）をはじめ、数多く確認されている。また1707（宝永4）年旧暦11月23日に噴火した富士山の火山灰処理に伴う遺構が県西部地域などに認められ、その被害の甚大さを現在に伝えている。

1868年、横浜に神奈川県（元神奈川府）が置かれ、旧韮山代官領は韮山県となった。1871年には六浦、荻野山中、小田原の各藩が廃されて県となった。さらに、同年には六浦県は神奈川県と合併して神奈川県（旧武蔵国の一部を含む）となり、荻野山中・小田原県は韮山県（旧伊豆国）と合併して足柄県となった。その後、1876年には足柄県7郡（旧韮山県は静岡県へ移管）は神奈川県に合併し、1893年には多摩3郡が東京府へ移管されて、現在の県域が確定した。

主な遺跡

月見野遺跡群
＊大和市：境川支流の目黒川流域の台地縁辺部に分布
時代 旧石器時代

1968～69年にかけて、宅地造成工事によって発見され、4遺跡10地点について、明治大学によって発掘調査が行われた。立川ローム層の上半部の厚さ3m前後のローム層より文化層が多数認められ、ナイフ形石器や槍先形尖頭器を中心とした石器群の構成や変化を層位的にとらえることができた。加えて平面的なブロックやユニット単位での石器集中の平面的なまとまりをとらえられた点で、東京都の野川遺跡（調布市）とともに研究史上、画期的な調査として評価されている。これらの調査以後は、相模野台地や武蔵野台地における遺跡間の層序を統一してとらえ、石器群の変遷を地域単位で理解する方向に進むことになった。

なお、1979～82年に団地造成に伴って発掘調査が行われた上野遺跡では、ナイフ形石器や槍先形尖頭器などの石器群のほか、細石刃を中心とした石器群や縄文時代草創期の石器群、無文土器群も新たに発見され、縄文

土器文化の始まりを考えるうえで貴重な遺跡となっている。

諸磯貝塚（もろいそ）
＊三浦市：三崎海食台地の北斜面、標高約30mに位置
時代 縄文時代前期後半

1897年に八木奘三郎が調査を行い、1921年には、榊原政職が調査を実施。出土した資料について「諸磯式」を提唱した。1937年には、赤星直忠、酒詰仲男が小貝塚を調査し、貝層下から黒浜式期の竪穴住居跡を検出した。貝層はサザエ・アワビ・カキなどを主体とする純鹹貝塚で、マダイやクロダイ、スズキが検出されている。諸磯a・b・c式の標識遺跡として著名である。1979年の試掘調査では、竪穴住居跡が5軒認められた。

南堀貝塚（なんぼり）
＊横浜市：鶴見川支流、早淵川左岸の台地上、標高約45mに位置
時代 縄文時代前期

1939年、40年の発掘調査により、縄文前期の黒浜、諸磯a式期の竪穴住居跡を検出し、1955年には、横浜市史編纂事業の一環として、和島誠一を中心に発掘調査が行われた。48軒の竪穴住居跡が認められ、その多くは台地の南側縁辺部に集中していた。西側に開く馬蹄形状の集落で、黒浜式期には数軒、諸磯a式期には10軒程度が同時に存在していたものと推測されている。西側斜面や竪穴住居跡覆土内に貝層の堆積が見られ、マガキ、ハマグリ、ハイガイなどを主体とする。土器、石器など各種の遺物も多量に出土した。その後、港北ニュータウンの建設に伴い、第2次調査が1983年以降実施され、新たに竪穴住居跡や広場部分より墓坑と考えられる土坑が100基以上認められ、縄文時代の定型的集落跡の様相を明らかにするうえで、重要な知見を提示している。

勝坂遺跡（かつさか）
＊相模原市：相模原台地の中位段丘面、相模川を望む標高約70mに位置
時代 縄文時代中期　　史

1925年、大山柏の主宰する大山史前学研究所がA区（遺跡はA～F区に分けられる）の一部の調査を行い、完形およびそれに近い土器11個と顔面把手を含む多数の土器片を採集した。戦後もA～C区では確認調査や個人住宅建設に伴う小規模な調査が実施されており、1973年にはD区に大規模な宅地造成の計画がなされ、多数の竪穴住居跡などの遺構や遺物が検出されたため、市民運動もあり、翌年には国指定史跡として保存された。

なお、加曾利E式よりも古い型式の勝坂式土器の標識遺跡としても知られ、五領ヶ台～加曾利E式期の集落跡と考えられている。大山柏が本遺跡より出土した多数の打製石斧について、「土掻き」の道具に比定し、原

始農耕との関係性を論じたのは著名である。なお、大山の発掘した遺物は、1945年の空襲によって残念ながら焼失している。

歳勝土遺跡（さいかちどいせき）
＊横浜市：早淵川左岸の丘陵上、標高48m前後に位置
時代 弥生時代中期　史

　1972～73年にかけて、港北ニュータウンの開発に伴い発掘調査が実施され、縄文中期の竪穴住居跡と土坑群・集石のほか、弥生中期の方形周溝墓、壺棺、弥生後期の竪穴住居跡、方形周溝墓、壺棺、溝状遺構などが発見された。縄文中期の竪穴住居跡は勝坂式期から終末のものまであり、北西側に隣接する大塚遺跡（横浜市）の集落の一部にあたる。弥生時代中期の方形周溝墓は宮ノ台期にあたり、小支谷の谷頭縁辺に沿って並ぶコの字形の周溝のものと、その東西両側の台地上の4本の溝で囲まれた形態のものなどが認められた。周溝内からは、供献されたと見られる宮ノ台式の壺・鉢が出土しており、埋葬施設は墓中央に土坑を設けるもので、周溝内からも壺棺など埋葬の行われた痕跡が認められた。副葬品などは出土しなかった。

　この墓地を形成した人々が暮らしたと考えられる大塚遺跡は、1973年より全面的な発掘が行われ、弥生時代の竪穴住居跡が100軒以上のほか、掘立柱建物群とともにそれらを取り巻く環濠を検出した。環濠の規模は、長軸約200m、短軸130mで、その形状は台地縁辺を繭形に全周し、総延長は600mを測る。弥生時代後期初頭には環濠の大部分が埋没し、その防御的機能を失っていたと思われる。竪穴住居跡は大半が弥生時代中期の宮ノ台期のもので、3グループに区分され、各グループとも10軒前後が同時に存在していたものと推定されている。また長軸9mを超える大型住居跡がそれぞれのグループに構築されている。大塚遺跡には100人を超える集団が暮らしていたと考えられているが、こうした拠点的農耕集落と歳勝土遺跡のような墓地との関わりが明らかになったことは、きわめて貴重である。現在は遺跡公園として整備がなされている。

三殿台遺跡（さんとのだいいせき）
＊横浜市：大岡川と禅馬川により形成された独立丘陵、標高約50mに位置　時代 弥生時代中期～後期　史

　1959年、60年に予備調査が行われ、1961年、和島誠一によって本格調査が実施された。250軒を超える竪穴住居跡が台地平坦部一面に検出され、縄文時代中期～後期が8軒、弥生時代中期～後期が151軒、古墳時代前期と後期が43軒などで、弥生時代の住居跡が最も多い。なかでも弥生時代中期と推定される306c号住居跡は、長径13.7m、短径11.8mと規模が大

関東地方　113

きく、床面より壺、甕、鉢など14個体分と銅環1、打製石斧7、磨製石斧2などが出土し、集落における中心的な役割を担った住居と推測されている。なお、台地縁辺部では、北側斜面においてハマグリ、アサリなどからなる弥生時代の貝塚があり、宮ノ台式土器などが出土している。発掘後は、平坦部の遺跡を中心に、復元住居を設けて全域が保存され、文化財保護のモデルケースの遺跡となっている。

白山古墳（はくさん）
*川崎市：矢上川の東岸、小独立丘上の標高30ｍ前後に位置
時代 古墳時代前期

1937年に慶應義塾大学により調査が行われた。主軸長は87ｍ、前方部幅37ｍ、高さ5ｍ、後円部径42ｍ、高さ10.5ｍを測る。埋葬施設としては前方部から粘土槨1、後円部中央に木炭郭1、その上方左右に粘土郭2が発掘されている。特に中央の粘土槨には、三角縁神獣鏡、内行花文鏡をはじめ玉類、鉄器類が副葬されていた。特に、舶載の三角縁神獣鏡は優品であり、同笵鏡が京都府椿井大塚山古墳（相良郡山城町）と山口県竹島古墳（新南陽市）から発掘されている。その他の埋葬施設からも、鏡類、玉類、鉄器類が検出された。4世紀後半の築造と考えられている。

近隣には1936年に慶應義塾大学が調査した矢上古墳（横浜市）もあり、主体部は粘土床（長軸2.25〜2.37ｍ、幅0.66ｍ）からなり、副葬品として、同笵の鼉竜鏡2面と豊富な玉類（硬玉製勾玉、琥珀勾玉、棗玉、碧玉製管玉、ガラス勾玉、丸玉、小玉）、鉄剣、鉄鏃、竹製櫛などが出土した。5世紀前半の古墳とされ、出土遺物は、国の重要文化財に指定されている。また、矢上川を隔てて白山古墳と対峙する観音松古墳（川崎市）は、南関東における古墳の最古の一群に属し、築造年代は4世紀後半と考えられている。これらの古墳は鶴見川下流域を基盤とした、大和政権との関りをもつ集団の存在を推測させるものといえよう。残念ながらこれらの古墳はすべて消滅した。

相模国分寺跡（さがみこくぶんじあと）
*海老名市：相模川左岸の座間丘陵上、標高約33ｍに位置
時代 奈良時代末〜平安時代初期　　史

1965年より神奈川県・海老名市の教育委員会により試掘調査がなされ、1966年より文化財保護委員会によって調査が行われた。法隆寺式の伽藍配置による塔・金堂・中門・回廊・東築地跡・講堂の後方に僧坊・北方建物を確認した。金堂と講堂の心々南北距離が60ｍをなすことから、塔・金堂跡の中心より南側120ｍ前後と推定され、3町四方の寺域をなすと考えられている。出土品には須恵器・土師器はもとより鬼瓦や珠文縁五葉

単弁蓮華文など文様の瓦当類や丸瓦・平瓦が出土した。均正唐草文字瓦とセット関係をなす珠文縁五葉単弁蓮華文鐙瓦を下総国分寺創建期瓦の硬直化した形式と見ることもでき、奈良末から平安初期に比定される。

同じく相模国分尼寺は、国分寺から北方600mに位置する。金堂の礎石を除いて移動している。六葉・八葉単弁蓮華鐙瓦や扁行唐草文字瓦、丸瓦・平瓦などが採集されている。

上行寺東遺跡　＊横浜市：丘陵の海食崖面、標高約20～35mに位置
時代 鎌倉時代

1984年、マンション建設に伴う事前調査で確認され、発掘調査が実施された。1986年にも発掘調査が行われている。中世には鎌倉の重要な外港であった六浦を見下ろす地にあたり、見下ろす凝灰岩の岩山に刻まれた遺跡で、崖面に約40基の「櫓」と呼ばれる中世の横穴墓群が存在する。台地頂上部には平場が造成され、奥に阿弥陀如来とされる仏を彫り出した櫓が認められた。その櫓に接して柱穴が検出されたことから、この平場には阿弥陀如来を本尊とする石窟と、その礼堂と考えられる堂が存在したものと推定された。また堂の脇には、洲浜をもつ小規模な池の遺構も残されており、仏教関連施設であることをうかがわせる。遺物では、蔵骨器や五輪塔・板碑などが認められ、これらの遺構が構築された時期は鎌倉時代～室町時代と推定されている。こうした施設や周囲の櫓群との関係について不明な点が多いまま、遺跡は工事のために破壊されることになったが、地元住民や学術関係者による保存を求める強い要請によって、横浜市は遺構の一部を保存したほか、主要部分について型取りを行い、隣接地にセメントで再現するなどの措置が講じられた。

コラム ● 考古学用語解説

☞「掘立柱建物・礎石建物」

掘立柱建物ならびに礎石建物は、柱立ちの建物を指し、掘立柱建物では、柱穴を穿ちそのまま柱材を立てる（根石を施す場合もある）。礎石建物は読んで字のごとく、地表をやや掘りくぼめ、石を据えた上に柱材を建てる建築を指す。また建物の外形に沿って柱を建てる「側柱」と建物内部にも間仕切りの柱を建てる「総柱」がある。そして建物の棟木（屋根最上部の横木）に平行する方向を「桁」といい、棟木と直行する方向を「梁」という。柱間の数は「間」と呼び、例えば桁行方向4本と梁方向3本の柱で構成される建物は、3×2間の建物と表現する。

15 新潟県

馬高遺跡（火焔型土器）

地域の特色

新潟県は、本州の中央部の日本海に面する。北西の日本海上には佐渡・粟島の2島が位置する。北から南にかけて、山形・福島・群馬・長野・富山の諸県に接し、北東県境には朝日山地、飯豊山地などの2,000m級の山々が連なる。そして、阿賀野川を境として駒ヶ岳（2,002.7m）・中ノ岳（2,085.2m）・八海山（1,778m）の越後三山の連なる越後山脈がある。続いて三国山脈の主峰が並び、南西の長野・富山県境には富士火山系の妙高火山群が並ぶ。越後山脈の西側には、魚野川流域の魚沼盆地（六日町盆地）と信濃川沿いの十日町盆地とを分ける魚沼丘陵があり、さらにその西に東頸城丘陵が位置する。信濃・阿賀野の二大河川によってつくられた新潟平野は関東平野に次いで全国第2位の大平野である。前述の信濃川流域の十日町盆地や魚野川と破間川の堆積による六日町盆地のほか、県央の信濃川支流の渋海川・刈谷田川・五十嵐川などの上流にも小国・栃尾・下田などの小盆地群が連続する。

旧石器時代の遺跡は、下越・中越の丘陵・段丘に集中し、佐渡および上越ではきわめて少ない。また、縄文時代の遺跡は佐渡を含む全域で発見されているが、早期では河岸段丘・丘陵に遺跡が進出する傾向が強い。晩期以降は沖積平野の微高地に移っていく。県内の遺跡数は13,000を超える。

古代は旧越後国と佐渡国にあたり、712（和銅5）年に、出羽郡が出羽国として分離したことで、越後のかたちができあがった。743（天平16）年に佐渡国も併合したものの、752（天平勝宝4）年に元に復している。蝦夷平定に際して越後に設置された城柵としては、647（大化3）年淳足柵（新潟市）や、648（大化4）年の磐舟柵（村上市）がある。中世には越後守護として上杉氏が治めるが、守護代長尾氏との争いが起り、長尾氏が実権を握る。戦国期は上杉謙信により支配が確立するも、関ケ原の戦において、米沢へ転封。以後、越後は村上・新発田・黒川・三日市・村松・根山・長岡・与板・椎谷・高田・清崎などの11藩領と国外諸藩領および幕

領が錯綜する地となる。1871年、越後は新潟・柏崎両県に、佐渡は相川県となる。次いで1873年、新潟・柏崎両県が合併し新潟県となり、1886年に東蒲原郡が福島県より編入され、現在の県域が確定した。

主な遺跡

荒屋遺跡（あらや）
＊長岡市：信濃川と魚野川の合流点付近、標高約90mの河岸段丘上に位置　時代　旧石器時代末期　史

星野芳郎が発見し、戦後1958年に芹沢長介ら明治大学によって発掘調査が実施された。遺跡の範囲は東西約100m、南北約50mであることが確認されており、約10万点のきわめて多数の石器が集中して出土した。厚さ40cmの黄褐色砂層が遺物包含層で、砂層中に炭化物を含む黒色帯も一部認められた。硬質頁岩製の舟底形細石核、細石刃、荒屋型彫器、それらの製作剥片など多数の石器が確認されている。荒屋型彫器と呼ばれる彫刻刀形石器は、素材剥片（薄く剥がされた石片）の全周に調整のための剥離を加えた後に、先端部の左肩に1条ないし数条の樋状剥離を施して彫刻刀面をつくり出すもので、きわめて特徴的な形状を示すことから荒屋型と型式設定され、その分布はシベリア・サハリンに及ぶ。

神山遺跡（かみやま）
＊中魚沼郡津南町：信濃川右岸の段丘上、標高309m付近に位置　時代　旧石器時代

1958年に芹沢長介を中心として津南町教育委員会により発掘調査が行われた。ローム層上部などから総数259点の石器が出土し、特に石器集中地点も3カ所確認された。石材には黒曜石、硬質頁岩、安山岩などが用いられ、石刃技法を基調としたナイフ形石器や彫器、石刃、石核、掻器などが出土した。神山型彫器と呼ばれる彫刻刀形石器は、ほかの遺跡でも杉久保型ナイフ形石器（杉久保遺跡〈長野県上水内郡信濃町〉を標識遺跡とする）とともに発見される。近くには同時期の遺跡として、県下初の旧石器の発掘調査が行われた貝坂遺跡や楢ノ木遺跡、堤ノ上遺跡などがある。

小瀬ヶ沢洞穴遺跡（こせがさわどうけつ）
＊東蒲原郡阿賀村：室谷川脇、小瀬ヶ沢山の南斜面、標高約200mに位置　時代　縄文時代草創期　史

1958年、59年に中村孝三郎を中心とした長岡市立科学博物館が調査を実施。洞穴と洞穴前面のテラス東半分が調査され、深さ約2mの包含層から1万3,500点以上の遺物が発掘された。早期に属する土器以前の新たな土器群が発見され、草創期の縄文土器研究に新たな地平を開いた。その他、有茎、無茎の石鏃、木葉形、柳葉形石槍、有茎尖頭器などの石器群や鹿

角製尖頭器や獣骨も発掘されている。この洞穴よりもさらに室谷川の上流7km先には、室谷洞穴遺跡(標高218m)があり、3mの包含層を15層に分けた調査が行われている。縄文草創期〜前期の土器や石器類も大量に出土しているが、各種尖頭器群が小瀬ヶ沢洞穴に比べ少ない。

　尖頭器のあり方については、いわゆる「本ノ木論争」と呼ばれる議論がある。本ノ木遺跡(中魚沼郡津南町)からは、大量の尖頭器とともに土器が検出された。1957年に調査した山内清男は、遺跡から出土した縄の側面圧痕文を特徴とする縄文土器と尖頭器を同時代のものと評価したが、1956年に調査した芹沢長介は尖頭器を土器よりも古いものと評価し、論争となった。尖頭器は基本的に旧石器時代に用いられていたものであり、土器と共伴するとなれば、縄文文化の起源に関わることになる。その解明を目指して、これらの洞穴も調査されたほか、縄文時代草創期を主体とする中林遺跡(南魚沼郡中里村)を1965年に芹沢が調査した。尖頭器は多数検出されたものの、土器が発見されなかったことから、山内説を改めて批判したが、依然として議論は収束していない。

馬高遺跡
＊長岡市:関原丘陵の標高約60〜65m付近に位置
[時代] 縄文時代中期

　1935〜41年まで、八幡一郎の指導の下で近藤勘治郎・篤三郎父子が発掘調査を行ったことに始まる。1972年には長岡市教育委員会によるボーリング探索調査も行われた。2つの環状集落において、石組炉(長方形石囲炉)を有する竪穴住居跡や土器、土偶、耳飾、土版などの土製品、石鏃、石棒、凹石、石皿、玉類など多数の遺物が出土した。特筆されるのは、独特の渦巻文を器面全体に配した「火焔型土器」が多数検出され、馬高式土器の標識遺跡とされている。火焔型土器は新潟県全域と会津盆地に出土例が認められ、富山県や福島県中通り、北関東の各地にも搬入品や模倣品の存在が確認されている。近くの笹山遺跡から出土した「火焔型土器」と「王冠型土器」などの土器群は、1999年に国宝に指定された。長岡市内ではほかに岩野原遺跡が縄文時代中期〜後期の大集落遺跡として著名である。

三十稲場遺跡
＊長岡市:関原丘陵の標高約65m付近に位置
[時代] 縄文時代後期初頭

　1934年から近藤考古館が発掘を行い、後に八幡一郎、斎藤秀平らが資料を基に三十稲場式土器を提唱した。翌1935年にはオランダの考古学者ジェラード・グロート、戦後1950年には早稲田大学によって発掘調査が行われ、後に長岡市教育委員会が1968年に発掘調査、1972年には遺跡の

存在範囲についてボーリング探索による概況調査が行われた。谷を挟み馬高遺跡があり、集落の規模は東西150m、南北200mに及ぶと推測され、150基以上の石囲炉の存在が確認されている。遺物には、土器や土偶、耳飾、土錘、玉類や石鏃、石錐、石匙、石斧、岩版などがある。土器は爪で突いたような刺突文をもつ深鉢を特徴とした三十稲場式から塔ヶ峰期の縄文時代後期後半を主体とし、晩期にまで及ぶ。佐渡を含む新潟県内はもとより、福島県や関東各地、長野県北半や富山県にもこの型式は認められる。

長者ヶ原遺跡
＊糸魚川市：姫川の東、海岸より約2.5kmの丘陵、標高約80〜110mに位置 　時代 縄文時代中期　　　　　　　史

硬玉製玉類の製作遺跡。1937年に八幡一郎、斎藤秀平が長者ヶ原式土器を設定し、1954〜58年の調査では竪穴住居跡とともに、硬玉製品のほか、硬玉の原石や玉未製品、砥石などが検出された。これによって、縄文時代以降の硬玉製品が、日本列島産の石材でつくられていることが立証された。1981年の調査では、硬玉の加工が縄文時代前期末から中期にさかのぼる可能性も指摘されている。大珠をはじめとした玉類も多く、大砥石の上から大型土偶が検出されている。県内ではほかに、寺地遺跡（西頸城郡青海町）でも硬玉、蛇紋岩製品の工房跡が検出されており、加えて環状木柱列や特殊配石遺構（炉状配石からは11体分以上の焼骨が出土）なども認められている。考古館および遺跡公園が整備されている。

千種遺跡
＊佐渡市：佐渡島の国中平野中央部、標高約0.5m付近に位置
時代 弥生時代後半〜古墳時代前期

1952年に国府川改修に伴う工事で発見され、國學院大学や佐渡古代文化研究会が調査を実施。いわゆる旧潟湖近くに発達した村落跡と考えられ、湖岸部に打ち込まれた矢板列、溝などが多数検出された。また、サドシジミを中心とする小貝塚、井戸なども発見され、廃棄された多くの土器群のほかに、木製品では、竪杵、弓、鋤、鍬、石包丁形木製品、たも網枠、櫂、模造小舟、建築用材などが検出された。また鉄鏃や砥石、卜骨などの骨角器、玉作関係の碧玉未製品、石槌も出土している。自然遺物では、イネ、マクワウリ、ヒョウタン、モモ、ユウガオなど栽培植物の種子類などが検出された。土器は北陸や越後との関わりはもとより、近畿の庄内式土器も見られ、広域にわたる交流の痕跡も認められる。登呂、瓜郷などに続き、戦後学際的に行われた発掘調査として、研究史上も重要な遺跡である。

山谷古墳
＊新潟市：新潟平野西端、弥彦山塊の東麓、標高約50mに位置
時代 古墳時代

北陸地方

1983年、87年に新潟大学の甘粕健を中心として調査が行われ、新潟県初の前方後方墳であることが確かめられた。日本海側では最北端となる。主軸長38m、前方部幅16m、後方部幅は22m。高さは前方部で4.8m。墳丘の下部は地山を削り出し、上部は盛土する。後方部に主体部があり、木棺直葬で碧玉製の管玉やガラス小玉、鉄製品が出土している。4世紀後半に比定される。この古墳の北東3km先、弥彦山地の最北の角田山東麓、標高約20m付近に位置する菖蒲塚古墳は日本海側では最北端の前方後円墳である。主軸長54m、後円部径33m、高さ3mで、江戸時代に、盗掘により鏡と小壺が発掘されたとする記録が残る。現在も鏡のほか、勾玉、管玉などが伝えられている。新潟県内ではほかに、観音平・天神堂古墳群（新井市）が総数170基と大規模な古墳群として著名である。

今池遺跡　＊上越市：関川右岸、標高約16m付近に位置　時代 奈良時代

　1980～83年のバイパス建設工事に伴い、発掘調査が実施された。8世紀前半～10世紀および中世の建物群が検出され、土地利用の当初は桁行5間以上の掘立柱建物群が3つの地区に集中して営まれ、官衙的様相を示すが、9世紀前半以降は、建物に規則性がなくなり、集落的な様相を呈する。出土遺物は須恵器、土師器が豊富であり、8～10世紀の上越地方における基準資料として位置づけられている。また、墨書土器や箆描土器、円面硯、丸瓦、平瓦、瓦塔なども認められる。

　出土遺物からは官衙や官人住居の様相を呈するが、10世紀前半に成立した『和名抄』には、越後国の国府が頸城郡内に置かれていたとされ、今池遺跡の北方には、下新町遺跡、子安遺跡など同時期の遺跡が連なることから、近年国府所在地はこの今池遺跡が有力と考えられている。また、今池遺跡に近接する本長者原廃寺が国分寺跡として有力となっている。

コラム ● 考古学用語解説

☞「サケ・マス論」

サケとマスは、今も日本人の好む魚であるが、山内清男はサケの豊富な東日本と貧弱な西日本という食料資源の対比から、東日本の縄文文化の優位性を説明しようとした。一方でサケ類の骨の出土例は少なく、異論もあった。しかし近年、発掘技術の向上で椎骨破片の検出例も増えており、燻製などに加工した身を、骨ごと砕き調理した可能性も指摘されている。

⑯ 富山県

朝日貝塚（硬玉製大珠）

地域の特色　富山県は、本州中央部の日本海側に面する。東・西・南の三方は山地や丘陵がめぐり、北方のみ海に向かって開けている。東は飛騨山脈（北アルプス）の北半部にあたり、いわゆる立山連峰と後立山連峰が位置している。南は飛騨山地の北縁にあたるが、1,700m程度と東側ほど標高は高くない。一方、西の石川県境は丘陵地であり、東や南側のような険しい山地ではない。そして県中央に広がる富山平野は、こうした山地や丘陵に囲まれている。地形的に扇状地の発達が顕著であり、中央にあって北方に伸びる呉羽山丘陵により、呉東平野と呉西平野（射水・砺波・氷見）に大きく二分されている。呉東平野は神通川や常願寺川などの扇状地が複合して発達したもので、北東には上市川・早月川・片貝川・黒部川などの扇状地が連なる。呉西平野は、やや特徴的であり、北部には低湿地帯が広がり、かつては放生津潟といった潟湖があり、越中国守に任じられた大伴家持が『万葉集』に「布勢水海」と歌った十二町潟も存在したが、現在は干拓されている。これらの潟湖周辺に縄文時代以降の集落遺跡が多数立地しているほか、こうした沖積低地に臨む丘陵上には古墳群が点在している。県内には約4,000の遺跡がある。

　古代は越中国に属し、国衙や国分寺は、現在の高岡市伏木にあったと考えられている。平安時代以降は立山が霊山として広く知られるようになる。1907年に立山連峰剱岳で発見された青銅製錫杖頭など、山岳信仰の始原をうかがわせる遺物が認められている。中世以降は名越氏や畠山氏などが支配し、1580（天正8）年、越前から移って富山城に入った佐々成政が越中一国の支配を実現するも、1585（天正13）年に豊臣秀吉に降った。その後前田利長が領有し、加賀前田家の所領となったが、1639（寛永16）年に加賀前田家3代利常の次子利次に、婦負・新川2郡、10万石が分与され、支藩富山藩が成立した。いわゆる富山の売薬業は、富山前田家2代正甫によって始められたとされている。

北陸地方　121

1871年、富山藩は富山県となったが、間もなく新川県に改められ、1872年には七尾県の所管であった射水郡を併合した。その後、1876年には、越中4郡のすべてが石川県に移されたが、分県運動が進められた結果、1883年5月に越中一円を所管する現在の富山県域が確定した。

主な遺跡

不動堂遺跡
＊下新川郡朝日町：黒部川右岸の隆起扇状地上、標高約60mに位置　時代　縄文時代中期　史

1973年に圃場整備事業に伴って調査されたもので、竪穴住居跡が19基検出され、集落跡と考えられる。特筆されるのは、長軸17m、幅8m、面積約120m²の小判形の住居跡で、長軸上に4基の石組炉（東側2基は長方形、西側2基は円形）が検出された。東北各地での同様の巨大住居の発見があり、その嚆矢の遺跡として、評価されている。柱穴16基のうち、6基に重複した掘り方が認められ、3回程度の増築あるいは建替えがなされた可能性が指摘されている。また、1979年の調査では、新潟県栃倉遺跡などに類例が認められる二重壁を有する長さ8m、幅5.5mの住居跡が検出されている。現在は展示館と復元住居などが整備されている。

朝日貝塚
＊氷見市：海岸線から800mほど内陸、標高3〜7mに位置　時代　縄文時代前期〜晩期　史

1918年に発見され、柴田常恵らによって調査が行われた。1924年には、厚さ30cmの上下2層貝層の下より2基の竪穴住居跡が検出され、わが国最初の住居跡の発掘事例としても名高い。また、出土した硬玉製大珠は長さ19.5cmと大きく、重要文化財に指定されている。貝種はハマグリやサルボウ、アサリを主体として、マグロ、イルカなどの魚類、アザラシ、イノシシ、シカといった動物骨も出土している。また、貝層中より人骨も6体検出されている。富山県内の貝塚ではほかに、江戸時代より存在が知られ、シジミが約8割を占める蜆ヶ森貝塚（富山市、縄文時代前期後半）や、同じく淡水産の貝が多数を占める小竹貝塚（富山市、縄文時代前期中頃〜後半）などが著名である。

江上弥生遺跡群
＊中新川郡上市町：上市川扇状地、標高14〜16mに位置　時代　弥生時代中期〜後期

1979年より、北陸自動車道の建設に伴って発掘調査が行われた。正印新・江上A・江上Bの各遺跡は、竪穴住居跡や掘立柱建物群、高床倉庫などが認められた集落遺跡で、大量の土器・木器・炭化米などが検出され

ている。江上A遺跡では、幅4mの水路に3本の杭で支えられた最古級の橋が検出されている。中小泉遺跡は、大小の水路や堰の跡など水田に関わる遺跡と考えられ、水路内から直径7.1cmの小型仿製鏡が出土している。飯坂遺跡では方形周溝墓を9基確認している。

杉谷A遺跡
＊富山市：呉羽丘陵の標高52〜53mに位置
時代 古墳時代初期

　方形周溝墓が20基、円形周溝墓が1基認められている。溝の形態から、四隅掘り残すものと溝を4周させるものに大別でき、埋葬施設も割竹形木棺と組合せ式木棺の2つがある。副葬品には、ガラス小玉、素環頭太刀があり、土師器も認められている。付近の遺跡には、鳥取県・島根県などの日本海側に点在する四隅突出型方墳の北限ともされる杉谷4号古墳（一辺25m、高さ3m）など、10基の古墳が存在している。

桜谷古墳群
＊高岡市：二上丘陵から続く、標高20m付近に位置
時代 古墳時代　　　　　　　　　　　　　　　　　　　　史

　12基以上の古墳が点在している。1号墳は全長62mの前方後円墳で前方部は幅30m、後円部は径35mを測る。5世紀初頭と評価されている。2号墳は帆立貝式古墳で、全長約50m、後円部の径は33m、高さ6mを測る。碧玉製紡錘車や石釧などが検出されている。その他は円墳であり、金銅製帯金具、内行花文鏡、須恵器や土師器が認められる。なお、円墳は消滅している。県内の前方後円墳では、勅使塚古墳（全長75m）や王塚古墳（全長62m、富山市）、戦前に関野神社社殿の改築に際して約20本の銅鏃が出土した関野1号墳（全長65m、小矢部市）が著名である。

　この桜谷古墳群を有磯海沿いに2kmほど東へ向かうと、国分山古墳群がある。標高30〜45mの台地縁辺部に円墳が8基確認されている。特に、直径30mほどのA墳からは2基の埋葬施設が検出され、そのうちの1基より、中国製の六弧鏡とも評価される内行花文鏡1面、勾玉、鉄鏃の塊などが出土している。こうした海岸沿いの古墳群の存在は、海上交易を基盤とした集団との関わりを想起させるものといえよう。

浜山玉作遺跡
＊下新川郡朝日町：宮崎海岸に面した標高15〜25mの台地上に位置　時代 古墳時代

　玉作集落跡。住居跡が2棟検出され、そのなかには勾玉を磨く砥石や叩石などの工具や未製品が出土した。いわゆる工房跡と推定され、特にヒスイ製の勾玉が認められたことから、国内での硬玉生産が行われていたことを示すとともに、滑石製の管玉、ナツメ玉、ソロバン玉、臼玉も多数

検出され、さらに原石や薄片も大量に認められたことから、その製作技法の一端が明らかになった。なお、極楽寺遺跡（中新川郡上市町）は縄文時代早期末から前期初頭の滑石製玦状耳飾の製作遺跡で、富山湾を中心に北陸地方にこうした製作遺跡が集中することから、中国の長江下流域からの文化的影響があったとする見方もある。

じょうべのま遺跡

＊下新川郡入善町：黒部川扇状地の末端の微高地、標高4～5mに位置　時代 奈良時代末～平安時代　史

1970年より81年まで調査が行われた。平安時代前半を中心とした掘立柱建物群が20棟以上確認され、少なくとも6回以上建て替えられたと考えられる痕跡が認められる。緑釉・灰釉陶器や墨書土器、木簡が出土しており、墨書土器には「西庄」や「□寺」「田中」などがあり、字名が「田中」であることから、当時の地名を示しているものと考えられる。朱墨痕のある風字硯も出土した。また、製塩土器の破片も検出されており、尖底型の事例は日本海側の最東端をなす。いわゆる古代荘園の荘家跡と考えられており、東大寺領あるいは西大寺領とする説がある。また、鎌倉時代の建物群や中国青磁も検出されており、中世には東大寺領入善庄が置かれていたことから、そうした荘園に関わる遺構と考えられる。

白鳥城跡

＊富山市：呉羽山丘陵の最高位、標高約145m付近に位置
時代 室町時代後半（戦国時代）

1980年、82年に本丸跡や西一の丸跡が調査された。礎石群や石組溝が検出され、土師質土器や越前焼擂鉢、中国製染付碗などが認められ、16世紀後半の遺構であることが確かめられた。文献史料には、豊臣秀吉が富山城の佐々成政を攻略した折、前田利家配下の岡嶋一吉、片山伊賀が白鳥城に陣を敷いたことが記されている。なお、こうした中世段階の文化層の下位より、弥生時代後期末と考えられる竪穴状遺構や幅2m、深さ1.5mの環壕が検出され、いわゆる「高地性集落」の可能性が指摘されている。

コラム ● 考古学用語解説

☞「石皿・磨石」

石皿は、長径50cm前後で中央が浅く凹み、皿状になった石製品である。主食の1つであったドングリ類などは水にさらしてアクを取り除く必要があるが、まずは磨石によって皮を剥き、下処理の終わった実を、さらに磨石で磨り潰して砕いて調理した。縄文の「台所」に欠かせない道具の1つである。

⑰ 石川県

真脇遺跡（鳥形土器）

地域の特色　本州中央部の日本海側に位置する石川県は、旧加賀・能登の領域で大きく地形が異なっている。加賀南部には、北東から南西に連なる白山（標高2,702m）を主峰とする両白山地が位置し、そこから手取川や犀川をはじめとする中小の河川が流れ、日本海の汀線へとつながる平野を形成している。他方、日本海に突出した能登半島は、邑知低地帯（地溝帯）を除くと全般に平地に乏しく、丘陵性の山地が続くため、個々の集落が浦と谷と山をもって隔てられてきた地である。

古代において北陸地方は「越（高志・古志）」と呼ばれていた。7世紀末、越国は越前、越中、越後に分けられ、石川県域は越前に属した。その後718（養老2）年に能登国が成立したが、越中への合併や能登の独立を経て、823（弘仁14）年、越前国より分かれ、国のかたちが定まった。中世以後、加賀は富樫氏、能登は畠山氏が守護となり支配したが、加賀で浄土真宗本願寺派信徒による一向一揆が起こり、「百姓の持ちたる国」となる。その後、織田信長の命によって前田利家が能登を、柴田勝家が加賀を平定（北加賀2郡を佐久間盛政が支配）するものの、賤ヶ岳の戦に勝家が敗れ、利家が七尾から金沢に移り、これら2国を支配することとなる。徳川幕府成立以後、前田家は、加賀、能登に加え、越中なども支配、一部幕領を含むものの、幕末まで加賀、能登は継続して、前田家が支配した。

1871年の廃藩置県により金沢・大聖寺2県となった。しかし同年11月には大聖寺県は金沢県に併合、新たに金沢県から能登を分離し、越中射水郡と合わせ七尾県が設置された。金沢県は翌1872年2月石川県と改称、七尾県は同年9月に廃止となり、能登は石川県に併合された。そして同年11月に、白山麓の旧天領を併合し、県域が確定した。

石川県における遺跡数は約7,300カ所を数える。日本列島における日本海側の中間点に位置することもあり、古くから東西の文化交流の橋渡し役としても位置づけられ、上述の地形の特性を基に多様な遺跡が形成されて

北陸地方　125

いく。また、いわゆる「加賀百万石」の城下町金沢を擁し、中近世以降の遺跡も多数発見されており、近年ではおおむね年80件程度の埋蔵文化財件数の増加が認められる。

主な遺跡

チカモリ遺跡
＊金沢市：手取川扇状地の北端、標高約7m前後に位置
時代 縄文時代後期～晩期 史

　旧名は八日市新保遺跡。1950年代より断続的に発掘調査が行われてきたが、1980年には全国的にも珍しい巨大な環状木柱列が発見され話題となった。JR金沢駅から南西約4.5kmに位置するこの遺跡周辺には、同時期の北陸地方の標識遺跡となる御経塚遺跡も発見されるなど、縄文時代後期から晩期における集落の中心地であったことがうかがえる。

　発見された木柱は約350本。すべて柱材の根の部分が残存したもので、細いものでも直径20～40cm、太いものでは50～80cmにも及ぶ。樹種はすべてクリ材であり、興味深い点としては7割以上が縦割りにされたものであった。「環状」と評したように、直径約5～10mの正円を描いて、縦割りにされた柱が弧を内側に向けるかたちで据えられていた。調査成果によれば、500～600年の間に数回の建替えが行われていたことがわかるが、10本の柱で構成される形式は踏襲されていた。また門扉状の柱が南南東の外円部に2本設置されており、その目的を示唆しているものの、現在のところ用途は不明である。こうした遺構は真脇遺跡や米泉遺跡などでも認められているほか、新潟県西部から石川県に位置する縄文晩期の集落で確認事例があり、日本海沿岸における文化的なつながりを推測させるものといえよう。

真脇遺跡
＊鳳珠郡能登町：富山湾内浦海岸沿いの入江の沖積低地、標高6～12mに位置 時代 縄文時代前期～晩期 史

　1982年より圃場整備に伴って発掘調査が行われ、木製品や種子など多数の有機質の遺物が発見された。継続的な居住が認められ、特筆されるのは約300体ともいわれるイルカの骨（主体はカマイルカ・マイルカなど）が広く層をなして検出されたことで、部分的な骨も含めると数千頭分にも及ぶといわれる。脊椎骨などの分離状況や石匙、削器などが共伴することから、この場でイルカが解体されていたものと推測されている。

　加えて木製品のなかには、全長252cmにもなる彫刻の施された柱（クリ材）が発掘され、トーテムポール的な彫刻柱であるという点で世間の注

目を浴びた。また、チカモリ遺跡同様に巨大な環状列柱も発掘されており、金沢平野との密接なつながりを示す事例として注目される。

吉崎・次場遺跡
＊羽咋市：邑知地溝帯、羽咋川自然堤防上の微高地、標高約3mに位置 時代 弥生時代中期から後期 史

1952年に羽咋川改修工事に際して土器や木製品などが発見され、その後断続的に調査が行われた。土坑墓や溝跡のほか、倉庫跡と思われる掘立柱式建物や井戸の遺構も検出された。小型の倣製内行花文鏡も出土している。土器類の出土量も多く、弥生時代Ⅰ～Ⅱ期、柴山出村式をはじめ後期に至る型式が出土し、北陸地方の弥生時代の土器編年を構築するうえで重要な標識遺跡となった。そうした様相から、長期にわたる中核的な集落であったことが想像され、北陸地方の代表的な弥生時代の遺跡として位置づけられている。

なお、ほぼ同時期の遺跡として、西念・南新保遺跡（金沢市）からは、高杯・皿・桶・竪杵・鋤・鍬・腰掛などの木製品が大量に出土し、特に杯部に六葉文を浮き彫りした高杯は、鳥取県青谷上寺地遺跡などでも出土しており、日本海沿岸の交流を示すものとして注目される。

長坂二子塚古墳
＊金沢市：野田山の緩斜面、標高約50mに位置 時代 古墳時代中期

1905年に発掘された前方後円墳。鏃型銅製品や鉄剣、刀子、勾玉、管玉などが出土した。かつては5～10基程度の古墳群をなしていた。全長50m、後円部径29m、前方部長さ21m、幅23m。埋葬施設は粘土槨と推定される。残念ながら、1968年に土地区画整理事業によって、未調査のまま墳丘のすべてが破壊された。なお、1969年に石川考古学研究会によって周溝の一部が発掘され、円筒形、朝顔形、壺形などの埴輪を検出し、北加賀において数少ない埴輪列を伴う前方後円墳であったことが明らかとなっている。

和田山・末寺山古墳群
＊能美市：手取川左岸、能美丘陵の麓、標高20mの平野部の独立丘に位置 時代 古墳時代 史

いわゆる能美丘陵に点在する古墳群の中核をなす。和田山は南北600mほどの独立丘で、尾根筋に全長56mで多数の遺物を検出した2基の粘土槨をもつ前方後円墳1基や方墳1基など24基の古墳が連なっている。このうち方墳（9号墳）は1964年に発掘が行われ、長辺26m、短辺22m、高さ4mを呈し、木棺直葬の主体部から素環頭太刀1、直刀1、剣1、勾玉1、

北陸地方 127

細身管玉143が出土し、古墳群でも最古のものと評価される。なお、戦国時代に和田山は一向一揆によって城が築かれ、この方墳は櫓として利用されたと考えられている。なお、末寺山は和田山北方に位置し、全長55mの前方後円墳1基や全長30m級の前方後円墳2基、円墳11基からなる。

寺家遺跡（じけいせき）

＊羽咋市：羽咋砂丘南端の河岸段丘の接する標高7〜10mの海岸砂丘に位置　時代　奈良〜平安時代　史

1978年に排水路工事により発見され、以後は能登海浜有料道路の建設などに伴い、発掘調査が行われた。遺跡は砂丘地上の祭祀地区、砂田地区と邑知地溝帯近く、奈良・平安時代の溝状遺構が大半で、当時から水田の広がっていたと考えられる太田地区からなる。祭祀地区では、竪穴状遺構や勾玉、ガラス玉といった遺物、また神饌（しんせん）の調理に使用されたとも想定される石組炉や焚火跡（たきびあと）も認められ、7〜8世紀代の祭祀場的な様相を見せている。砂田地区では、竪穴住居が多数検出され、遺物として海獣葡萄鏡（かいじゅうぶどうきょう）や奈良三彩小壺（ならさんさいこつぼ）、牛馬歯骨といった祭祀に伴うものが検出されている。また、9世紀代の大型建物跡も認められ、「宮厨」「司厨」といった墨書（ぼくしょ）を伴う土器も検出されている。

また、平底形で海水を煮詰めるための煎熬容器（せんごうようき）である製塩土器や鍛冶炉（かじろ）が認められ、刀子や儀鏡（ぎきょう）など数多くの鉄製品も検出されている。なお能登には200カ所以上の製塩遺跡が存在し、古く古墳時代前期から製塩が行われていたものと考えられる。粗製土師質の尖底と平底の煎熬用土器が出土する。その時期は7〜8世紀代が尖底、8〜10世紀代が平底と考えられている。律令体制下、塩は貢納物であったが、平城京宮跡（へいじょうきょうみやあと）などから出土する木簡には、能登（越中国）からの塩の貢納事例は認められていない。しかし、サバなどの海産物に関する事例は存在することから、そうした加工品のために塩が用いられていたと考えられる。寺家遺跡の製塩は、特に祭祀用として生産された可能性が考えられよう。

なお、11世紀代の遺構は少なく、次第に衰退した可能性が考えられる。能登一の宮（いちのみや）である気多大社（けたたいしゃ）は北西700mほどに位置しており、検出された竪穴住居群などはこうした古代神社に関わる集団の住居や施設であった可能性も指摘されている。日本海に面し、海上交通の要所として航海の安全を祈念する場であったといえようか。こうした祭祀遺跡の様相を呈することから「渚の正倉院（なぎさのしょうそういん）」とも呼ぶ研究者もいる。

野々江本江寺遺跡（ののえほんこうじいせき）

＊珠洲市：金川右岸の海岸段丘上、標高約3mに位置　時代　平安時代〜室町時代

県営圃場整備事業に伴って2006〜07年度にかけて調査が行われた。柱穴と小規模な溝などが確認されており、平安時代から室町時代まで断続的に営まれた集落遺跡と考えられている。この遺跡で特筆されるのは、木製板碑1点と木製笠塔婆の竿2点、および額1点が出土したことである。

木製板碑はヒノキ材で、頂部は山形、下部は切断されている。木製笠塔婆の竿の1つはスギ材で、頂部に臍があり、背面に溝を設けている。いま1つの竿もスギ材で、頂部が腐朽しているが、下部は遺存している。額はアスナロ材であり、左右は欠損しているものの、上部の円相には梵字が刻まれ、下部に花弁形を形づくっている。こうした木製品の出土は全国的にもまれであり、平安時代の絵巻物である『餓鬼草紙』（国宝）には、ほぼ同一形態の板碑や笠塔婆が描かれ、当時の「墓標」の事例としてきわめて貴重な資料といえる。

珠洲焼古窯群
＊珠洲市：能登半島・飯田湾沿岸の内陸部
時代 平安時代末〜室町時代 史

珠洲市宝立町・上戸町・三崎町から鳳珠郡能登町に50基程度分布し、1基から5基のまとまりで形成されている。「珠洲焼」は戦後9学会総合調査によって認識され、1961年に命名されたものである。無釉の還元炎焼成で、日用雑器としての甕、壺、鉢を多く生産し、特に鉢は擂鉢やこね鉢として用いられており、おろし目をもつ。また、経筒、水注、瓶子など多様な器物も生産していた。窯跡群は7段階の時期に区分され、12世紀後半には生産を開始し、13〜14世紀が盛期で、16世紀前半には終末を迎えたとされている。窯の形態は、法住寺3号窯跡の場合、全長9m以上、最大幅3.6mを呈し、須恵器窯の伝統を残した「窖窯」の構造をもつ。現在、丘陵突端の岩盤をくり抜いて築かれた地下式窖窯である西方寺1号窯跡（宝立町）は窯体が残る。その流通範囲としては、西には越前古窯もあることから、主に日本海沿岸の東北地方、北海道南部へ向けて供給されていたと考えられている。

九谷磁器窯跡
＊加賀市：大聖寺川上流、南前山山地山麓の標高約220m付近に位置 時代 江戸時代前期・後期 史

1959年より数回にわたり、窯跡や物原などの発掘調査が行われた。1号窯、2号窯と吉田屋窯跡の3基からなり、1号窯跡は、残存長33mを測り、2号窯跡は全長13mを測る。いずれも17世紀代につくられた連房式登窯で、多数の磁器片や窯道具が出土した。青、緑、黄などの濃色を多用した、いわゆる「古九谷」と呼ばれる色絵磁器の産地については、戦前より九谷

ではなく佐賀県有田で焼かれたものであるとする説が主張されていたが、この調査により九谷で磁器生産が行われていたことが確かめられた。

しかし、有田の山辺田窯跡や楠木谷窯跡から、古九谷の図案と一致する染付や色絵の陶片が出土しているほか、東京大学構内遺跡（大聖寺藩上屋敷跡）で出土した「古九谷」と認められる磁器片の胎土に対して、蛍光X線分析などの自然科学的分析を行ったところ、肥前有田産である可能性が指摘されるなど、「古九谷」の産地をめぐっては、依然論争が続いている。なお、吉田屋窯跡は19世紀代につくられた窯で、いわゆる「再興九谷」と呼ばれる時期の窯である。山代温泉街にも窯跡が残る。

コラム ● 考古学用語解説

☞「遺跡名」

遺跡は、遺跡所在地の字名や小字名、土地開発の事業名称などを基に命名されることが多いが、かつては当地の伝説や顕著な出土品などを記念して名づけることもあった。また同一名称の遺跡も多く、例えば筆者と同じ名前の石神遺跡は、須弥山石や石人像が出土した奈良県明日香村の遺跡のほか、青森県や神奈川県、宮崎県などにもあり、インターネットの検索サイトなどで遺跡を調べようとする際にはお気を付け願いたい。

☞「縄文尺」

富山県でも取り上げた不動堂遺跡（朝日町）の第2号住居跡は直径約30cmの柱穴を16基もち、巨大な住居跡であったことがわかっている。実はこの柱の間隔を測ると35cmで割り切れる箇所が多く認められたと藤田富士夫は述べたうえで、この35cmの倍数の値が三内丸山遺跡（青森県青森市）の巨大木柱遺構や杉沢台遺跡（秋田県能代市・縄文前期）、下田遺跡（岐阜県飛騨市・縄文中期）などの竪穴住居跡でも認められ、長さの基準として意識されていたと推測した（藤田、1998）。藤田はこれを身体尺度であると想定しているが、現状では仮説の域を出ない。ただ何らかの尺度を用いなければ、建物を建てることができないのも事実であり、こうした議論を深めることは大切な作業であるといえよう。

☞「竪穴住居」

竪穴住居とは、地面を掘りくぼめ、柱を立て屋根をかけた住居をいう。地表を掘りくぼめず構築されたものは平地住居と呼ぶ。縄文時代以前は平地住居が主流で後期旧石器時代のシベリアなどで認められる。竪穴住居は沿海州から朝鮮半島にも存在し、寒冷地などへの環境適応から発達した住居形態とされる。床の平面形は円形、方形などがあり、炉や竈が設けられている。その形状からは時代性や地域性がうかがわれる。

18 福井県

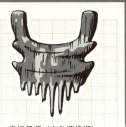

鳥浜貝塚（赤色漆塗櫛）

地域の特色　福井県は、本州中央、日本海に面し、地形の性質から、敦賀市東部の木ノ芽山地を境として嶺北と嶺南に分かれている。日本海側の海岸線は長く400kmほど続き、その間に著名な東尋坊や蘇洞門などの景勝地が位置している。嶺北地区の福井平野は九頭竜川などによる沖積平野であり、穀倉地帯として知られている。他方、嶺南地区はリアス式海岸とそこに形成された敦賀・三方・小浜などの小平野が位置する。特に、三方断層の陥没に伴う三方五湖の沿岸には、多数の自然遺物を出土した鳥浜貝塚が存在する。また、嶺北地区の東から南にかけて嶺北では、古くから白山信仰の対象として崇められてきた白山（標高2,702m）を主峰とした越前・加賀にまたがる加越山地や越前・美濃の境にそびえる能郷白山（1,617.3m）を最高峰として両国にわたる越美山地が横たわる。県内の遺跡は3,500ほどを数える。

　県域は越前国、若狭国にあたり越前から能登・加賀の2国が分離した。古くから近江を経由した畿内との交流が盛んであった。『日本書紀』には、応神天皇五世の孫といわれる男大迹王が越前の高向（坂井市）から迎えられ、継体天皇となったとの記述もある。近江国と越前国の国境に置かれた愛発関（東海道・鈴鹿関と東山道・不破関とともに三関の1つ）（敦賀市疋田）は、湖北の海津より山中を通る海津道と、塩津より深坂を越える塩津道の合流した付近にあったといわれる。また平安時代初期には松原客館（敦賀市）を設けて、渤海の使者などを応接した。

　古代以来、有力社寺の荘園が多い地域であり、足羽郡所在の東大寺領道守荘・糞置荘、さらに中世以降には坂井郡一帯に経営された興福寺領河口荘・坪江荘などが著名である。鎌倉時代には比企朝宗が北陸道を治め、その後越前守護は島津氏が歴任、室町時代には斯波氏がなるも、後に朝倉氏が権力を掌握した。やがて織田信長により朝倉氏や一向一揆勢力が一掃され、柴田勝家、丹羽氏や堀氏を経て、江戸時代には結城（後に松平）秀

北陸地方　131

康が越前藩68万石を支配し、明治時代に至る。1871年の廃藩置県により福井・丸岡・大野・勝山・本保の各県を置いたが、同年11月、福井県（後に足羽県）に合併した。また、旧若狭国小浜・鯖江2県は合併して敦賀県となり、1873年足羽県は敦賀県に合併。さらに1876年には敦賀県が廃止され、嶺北7郡は石川県に、嶺南4郡は滋賀県に分属したが、1881年に帰属、新たに福井県が設置されて今日に至る。

主な遺跡

鳥浜貝塚（とりはまかいづか）
＊敦賀市：三方湖の南、鰣川と高瀬川の合流地点、標高約1mに位置　**時代** 縄文時代草創期・前期

河川拡幅と護岸工事に伴う調査として、1962年、63年に発掘が行われ、その後1972〜82年にかけて断続的に調査が行われた。土器、石器などの狩猟・漁労具も多数出土しているが、最も関心を引いた遺物は、丸木舟と櫂や櫛をはじめ多様な漆製品、木製品、編物、種子、糞石などの有機質遺物であった。特に種子はヒョウタン、リョクトウ、シソ、エゴマ、ゴボウ、アサといった渡来の栽培植物の存在があげられ、狩猟採集という縄文時代の生業形態について、認識を改める契機ともなった。また、糞石は1,000点以上認められており、人間のものか動物のものかを科学的に比定する方法が確立されたほか、その中身からも魚骨や種子が検出されて、当時の食生活の実態をとらえるうえで貴重な資料となった。

なお、この遺跡は1925年の河川改修工事に際して貝塚であることが認識され、その後も河川改修事業と遺跡保存・調査活動との狭間で地元では多くの議論が交わされた。特に、1974年には遺物包含層の一部が削られる事態も起き、その後、本格的な発掘調査が行われたものの、埋蔵文化財保護のあり方を考えるうえで意義深い遺跡でもある。

糞置遺跡（くそおきいせき）
＊福井市：福井平野の南、足羽川左岸の標高約10mに位置　**時代** 縄文時代晩期〜平安時代

北陸自動車道の建設に伴い、1973年に発掘調査を実施。弥生時代前期から後期に至る土器群や土偶、人面土器、鳥形土器などの土製品が出土した。土器では、いわゆる「遠賀川式土器（おんががわしき）」と呼ばれる九州の甕形土器（かめがたどき）が縄文時代晩期の土器と共伴して認められており、越前における水稲稲作技術の普及を考えるうえで貴重である。湿地部では、弓や鍬（くわ）、鋤（すき）、高杯（たかつき）といった木製品も大量に出土している。また墓坑群も発掘されており、弥生時代の生活を知るうえで貴重な資料を提供している。なお、遺跡名は東大寺開

田図に記載される「糞置庄」に由来している。

県内の弥生時代の遺跡として、井ノ向遺跡（坂井市）では、幕末1869（慶應4）年に、畑より「流水文」の由来となった「外縁付紐式流水文銅鐸」と「菱環式4区画袈裟襷文銅鐸」の2例の銅鐸が出土し、それぞれヒトやスッポン、カエル、シカ、サギ、高床式建物といった絵画が鋳出されていた。下屋敷遺跡（坂井市）からは、凝灰質砂岩製の銅鐸鋳型が未製品ながら発見されており、銅鐸を鋳造する工人の存在をうかがわせる事例として注目されている。

原目山遺跡
＊福井市：福井平野に臨む丘陵尾根、標高約60mに位置
時代 弥生時代終末期～古墳時代前期

45基からなる墳丘墓群として知られ、福井市の水道貯水池建設に伴い、1966年に初めて調査が行われた。5基の墳丘墓は方形あるいは不正方形（一辺20～30m）、円形（直径約13m）のものが認められ、埋葬遺構と思われる土坑が複数検出される共同墓の様相から次第に1基の埋葬施設をもつ古墳的な様相へと変化していくことが想定された。土坑には標石が建てられているものもあり、供献された土器も土坑上から発見されている。遺物では鉄剣や鉄刀、ガラス小玉や管玉などの出土が認められている。その後、1970年には中部縦貫自動車道建設に伴い、1基の墳丘が、1972～73年にも3基が調査され、弥生時代終末期から古墳時代前期にわたる墳墓の変遷をとらえるうえで貴重な遺跡であることが確かめられたが、調査された古墳は消滅している。

なお、福井市内には足羽山古墳群（4世紀後半～5世紀後半）や花野谷古墳群（3世紀末葉～6世紀）が知られ、前方後円墳1基、円墳32基などが確認されており、発掘調査された古墳からは三角縁神獣鏡（花野谷1号墳）や舶載鏡、倣製鏡、貝釧、鉄剣（足羽山・龍ヶ岡古墳）などが出土している。現在は、十数基残存するのみである。

上ノ塚古墳
＊三方上中郡若狭町：標高約50m付近に位置　**時代** 古墳時代中期

若狭最大の前方後円墳。脇袋古墳群（西塚・糠塚・上ノ塚・中塚古墳）の1つであり、主軸長は約90m。後円部径は51m、高さは約9m。墳丘は3段で構築されており、円筒埴輪は認められたが、主体部については、未調査である。ほかにも日笠古墳群（上船塚・下船塚・白鬚神社古墳）など、前方後円墳・大型円墳が北川流域の上中町に集中しており、若狭を拠点に活動した膳臣の一族に関わるものと推測されている。

岡津製塩遺跡(おこづせいえん)
＊小浜市：丘陵先端の海岸部、標高約4mに位置
時代　奈良時代　　　　　　　　　　　　　　　　　　　　　　　　　　　　　史

　いわゆる古代の塩生産に伴う遺跡で、7世紀末の製塩炉が4基、8世紀の製塩炉が5基検出された。石を敷きつめた製塩炉はL字状に配置され、揚浜式塩田(はましきえんでん)の原型とも考えられる広大な焼土面や多数の製塩土器片が出土し、旧海岸部の遺構も確認されている。平城宮・京跡で発見された若狭に関わる荷札木簡は90点以上にのぼるが、そのうち「調」と明記した木簡には「塩」が必ず記されており、まさに塩を貢進する国であった。若狭地方には土器製塩関連の遺跡が60カ所以上確認されているが、そのなかでも保存が良好な遺跡として、史跡整備がなされている。

越前焼古窯跡群(えちぜんやきこようせきぐん)
＊丹生郡越前町：織田盆地の西側、丹生山地の山麓に点在　時代　鎌倉時代～江戸時代

　「越前焼」として位置づけられたのは、1947年、陶磁研究家小山冨士夫(こやまふじお)が、中世六古窯(ちゅうせいろっこよう)の1つとして名づけたものであり、それまでは室町時代までのものを「熊谷焼(くまだにやき)」、江戸時代のものを「織田焼(おたやき)」と呼んでいた。小山による指摘の後、越前町熊谷の陶磁器研究家水野九右衛門(みずのくえもん)が小山の指導を受けながら研究を行い、一帯の山々に須恵器から中世窯に至る200基以上の古窯（南越古窯跡群〈越前町〉）を発見し、奈良、平安時代から鎌倉、室町、江戸時代にかけて甕や壺などの生産が行われていたことを明らかにした。

　現在、確認・試掘調査なども断続的に続けられており、なかでも越前焼に関わる古い窯跡としては越前町小曾原(こぞはら)の「上長佐古窯跡群(かみちょうさこようせきぐん)」が知られる。標高277mの独立丘陵の西側斜面に位置し、須恵器窯から中世窯まで7基の窯が検出されている。特に5号窯は焚口(たきぐち)から煙道までが遺存し、分炎柱をもつ。全長14m。こうした形態的な特徴から、東海地方の瓷器系(しきけい)中世窯（猿投窯(さなげよう)など）の影響を受けたことが判明した。

　当初は甕、壺、擂鉢(すりばち)といった製品を主体として、瓶子や水瓶、経筒外容器などの器種が認められる。南北朝から室町時代にかけて次第に窯が大型化し、全長25m前後の地下式大窯を構築して、大甕や擂鉢を主体として、大量生産を図るようになった。日本海側最大の陶器生産地として、北海道南部から出雲地方までを広く商圏とした。

　なお、越前焼に使われる土には鉄分が多く含まれ、耐火性も強く、焼き締めると、表面が赤黒・赤褐色を呈する。成形技法として特徴的なのは、ロクロを使用しない「ねじたて成形」と呼ばれるもので、円盤状の底部に粘土紐を積み上げ、「はがたな」と呼ばれる木鏝(きごて)を用いて伸ばしていく作

一乗谷朝倉氏遺跡
いちじょうだにあさくらしいせき

＊福井市：一乗谷川を挟んだ谷底低地、標高約50〜100m付近　時代 戦国時代　史

　越前朝倉氏の城下町の跡。一乗谷城と山麓の城下町からなる。1967年から発掘調査が開始され、今日に至るまで断続的に調査が続けられている。東西約500m、南北約2.5kmの一乗谷川の谷あいに形成され、山際に沿って濠に囲まれた朝倉氏館（東西約120m、南北約100m）をはじめとして、庭園や家臣の屋敷群、寺院などが多数検出された。

　朝倉氏館では、17棟の建物群が検出されており、国産陶器だけでなく、中国、朝鮮からの貿易陶磁なども発掘されている。さらに、道路に沿って間口6m、奥行15m程度の区画で櫛目状に200軒以上の建物群も検出され、鉄砲鍛冶や塗師、曲物師などが、製作のために使用した道具や未製品が出土し、職人の住居であったものと推測されている。また、建物などの1間の基準が、6尺2寸または6尺2寸5分であり、普請には京尺、作事には越前尺を用いていたのではないかと推測されている。一乗谷川の下流、足羽川との合流点近くに、城門として高さ5mの土塁（下城戸）があるほか、尾根を断ち切り敵の侵攻を防ぐための堀切や小見放城といった櫓跡も随所に設けられている。なお、朝倉館の東側の山頂（標高473m）には「詰の城」として、一乗谷城があり、西側にも櫓や堀切が構築されている。

　一乗谷は、1471（文明3）年に初代孝景が守護斯波氏や守護代甲斐氏との戦いに勝利し、入部して以来、5代義景が1573（天正元）年に織田信長に敗れるまでの102年にわたる朝倉氏の拠点として栄えた城下町であり、石造物の現存数（約3,000基）から人口は数万人に達したとする推測もある。また、一乗谷の城下町の周囲にも城郭を配し、それらを外郭として広大な防御線が構築されていたとする想定もなされている。現在、主要部278haが国特別史跡に指定され、建物の復元など史跡整備が進められている。

白山平泉寺
はくさんへいせんじ

＊勝山市：白山西麓の標高約320m付近の山地に位置　時代 奈良時代〜江戸時代　史

　717（養老元）年に泰澄によって開かれた白山修験信仰の拠点として築かれた寺院。838（承和5）年には白山三馬場（平泉寺〈越前〉・白山寺〈加賀〉・長滝寺〈美濃〉）が開かれて登拝道の拠点となる別当寺が成立した。以後、中世には神仏習合の影響から、白山中宮平泉寺と称し、僧兵を擁して一大勢力となった。中世の軍記物語『義経記』には源義経・弁慶一行が奥州へ落ち延びる途中、立ち寄ったとされている。戦国時代には朝倉

氏とも結んだが、1574（天正2）年に一向一揆との戦いに敗れ「48社36堂6,000坊」といわれた伽藍(がらん)は灰燼(かいじん)に帰した。

1989年以降、発掘調査が行われ、旧境内域が南北2km、東西1kmにわたることが判明したほか、石垣や土塁で囲まれた坊院跡や石敷ко道路、陶磁器をはじめとした生活財や仏具、文房具、銭貨など数万点に及ぶ遺物が検出されている。9世紀代の須恵器の破片が認められ、以後16世紀末頃までの遺物が認められている。なお、現在の平泉寺白山神社は、近世以後に再建されたものである。

コラム ● 考古学用語解説

☞「縄文の食卓」

縄文時代の遺跡からは植物遺体が多数認められ、種子ではシイやクヌギなどの堅果類やクリ、クルミなど100種類以上が見つかっている。三内丸山遺跡のクリはDNA分析により、栽培種である可能性が指摘されている（岡田、2014）。ヒョウタンやエゴマなどの栽培植物も検出されているほか、興味深いところではニワトコ属、キイチゴ属、ブドウ属、クワ属、マタタビ、サルナシなども出土した。特にニワトコ属の種子は層をなして廃棄され、水分を絞り取った残滓とみられることから、果実酒として楽しんだものと推測されている。また三内丸山遺跡では花粉分析により、集落周辺は自然植生ではなく、人為的な生態系であった可能性が指摘されており、そうした環境が長期にわたり維持されていたと考えられている。

文化人類学者の小山修三による縄文時代の人口推計に認められるように、縄文時代の遺跡の分布や集落の規模からは、狩猟採集文化では例を見ないほどの高密度な人口が想定されている（小山、1984）。そうした社会を維持できたのは、小林達雄により提起された「縄文カレンダー」に見られるように（小林、1996）、集落の位置する土地の季節の変化に適切に対応しつつ、その時々の「旬」に応じて獣類や貝・魚類、堅果類などの食料資源の獲得を行っていたからにほかならない。他方、年ごとの変化やより長期的な環境変動にも対応して、生業活動を行っていたはずであり、三内丸山の事例はきわめて特異であるが、多かれ少なかれ環境への関与を縄文人たちも行っていた可能性は高いといえるだろう。

☞「貝塚(かいづか)」

貝塚とは、人々が貝類を捕食した後、貝殻などを投棄し堆積した所をいう。日本列島の土壌は酸性度が高いため、動物遺体などが残存しづらいが、貝塚では貝の炭酸カルシウムによる中和作用でアルカリ性土壌となることから、貝類だけでなく食用とした獣骨、魚骨や人骨、イヌの埋葬骨なども層位的に良好に遺存する。日本では2017年現在で3,955の貝塚遺跡が確認され、縄文・弥生時代を主に、太平洋岸に多く、日本海側に少ない。

19 山梨県

金生遺跡（耳飾）

地域の特色　山梨県は、中部地方南東部に位置する。周囲は山地によって隔てられ、県北部から東部にかけて関東山地により埼玉県、東京都、神奈川県と接し、南は富士山を挟んで静岡県、西は八ヶ岳から南へ連なる赤石山脈（南アルプス）に属する諸山地によって長野県と接している。県域の約80％が山地であり、沖積低地では洪水の被害に遭いやすい。甲府盆地には御勅使川、荒川、京戸川などにより形成された多くの扇状地が発達している。また、盆地を流れ、鰍沢口から富士川として流出する釜無川や笛吹川も合流する河川からの水量も多く、時として洪水被害を起こした。そうした地勢を反映し、台地・段丘ないし比較的比高差の大きい扇状地から、平野の微高地が居住や生産活動の中心として発達し、特に八ヶ岳や茅ヶ岳の山麓地帯、甲府盆地周辺の丘陵や台地、桂川流域や富士五湖地方などでは、縄文時代の遺跡が濃厚に分布する。

古代においては、甲斐国が置かれ、当時の政治的中心は甲府盆地の東半分にあったと考えられ、国府や国分寺もこの方面に置かれた。「甲斐の黒駒」として名高い馬を朝廷に貢進した地であり、12世紀前半、源義光の子義清がその子清光とともに巨麻郡北部の牧場地帯を経営し、武田・加賀美・安田・小笠原・南部などを名乗って、甲斐源氏が勃興した。その後、源頼朝に呼応して挙兵し、鎌倉幕府の御家人として甲斐守護に武田氏の基礎を築き、甲斐守護はその子孫が独占した。戦国時代には武田信玄が、甲斐・信濃・駿河を中心とする広大な領国を形成、民政面でも『甲州法度』の制定、鉱山の開発、治山治水などに力を入れ、「信玄堤」は有名である。子の勝頼は織田・徳川両氏によって滅亡、甲斐は織田信長の支配となる。本能寺の変後は徳川氏が領有したが、後に豊臣系大名が入部、浅野氏によって甲府城の築城と城下町の整備がほぼ完成した。関ヶ原の戦後、浅野氏が紀伊和歌山に移り再度徳川氏が領有、1661（寛文元）年に徳川綱重が甲府城主となったが、1704（宝永元）年に綱豊（後に6代将軍家宣）が将軍

綱吉の養嗣子となると、代わって柳沢吉保が城主となった。1724（享保9）年、大和郡山に移り甲斐は天領として甲府勤番支配となった。明治維新後、新政府直轄の鎮撫府（甲斐府）が置かれるが、1869年に甲斐府を甲府県と改称。1871年の廃藩置県により、甲府県を山梨県と改称し、県域が確定した。

主な遺跡

池之元遺跡
＊富士吉田市：嘯山東麓の尾根状台地、標高約800ｍに位置
[時代] 縄文時代草創期後半～早期

1980年から断続的に調査が行われ、縄文時代早期の竪穴住居跡、後期の敷石住居跡、古墳時代、平安時代の竪穴住居跡などが検出されている。縄文時代草創期の表裏縄文土器が出土したことや、富士山の火山灰によって層位が把握できる点が意義深い。縄文時代早期前半の竪穴住居跡からは、撚糸文土器が主体的に検出され、押型文土器の組成率が極端に低い点が注目された。この時期は関東地方の撚糸文系土器群と中部地方の押型文土器という2つの対峙する分布圏が存在するとされ、こうした組成比のあり方は中部地方の様相とも異なることが指摘されている。

なお、富士山周辺では、火山活動によって埋没した遺跡や遺物の発見がなされることも多く、大月遺跡（大月市）では、1975年の調査で縄文時代中期後半（曽利式）と、奈良時代の竪穴住居跡が検出され、縄文時代の住居跡の内部に富士山の火山灰粒土（スコリア）が堆積し、火山活動のなかで生活が営まれていたことが明らかとなるなど、富士山と共存する人々の姿をうかがい知ることができる。

釈迦堂遺跡群
＊笛吹市・甲州市：京戸川扇状地の扇央部、標高約450ｍに位置
[時代] 縄文時代早期～平安時代

1980年より中央自動車道建設に伴い発掘調査が行われた。5つの地区（塚越北Ａ・塚越北Ｂ・釈迦堂・三口神平〈勝沼町〉・野呂原）で構成される遺跡群であり、発見された住居跡は260軒を超える。塚越北Ａ地区からは縄文時代早期の竪穴住居跡が出土しているほか、墳丘が削平された円墳が1基検出され、鉄鏃や須恵器の大甕が出土している。また、旧石器時代の黒曜石製ナイフ形石器、槍先形尖頭器、掻器、石錐などが出土している。塚越北Ｂ地区では、縄文時代早期～中期の竪穴住居跡が多数検出された。釈迦堂地区では、奈良時代の方形土坑を検出し、炭化物、鉄製人形、釘、須恵器蓋と高台付坏など、祭祀的な意味を示唆する遺物が出土している。

138

三口神平地区が釈迦堂遺跡群で中核をなし、縄文時代早期〜中期の竪穴住居跡が160軒以上検出され、800基以上の土坑とともに、当時の集落構造や変化をとらえるうえで重要な知見を得た。平安時代の竪穴住居跡も検出されている。加えて表情豊かな土偶が900点以上検出され、1集落からの出土量として特異である。ほかにも土笛や土鈴も出土している。野呂原地区では、縄文時代中期の竪穴住居跡のほか、平安時代の竪穴住居跡1軒が検出され、帯金具、灰釉陶器、隆平永寶などが出土している。また、野呂原地区の土器捨て場と三口神平地区の土器捨て場出土の土偶の脚部が約230m離れて接合したことが特筆される。

金生遺跡

＊北杜市：八ヶ岳南麓の尾根上、標高760〜780mに位置
時代 縄文時代後期〜晩期、戦国時代〜江戸時代初期

1980年、圃場整備事業に伴って、発掘調査が行われた。縄文時代後期〜晩期と戦国時代後期を中心とした遺跡であり、調査区域は北側のA区と南側のB区とに区分されている。A区は、縄文時代後期〜晩期を主体とし、40軒近くの竪穴住居跡のほか、特に配石遺構4群や石棺状遺構などが検出されている。1号配石は幅10m、長さ60mにも及ぶもので、尾根を横切るかたちで構築されている。石棺状遺構・方形石組・円形石組・立石・石棒・丸石などから構成され、石棺状遺構の1つからは、人骨と考えられる焼骨片が出土しており、埋葬施設としての意味とともに、祭祀性の強い遺構と解釈されている。また、イノシシの下顎骨が100点以上出土した。

住居跡には竪穴住居のほか、敷石住居や石囲い住居など多様である。特に晩期の住居跡は方形で、石によって囲まれた形態が多く、縄文時代の住居のあり方を考えるうえで重要な資料である。遺物には、土器や石器に加えて、土製耳飾・ヒスイ製垂飾品・石剣・石棒類・独鈷石なども認められる。また本遺跡からも200点以上の土偶が出土している。特徴的な配石遺構や多量の土偶の出土なども踏まえ、縄文時代後期〜晩期における祭祀的な意味を含めて中心的集落であった可能性が推測されている。

他方、B区は平安時代の住居跡のほか、戦国時代〜江戸時代初期と考えられる礎石建物跡、水路・水溜跡、石垣列、堀、墓坑、地下式土坑などが発見されている。遺物には瀬戸・美濃系陶器、中国製青磁・白磁・染付などを中心とした陶磁器やかわらけ類、鉄製品、銭貨、鉛玉などの金属製品、石臼などの石製品がある。この地区は中世の居館跡である深草館跡の北側に位置していることから、この館跡に連なる施設の可能性が高い。特に、1号建物跡は直径1m超の柱穴からなる礎石建物で、重要な施設であった

ものと評価されている。縄文時代の配石遺構と住居群の集中する範囲は国指定史跡として、A区については史跡公園として復原整備がなされている。

甲斐銚子塚古墳(かいちょうしづか)

＊甲府市：甲府盆地の東縁、曾根丘陵下の微高地、標高260mに位置　時代 古墳時代前期　史

1928年、伊勢講の幄舎建設に際して、後円部から竪穴式石室が発見された。主軸長169m、前方部幅68m、高さ8.5m、後円部径92m、高さ15mを測る。山梨県下最大級の前方後円墳である。後円部から円筒埴輪、壺型埴輪などの埴輪列や葺石が認められる。1985年、公園整備に伴い発掘調査が行われ、後円部中央から西寄りに竪穴式石室（東西軸）があり、輝石安山岩の割石を持送り式に小口積みで構築されることがわかった。鏡5面（長宜孫子銘内行花文鏡・三角縁神人車馬画像鏡・仿製半円方格帯環状乳神獣鏡・鼉龍鏡、三角縁神獣鏡〈本遺跡出土と伝わる・東京国立博物館蔵〉）や硬玉製勾玉、碧玉製勾玉、水晶製勾玉、管玉、碧玉製車輪石、杵形石製品、石釧、鉄刀、鉄斧、鉄鏃、短冊形鉄斧、有袋形鉄斧、鉄鎌、スイジガイ製の貝輪などが検出されている。なお、三角縁神人車馬画像鏡は、車塚古墳（岡山県）、三本木古墳（群馬県藤岡市）、藤崎遺跡（福岡市）などから出土した鏡と同笵関係にあることが指摘されている。

また、墳丘の構築は後円部が3段築成、前方部が2段築成とされる。埴輪は後円部に認められ、円筒埴輪・朝顔形埴輪、壺型埴輪などで、県内では最古級と評価されている。多種類のつくり方が認められ、広範な勢力の工人集団が結集した可能性も指摘されている。古墳の築造年代は4世紀後半と見られている。また、2004年の調査で、周濠から直径20cmほどの木柱や、祭祀に用いられたと思われる円盤形・蕨手形・棒状木製品が発見された。半円形円板形木製品も出土しており、畿内の古墳で出土する笠形木製品との関わりも指摘される。加えて、後円部北側から北西部にかけて周濠に向かって張り出す突出部と周濠区画帯が確認された。突出部は後円部北端、周濠内にやや傾斜をもって礫を集中させて不整台状に構築されていた。周濠区画帯については、土橋や水位調整の役割が想定されている。

周辺には古墳時代前期の全長約99mを測る前方後円墳である大丸山古墳（甲府市）や全長約71mで県下最大級の円墳である丸山塚古墳（甲府市）などが集中し、畿内大和政権との密接な関わりをもつ首長によって構築されたものと考えられている。また、方形周溝墓が120基以上検出された上ノ平遺跡（甲府市）が曾根丘陵上に位置するなど、弥生時代から古墳時代にかけての中心的な土地であったことを示唆している。

姥塚古墳(うばつか)

＊笛吹市：金川左岸扇状地の扇端部、標高約300mに位置
[時代] 古墳時代後期

　1966年に墳丘および主体部の測量調査が実施され、1992年には南照院(なんしょういん)庫裏建設に際して、石室入口南側の周溝部分について発掘調査が行われた。直径約40m、高さ10mを測り、大型の円墳である。南照院境内に位置する。南西に開口する片袖式横穴式石室(かたそでしきよこあなしきせきしつ)は、全長17.54m、玄室長9m、奥壁幅3.3m、高さ3.6mで、安山岩の自然石が用いられている。天井石は玄室部5枚、羨道(せんどう)部4枚が確認されるが、入口部分の天井石1枚は崩落している。玄室の規模については、現在、石室の開口部の周辺が削られている点や古墳の位置する寺の境内に石室の天井石や側壁に用いられた石材が存在している点、戦前に計測された石室の全長が26.4mであったことなどから、かつては25m以上の全長規模をもつ、日本最大級の見瀬丸山古墳（奈良県）に匹敵するものであったと考えられている。6世紀末から7世紀末に築造されたと考えられており、甲斐地域の中心的な存在であったことを示している。

江曽原遺跡(えそはら)

＊山梨市：笛吹川支流、兄川と弟川の形成する扇状地、標高410mに位置
[時代] 奈良時代～平安時代

　1950年、土地改良事業において発見され、発掘調査が行われた。奈良時代から平安時代にかけての、竪穴住居跡や掘立柱建物跡、井戸や大溝が発掘された。興味深い点として、溝は湧水源より導かれたもので、湧水口付近には石積みが設けられ、その上部に粘土を用いた管が構築されていた。また、この時代の調査では珍しかった自然遺物が大量に検出された。植物遺体では、コメ、コムギ、ハナモモ、ミモモ、コウメ、アンズ、ヒメグルミ、ヒョウタン、ウマスゲなどである。これらを基に、直良信夫(なおらのぶお)は『日本古代農業発達史』（さえら書房、1956年）を著し、古代の栽培植物を論じた。クルミは平城宮木簡(へいじょうきゅうもっかん)にも記載があり、甲斐国からの貢納品であったとされる。モモ類やアンズなど、現在でも山梨県内で栽培される果実類が存在していることは、興味深い。

武田氏館跡(たけだしやかたあと)

＊甲府市：相川扇状地の開析部、標高約350mに位置
[時代] 戦国時代～江戸時代初期　　　　　　　　　　　　　　　史

　戦国大名武田氏の居館跡。日影山南麓の出崎、躑躅(つつじ)が崎に位置することから躑躅ヶ崎館とも呼ばれる。館は現在、武田神社が位置する東曲輪(ひがしくるわ)・中曲輪を堀と土塁で囲んだ部分を主郭部とした単郭方形館で、次第に西曲輪・味噌曲輪・隠居曲輪・稲荷曲輪・梅翁曲輪と呼ばれる曲輪が設けられ

ていったものと考えられる。1972年に武田神社宝物館の建設を期に発掘調査が行われ、以後、断続的な調査が行われている。現在認められる土塁や石垣の形状、規模などが、当初の姿よりも改変されていたことが発掘調査からうかがわれ、武田氏滅亡後に、武田時代の城郭を埋めて再構築されたものと考えられている。

　館は1519（永正16）年に、武田信虎(たけだのぶとら)によって笛吹川沿いの川田館から移されたものである。以後、1581（天正9）年に信虎の孫勝頼が新府城（韮崎市）に移転するまで領国支配の中心として使用された。館南方には城下町が広がり、南北の基軸道路が設けられ、館と城下町が一体的に設計されたものと推測されている。なお、現在主郭部北西隅に残る天守台は、石積技法から武田氏滅亡後の築造と考えられている。記録によれば、勝頼が新府へ移転する際には、心残りがないように建物をことごとく破却し、泉水の植木や名木まで伐り捨てたと伝えられる。なお、1919年に、武田信玄(たけだしんげん)を祭神とする武田神社が館跡内に創建された。1938年に国指定史跡となっている。

コラム ● 考古学用語解説

☞「ヒスイの道・黒曜石の道・貝の道」

縄文時代において生業活動の中心は、集落を基軸とした狩猟採集活動の範囲であり、おおむね集落から5km程度を基本にしていたと考えられている。しかし、その範囲を大きく越えてモノの移動が数多く行われていた。

　例えば、長者ヶ原遺跡（新潟県糸魚川市）では姫川支流の小滝川より採集される硬玉（ヒスイ）を加工した痕跡が多数発見され、その硬玉製品は特に北海道から東日本各地に分布する。蛍光X線による分析で、発掘された硬玉の多くは糸魚川を産地とするものであることが確認されており、広く流通していたことを示している。また石鏃などで使用される黒曜石は産地が限定されており、北海道の白滝や長野県の星ヶ塔遺跡や鷹山遺跡群の星糞峠、東京都の神津島、島根県の隠岐島、大分県姫島などがあり、そこから近接する地域へと「供給」されていた。加えて北海道礼文島の船泊遺跡（礼文町）は、遺跡自体がビノスガイ製の平玉を製作する拠点であったと考えられているが、硬玉製の大珠や天然アスファルトのほか、南方のタカラガイやイモガイが出土し、広域的な貝の流通の実態も明らかとなった。こうした物資の移動を「交易」と評価するか「交換」の一形態と見るか、さらなる議論が必要であるが、こうした多様な素材が遺跡から出土することによって、近接地域はもとより広域にわたる人々の交流の様相を具体的に明らかにすることができるのである。

⑳ 長野県

棚畑遺跡（土偶「縄文のビーナス」）

地域の特色　長野県は、中部地方のほぼ中央に位置する内陸の県。四方を山岳がめぐり、東側には三国山脈、関東山地などを境として、群馬、埼玉県と接し、西側および南側には、飛騨山脈（日本アルプス）、木曽山脈、赤石山脈が走る。赤石山脈によって山梨県、静岡県などと接し、木曽山脈で愛知県、飛騨山脈で岐阜県、富山県と接する。北は山嶺をもって新潟県と接する。佐久高原や上田盆地を経て善光寺平に流れる千曲川は、新潟県に入り信濃川と名を変えて日本海へと流れる。また、木曽川は木曽谷を縦貫して岐阜県に入り、諏訪湖を水源とする天竜川は伊那盆地を南流して静岡県に入る。

こうした河川の流域をはじめ、県内には数多くの遺跡が点在し、特に旧石器時代、縄文時代の遺跡はきわめて多く、全国でも3番目となる。また、諏訪湖畔には御柱祭を行う諏訪大社が鎮座し、上社の前宮と本宮、下社の春宮と秋宮には、四宮とも境内の四隅に巨大な自然木（樅）の大木の柱が立てられている。その意義については、縄文時代以来の自然崇拝的な習俗として評価する説や神道の影響などさまざまに評価がなされ、議論は絶えない。いずれにせよ、この地域が豊富な資源を背景に、豊かな生活を営んできたことを示していよう。

古代には信濃国にあたり、奈良時代から馬の飼育が行われ、16の御牧が置かれたことでも知られる。鎌倉時代以降は、北条氏が代々守護となり、その後は小笠原氏など諸豪族が各郡に割拠した。その後、佐久郡に進入した武田氏が領有。上杉謙信との川中島の戦の原因ともなる。1582年の武田氏滅亡により織田家家臣の分割統治となり、北信濃を除き徳川氏の支配となる。関ケ原の戦後、保科氏が伊那郡高遠城主に、小笠原氏が飯田城主に、真田氏が上田城主になるなど、11藩と旗本領、天領が存在した。

1869年、旧幕府領・旧藩領が伊那県となったが、1870年に伊那県の東信（佐久・小県）を分立した中野県ができ、1871年中野県は長野県と改称。

同年、北信の4郡（更級・埴科・高井・水内）と東信2郡は長野県となる。同時に、伊那・松本・高遠・飯田・高島の5県と飛騨国を併せて筑摩県ができ、1876年、飛騨国を除き筑摩県が長野県に合併。県域が確定した。

主な遺跡

立が鼻遺跡
＊上水内郡信濃町：野尻湖西岸湖底の舌状地形の斜面、標高約650mに位置　時代 旧石器時代　史

野尻湖周辺の旧石器時代遺跡の1つ。1930年代から遺物の採集が認められ、1948年にナウマンゾウの臼歯が発見されて以降、注目を浴び、1962年から継続的な発掘調査が行われている。野尻湖の湖底数十cm下の中層部から、多数のナウマンゾウやオオツノジカの化石が検出されるとともに、頁岩製のナイフ形石器、彫器、錐器、敲石などのほか、骨角製ビーナスなどが共伴して出土した。日本列島における旧石器時代の人間活動を動物化石とともにとらえることができる稀有な遺跡である。発電関係で野尻湖に流入する水が少なくなる冬期のみ湖面から現れる湖底遺跡でもある。

本遺跡から300mほど北方には、杉久保遺跡（信濃町）があり、立ヶ鼻遺跡同様に湖底に沈む野尻湖の汀線に位置する遺跡である。灰白色の頁岩製の薄い薄片を利用した、いわゆる「杉久保型ナイフ形石器」の標識遺跡であり、ほかにも野尻湖一帯には旧石器時代の遺跡が点在する。千曲川（信越国境以北は信濃川）を下る先には魚沼郡があり、杉久保型ナイフ形石器も出土する神山型彫器で著名な旧石器遺跡である神山遺跡（新潟県津南町）がある。こうした地域間の旧石器時代の交流のあり方については、さらなる究明が期待される。

男女倉遺跡
＊小県郡長和町：男女倉川の河岸段丘上、標高1,150～1,200mに位置　時代 旧石器時代

1957年から断続的に数度にわたり調査が行われ、ナイフ形石器、槍先形尖頭器、彫器、掻器、削器などが多量に出土したほか、各地点の特異性や共通性が把握されつつある。石材のほぼ9割以上が黒曜石であり、石核が多く剥片が少ないこと、また完成品よりも未製品や失敗作が多いといった特徴があったことから、石器製作跡的要素が強い。他方、本州最大の黒曜石原産地とされ、その石材が各地に流通したと考えられる和田峠にも近く、狭い範囲に密集する遺跡群は、周辺一帯に散在する遺跡とともに、旧石器時代における生産様式や交易問題の検討など、重要な課題をもつ遺跡群といえる。

神子柴遺跡
＊上伊那郡南箕輪村：大清水川の開析で形成された台地の先端部、標高713mに位置　時代　旧石器時代最終末期

1958年から3次にわたって発掘調査が行われ、ソフトローム層最上部に南北3m、東西5mの長楕円形の範囲内から石器群が確認された。ほぼ器種別に弧状に配置され、北部には円盤型状石核、北西部には刃部研磨の行われた神子柴型石斧と棒状砥石、南西部には小型掻器や槍先形尖頭器（神子柴型尖頭器）、同石斧など、完形石器と黒曜石片が多数検出された。

こうした特異な石器出土状態について、祭祀的な墓坑や石器埋納遺構（デポ）あるいは石器製作跡を伴う一種の住居などの解釈が行われたが、旧石器時代に帰属するのか、縄文時代であるのかといった点も含めて議論が絶えない遺跡といえる。

お宮の森裏遺跡
＊木曽郡上松町：木曽川左岸、標高約720mに位置　時代　縄文時代草創期

国道19号上松バイパス建設工事に伴い発掘調査が実施され、径4～5mの不整形の竪穴住居跡が9軒検出された。炉はないが、柱穴や床面、周壁が認められ、本格的な住居として評価できる。表裏縄文系土器、爪型文土器などが出土しており、県内では最古級の縄文時代草創期末の集落的な様相を呈する遺跡として注目される。

井戸尻遺跡
＊諏訪郡富士見町：八ヶ岳南麓の扇状地上、標高約900mに位置　時代　縄文時代中期　史

明治時代末期にはその存在が知られていたが、1958年より地元有志の手によって縄文時代中期の竪穴住居跡が発掘され、注目を浴びた。1965年に調査が行われ、多数の竪穴住居跡が検出された。この井戸尻遺跡以外にも、百々川沿いの曾利、大花、狢沢川の九兵衛尾根、狢沢、藤内、新道、居平などの遺跡群が認められ、これらを総称して井戸尻遺跡群とも呼ばれる。縄文時代中期の文化的な中核地帯とも評価されており、その広がりは、八ヶ岳西麓の尖石遺跡（茅野市）や千曲川上流の縄文時代中期の高地性集落（標高約1,300m）とされる大深山遺跡（南佐久郡川上村）といった地域に及ぶ。

各遺跡で発掘された竪穴住居跡は、罹災し、焼滅した家屋が多く認められ、遺物の遺存状態がよいこともあって、その生活の具体像が明らかになった。また、竪穴住居跡の重複が激しく、特に住居の床面が重なりあって認められたことから、住居跡の切合い関係を基に生活面の復元がなされ、縄文土器の編年構築に大いに寄与した。こうした住居が廃絶する際に、土

器や石器が使用状態をそのまま遺存していると解釈される状況を、いわゆる「井戸尻パターン」と通称し、考古学における廃棄論の重要なとらえ方の1つとなっている。1969年に国史跡に指定され、縄文時代中期の多彩かつ豊富な土器群は、1974年、曾利遺跡内に開設された井戸尻考古館に展示されている。

尖石遺跡(とがりいし)
＊茅野市：八ヶ岳西山麓の台地上、標高約1,070mに位置
時代 縄文時代中期　史

明治時代から学界には知られ、1940年頃より宮坂英弌(みやさかふさかず)が発掘を行い、50基以上の炉跡を検出した。4人の息子ともども、遺跡の調査研究に長年尽力したことでも知られる。竪穴住居跡として確認できるもの30軒以上、炉跡・小竪穴を多数検出し、日本における縄文時代集落跡研究の基礎をつくった点で学史的な価値を有する。日影田川の左岸に尖石遺跡が位置し、右岸には与助尾根(よすけおね)遺跡（茅野市）が位置することから、この2つの遺跡を総称して尖石遺跡と呼ぶこともある。この与助尾根遺跡でも竪穴住居跡が30軒近く発掘されている。また、著名な蛇身把手(じゃしんとって)の付いた深鉢をはじめ、土器も多数出土している。与助尾根遺跡の集落の構成として、台地周縁に住居跡がU字形に分布しており、中央空間を広場とした典型的な形態を示す。また列石群(れっせきぐん)や土坑墓(どこうぼ)、屋外埋甕なども認められる住居跡のあり方は、尖石遺跡とともに縄文集落構造論の中心の遺跡として評価されている。

なお、台地南斜面には、古くから土地の人々の信仰の対象とされ、研磨痕が表面に残る三角錐形安山岩（高さ1.1m）が直立し、尖石遺跡の名はこの石に由来する。両遺跡とも国の特別史跡である。

橋原遺跡(はしはら)
＊上伊那郡南箕輪村：諏訪湖の西、天竜川の左岸、標高約760～770mに位置　時代 弥生時代後期

1978年から中央本線岡谷・塩尻間の別線複線化工事に伴い発掘調査が行われた。弥生時代後期の竪穴住居跡が58軒検出され、特に罹災し焼失したと推測される59号住居跡からは、大量の炭化した種子が出土し、コメ35万粒、アワ・ヒエなどの雑穀2,100粒などが認められた。炭化米の集中する範囲内から大形壺(おおがたつぼ)と甕(かめ)が認められたことから、これらの容器に入れられて、桁などに吊るされていた玄米が、火災で落下し飛散したものとも推測されている。なお、ほかの住居跡からも、こうした種子類が出土している。土器は、甕、壺、高坏(たかつき)などが多く認められた。また、石器類も多く、打製石斧(だせいせきふ)、石鏃(せきぞく)、砥石(といし)、凹石(くぼみいし)などのほか、磨製石斧(ませいせきふ)や石包丁(いしぼうちょう)などが見られ、種類は豊富である。鉄製品は鉇(やりがんな)と鉄片が認められているが、砥石の多さ

を、鉄鎌の普及を示唆するとする解釈もある。

榎田遺跡
＊長野市：千曲川右岸の後背湿地と微高地上、標高約338ｍに位置　時代　弥生時代後期〜飛鳥時代

上信越自動車道建設に伴い、1989〜92年まで財団法人長野県埋蔵文化財センターによって発掘調査された。約4万5,500㎡が調査され、弥生時代中期以降、近世までの住居跡が1,100軒以上検出されている。弥生時代の住居跡が100軒以上、古墳時代中・後期を主体とした住居跡も500軒以上が確認されており、奈良時代から平安時代の住居跡も見られる。

弥生時代の集落とは必ずしも連続せず、5世紀前半に新たに集落が形成され、5世紀後半には爆発的に住居軒数が増えることが指摘されている。その90％にカマドが構築されていることや、一辺およそ7〜8ｍの大型住居も分散した状況で確認されている。また、千曲川氾濫原に立地することから、鳥形木製品や農工具、紡織具、建築部材などのほか、鞍の未製品、黒漆の弓・壺鐙などといった、多種多様な木製品も認められている。長野盆地における継続的な大規模集落として注目される遺跡といえよう。

平出遺跡
＊塩尻市：奈良井川扇状地の微高地、標高約730ｍに位置　時代　縄文時代中期、古墳時代〜平安時代　史

昭和初期から存在は知られていたが、特に大場磐雄らによって1950年、51年の発掘調査で縄文時代中期の竪穴住居17基、古墳時代あるいは平安時代の住居跡49基が発見され、大規模な集落跡と判明した。現在まで断続的に調査が行われており、さらに多くの住居跡が検出されている。縄文時代の住居はおおむね円形で中央に石囲い炉をもつ。古墳・平安時代の住居は方形であり、炉から竈へといった変化や、竈が粘土による構築から石組へと変化する状況が確認された。また、平安時代の緑釉水瓶や灰釉陶器などは、編年研究の端緒ともなり、学史的な意味も大きい。この調査では、住居跡だけでなく、湧水を基にした灌漑用水や水田、畑地の分布など古代の村落景観について、考古学のみならず歴史学、社会学、民俗学、地学、古生物学、建築学など学際的な検討を行った総合調査として注目を集めた。現在、国指定史跡として公園が整備され、平出遺跡考古博物館なども開設されている。

青塚古墳
＊諏訪郡下諏訪町：諏訪湖の北、標高約786ｍに位置　時代　古墳時代後期

諏訪郡唯一の前方後円墳。主軸長57ｍ、古墳の東側が削られているが、前方部幅推定40ｍ、高さ8ｍ、後円部径は34ｍ（現在は24ｍ）、高さ8.1ｍ

を測る。諏訪大社下社秋宮に接する場所に位置し、かつては境内地であった。西北方に諏訪の湖北地域を、南方に諏訪湖を俯瞰する位置にある。後円部西方の墳麓より5mほど上に横穴式石室が構築されている。羨道は破壊されているが、両袖式の形態と推定され、玄室の長さ5.5m、奥壁幅約2.2mを測る。天井石は7枚、輝石安山岩の平石で、すべて露出している。出土遺物は不明だが、円筒埴輪と人物埴輪の出土が知られており、円筒埴輪については鬼戸窯跡（岡谷市）で焼かれたとの考察がある。6世紀後半〜末の築造と推定されている。

森将軍塚古墳　＊千曲市：千曲川右岸、有明山北東の尾根上、標高490mに位置　時代 古墳時代前期　史

　古墳時代前期の前方後円墳。主軸長98m、前方部幅30m、高さ5m、後円部径45m、高さ8mを測る。形状は尾根の形に影響されて、均整とはいえず、主軸が屈折しており、後円部は卵形を呈する。墳丘外観は、後円部の全面、前方部の上部を葺石で覆い、墳丘外縁の裾を石垣状に構築している。また円筒埴輪は前方部、後円部の墳頂にめぐらしていたものと推定されている。三角形の透孔を施した円筒埴輪や朝顔形、壺形埴輪のほか、前方部頂上と後円部頂上からは家形埴輪の破片が発見されている。

　主体部は、後円部中央に上下2段に構築された墓坑があり、四壁を石垣で固めている。墓坑の規模は9×15m、深さ2.3mを測る。主軸と並行する石室は板石の小口積みで全長7.6m、幅2mの隅丸長方形を呈し、底部には四壁に沿って粘土をはり、内側に細礫を敷いている。壁高は2mで内側全面に赤色塗彩が施されている。

　副葬品については、数回にわたる盗掘を受けていたために判然としない点も多いが、天王日月銘三角縁神獣鏡破片、勾玉、管玉、臼玉、碧玉製石製品、鉄刀、鉄鏃、鎌、鍬先、刀子、鑿、土師器などが出土した。なお、こうした竪穴式石室が築かれた後、前方部や墳裾に箱型石棺や埴輪棺などの小型埋葬施設が構築されていることは興味深い。古墳の築造時期は4世紀後半とされるが、こうした小型埋葬施設は5世紀前半から6世紀前半に構築されたものと想定されている。1971年に国史跡に指定され、1981年からは保存整備事業が行われて、往時の姿に復元されている。

八丁鎧塚　＊須坂市：鮎川上流右岸、標高498m前後に位置
時代 古墳時代前期〜後期

　鮎川の川原石で構築した積石塚円墳である。1957年に『長野県上高井誌』の編纂資料とするため、上高井教育会が発掘し、積石塚が6世紀以降の古

墳であるという定説を覆し、積石塚の初現期を明らかにした。八丁鎧塚古墳は、上八町の南山麓を流れる鮎川の段丘上にある6基の古墳群からなり、1号墳、2号墳、6号墳（1994年）について発掘調査が行われている。1号墳、2号墳ともに直径25.5m、1号墳は高さ2.5m、2号墳は3.5mを測る。積石塚としては東日本最大かつ最古級の古墳とされる。

築造年代は、1号墳が4世紀後半、2号墳は5世紀後半に構築されたと考えられている。盗掘のため内部主体は完存しないが、組合せ式の石室で、天井部は合掌形を呈していたと考えられている。1号墳からは、仿製の方格規矩鏡や石釧、スイジガイ製の貝釧が出土している。2号墳からは韓国、宋山里2号墳で同様の帯金具が発見されている、鍍銀青銅製獅噛文鈩板が出土している。また鈴付杏葉も出土している。埴輪は両墳とも認められ、2号墳の裾からは箱式石棺が出土している。なお、6号古墳は直径12.5mで6世紀中頃に葺石工法でつくられた古墳と推定されている。

長野県高井郡、千曲川東岸の東縁の山際には、金鎧山古墳（中野市）や長原古墳群（長野市）、大室古墳群（長野市）など、合わせて500基前後の積石塚古墳が存在する。全国でも事例が1,500基程度とされるなかで、その集中度合いの特異さや「高井」の郡名が信濃以外になく、郷名でも阿波国にしか認められないこと、積石による墳墓構築が高句麗で盛んであったことを踏まえて、高句麗系の渡来人との関わりなども想定されている。

野火付遺跡

＊北佐久郡御代田町：浅間山西麓の扇状地、標高約760m前後に位置　時代　奈良時代～平安時代

1984年、圃場整備に伴い発掘された古代集落の遺跡群である鋳師屋遺跡群の1つ。竪穴住居跡が18軒、掘立柱建物跡が8軒発掘された。竪穴住居跡18軒のうち、7軒が奈良時代、9件が平安時代のものと推定されている。平安時代の住居跡に接して、馬の埋葬遺構5基が発掘され、これらの馬坑の近くには須恵器の坏なども十数点検出された。浅間山南麓には、山鹿・塩原・岡屋・平井手・笠原・高位・宮処・埴原・大野・大室・猪鹿・萩倉・新治・長倉・塩野・望月の16の牧があり、遺跡周辺では塩川牧、長倉牧といった牧があった。長倉牧の駅家は本遺跡の東側の小田井地区付近とも推定されており、馬は木曽馬程度の中型馬と推定され、駅馬、伝馬として使役されていた馬とも考えられる。

21 岐阜県

昼飯大塚古墳（円筒埴輪）

地域の特色　岐阜県は、中部地方西部に位置する。北部には飛騨山脈が位置し、富山県、石川県、長野県などと接している。また、西側は白山火山脈との間に飛騨高地があり、福井県、滋賀県などと接する。南部は伊勢湾へと流れる木曽・長良・揖斐川により形成された濃尾平野の一端をなす美濃平野や東方の東濃山地の丘陵地が位置し、愛知県と接する。西方には伊吹・養老山地が位置し、三重県にも接している。県北側へは、富山湾に注ぐ高原川・宮川・庄川などが流れる。また、南流して木曽川に合流する飛騨川が流れ、南部の平野部では河川の支流・分流が発達し水害も多く、水防のための輪中を構築した集落が形成されているのも特徴的である。

古代においては、北部は飛騨国、南部は美濃国にあたる。このうち飛騨国域である北部、高山盆地の河川流域などには、旧石器時代や縄文時代の遺跡が数多く認められる。旧美濃国域では木曽川流域に発達した段丘を中心に、旧石器時代から奈良時代にかけての遺跡が多く認められるほか、長良川では中流域を中心に縄文時代の遺跡が見られるなど、美濃平野部を中心として、県内の大半の遺跡が分布している。

飛騨国域では、中世には京極氏が室町幕府から守護に補任され、南方の益田・大野郡に勢力を広げた。その後、京極氏被官であった三木氏が台頭、京極氏は幕府側の攻撃によって滅亡した。北部で勢力を伸ばした江馬・三木両氏は覇権を争うも、三木氏が勝利し飛騨を統一した。しかし、豊臣秀吉の命を受けた越前国大野の金森長近が飛騨国全域を平定、江戸時代には、ほぼ幕府領へ移行した。他方、美濃国は、畿内から近江国を経て東国へ向かう三本の幹線道路の出入口に置かれた令制三関の1つ「不破関」を管理する重要な位置づけにあった。関国で、律令国家のなかで重要な位置づけにあった。中世には美濃源氏の土岐氏が領し、戦国時代末、土岐氏の家督争いに乗じて台頭したのが斎藤道三である。その後、尾張の織田信長が

150

美濃を攻略、1567（永禄10）年に斎藤氏の居城稲葉山城を陥落させ、岐阜と改称した。江戸時代には、大垣藩を筆頭に小藩領に分割され、かつ半数は幕府領、旗本領からなっていた。また美濃国内に尾張藩の領地が点在した。1871年美濃一円が岐阜県となり、飛騨3郡は高山県となるも、府県廃合によって筑摩県の管轄に移されたが、1876年飛騨地域が岐阜県に編入され、ほぼ現在の県域が確定した。

主な遺跡

赤土坂遺跡（あかつちざか）
＊関市：長良川支流津保川右岸の小丘陵、標高約51mに位置
時代　旧石器時代後期

1962年に採土作業の際に発見され、南山大学考古学研究室が発掘調査を実施した。津保川との比高差12mほどの場所に位置し、黒色土層から、ローム層への漸移層中より集中して土器を共伴しない石器群が検出された。出土遺物は、ナイフ形石器、彫器、掻器、小型礫器のほか、原石、石核、剥片なども出土した。ナイフ形石器は、茂呂型、切出形が中心である。

海老山遺跡（えびやま）
＊加茂郡富加町：津保川南側の独立小丘の頂部、標高80mに位置　時代　旧石器時代後期

戦後、遺物の採集がされていたが、1953年に細石刃、細石刃石核などが発見され、県内初の事例として注目を集めた。1966年に南山大学により小規模な発掘調査が行われたものの、明瞭な遺物包含層は確認されていない。採集された石器は茂呂型ナイフ形石器のほか、尖頭器、掻器、彫器、有舌尖頭器などが見られる。細石刃石核が100点以上認められたことは、特筆される。石核は円錐形・不整半円錐形のものが大半を占め、石質はチャートが圧倒的に多い。ほかに縄文時代早期後半の入海式、前期後半の北白川下層Ⅱ式のほか、中期・晩期の土器が認められている。

九合洞窟遺跡（くごうどうくつ）
＊山県市：武儀川支流、標高約130mに位置
時代　縄文時代草創期

1949年に小川栄一が初めて発掘し、1950年には加納高校郷土研究部が発掘した後、同年、名古屋大学が総合的に調査を実施した。1962年には日本考古学協会洞窟遺跡調査特別委員会が第2次調査を実施している。主洞は入口幅約15mで、河床からの比高差は約8m。奥行30m、高さ5mで、奥に向かって小洞が4つ認められる。縄文土器から近世の人骨まで検出されるが、主体は縄文時代で、隆起線文や爪形文、押圧縄文、無文土器などの草創期の土器や押型文土器などが多く認められる。

東海地方

堂之上遺跡(どうのそら)
＊高山市:飛騨川上流の川に南面する舌状台地、標高約680m に位置　**時代**　縄文時代前期～後期　史

　1973～79年にかけて7次にわたり調査が行われた。台地平坦部の半分以上が発掘され、馬蹄形の集落の様相が明らかとなった。台地中央部に立石や集石を伴う土坑群150基以上が検出され、それを囲むように竪穴住居跡40軒以上が認められた。土器は前期中葉から中期末葉の型式群が検出され、関東や東海、近畿などとの交流がうかがわれる。中期末葉の土偶も多数検出されている。また草創期の有舌尖頭器や早期の押型文土器なども出土している。史跡公園として整備され、隣接して設置された久々野歴史民俗資料館に遺物が展示、保管されている。

庭田貝塚(にわだ)
＊海津市:揖斐川右岸、養老山地の山麓の沖積低地に接する、標高約10mの独立小丘に位置　**時代**　縄文時代中期

　1910年に地元の考古学者小川栄一によって発見され、戦前に一部発掘が行われた。本格的な調査は、1976年に龍谷大学を中心に行われ、貝塚の規模は東西約30m、南北約70m。表土の下、約1m付近より厚さ約1mの純貝層が堆積している。マガキ、アサリ、ハマグリを主とする主鹹貝塚(しゅかん)で、土器は関東の五領ヶ台式(ごりょうがだいしき)、加曾利E式、近畿の鷹島式(たかしましき)、船元式(ふなもとしき)、里木Ⅱ式(さとぎしき)などが見られ、縄文中期前半を主体としている。ほかの遺物には、定角式磨製石斧(ていかくしきませいせきふ)、乳棒状石斧、打製石鏃、打欠石錘、石棒のほか、硬玉製と思われる有孔垂飾(ゆうこうたれかざり)などがある。当貝塚の形成された縄文中期初めには海岸線が濃尾平野の奥深く入り込んでいたが、本遺跡よりも東南へ2kmほどに位置する羽沢貝塚(はざわ)(海津市)は、ヤマトシジミを主とする淡水域の貝が中心となるため、羽沢貝塚が形成された縄文中期後半には海岸線が後退していたものと考えられている。

北裏遺跡(きたうら)
＊可児市:木曽川、可児川の合流点の下位段丘、標高約64～68mに位置　**時代**　縄文時代前期～鎌倉時代

　1971年から翌年にかけて、国道41号バイパス建設に伴い発掘調査が実施された。縄文時代から鎌倉・室町時代にわたる遺物が見られるが、主体は縄文時代で、特に第1地点で縄文晩期の合口甕棺9口(あわせぐちかめかん)、石囲炉(いしがこいろ)・石蓋付長方形石囲(いしぶたつきちょうほうけいいしがこい)、中央に石冠状石を配置した特殊石組、溝・楕円形ピット・方形ピットが発見されている。第2地点では古墳時代の一辺4.5mの方形竪穴住居跡が発見された。遺物は縄文土器や石器を主体として、弥生土器・土師器(はじき)・須恵器(すえき)・灰釉陶器・山茶碗などが見られる。特に縄文土器は、早期末の粕畑式(近畿)から晩期の滋賀里式(しがさとしき)(近畿)・五貫森式(ごかんもりしき)(東海)ま

で各型式がある。土偶29点や、耳栓10点、土錘などが見られる。古墳時代の住居跡からは直径5.8cmの鈕付の土製鏡が発見された。打製石鏃788点、打製石斧1,064点のほか磨製石斧・石錐・石錘・石匙・石皿・磨石・凹石(くぼみいし)があり、石冠・独鈷石(どっこいし)・石刀・石棒・環状石斧などの特殊石器などが多数出土しており、石器製作跡である可能性も指摘されている。

荒尾南遺跡（あらおみなみ）
＊大垣市：揖斐川が形成した標高約6mの緩扇状地に位置
時代 弥生時代

東海環状自動車道の養老JCT～大垣西IC建設に伴い、2006年より本格的な発掘調査が実施された。南北750m、東西250mに広がる細長い遺跡であり、北部をA地区、南部をB地区、国道21号より南側はC地区と区分されている。A地区では、縄文時代晩期から古墳時代後期、古代から近世の遺構が確認され、弥生時代中期の方形周溝墓群が、A地区南側からB地区にかけて、南北方向に幾筋かの列を形成し、検出された墓はすでに200基を超えており、当地域における一大墓域として評価されている。また最近では弥生時代の木棺墓群も認められている。他方、弥生時代後期以降の竪穴住居跡の様相からは、弥生時代末から古墳時代初頭において最盛期を迎えていたことがうかがわれ、美濃地方西部の弥生時代から古墳時代前期における、中心的な集落の1つであったと考えられている。

昼飯大塚古墳（ひるいおおつか）
＊大垣市：北側の金生山に続く標高約25mの牧野台地上に位置
時代 古墳時代中期　史

岐阜県下最大の5世紀の前方後円墳。1870年代に盗掘を受け、後円部の竪穴式石室から、鏡や銅鏃、巴形銅器(ともえがたどうき)、多数の玉類などが出土したと伝えられる。戦後は、宅地開発のなかで部分的な破壊が進み、1979年に名古屋大学による測量調査を嚆矢として、以後発掘調査が進められている。当初は全長137mとされていたが、近年の断続的な調査により、3段築成で全長約150m、後円部径96m、高さ13m、前方部幅約80m、高さ7.5mであることが判明した。墳丘のうち、後円部東側が欠損するほかは、墳頂に埴輪列(はにわれつ)が直径20mの円形にめぐり、全面に礫(れき)を敷いているなど残存状態は良好である。また、主体部上には形象埴輪が設置されていたと考えられ、靫・盾・蓋・家形などの多くの埴輪片が出土している点が特筆される。埋葬施設は、盗掘されたといわれる竪穴式石室と粘土槨、加えて木棺直葬の施設が認められた。遺物としては、盗掘坑から滑石製・碧玉製の石釧、滑石製模造品、臼玉(うすだま)・勾玉(まがたま)・算盤玉(そろばんだま)・棗玉(なつめだま)など2,000点を超える玉類、鉄器残欠などが発掘された。また、木棺の棺外からも、鎌形石製品、刀15

点などが検出されている。

　本古墳の付近には、近接する古墳が認められ、西側の大谷川左岸に前方後方墳である粉糠山古墳が位置する。全長約100mで前方後方墳としては東海地方最大とされ、5世紀前半に築造されたと考えられている。鏡、玉、刀が出土したと伝えられるが、現在は共同墓地が墳丘上につくられており、主体部は破壊されていると思われる。そのまた南、大谷川右岸には、1929年に調査が行われ、三角縁神獣鏡が5面（舶載2・倣製3）出土した矢道長塚古墳（大垣市）があり、全長約90mの前方後円墳を呈する。これらの古墳は4世紀後半から5世紀前半に位置づけられているが、さらに北には4世紀前半の前方後円墳である花岡山古墳（大垣市、全長約60m）や、同じく前方後円墳で花岡山頂上付近にあり破壊された古墳をはじめ、現存30基以上の円墳群があり、不破郡一帯における首長らの活動や大和政権との関係を考えていくうえで、重要な古墳群といえよう。

美濃国分寺跡
＊大垣市：国分寺山の平坦地、標高約25mに位置
時代　奈良時代　史

　1968年の発掘を端緒として、断続的に調査が行われ、伽藍の様相が明らかとなった。東西231m、南北203mに及ぶ範囲に、塔、金堂、講堂、鐘楼、経蔵、僧坊、南門、中門、回廊といった施設の礎石が確認され、法起寺式伽藍位置と評価されている。講堂および中門基壇の下層には、掘立柱建物が認められ、国分寺の造営以前に寺院がつくられていたことがわかった。遺物としては、出土遺物は国分寺創建以前の白鳳期の寺院で使われていた川原寺式系の複弁八弁鋸歯文縁軒丸瓦・三重弧文軒平瓦や国分寺創建期の単弁十六弁蓮華文軒丸瓦、均整唐草文軒平瓦が認められる。また、瓦製の百万塔や「美濃国」刻印須恵器、墨書土器、円面硯なども出土している。国分寺山の山麓には当寺の瓦を焼成した瓦窯跡がある。1974年から遺跡公園としての整備が進められ、資料館も隣接して建てられている。

　なお、美濃国府跡（不破郡垂井町）は、所在地が長らく不明であったが、1991年から行われた発掘調査によって国分寺の南西約2.6km付近で、桁行5間、梁行2間と推定される正殿や東西の脇殿などの建物群が検出され、政庁の様相が明らかとなった。建物遺構については第Ⅰ期から第Ⅲ期の変遷があり、掘立柱建物から礎石建物へと建替えも認められている。政庁の規模は東西約67m、南北約73mの長方形で、政庁跡南には南北道路の側溝、幢竿支柱（旗竿を支える施設）と思われる遺構、政庁の東に広がる官衙

施設などを検出している。

信長公居館跡（千畳敷遺跡）

＊岐阜市：金華山の西麓にある槻谷、標高約20〜30mに位置　時代　戦国時代　史

1984年以降、岐阜市政施行100年を記念した岐阜公園の整備に伴い発掘が開始され、現在まで断続的に調査が行われている。もともとは、戦国大名である斎藤道三（1494〜1556）によって構築された稲葉山城の麓につくられた居館が位置した場所にあたる。現在までに、織田信長（1534〜1582）の居館時代の地層下には、斉藤氏の居館と推定される遺構も認められており、それらの層には被熱による赤化や炭化物の堆積層が見られることから、信長による1567（永禄10）年の稲葉山城攻略の様相を示すものとして注目を集めている。また、信長の居館時代とされる層位からは、土塁状遺構や石垣、階段状遺構をはじめ、水路、池といった庭園遺構など、居館としての機能を示す遺構が多数検出されている。こうした庭園跡は、ポルトガルの宣教師ルイス・フロイスが見聞し、その著書に記したものと評価されており、近年では、館の中心的な場所と推定される範囲から金箔瓦が検出されるなど、信長時代の豪奢な居館の様相が明らかになりつつある。

コラム ● 考古学用語解説

☞「土偶」

土偶とは、縄文時代に製作された人形のこと。江戸時代に津軽亀ヶ岡で出土した土製人形を「土偶人」と称したのが初出とされる。その系譜は明瞭ではないが、現在までに全国で1万5,000点以上が出土しており、その形態も多様である。上黒岩岩陰遺跡（愛媛県）で発見された縄文時代草創期の線刻礫を、「岩偶」としてとらえ祖形とする説もある。縄文時代中期に特に東日本で盛行し、目・耳・鼻を明確に表現したものが認められるようになる。西ノ前遺跡（山形県）出土の「縄文の女神」と棚畑遺跡（長野県）出土の「縄文のヴィーナス」は国宝の土偶として著名である。また晩期の東北地方における遮光器土偶もよく知られている。検出状況として頭や手足などを破損した状態が多く、何らかの呪術的行為として解釈されている。形態も乳房や妊娠線の表現など女性性の写実表現から母性を象徴化したものととらえる説もある。ただし、その使用形態や儀礼的行為の実際の意味については判然とせず、今後の課題といえる。

㉒ 静岡県

登呂遺跡（木製農具）

地域の特色　静岡県は、本州中部の太平洋岸に位置する県。東は箱根を境として神奈川県に接し、西は浜名湖の西から宇利峠などを経て南北に結ぶ山々で愛知県と接している。北は南アルプス・富士山などで長野・山梨両県に接し、南は太平洋に面している。県東部には日本の最高峰である富士山を擁し、南アルプスの山々など県面積の大半が、山がちの地形である。そして、東から狩野川、富士川、安倍川、大井川、天竜川などが、ほぼ南北に流れ、それらの下流部には扇状地や平野が広がる。他方、伊豆半島は複雑な海岸線を呈し、平地に乏しく、天城山地をはじめ山地が大半を占める。

　おおむね遺跡は丘陵、平野部に位置するが、旧石器時代の遺跡は、西部の磐田原台地や東部の愛鷹山麓などに集中する傾向があるという分布の特徴を示している。縄文時代の遺跡は県内一円に分布し、やや東側が多い。弥生時代は平野部を中心に遺跡が分布し、土器の傾向として天竜川、大井川など河川を境として、地域差が存在する可能性が指摘されている。

　古代は駿河国、遠江国が置かれ、さらに680（天武天皇9）年に伊豆半島の田方・賀茂の2郡が駿河国から分かれ、伊豆国となった。駿河国は、代々北条執権家が守護であり、鎌倉幕府の基盤であった。室町時代には、今川氏が守護として長らく治めたが、桶狭間で織田信長の奇襲に敗北し、武田・徳川両氏が進出。後に徳川家康が遠江、駿河を支配した。家康が関東に移封した後は、駿河を中村一氏が領有するも、関ケ原の戦後、徳川氏の重要な地として、天領のほか譜代の小藩が置かれた。伊豆国は遠流の地とされ、源頼朝も配流され、挙兵まで前後20年間伊豆に居住した。戦国期には、伊勢長氏（北条早雲）が堀越公方を滅ぼし、後北条氏の有力な基盤となる。北条滅亡後は徳川氏の領国に編入、関ケ原の戦後に伊豆一円は幕府の直轄地となり、三島代官、後には韮山代官江川氏の管轄下に属した。

　1871年の廃藩置県により、明治維新後、徳川宗家が移封した静岡藩は

静岡県、堀江藩は堀江県となった。その後、静岡県は遠江・駿河に分割され、遠江には堀江藩を合併した浜松県、駿河には静岡県が成立。伊豆は韮山県となり足柄県に属すも、足柄県の廃止に伴い伊豆は静岡県に合併。1876年、浜松県も合併し、県域が確定した。

主な遺跡

只木遺跡（ただきいせき）　＊浜松市：浜名湖北部山中の丘陵部、標高約70mの石灰採石場に位置　時代 旧石器時代末～縄文時代草創期

1959年、石灰岩採掘場の崖の割れ目から、アオモリゾウの牙とともに人骨が発見された。男女の頭蓋骨の一部と推定され、同一層位からオオカミ、ヒョウ、シカなど多量の化石も認められた。1961年には成人男性の大腿骨と推定される資料も採集されている。大腿骨から推定される男性の身長は、150cm程度と推定される。また頭蓋骨の破片が研磨され、骨器として加工された痕跡があり、興味深い。発見当時は、洪積世人骨とも考えられていたが、現在では縄文時代の人骨とする説も提起されている。

なお、根堅遺跡（ねがたいせき）（浜北市）でも、1962年に石灰採石場から化石人骨が発見された。上層からは女性の頭骨、鎖骨、腸骨などが出土した。旧石器時代の人骨の発見は国内ではきわめて少なく、当時の人間を知るうえで非常に貴重な資料である。いわゆる「浜北人（はまきたじん）」と呼ばれ、近年、化石人骨では全国初となる14C年代測定法が実施され、上層から出土した女性人骨は約1万4,000年前、下層の右脛骨が約1万8,000年前との測定結果が出ている。これらの遺跡からは、人骨とともに絶滅した動物を含む数多くの動物骨が出土しており、旧石器時代の動物相を研究するうえでも重要な資料となっている。

清水柳遺跡（しみずやなぎいせき）　＊沼津市：愛鷹山東南麓の丘陵、標高約130mに位置　時代 縄文時代早期～中期

1936年に発見され、戦後、東名高速自動車道の建設に伴い1966年に発掘調査が行われた。縄文時代早期の土器を主体として、大量の土器片と石鏃（せきぞく）、磨石（すいし）などが検出されている。同じ愛鷹山東南麓の標高約70m付近に位置する子ノ神遺跡（ねのかみいせき）（沼津市）からは、旧石器時代の文化層3層が確認され、最下層の第Ⅰ文化層からは安山岩の礫器が出土、AT直上の第Ⅱ文化層からはナイフ形石器と掻器（そうき）、第Ⅲ文化層（ナイフ形石器や掻器を含む石器群約4,000点が出土し、2基の石囲炉の検出された休場遺跡（やすみばいせき）〈沼津市〉の文化層よりも下位）からはナイフ形石器と角錐状石器（かくすいじょうせっき）などが発見され、県

東海地方　157

内でも最古級の遺跡として位置づけられている。

大塚(おおつか)遺跡
＊伊豆市：狩野川上流左岸、河岸段丘上、標高約110mに位置
時代 縄文時代中期〜後期

1960年に小規模な発掘調査により、集積土坑(しゅうせきどこう)が発見され、1980年から圃場(ほじょう)整備に伴い道路部分を中心に調査が行われた。竪穴住居跡19棟、配石遺構10基、土坑60基以上など多くの遺構が検出された。特に住居跡で囲まれた広場の奥に、環状石籬(かんじょうせきり)に囲まれ、さらに入口外側から中央の炉にかけて敷石を配した円形の竪穴住居跡が存在する。加えて住居内部の壁、内側に扁平な石を立て並べる遺構も認められており、その特異性が注目されている。また、墓地空間も認められ、72基の土坑墓(どこうぼ)が検出されている。土器のほか、石斧(せきふ)、石鏃(せきぞく)、磨石(ませき)、石皿(いしざら)、石錘(せきすい)など大量の石器群も出土している。本遺跡で検出された環状石籬のような配石遺構は、県東部の縄文時代中期〜後期の遺跡に認められ、そうした文化的背景を共有する集団の存在も想定される。

蜆塚(しじみづか)遺跡
＊浜松市：佐鳴湖に近い三方原台地南部の丘上、標高約30mに位置 時代 縄文時代後期〜晩期 史

貝塚の存在については近世の国学者、杉浦国頭(すぎうらくにあきら)の『曳馬拾遺』(1713)に記載があり(浜松市役所編、1961)、1889年以降、蜆塚貝塚の名で全国に知られるようになる。1955〜58年にかけて調査が行われ、貝塚を含めた遺跡の概要が判明した。北、西、東に比較的大きな貝塚があり、南に小さめの貝塚がある。貝層の主体はヤマトシジミであり、北辺と東辺に竪穴住居跡群が帯状に展開している。また、貝塚から住居域にかけては墓地が発見されている。屈葬を中心に伸展に近い合葬を含む人骨が認められた。硬玉製大珠(こうぎょくせいたいしゅ)や貝輪(かいわ)を装着した人骨も見られた。また、石鏃が突き刺さったシカの左座骨も検出されており、石鏃、骨鏃(こつぞく)なども大量に検出されている。石製や土製の錘(おもり)も出土しており、狩猟、漁労の双方を営んでいたことがうかがわれる。他方、縄文時代中期〜晩期前半の土器群が認められ、当初は東日本的な「磨消縄文(すりけしじょうもん)」を施していたものが、次第に巻貝による「凹線文(おうせんもん)」を主体とする西日本的な施文方法に変わることも指摘されており、相互の文化的影響のなかで、新たな文化を営んでいったことが推測される。北側の第1貝塚には、貝層断面を観察する施設がつくられている。

登呂(とろ)遺跡
＊静岡市：安部川扇状地末端の自然堤防上など、標高約6〜7mに位置 時代 弥生時代後期 史

日本において初めて水田跡が確認された遺跡。1943年に軍需工場造成

に際して、水田の下1mの採土から、大量の杉材の杭や板材による柵列や土器、木製農具などが出土した。工事関係者が一時的に中田国民学校へ遺物を保管。それが在野の考古学者安本博の目にとまり、新聞報道がなされ、小規模な発掘調査が行われている。戦後、1947〜50年まで、明治大学の後藤守一を代表とする日本考古学協会登呂遺跡調査実行委員会によって調査された。戦後初めて、学界の総力をあげて実施した大規模な発掘調査であり、学史上の意義も大きい。

　遺跡からは住居域と水田跡が一体となって検出された。自然堤防上には円形の平地式竪穴住居跡や高床式倉庫跡などが、集落の南側に接する微高地からは、水路と水田跡が認められている。住居跡は円形もしくは楕円形を呈し、4つの柱穴の底には柱を受ける礎板が存在している。また住居をめぐる壁体の内外を杉板と杭で補強していた。加えて、本遺跡では認められなかったが、さらに外側には、住居内への水の浸入を防ぐため溝を回らせていたものと考えられ、同じ低湿地に立地する1km南の汐入遺跡（静岡市）では、馬蹄形の溝が住居の周りから検出されている。

　登呂遺跡からは多数の水田跡が検出されたが、南北に走る主水路を軸に西側に1列、東側に3〜4列の水田区画が構築されていた。水田の区画は最少でも約375m²でやや規模は大きい。暗渠や畦畔の施設は、高度の農業技術の段階を示している。弥生土器をはじめとして、木製品は多様であり、各種容器（鉢・片口など）や高坏・匙・杓などの用具、発火具の火鑽臼や火鑽弓、各種機織具、鍬・鋤・唐鍬・田下駄・田舟などの農耕具、剣状木製品、斧の柄、竪杵・琴・鳥形のほか各種建築用材などが出土している。また、炭化米、布、青銅製腕輪、指輪、ガラス玉などの装身具も認められている。

伊場遺跡

＊浜松市：三方原台地南端の沖積低地、標高約5mに位置
時代　縄文時代晩期〜平安時代

　1949年、第二次大戦中の米艦船による艦砲射撃の砲弾炸裂痕から、地元中学生が土器を採集したことがきっかけとなり、同年〜1950年、國學院大學により調査が実施された。伊場遺跡は2つの地区からなり、1つは東部地区で、弥生時代の集落跡として知られた。もう1つは西部地区で、西端部は「城山」遺跡とも別称され、奈良時代を中心とした官庁的性格をもつ。1968年以降、東海道線の高架化を含む再開発事業が始まり、遺跡付近に車両基地が置かれることなり、大規模な調査が行われた。

　東部地区では弥生時代後期後半の三重の環濠（幅約2〜3.5m、深さ約

1.5m)で囲まれた集落が発見された。弥生土器をはじめ銅製腕輪・釣針・銅鏃、ガラス玉、そして環濠から赤・黒漆で塗り分け同心円文や渦巻文などを施した短甲状木製品(胸当、背当か)が2点出土している。材質がヤナギであることから、儀礼用である可能性も指摘されている。

また、弥生時代の集落より西よりに、古墳時代を中心とする竪穴住居跡が40軒ほど検出されている。そして西部地区では、大溝や掘立柱建物群40軒ほどが認められ、溝内部からは大量の木簡や木製品が発見されている。木簡には「己丑(689)年8月」「延長2(924)年」など、年代を把握できるものや、「竹田郷」「渕評」「浜津郷」といった地名を知ることができるものも検出されている。城山遺跡からは「具注暦」や唐三彩の陶枕、富寿神宝も認められており、奈良時代を中心とする官衙的性格をもつ遺跡と推測されている。遠江国敷智郡衙、栗原駅家などに比定する考えもある。

銚子塚古墳
＊磐田市：天竜川左岸の磐田原台地上の西縁、標高約90mに位置　[時代] 古墳時代前期　(史)

静岡県最大級の前方後円墳。1880年に盗掘を受け、後円部中央が大きく破壊されている。主軸長112m(北北東-南南東)、前方部幅25m、高さ5m、後円部径65m、高さ8mで、幅約13mの周堀が北側と東側に回る。三角縁三神三獣鏡、巴形銅器、水晶製切子玉が出土したとされ、銅鏡が東京国立博物館に所蔵される。

隣接する小銚子塚古墳(磐田市)は、主軸長46.4m(東西)、前方部幅26m、高さ3m、後方部幅36m、高さ6mの前方後方墳で、丘尾を切断して構築され、銚子塚よりも古く、東海地方でも最古級の古墳と評価されている。また、磐田原台地南東端には、松林山古墳(磐田市)があり、主軸長110m(東西)で前方部幅約49m(推定)、高さ7m、後円部径65m、高さ10.8mで、1931年に主軸と直交する形で、割石小口積竪穴式石室(長さ7.9m)が発掘されている。三角縁神獣鏡などの銅鏡、玉類、石釧、水字貝製釧、剣、大刀、矛、鉄鏃、銅鏃など多数の副葬品が検出されている。東海道新幹線の工事に伴い、前方部の一部が削られている。磐田原台地では、多数の古墳群が構築されており、台地北部東側の標高60〜70m付近には、弥生時代中期から後期の方形周溝墓を含めた前期古墳が認められるほか、南東側では、前述の松林山古墳をはじめ多数の古墳が検出されるなど、継続的かつ広汎な墳墓の造立が認められる。これらの古墳には形態的な規格性が認められることも指摘されており、当該地域における強力な統制力の存在や畿内政権とのつながりを示唆していると考えられる。

賤機山古墳 (しずはたやま)

*静岡市：賤機山丘陵の南端、標高約50mに位置
時代 古墳時代後期 　史

　1949年に発掘調査が行われ、1959年には墳丘の測量調査が実施された。1991〜96年に保存整備事業に伴う再調査が行われている。直径約32m、高さ約7mの円墳で、版築(はんちく)によって築造されている。江戸時代には存在が知られるが、墳丘は自然崩壊や浅間神社の社殿造営などで変形している。主体部は巨石を積んだ両袖式横穴式石室で、石室全長は12.4m、高さ3.8m、奥壁幅は2.6mで、県下最大級の横穴式石室の規模を誇る。石室構造は持送りによる乱石積みであり、床は礫床となっている。玄室内の前寄りに凝灰岩製刳抜式家形石棺(くりぬきしきいえがたせっかん)が安置される。蓋と身の合せ口には赤色顔料が塗られていた。石棺東側面に15cm程度の盗掘孔がうがたれ、棺内は荒らされていた。主な副葬品としては、金銅製冠帽(かんぼう)（ガラス製揺珞(ようらく)・金銅製歩揺付(ほようつき)）、六鈴鏡(ろくれいきょう)、金環、ガラス丸玉、滑石製勾玉、金銅製空玉、銀製くちなし玉、挂甲(けいこう)・大刀(たち)19振（銀象眼円頭柄頭(ぎんぞうがんえんとうつかがしら)・金銅製飾大刀(こんどうせいかざりたち)を含む）、鉄鏃(てつぞく)、鉄矛(ゆうたいてっぷ)、有袋鉄斧、刀子(とうす)、ほかに金銅製馬具類、承盤付銅鋺(しょうばんつきどうわん)と須恵器(すえき)100点以上、土師器(はじき)3点などが認められ、非常に豊富であった。これらの出土遺物は6世紀後半の編年基準資料として重要な位置を占めている。特に金銅製冠帽の破片は藤ノ木古墳(ふじのき)（奈良県斑鳩町）出土の副葬品との類似性も指摘され、中央政権との関わりもうかがわせる。

柏谷横穴群 (かしやよこあなぐん)

*田方郡函南町：丹那盆地西南の丘陵南端部、標高約30mに位置　**時代** 古墳時代後期　史

　1948年に調査が行われ、総数では200基以上の横穴墓が存在すると推定されている。東西約500m、南北約300mにわたり、基盤である箱根火山新期軽石流の崖面を掘削し、構築した密集型横穴群である。江戸時代の『豆州志稿(ずしゅうしこう)』（秋山富南(あきやまふなん)、1800）には、「柏谷村ノ山崖ニ一百八」と記され、「柏谷の百穴」として広く知られてきた。横穴の大部分は正方形または長方形の玄室に短い羨道(せんどう)が構築されるもので、奥壁をさらに掘り込んで横口式石郭(かく)を構築するものもある。特徴的な副葬品の1つに亀甲片があり、玄室中央から奥壁一面に敷き詰められた事例もある。こうした状況から、亀卜を行う集団との関係も指摘されている。構築時期は7世紀前半から8世紀前半とされ、北伊豆地域に多数存在する横穴群のなかでは初現期のものと考えられている。なお、大北横穴群(おおきたよこあなぐん)（伊豆の国市）では、「若舎人」銘を含む多数の石櫃(せきひつ)が発見された。共伴する須恵器や土師器などから、7世紀末から8世紀に構築されたものと考えられ、古代律令期に至る墓制をとらえ

るうえでも、その重要性が指摘されている。

山中城跡(やまなかじょうあと)　＊三島市：箱根山西麓、標高580mに位置　時代 戦国時代　史

　小田原後北条氏によって、相模小田原城の西方を守備する城として築城された山城。城郭の範囲は東西約400m、南北約900mで、面積は約25万m²と推定されている。1973年から三島市によって公園整備が進められ、学術的な発掘調査も行われている。

　本丸を要として扇形に展開する連郭式城郭(れんかくしきじょうかく)で、障子堀(しょうじぼり)をはじめ畝堀(うねぼり)、コの字形土塁(どるい)などの遺構も多数発掘されており、小田原北条氏独自の築城技法を解明するうえで重要な遺構といえる。築城時期は明らかではないが、史料には1569（永禄12）年に山中城が存在することを示す記載が見られることから、永禄年間と推定されている。その後、1590（天正18）年3月29日、豊臣秀吉(とよとみひでよし)の攻撃に備えて増築を試みていたものの、未完成のまま約4万の豊臣方の総攻撃を受け、わずか半日で落城したと伝えられている。

　1923年に国道1号線の敷設が行われ、南櫓(やぐら)の大手口と本丸北側の搦手口(からめてぐち)の一部が破壊された。また、第二次世界大戦中と戦後の開墾によって多くの曲輪(くるわ)内部が天地返しを受けたが、基本的な保存状況は良好であることから、史跡公園として整備公開が進められている。

コラム ● 考古学用語解説

☞「家畜」

家畜とは、人間が繁殖管理し、飼養している動物を指す。狩猟のためのイヌをはじめ、農耕の開始とともに食用としてヒツジ・ヤギ・ブタ・ウシを、運搬用としてウマを飼育した。野生動物が家畜となるプロセスを「家畜化」という。日本では弥生時代以降に家畜化された動物が流入したとされてきたが、近年では、縄文時代にブタが存在する説も提起されている。

☞「甕棺」

甕棺とは、土器を棺として利用したもので、縄文時代前期末以降に認められる。縄文時代は胎児や新生児などを埋葬したものとされるが、弥生時代には成人を埋葬する事例が多く認められ、吉野ヶ里遺跡での甕棺墓群は著名だが、九州各地で確認されている。1個の甕に石や板を蓋とした単棺と2個の甕を合わせ口にした合口棺があり、一部3個をつないだ形態も認められている。墓杭を斜めに掘り、仰臥で膝を折り埋葬していたと考えられている。副葬品が納められた事例もあり、弥生時代の社会的な階層差を示すものとして関心は高い。

㉓ 愛知県

小長曽陶器窯跡

地域の特色　愛知県は、本州のほぼ中央に位置する県。東は静岡県、西は三重県、北は岐阜県であり、東北部の山間部で長野県と接している。河川はこれら東北部の山地より西南に流下し、豊川、矢作川、木曽川・庄内川などがあり、それぞれ豊橋平野、岡崎平野、濃尾平野を形成する。特に濃尾平野は、木曽三川（木曽・長良・揖斐）も流れ込む肥沃な平野であり、こうした低地部に弥生時代中期以降に遺跡が形成され、特に弥生後期〜古墳時代初頭には、河川の自然堤防上などに急激な集落の増加を見ることができる。他方、伊勢湾岸の知多半島にかけて、また知多・三河湾岸、渥美半島にかけては、貝塚をはじめとした縄文時代の遺跡が数多く点在している。この付近は製塩関連遺跡も点在しており、知多式、渥美式の製塩土器などが多数出土し、古代の塩の一大生産拠点であったと考えられる。

　古代には、西半分が尾張国、東半分は三河国が位置した。古くは矢作川流域を基盤とした三河国と、豊川流域を中心とした穂国とに分かれていたという。尾張国は鎌倉時代末には北条氏一門の名越氏、その後、中条氏、高氏、土岐氏などと入れ替わり、後に斯波氏が守護職を世襲する。しかし、実権は清洲守護代の織田氏へ移り、織田領となった。関ケ原の戦の後、家康四男松平忠吉が尾張52万石で封じられるも、忠吉が病没。家康の九男徳川義利（義直）が甲斐より尾張に移封した。名古屋に城下町を建設し、現在の礎を築いた。犬山には附家老・成瀬家が入っている。三河国は承久の乱後、守護に足利義氏が任命され、その一族が西三河各地に配置され、後に独立。吉良・今川・仁木・細川・一色氏を名乗り、勢力を競った。その後、西三河松平郷（豊田市）に土着した松平氏が勢力を拡大する。徳川幕府成立以後は、家康の生地として重視され、譜代大名が配置されたほか、天領、旗本領、寺社領が錯綜する複雑な支配となる。

　1871年、尾張は名古屋・犬山の2県、三河は豊橋・西尾・岡崎・重原・

刈谷・挙母・田原・西端・西大平・半原藩の10県となる。後に三河諸県を統合し額田県を置き、名古屋・犬山両県は名古屋県となる。1872年に名古屋県を愛知県と改称。同年11月に額田県を廃し、現県域が確定した。

主な遺跡

萩平遺跡（はぎひら）
＊新城市：豊川右岸の中位河岸段丘上、標高65～68mに位置
時代 旧石器時代～縄文時代晩期

1962年、64～66年にかけて、A・C・D地点の調査が行われた。A地点では、旧石器時代終末期から縄文時代草創期への変化をとらえるうえで重要な木葉形尖頭器、有舌尖頭器が大量に出土した。A地点の北西約250mに位置するC・D地点からは、特にC地点ではナイフ形石器や縄文時代早期の押型文土器が検出され、D地点では押形文土器のほか、早期の炉跡が検出された。中・後期の土器も出土している。A・C地点では多数の剥片、石削も認められ、石器製作氺の可能性も指摘されている。この遺跡の北方約300mの豊川右岸の標高約80m付近には加生沢遺跡（新城市）があり、1965年の調査では、円礫を素材とした尖頭器、握斧（ハンドアックス）、剥片を用いた片刃石器や剥片を検出した。地質学的見解では第Ⅲ氷期から第Ⅲ間氷期に位置づけられ、中国大陸の石器との組成や形態の類似性を評価する見解もあるが、未だに評価は定まっていない。

なお1957年と59年に、新城市に隣接する豊橋市牛川町の石灰岩採掘場から採集された化石骨が、ヒトの骨片であるとして「牛川人」と呼ばれ話題となったが、現在ではヒトのものである可能性は否定されている。

酒呑ジュリンナ遺跡（しゃちのみ）
＊豊田市：矢作川支流、巴川の左岸丘陵裾部、標高約120mに位置　時代 縄文時代草創期～早期

1966年、67年に名古屋大学によって発掘調査が実施され、県内では最古級の縄文時代草創期から早期までを連続的にとらえうる文化層など、4層を検出した。草創期の隆起線文土器、爪形文土器、無文土器のほか、木葉形尖頭器、有舌尖頭器、石鏃、掻器、部分磨製石斧、有溝砥石などが出土した。上位層からは、縄文早期の押型文土器が出土している。

伊川津貝塚（いかわづ）
＊田原市：三河湾に北面する台地末端の砂堆、標高2m前後に位置　時代 縄文時代後期～晩期

1903年に大野雲外によって紹介されて以来、主に形質人類学者によって、人骨資料の採集が行われてきた。すでに人骨180体以上が出土しており、埋葬方法は、屈葬、伸展葬、土器棺葬、集積葬、再葬など多様である。

抜歯や叉状研歯の認められる人骨や頭頂部に打撃痕のあるものなども検出されている。貝塚は南北60m、東西180mの弧形を描く。貝類はアサリ、ハマグリ、スガイを主とし、タイ、スズキ、フグなどの魚類、シカ、イノシシなどの獣骨も見られる。イヌの埋葬例も検出されている。土器は縄文時代後期末から晩期のもので、「伊川津式」の標識遺跡となっている。

渥美半島の北側、三河湾側には縄文・弥生時代の貝塚が点在しており、本遺跡から北東11km、渥美半島の基部の蔵王山から伸びる丘陵、標高15〜20mに位置する吉胡貝塚も著名である。貝塚は3,000m²に及び、貝層の厚さは2.5m、貝類はハマグリ、オキシジミ、アサリ、マガキを主体とする。1922年、23年に清野謙次が人骨300体以上を発掘し、戦後1951年に、文化財保護法に基づく国営発掘第1号として世に知られた。1980年の範囲確認調査では、西側段丘上から竪穴住居跡群の一部が検出されている。

朝日遺跡
＊清須市・名古屋市：五条川左岸の沖積平野の微高地、標高約3m付近に位置　時代　弥生時代前期〜後期

1926年の加藤務、鳥居龍蔵らが貝殻山貝塚を調査し、弥生前期の遺物を含む貝層であることが判明。1956年の名古屋大学の調査で、弥生時代前期の土器として「貝殻山式」が位置づけられ、土器編年確立の一翼を担った。1972年以降、名古屋環状2号線の建設に伴い大規模な発掘調査が実施されている。遺跡範囲は東西約1.4km、南北約800m、面積80万km²にわたって広がる。縄文時代後期から居住痕跡が認められ、弥生時代中期には旧河道を挟んで、北側・南側に居住域が形成され、特に北側には環濠が四重にも構築され、逆茂木杭列群も認められた。そして東側と西側には、方形周溝墓群が見られ、特に東側は一辺約30mを超す墓が構築されていた。弥生時代中期には中央部の谷に大規模な貝塚が形成されている。

主な出土遺物は、方形周溝墓に供献されていた下胴部穿孔土器・丹塗土器・銅鐸形土製品・銅鏃・石器・骨角器・木器・鳥型木製品、卜骨などで、弥生時代後期には金属器の生産を示す銅滴や銅鐸の石製鋳型の破片が出土しているほか、玉作工房跡も検出されている。また1989年には、南側の環濠集落に近接する外環壕と方形周溝墓（出土した土器より弥生時代後期と推定）に挟まれた場所から、銅鐸が検出されている。埋納坑に横位で鰭を立てた状態で納められていた。鐸高46.3cmで鋸歯文が交互に施文され、紐内縁には重弧文が見られるなど、三遠式銅鐸の特色を認めることができる。使用時期が推定可能な銅鐸として、全国的にも稀少な事例といえる。

また朝日遺跡から出土した動物遺体のうち、イノシシ類が最小個体数

140と多量に出土し、いわゆるブタの存在も認められたことから、日本列島における家畜の存在を考えていくうえでも貴重な遺跡といえる。ほかにも昆虫類が多数出土し、環境変化をとらえていくうえで重要な知見を提示している。なお本遺跡西側、五条川右岸に織田信長が築いた清須城がある。

見晴台遺跡　＊名古屋市：笠寺台地の上、標高10m付近に位置
時代 弥生時代後期

1941年に銅鐸形土製品が発見され、1951年に南山大学、64年以降は、名古屋市教育委員会によって調査が行われ、市民参加型の調査が早くから試みられている。弥生中期〜後期の竪穴住居跡が220軒以上検出されているほか、環壕と推定される集落を囲む溝状遺構が認められた。1980年には見晴台考古資料館が完成し、復元住居などが整備されている。

断夫山古墳　＊名古屋市：熱田台地南西端の標高約7mに位置
時代 古墳時代後期　　　　　　　　　　　　　　　　　　　　　史

東海地方最大の前方後円墳。主軸長約150m。前方部を南東に向け、前方部幅約111m、高さ約16m、後円部径約70m、高さ約12mで、西側につくり出しをもつ。周濠は現在埋め立てられているが、明治期の地籍図などには、周濠の痕跡が認められる。3段築成と推定され、1926年には、葺石や後円部最下段に円筒埴輪列が認められている。主体部の調査は行われていないが、つくり出し部から須恵器の出土が確認されており、遺物の年代観から5世紀末から6世紀前葉の築造と推定されている。

古墳の南東100mほど先に熱田神宮が位置する。もともと古墳のある場所も神域であり、築造当時は伊勢湾が間近に迫っていたものと考えられている。記紀に登場する尾張氏の娘である宮簀媛命（日本武尊の妃の一人）の墓の伝承があることから、古くより熱田神宮大宮司千秋家によって保護されてきた。第二次世界大戦後、古墳を含めた周辺地域が公園用地とされ、国指定史跡として保護されている。

この熱田神宮周辺には断夫山古墳と墳形が相似形で、主軸長100mを超えていたと推定される白鳥古墳（名古屋市熱田区）や、6世紀後半の小円墳群である高倉古墳群（名古屋市熱田区）、弥生時代中期〜後期を主体とした拠点集落で、丹彩と櫛描文の施されるパレススタイル土器が出土したことで知られる高倉遺跡（名古屋市熱田区）がある。弥生前期の溝や土器も確認され、中期末の「高倉式」土器の標識遺跡でもある。

尾張国分寺跡

＊稲沢市：三宅川左岸に形成された自然堤防上、標高約4mに位置　時代　奈良時代～平安時代　史

　1915年に江戸時代の考証に基づき、この地に「尾張国分寺旧址」の石碑が立てられた。1961年の発掘調査で、塔跡・金堂の両遺構が検出されたが、自然堤防地形のため洪水による土砂の移動が激しく、金堂基壇（東西25.6m、南北21.6m）が奈良時代創建時のものと確認されたのみで、塔跡は平安時代に再築されたものと見られ、塔心礎・礎石とも原位置を移動している。基壇周辺の瓦類層には灰や出土瓦が認められ、平安時代の歴史書『日本紀略』に記される、884（元慶8）年の尾張国分寺の焼失に関わるものとして評価されている。この後、国分寺の機能は尾張元興寺(跡)（名古屋市）へ移行したとされる。近年の研究では、尾張国分寺の瓦には2種類のタイプがあり、その1つが奈良大安寺と関わりが深いことも指摘されている。尾張大国霊神社近くの国府推定地である松下地区からは、南南西4kmの地点にあたるが、国分尼寺の存在は確認されていない。

猿投山西南麓古窯跡群

＊名古屋市・日進市・みよし市・豊田市：猿投山西南に広がる低丘陵地帯に群在　時代　飛鳥時代～室町時代

　猿投山の西南に位置することから命名され、猿投窯の名称で呼ばれる。5世紀末に東山地区で円筒埴輪を伴う須恵器窯での生産が始まり、7世紀後半から8世紀には岩崎地区や鳴海地区へと進出していく。花崗岩を基盤とする耐火度の高い陶土が得られたことが、施釉陶器の生産が発展した背景として想定され、時代を経て燃料の獲得や良質な陶土を求めて、さらに活動範囲が広がっていったものと考えられている。

　平城宮跡からは、猿投窯の長頸壺が天平宝字年間（757～765）の木簡と共伴して出土しており、この頃には灰釉陶器（白瓷）の生産も始められたと考えられる。猿投窯が律令体制下、中央に製品を納入していたことは、折戸第10号窯（日進市）および黒笹第90号窯（みよし市）の刻銘陶片などからも示唆される。猿投窯の灰釉陶器の器種には、長頸瓶、平瓶、短頸壺などの須恵器の器形を継承したものや浄瓶、水瓶など金属製の仏器を模したものがある。新たに中国陶磁を模倣した灰釉碗も登場し、水注、合子など中国陶磁を模倣した器種が増加する。11世紀後半以降、量産化による品質の低下や、日宋貿易による中国陶磁の流入もあり、次第に地方へと供給先を求め、無釉の山茶碗生産が増大する。12世紀中葉には陶器生産の中心は、知多半島や瀬戸へと移り、14世紀には生産を終えた。

なお、知多半島古窯跡群は、まさに知多半島全域に広がり、常滑市を中心として、その数は3,000基を超えるともいわれる。確認されているものだけでも700基以上あり、いずれも窖窯で、半島北部や南部には猿投窯の系譜につながる山茶碗窯が多く分布し、中央部に壺・甕などを焼成した窯が集中している。社山瓦窯（東海市）の瓦類が鳥羽離宮跡・法金剛院跡などから認められているように、京都との関わりも深い。また鎌倉時代から室町時代にかけては、経塚外容器や蔵骨器として用いられた壺が認められる。基本的には日用雑器が中心であり、北は青森県から南は鹿児島県まで全国各地で発見されており、海運による広い販路をもっていたことが想定される。16世紀以降、窖窯が消滅し大窯の時代を迎え、常滑を軸に新たな窯業地として再編されていく。

小長曽陶器窯跡
＊瀬戸市：瀬戸市東部の丘陵の西南斜面、標高約310mに位置　時代 室町時代　史

1948年に発掘調査が行われた。窯は丘陵の斜面を利用した半地下式の構造で、全長は6.7m、最大幅3mで、燃焼室と焼成室の境に分焔柱を設けるほか、焼成室と煙道（あるいは第2焼成室）の境に障壁を設けて、全体を3つの部分に分けている。燃焼室の床面はほぼ水平だが、焼成室と煙道が30度前後の傾斜となっている。焼成室床面に、多量の馬爪形器台が配列されたまま熔着している状態で検出されている。また、焼成室の中間部に匣鉢を重ねた支柱を横に並べた狭間状の遺構があるなど、窖窯の終末的な形態を示している。窯前面の灰原は、盗掘や林道によって破壊されているが、なお多量の陶片を残している。遺物には、いわゆる「古瀬戸」と呼ばれる、灰釉の四耳壺、瓶子、水注、仏花器、おろし皿、天目釉茶碗などがある。

瀬戸市周辺にはこれまで800基近くの古窯が発見されているが、そのうち「古瀬戸」の製作に関わる窯跡は100基前後とされる。大部分が後世の盗掘によって破壊されているが、本窯跡は保存状況もよく、国史跡に指定されており、当窯のある丘陵の頂部に「陶祖碑」が立てられている。

なお、戦国時代の大窯前半期は、戦乱のため瀬戸窯から美濃窯への陶工集団が移動したといわれる。その後、江戸時代にはそれらの陶工が呼び戻され、瀬戸、赤津、品野などを基軸として瀬戸窯が発展した。江戸時代（17世紀前葉）には、肥前地方から新たに連房式登窯が導入され、生産体制が確立する。なお、瓶子陶器窯跡（瀬戸市）は、赤津川の左岸の丘陵斜面、標高約195～210mに位置し、2基の連房式登窯と作業場跡と推測される3

カ所の平坦面が確認されている。窯体はいずれも分炎柱を伴う大窯構造を兼ね備えつつ、特に1号窯の前方部は大窯構造を呈するが、後方が6房の連房式登窯構造を呈し、特徴的である。出土遺物からは、江戸時代前期（17世紀中葉から末葉）に操業していたものと考えられ、検出された「付け札」（鉄釉で人名などを書き込んだ陶片）から、尾張徳川家2代当主徳川光友の側近らの注文によって、茶陶生産が行われたことが明らかとなっている。

コラム ● 考古学用語解説

☞「水田」

水田とは、水を引き入れて作物を栽培する耕地であり、日本には水稲の伝来とともに開かれたと考えられている。登呂遺跡（静岡県）で発見されたものが初出で、畦で区画され杭や矢板によって水路が設けられているほか、取水用の堰も付属していた。その後の発掘により、弥生～古墳時代の水田は1枚が10～50m^{2}程度の規模が大半で、小区画の水田が連なる形態であることが判明している。水田の立地は、河川流域や湖沼周辺の沖積地や扇状地などのほか、微高地や丘陵地谷間の湧水地を利用した谷地田がつくられた。こうした立地により給水・排水の調節が水田経営においては肝要であり、特に弥生時代先Ⅰ期・Ⅰ期前後に多い低地部に設けられた水田では排水が重要であった。また稲株の痕跡が検出された遺跡もあり、5世紀には直播ではなく、田植が行われたと考えられている。なお水田遺構は畦や水路の存在だけでなく、イネのプラント・オパール（植物珪酸体）や花粉、イネ特有の益虫・害虫などからもとらえることができる。

☞「環濠集落」

環濠集落とは、弥生時代の集落形態であり、空壕か水濠をもち、土塁や柵が設けられていたと考えられている。弥生時代Ⅰ期には北部九州から東海地方まで広がり、弥生Ⅲ期以降は大規模かつ数条の環濠帯をもつ集落が認められるようになる。これを防御施設とするのが一般的だが、異論もある。中国大陸や朝鮮半島にも存在し、その起源をめぐっては議論がある。

☞「鏡」

日本に鏡が到来したのは弥生時代Ⅰ期末とされる。直径8～22cmで、森本六爾が命名した多紐細文鏡と呼ばれる朝鮮半島初期青銅器文化のものである。その後、前漢鏡など多様な文様をもつ中国鏡に代わる。弥生時代Ⅳ期には中国鏡を模倣した仿製鏡が日本列島でもつくられた。三角縁神獣鏡は魏の年号を有し、卑弥呼が下賜された鏡であるともいわれるが、中国では出土事例がない。また原材料は中国産であるとする自然科学分析の結果もあり、鋳造地を含めて、多数の議論が続けられている。

24 三重県

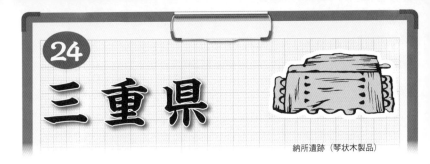

納所遺跡（琴状木製品）

地域の特色　三重県は、日本のほぼ中央にあり、近畿地方の東部を占める。東は伊勢湾、南は熊野灘に臨む。南北に細長く、北は木曽三川で愛知・岐阜県と接し、西側の鈴鹿山脈や大台山系によって滋賀・奈良県と境を接する。県域のやや南部に中央構造線が走り、その南側は紀伊山地から続く山がちの地勢であり、海に接するところではリアス海岸を形成している。特に志摩半島には隆起海食台地が発達し、複雑な海岸地形を形づくっている。県北部の員弁、鈴鹿、安濃、雲出、櫛田、宮川など河川が形成した伊勢平野には、古来より数多くの遺跡が点在する。縄文時代の遺跡は、特に内陸部の河岸などに展開し、貝塚は三河・尾張の沿岸部とは対照的でほとんど認められない。弥生時代以降は、伊勢湾岸の平野部に、拠点的な集落が築かれ、弥生後期には平地に接した台地、丘陵上にも集落が形成されていく。

古代においては、西側を伊賀国、東側を伊勢国、南側を志摩国などが占めていた。特に伊勢国は伊勢神宮の鎮座する地であり、古来より大和との関りは深く、672（天武元）年の壬申の乱では大海人皇子は吉野を出発し、伊賀から加太を越えて鈴鹿に至り、朝明郡迹太川辺（現・四日市市大矢知町）で天照大神を遙拝し、美濃国に向かっている。伊勢神宮の外宮・内宮は現在もともに神域であり、考古学的調査はほとんど行われていないが、周辺の地域では数多くの神宮に関わる古代遺跡が点在している。

伊勢国は承久の乱後、北条時房はじめ北条氏一門が治めたが、南北朝時代に入ると、雲出川以南の一志・飯高・飯野・多気・度会の諸郡に、北畠親房が宗良親王とともに進出し、さらに熊野方面をも勢力下に入れた。北畠氏は代々伊勢国司となるが、織田信長によって滅亡した。江戸時代、伊勢国に封ぜられた大名は譜代、外様など多彩であり、伊勢には山田奉行が置かれ、幕府直轄であった。伊賀国は室町時代には仁木氏が守護となるが、関ケ原の戦後、藤堂高虎が伊賀および伊勢に移封し、津と上野に城代

を置き、幕末まで治めた。志摩国は室町時代には1人で志摩・伊勢両国の守護を兼ねるのが慣例であった。やがて九鬼氏が台頭、関ケ原の戦後、鳥羽城主となるも転封。以後藩主の交代は頻繁となり、幕末に至る。1871年、北勢に安濃津県、南勢に度会県ができ、翌年安濃津県を三重県と改称、1876年両県が合併して三重県となり、県域が確定した。

主な遺跡

大鼻遺跡
＊亀山市：鈴鹿川谷底低地に接する北縁台地、標高87mに位置
時代 縄文時代早期～鎌倉時代

　1985年から国道バイパス建設工事に伴い、三重県教育委員会によって発掘調査が実施された。竪穴住居跡や煙道付炉穴などが検出され、土器の多くは押型文土器であった。煙道付炉穴は古墳時代の竈に類似した形状で、屋外炉あるいは土器焼成土坑などと推測されている。縄文早期の「大鼻式土器」の標識遺跡となっており、西日本の押型文土器としては最古級のものとされる。また、竪穴住居跡から土偶が1体検出され、胸部のみが残存し、発見当時は日本でも最古級の土偶として注目された。なお現在は、2010年に滋賀県の相谷熊原遺跡（東近江市）で出土した土偶が日本最古級として知られる。古墳時代の小型竪穴住居跡、平安・鎌倉時代の掘立柱建物跡も検出されている。

森添遺跡
＊度会郡度会町：宮川中流右岸の段丘端の微高地、標高約20～21mに位置　時代 縄文時代中期～晩期

　1986年、「久具の渡し」の渡河地点における架橋に際して、発掘調査が実施された。竪穴住居跡のほか配石群、土坑、焼土などが検出された。土器は東北系や中部山地系、北陸系、三遠系など各地のものが認められる。赤彩されたものが多く、原料はすべて水銀朱であり、貯蔵されていた可能性のある土器や朱の付着した石皿や磨石も検出された。

　伊勢国は『続日本紀』にも記されるように、水銀や辰砂の産地であり、特に櫛田川流域の勢和村丹生は古くからその生産地であったと考えられる。縄文時代晩期の池ノ谷遺跡（多気郡多気町）では、朱の付着した磨石や石皿などの水銀精製の道具類のほか、辰砂原石も認められている。こうした水銀朱関連遺跡は櫛田川流域にも数多い。森添遺跡はそうした生産地から運ばれていく、水銀朱の中継地としての役割を果たしていた可能性も指摘されている。

納所遺跡(のうそいせき) ＊津市：安濃川下流北岸の自然堤防上、標高約5mに位置
時代 縄文時代晩期～古墳時代

　1923年に鈴木敏雄により発見され、1936年、当時弥生前期とされた櫛目式土器(くしめしきどき)の遺跡として吉田富夫(よしだとみお)が紹介。1973～75年にかけて県道バイパス建設に伴い調査が行われ、竪穴住居跡、方形周溝墓、土坑墓などが検出された。竪穴住居の形状は、弥生時代中期中頃以降に円形から方形への変化が生じたものと考えられている。また、方形周溝墓と土坑墓が併存しており、土坑墓からは穿孔土器(せんこうどき)や管玉・ガラス玉などが出土することから、集団内における階層分化を示唆するものと評価されている。

　また、自然流水路からは弥生前期の土器や木製農具類が多数検出されたほか、容器類、建築部材や櫛・琴状木製品なども認められた。弥生時代前期の琴状木製品は類例が少なく注目される。自然遺物ではイノシシ、シカ、ウマ、マイルカの骨やヤマトシジミ、タマムシなどの昆虫、イネ、ヒエなどの穀類、イチイガシ、オニグルミ、トチノキなどの堅果類、マクワウリ、ヒョウタン、スイカ、シソ、モモ、スモモなど外来の植物遺体が出土している。弥生時代後期以降は古墳時代の自然流水路、平安時代の掘立柱建物、土坑などが認められるが、土地利用は散漫となる。

　遺跡面積は東西約440m、南北約350m、面積約15万4,000m²と大規模なもので、遺物量も県内では最大級である。特に、石器や木製品には未製品や製作時の剥片、チップも認められており、生産遺跡としての側面を示唆している。本遺跡周辺には集落遺跡が点在し、例えば北西側の丘陵に位置し、弥生時代中期後半の重複する竪穴住居跡が200基近く検出された長(なが)遺跡（津市）や、近接する山籠(やまごもり)遺跡（津市）（竪穴住居10軒、土坑5基、溝11条などを検出）では、未製品の出土はほとんどなく、こうした集落への物資供給など拠点的な役割を納所遺跡が担っていた可能性も指摘されている。

御墓山古墳(みはかやまこふん) ＊上野市：柘植川南岸の谷底低地に北面した丘陵端、標高約176mに位置
時代 古墳時代前期　　　　　　　　　　　　　　　　　　　　　　　　　史

　戦前よりその存在が知られており、1921年に国指定史跡となっている。発掘調査が行われていないため、主体部などの様相は不明であるが、円筒埴輪(えんとうはにわ)やキヌガサ形埴輪などが採集されており、墳形の特徴も併せて、5世紀前半に比定されている。南宮山から派生した丘陵の末端部を利用し、前方部を北東に向け、主軸長約188m、前方部幅約90m、高さ約12m、後円部径約110m、高さ約14mを測る。3段築成で南側に幅広い周溝が半周する。

西側のくびれ部につくり出しがあり、全面に葺石が施されている。古墳東側付近には、一辺10mの方墳が2基、陪塚として築造される。前方後円墳としては三重県下最大級を誇る。

なお、北東1.5kmには県下最古級の東山古墳（伊賀市）がある。1986年に県道工事に伴い調査されたもので、楕円形の墳丘（長径21m、短径17m）で、割竹形木棺を据え、四獣鏡、剣、銅鏃、砥石、不明鉄製品、器台、高坏が出土し、棺内には朱が施されていた。4世紀前半と推定されている。

南山古墳
＊伊勢市：五十鈴川の谷底平野に東面する丘陵頂部、標高約30mに位置　時代 古墳時代後期

1978年に調査され、墳丘は径約17m、高さ約2mの円墳であるが、きわめて特徴的なのは石材の代わりに木材を使用して墓室を構築する、横穴式木室を有している点である。埋葬後に火化する場合もあり、カマド塚、窯榔墳とも呼ばれる。本古墳は火化されておらず、羨道部は石積みが施される。木室内からは直刀、轡、鐙、刀子、鉄鏃などが出土し、3体埋葬されていたものと推測された。築造は6世紀中頃と推定されている。こうした横穴式木室は二見浦の湾口部を望む丘陵に位置する昼河古墳群（伊勢市）で4基、君ヶ口古墳（津市）に1基認められ、県外では兵庫、大阪、京都、滋賀、福井、岐阜、静岡、埼玉などに認められるという。

なお、周辺域では、伊勢神宮外宮の神域として知られる高倉山に高倉山古墳（伊勢市）がある。古墳時代後期（6世紀後半〜末）の円墳（墳丘径32m、高さ8m）で、墳丘に対して規模がきわめて大きい両袖式横穴式石室（全長18.5m、幅3.3m、高さ4.1m）をもつ。奈良県の丸山（旧名・見瀬丸山）古墳に次ぐ規模を誇るとされ、1975年の調査では、馬具、太刀、水晶製三輪玉、ガラス小玉、須恵器、土師器などが出土し、飛鳥寺心礎埋納物と類似する捩り式金環も検出されている。

天花寺廃寺跡
＊松坂市：雲出川支流、中村川西方の平野、標高約11mに立地　時代 飛鳥時代

江戸時代より礎石の存在が知られ、1979年、80年に発掘調査が実施された。掘込み地形による一辺約11mの版築基壇の塔跡と、東西約20m、南北約17.5mの金堂跡を検出した。六角形、方形の塼仏や塑像の螺髪、坐像膝前などが出土したほか、瓦は河原寺式、藤原宮式の軒丸瓦が検出された。この地域には古代寺院が多く、天花寺周辺では、一志廃寺、中谷廃寺が、また中村川右岸には上野廃寺、嬉野廃寺、須賀廃寺があり、須賀

廃寺では金銅製菩薩半跏思惟像が出土している。こうした密集した寺院群は全国的にも珍しく、これらの寺院に供給された瓦窯として、辻垣内瓦窯群（松坂市）が認められている。特に2号窯からは鴟尾が2個体分出土した。

斎宮跡
＊多気郡明和町：櫛田川の分流、祓川右岸の台地西端部、標高約8〜15mに位置　時代　飛鳥時代〜平安時代　史

1970年、住宅団地造成の計画が始まったことから、「三重県文化財と自然を守る会」により保存運動が行われ、1973年より範囲確認調査を実施、1979年には国史跡に指定された。行政側が地権者との調整を行い、順次買上げが行われている。買上げ後の管理は、公益財団法人斎宮跡保存協会が行っている。いわゆる天皇が即位ごとに伊勢神宮へ奉斎すべく派遣される伊勢斎王（斎内親王）の宮殿跡であり、その家政機関である斎王寮も含んでいる。

継続的な発掘調査が続けられており、東西2km、南北約700mの範囲に、竪穴住居跡300棟以上、掘立柱建物跡1,800棟以上のほか、井戸や道路、柵列、門などが検出されている。飛鳥時代には遺跡の西側に遺構が偏るが、奈良時代以降は中央へ移る。幅約2.4mの側溝を伴う、幅約12〜13.5mの道路で碁盤目状に区画された一辺約120mの方格地割（南北4、東西7区画）が確認されている。遺物では、土師器のほか緑釉陶器や三彩陶器、硯、墨書土器や木簡も認められる。「美濃」と施印される土器をはじめ、水司、膳司、殿司などと墨書された土器は、斎王寮の官制や実態を知るうえで貴重な資料といえる。外院は檜皮葺き、内因は茅葺きであるとの史料の記述どおり、瓦類はほとんど検出されていない。

なお斎王は673（天武2）年の大来皇女を嚆矢とし、1333（元弘3）年、後醍醐天皇の皇女祥子内親王が卜定されたものの、戦乱で伊勢には向かわず、1336（建武3）年に祥子内親王が野宮に退下し、途絶した。現在、博物館施設をはじめ、約137haに及ぶ史跡の整備が進む。

コラム ● 考古学用語解説

☞「銅鐸」

銅鐸とは、弥生時代の青銅製の祭器で、『続日本紀』に「銅鐸」の語が初出する（『扶桑略記』には「宝鐸」の語が見られる）。末広がりの筒状の鐸身の上面に大きな紐が付き、鐸身の側面に幅広の突出部（鰭）が付く。音を鳴らす「舌」が付くものが基本だが、ないものもある。

(180頁へ続く)

25 滋賀県

大岩山遺跡（銅鐸）

地域の特色　滋賀県は、本州のほぼ中央、近畿地方の北東部に位置する。中央に琵琶湖が位置し、県域の6分の1を占める。北は伊吹山を主峰とした伊吹山地が続き福井県、岐阜県などと接し、その南には鈴鹿山地が連なる。西は野坂山地から丹波山地、そして比良山地が二筋の尾根をなし、比叡山地が続く。山中越などの峠越えの道によって、京都と結ばれている。琵琶湖には姉川（あねがわ）、愛知川（えちがわ）、安曇川（あどがわ）などの川が流れ込むが、湖水は瀬田川（せたがわ）、宇治川（うじがわ）・淀川（よどがわ）を経て大阪湾へと注ぐ。

　遺跡の分布は、旧石器時代〜縄文時代中期にかけては琵琶湖東畔・南畔に多くが立地するが、中期後半より湖水面の低下が生じたと考えられ、湖底に沈む遺跡も認められる。また湖北周辺にも集落が多く形成された。弥生時代以降は湖辺に近い低湿地を軸に展開し、中期以降は次第に内陸の河川流域にも集落が形成された。古墳は湖東、湖南に広く分布するが大規模なものは少なく、小地域を基盤とする中・小豪族が割拠した近江の特徴を示す。

　古代においては、天智天皇（てんじてんのう）が大津に都を置いたように、政治的、経済的に重要な位置にあった。東海道をはじめ諸道が通り、北陸・東国からの諸物資が流入するなど、諸国との商品流通の拠点であった。近江国の国府は栗太郡勢多にあり、その遺構が大津市瀬田神領町で発掘されている。聖武天皇が742（天平14）年には近江国甲賀郡紫香楽に離宮を造営、翌年には大仏建立が発願される。しかし、745（天平17）年に都が恭仁から平城京へ戻り、紫香楽は放棄された。平安時代には、最澄（さいちょう）が比叡山（ひえいざん）に一乗止観院（いちじょうしかんいん）（延暦寺）を建て、その後東塔・西塔・横川の堂塔が整えられて、その麓の坂本は門前町として栄えていく。中世には近江国守護に佐々木氏が補任。応仁・文明の乱後、六角氏、京極氏が支配する。しかし、織田信長（おだのぶなが）によりいずれも平定され、安土城が築かれた。近世には、井伊氏が彦根に封ぜられたほか、膳所藩（ぜぜはん）を戸田氏（後に本多氏）が領有した。このほか近江

には小藩が林立、相給村も多かった。明治維新後は廃藩置県により、大津・膳所・水口・西大路・山上・彦根・宮川・朝日山の8県のほか15県の飛地が一時併存したが、1872年、大津県は滋賀県、長浜県は犬上県と改称し、同年9月犬上県は滋賀県に合併された。滋賀県はさらに敦賀県管下のうちの4郡を編入したが、後に分離し、以後は県域に変化はない。

主な遺跡

粟津湖底遺跡（あわづこてい）
＊大津市：琵琶湖の南端、瀬田川流出口、標高約81mの湖底に位置　時代　縄文時代早期〜後期

1952年に藤岡謙二郎によって調査が行われ、セタシジミを主体とした貝塚と判明した。わが国最大の淡水貝塚で、3地点からなり、1980年より航路浚渫に伴い本格的な調査が開始され、1990年には第3貝塚の発掘調査が行われた。鋼矢板を打ち込み、「壁」を築いて湖水を排出し行われた調査では、貝類や獣骨、クリ・トチ、ヒョウタン、エゴマなどの植物遺体といった自然遺物や、土器、編み籠、漆製品など多様な生活痕跡が検出された。特にクリ塚は、滋賀県内でも最古級の居住痕跡とされている。

ほかにも琵琶湖底には縄文時代の遺跡が数多く認められ、特に中期後半頃から琵琶湖の水位低下が急速に進み、環境の悪化によって湖辺の集落が衰退し、代わって湖北の集落が大いに繁栄した可能性が指摘されている。なお、貝塚に限れば、瀬田川沿いで戦前より調査が行われ、縄文早期から前期とされる石山貝塚（大津市）や螢谷貝塚（大津市）、また縄文後晩期前半の近畿地方における標識遺跡である滋賀里遺跡（大津市）などに小規模貝塚が認められているほかには、発見されていない。

松原内湖遺跡（まつばらないこ）
＊彦根市：佐和山の北西麓に位置する松原内湖の湖底（標高約82m）に立地　時代　縄文時代後期

1985年より断続的に調査が行われ、縄文時代当時の汀線付近から、11隻を超える丸木舟が出土した。また、縄文晩期末から弥生時代初頭の遺物も共伴して出土している。

これまでに琵琶湖周辺の遺跡では、丸木舟が20隻以上発見されており、入江内湖遺跡（米原市）の5隻の丸木舟は鳥浜貝塚（福井県）出土資料とともに全国的にも最古級と評価されている。また長命寺湖底遺跡（近江八幡市）は江戸時代に木内石亭が湖中から石鏃を採集した遺跡だが、縄文晩期の丸木舟が検出されている。これらの丸木舟の存在は、発見された標高から当時の湖水位を推定する手掛りともなるため、貴重である。

烏丸崎遺跡（からすまざき）

＊草津市：琵琶湖の南、東岸に位置する烏丸半島、標高約95ｍに立地　時代　縄文時代晩期～弥生時代中期

1982年から90年にかけて断続的に発掘調査が行われた。弥生時代前期の竪穴住居跡、掘立柱建物、土坑などが検出されたほか、弥生時代中期の玉作工房跡や200基以上の方形周溝墓などが認められている。縄文時代晩期末の突帯文系土器も発掘されており、それらを用いていた集団の継続性が示唆され、木製農耕具や水田跡などは認められないものの、大陸系磨製石器、石包丁などの存在から、近江地方における最古級の稲作文化の受容を示す遺跡として注目される。

また、弥生時代前期後葉と考えられる地震による噴砂の痕跡が発見された。地震以降この地域がいったん放棄され、別の地点へ移住した可能性も指摘されている。こうした噴砂はほかの遺跡でも発見されており、北仰西海道遺跡（高島市）は縄文時代晩期初頭の痕跡が、針江浜遺跡（高島市）では弥生時代前期末から中期初頭の噴砂や倒木痕も検出、その後集落が放棄されたと考えられている。なお、水田遺構は水深約1.2ｍの湖底より発見された、弥生時代中期の大中の湖南遺跡（近江八幡市・東近江市）の事例が著名であり、矢板や杭列で護岸された畦畔や木製の鍬・鋤などの農具や丸木舟、網などの漁労具、稲の穂束も検出されている。

大岩山遺跡（おおいわやま）

＊野洲市：琵琶湖東岸、大岩山の中腹、標高約120ｍに位置　時代　弥生時代

1881年に14口の銅鐸が発見され、その後1962年の東海道新幹線建設に伴う土取り工事でさらに10口の銅鐸が出土し、計24口もの銅鐸の埋納遺構が検出され、全国的に見てもきわめて稀有な遺跡である。いわゆる三遠式と近畿式の2種類の銅鐸が検出されており、地域的な結節点としての関係性をとらえるうえで貴重な遺跡といえる。

瓢箪山古墳（ひょうたんやま）

＊近江八幡市：湖東平野の東端、繖山の西麓端標高約100ｍに位置　時代　＊古墳時代前期　史

1935年に前方部で箱式石棺が2基発見され、翌年には後円部から竪穴式石室が3基検出された。全長162ｍ、後円部径90ｍで滋賀県内最古級、最大の前方後円墳である。墳丘には埴輪も確認されている。副葬品としては、箱式石棺の1基からは、石釧、勾玉、管玉などが出土し、竪穴式石室（全長6.6ｍ、幅1.3ｍ）からは、鏡、鍬形石、石釧、車輪石、管玉、小剣などが検出されている。石室には斧、鎌、短甲のほか、筒形銅剣、刀剣、銅鏃、鉄鏃も認められている。近江の古墳出現期における大和政権との関わりを

近畿地方　177

知るうえで重要な古墳といえよう。

皇子山古墳（おうじやま）
＊大津市：比叡山系の端、独立丘陵の標高150m前後の山頂に位置　時代 古墳時代前期　史

1970年の調査により、全長60m、後方部幅35mの前方後方墳であることが明らかになった。後方部に4基の墓坑、前方部に1基の粘土槨が確認された。琵琶湖側にのみていねいな葺石が施され、近江最古級の首長墓と評価されている。東に約25mの位置には皇子山2号墳（円墳）が位置しており、近江における首長墓の意義を考えるうえで貴重な古墳といえる。

近江大津宮錦織遺跡（おうみおおつのみやにしこおり）
＊大津市：比叡山系の東麓、標高約100mに立地　時代 飛鳥時代　史

1974年以来、滋賀県教育委員会が断続的に調査を実施し、大型の柱穴をもつ掘立柱建物跡などが検出されている。建物は、東西4間以上、南北1間以上の門跡をはじめ、この門から東へと伸びる回廊も確認されている。これらの遺構は建物の主軸方向を真北にとっており、相互に関連するかたちで整然と配置されることから、官衙の構造を示唆するものと考えられている。こうした錦織地区の調査によって、天智天皇が667（天智6）年に飛鳥から遷都した大津宮の中枢域の様相が次第に明らかになりつつある。

唐橋遺跡（からはし）
＊大津市：琵琶湖の南端、瀬田川の川底（標高約81m）に立地　時代 古代〜近世

現在の瀬田唐橋下流、約80m付近の河床にあたり、潜水調査により並行に並べた丸太材の上に、角材を六角形に組み合わせ、さらに角礫（かくれき）を盛り上げて構築された遺構が検出された。木材の年輪年代測定や共伴する遺物の年代から、いわゆる672（天武元）年の「壬申の乱」の舞台となった勢多橋（せたはし）の橋脚遺構であると評価された。遺構近辺からは、ほかにも構造の異なる橋脚遺構が認められ、それらは奈良時代、鎌倉時代、室町時代、江戸時代のものであると考えられており、各時代の土木技術を理解するうえで、貴重な資料といえる。

近江国庁跡（おうみこくちょうあと）
＊大津市：小高い段丘上標高約109mに位置　時代 奈良時代　史

1963年、65年に発掘調査が行われ、外郭と築地で囲まれた内郭の二重構造からなることや、瓦積基壇（かわらづみきだん）の正殿、後殿が南北に並置され、その両脇に脇殿が配されていることが明らかとなった。地方政治における政庁の構造が初めて明らかにされたことで、以後の政庁研究にも大きな影響を与えた。1973年には国指定史跡となる。近隣の地域でも関連する遺構が検

出されており、国庁跡から南東約500mに位置する惣山(そうやま)遺跡では大型倉庫群が認められたほか、青江遺跡では、築地に囲まれたなかに掘立柱から礎石建物へ建て替えられた3時期の建物跡を検出しており、地方官衙の実態を明らかにするうえで貴重な遺跡といえる。

紫香楽宮跡(しがらきのみやあと)
＊甲賀市信楽町：大戸川東岸、独立丘陵の標高約290mに位置　**時代** 奈良時代　**史**

1923年の東京帝国大学教授黒板勝美(くろいたかつみ)の踏査により礎石の存在は明らかとなっていたが、1930年に肥後和男(ひごかずお)が発掘調査を実施し、塔跡、塔院回廊などを検出、西側には金堂や講堂、経蔵などを配置した東大寺式寺院跡であることが判明した。聖武天皇(しょうむてんのう)が遷都した宮都であり、いわゆる「大仏造立の詔(ぶつぞうりゅうのみことのり)」により、甲賀寺において大仏造立に着手したが、平城京への還都により放棄されたことでも著名である。

穴太遺跡(あのお)
＊大津市：琵琶湖西岸、比叡山脈の麓、標高約110mに位置　**時代** 飛鳥時代

1982年よりバイパス建設や住宅開発に伴って調査が実施され、縄文時代後期の原生林や竪穴住居跡、また縄文時代晩期の墓地、弥生時代中期の集落跡などを検出した。また、古墳時代中期以降の集落、飛鳥時代の集落や、いわゆる朝鮮半島の暖房施設であるオンドルと思われる遺構も検出されている。また、穴太廃寺は建物（塔・金堂など）が遺存しており、ほかに瓦窯跡も検出されている。近くには、衣川廃寺跡も存在し、金堂跡は東西18m、南北15m規模で、ここからも瓦窯跡が寺域の南端より検出されている。創建は飛鳥時代末と考えられるが、軒瓦より7世紀末には焼失し、廃寺になったとされている。こうした寺院跡は、古墳群や古代豪族の分布とも対応しており、その実力と勢力の範囲をうかがい知る手掛りとなろう。近年、大陸系とされる横穴式石室をもつ古墳が検出されている。

弘川遺跡(ひろかわ)
＊高島市今津町：石田川の南方、饗庭野丘陵の東北端、標高約112mに立地　**時代** 奈良時代

1976～77年の調査で、門跡が発見され、2条の溝による区画中に倉庫と考えられる掘立柱建物群が30棟検出された。建物は5期にわたって増改築されており、おおむね8世紀後半～10世紀にかけて造営されたものと考えられる。遺物としては、土師器(はじき)、須恵器(すえき)、緑釉陶器、風字硯(ふうじけん)などが出土している。遺跡の立地からは、若狭街道が遺跡南端を通る交通の要衝の地であり、高島郡善積郷の郷倉(ごうくら)の性格をもった官衙(かんが)遺跡と見られている。

近畿地方

尚江千軒遺跡(なおえせんげんいせき)

＊米原市：琵琶湖北湖の東岸、岸辺より900m程度の範囲の湖底に立地　**時代** 古墳時代〜鎌倉時代

　1998年より滋賀県立大学によって断続的に調査が行われている湖底遺跡。琵琶湖には自然災害によって水没したとされる水没村の伝説が多数あり、特に湖北（北湖）には10カ所以上の遺跡の存在が確認されている。この遺跡は1325（正中2）年の地震によって、1,000軒あまりの集落が沈んだとされ、湖底に井戸跡などが見られるなどの言い伝えもあった。これまでの調査の結果、水面下約3m（標高約84m）の湖底に、7〜8世紀の横穴式石室の一部と考えられる石群や中世の土師器皿(はじきざら)、山茶碗(やまぢゃわん)、常滑(とこなめ)の鉢などが引き上げられている。湖底下の地盤調査も行われ、地滑り痕跡と思われる状況も認められていることから、伝説の信憑性が高まったといえよう。

安土城跡(あづちじょうあと)

＊近江八幡市：琵琶湖の東岸、繖山に連なる山塊、標高約196mの山頂に立地　**時代** 戦国時代　　　　　　　　　　　　　　**史**

　織田信長が1575（天正3）年より築城を始め、おおむね6年をかけて造営された、天主（天守）をもつ近世城郭の嚆矢(こうし)とされる城であり、特に高石垣(たかいしがき)の技術は特筆される。なお石材は安土山から産出する流紋岩を主体としている。発掘調査が断続的に行われており、安土山麓の家臣団屋敷から天主まで、石垣や虎口(こぐち)など防御意識をもった城郭としての構造をもっていることが判明している。また、中世城郭では居住空間ではなく、防御施設としての「山城」であったため、建物は小規模かつ簡易なものであったが、安土城では礎石建物となり、より公的かつ象徴的な空間の役割を城郭が果たすようになったことがうかがわれる。この安土城をモデルとして、琵琶湖沿岸には長浜城、膳所城をはじめとする織豊系(しょくほうけい)城郭(じょうかく)が造営され、後の近世城郭および城下町の構造が確立されていくことになる。国特別史跡。

コラム ● 考古学用語解説

☞「銅鐸」（174頁からの続き）

　祖型を中国に求める説もあったが、現在は朝鮮式小銅鐸に求める説にやや傾いている。多くの出土事例が集落から離れた丘陵や山の斜面での不時発見であることから、境界域で外敵を防ぐ呪術的な意味を想定する説や祭儀のための地中保管説、廃棄説などもあるが、いずれも断定できる段階にはない。そもそも銅鐸自体も、吊り手（紐）の形態が変化していることから、音を鳴らす役割→見る役割へと大型化したとされ、その製作目的が変化したと考えられている。

㉖ 京都府

平安宮豊楽殿跡（鬼瓦）

地域の特色　京都府は、近畿地方中北部に位置する府。北部の丹後山地を超えて丹後半島は日本海に面する。中央部の丹波山地を境として西は兵庫県、南部の京都盆地の南に大阪府、奈良県が位置し、東山・比良山系を境として滋賀県、北は福井県と接している。先史時代においては、京都盆地周縁の丘陵に旧石器時代の遺跡や縄文時代の遺跡が点在しており、人間の活動が活発であったことが理解できる。古代には秦氏や狛氏（高麗氏）らの渡来人が拠点とし、広隆寺（京都市）は秦河勝が聖徳太子より授かった仏像を安置した寺と伝わる。また、賀茂神社（賀茂御祖神社、賀茂別雷神社）は賀茂氏の祖神を祀った神社である。丹後国は丹波国の一部であったが、713（和銅6）年に分割されて一国となる。『丹後国風土記逸文』には水江浦嶋子（浦島太郎）伝説があり、その舞台が与謝郡日置里である。日本海に面し、大陸との関係が深かったことは函石浜遺跡（京丹後市）から中国、新朝の王莽の貨泉（貨幣）が出土したことからも理解でき、多くの古墳も残る。

　784（延暦3）年、山代国乙訓郡長岡に新都（長岡京）が造営され、794（延暦13）年には、さらに葛野郡宇太の地に遷都して平安京となる。これを機会に国名も山城国と改められ、五畿内の序列は大和国に代わって首位となった。鎌倉に幕府が開かれると、1185（文治元）年に北条時政が京都守護に任じられる。承久の乱以後は六波羅探題が設置された。丹波では、1221（承久3）年頃より北条氏が在任したが、1306（嘉元4）年以降は六波羅探題南方の兼任となった。室町時代には山名氏、後に一色氏が守護となる。建武中興以来再び京都は政治の中心となり、続いて室町幕府の拠点として、商工業が発達したが、応仁の乱が起こって、洛中の大半は焼失した。豊臣秀吉による町割りの改造や御土居の構築などを経て、江戸時代には京都所司代の支配下に置かれ、淀藩ほか公家・寺社領が置かれた。丹後は江戸時代、京極氏が領したが、後に宮津、峰山、田辺の3藩に分かれた。

近畿地方　181

明治維新後、1868年閏4月に京都府が置かれ、1871年7月に淀藩が県となる。丹後では、1871年7月、廃藩置県により各藩は県となったが、同年11月には豊岡県に併合、1876年京都府に編入されて、府域が確定した。

主な遺跡

大枝遺跡（おおえ）
＊京都市西京区：小畑川右岸の段丘上、標高約70mに位置
時代 旧石器時代～縄文時代早期

「乙訓(おとくに)の文化遺産を守る会」によって、1969年に発見された遺跡で、洛西ニュータウンの造成に伴い、発掘調査が行われた。約3万年前に形成された小畑川の低位段丘の礫層上から出土し、一部の旧石器は礫層からも認められたというが、明確な包含層は認められなかった。いわゆる国府型のナイフ形石器のほか、掻器(そうき)、削器(さっき)、彫器(ちょうき)、舟底形石器(ふなぞこがたせっき)などが検出されている。1997年には、南栗ヶ塚遺跡(みなみくりがづか)（長岡京市）より原位置を保ったナイフ形石器、剥片(はくへん)、石核(せっかく)などが検出された。段丘の発達した京都盆地西部の丘陵地帯を中心として、ナイフ形石器や細石器(さいせっき)、有舌尖頭器(ゆうぜつせんとうき)の発見事例も多く、狩猟などの活動域であったと考えられる。

ちなみに、法勝寺(ほっしょうじ)・岡崎(おかざき)遺跡（東山区）では、1989年の調査において、大型偶蹄類の足跡化石が姶良Tn火山灰層直上の泥炭層から検出された。最終氷期の動物の歩行の様子が判明する足跡の事例として、京都盆地における古生物学・第四紀学研究のうえで貴重な発見となっている。

武者ヶ谷遺跡（むしゃがたに）
＊福知山市：土師川左岸の段丘上、標高45mに位置
時代 縄文時代草創期

1972年、京都短期大学（現・福知山公立大学）構内にあった武者ヶ谷(むしゃがたに)2号墳の一部削平に伴い、緊急調査が行われ、古墳の下層から縄文時代草創期の土器が1個体分出土した。1976年にも平安博物館が調査しているが目立った遺物は検出されなかった。出土土器の口径は10.4cm、器高8.2cmの丸底土器で、口縁部の突帯部に2段の刺突文を配する。押圧縄文系の土器として類例がなく、「武者ヶ谷式土器」と命名されている。上層の古墳からは、木棺直葬の主体部より、鏡片(かがみへん)、直刀(ちょくとう)、鉄鏃(てつぞく)、須恵器(すえき)が検出された。

北白川遺跡群（きたしらかわ）
＊京都市左京区：京都盆地東北隅の北白川扇状地、標高約80mに位置 **時代** 縄文時代早期～後期

吉田山の北麓から西麓の花崗岩砂礫の堆積によって形成された扇状地に点在し、その多くは京都大学構内や隣接地に位置する。京都盆地において、比較的早い段階での人類居住が見られた地域である。1934年、現在の京

都大学人文科学研究所東側の宅地造成に際して、遺跡が発見された。京都帝国大学の梅原末治ら京都府史蹟勝地調査会により発掘調査が実施され、「北白川小倉町遺跡」と呼ばれる。遺物包含層は大きく上下2層認められ、下層から出土した爪形文を主体とする土器は「北白川下層式」と命名され、その後小林行雄や山内清男らが細分類し、上層からは、磨消縄文を主体とする「北白川上層式」が認められ、縄文後期前半に位置づけられている。またサヌカイト製の石鏃、玉製の玦状耳飾などが出土した。

京都大学北部構内（農学部・理学部）の「北白川追分町遺跡」は、1923年に浜田耕作によって発見され、構内整備に際して数度の調査が実施されている。縄文時代中期末の竪穴住居跡のほか、理学部植物園内からは、後期前葉の配石遺構、土坑墓も認められ、埋没林などとともに、植物遺体が多数検出されて、環境復原に活用された。他方、晩期の突帯文土器や弥生時代前期の土器も認められている。なおさら北に位置する上終町遺跡では、府内最古級となる早期後半の竪穴住居跡（長軸2.8mの楕円形）が発見されている。京都大学構内に、竪穴住居跡や墓群の遺構が整備されている。

森本遺跡

＊向日市：石田川右岸、向日段丘の北側斜面段丘崖下、標高約16mに位置　**時代** 縄文時代〜弥生時代後期

1966年、石田川の改修工事に際して、弥生土器・石器や銅鏃・火鑽り弓などが発見された。1968年と小学校建設に伴う1970年に本格的な発掘調査が実施され、弥生中期と後期の二条の水路（幅1〜1.8m）や水田跡が検出され、杭・矢板などで護岸を構築し、段丘崖下に湧く水を集めて、水田に引くための灌漑用水路であることが判明した。また遺物では、弥生時代中期前半の土器（唐古第2様式）のほか、銅鏃や石器のほかに木器・自然遺物などが出土している。壺の胴部に人面を浮彫したものが見られる。

本遺跡の西北方300mの岸ノ下遺跡では、弥生後期の方形周溝墓が5基検出され、段丘崖下の沖積地を生産の場、段丘上を生活の場とする広大な集落の様相が明らかにされてきている。また、本遺跡から東南700mの桂川氾濫原上に位置する鶏冠井遺跡（長岡京市）は、1962年に東海道新幹線建設に伴い調査が行われ、弥生時代前期から中期の土器や石庖丁、石斧、石鏃、石槍のほか、銅鐸の鋳型も検出された。府下では雲宮遺跡（長岡京市）とともに最も早く、稲作の行われた遺跡として知られている。加えて、縄文時代の河川用の丸木舟（残存長3.7m）が検出され、浦入遺跡（舞鶴市）の航海用の丸木舟（残存長約4.4m）とともに、注目されている。

なお縄文時代の低地遺跡として、上鳥羽遺跡（南区）は、標高約16m

の鴨川と西高瀬川、桂川が合流する低地帯に立地する。縄文後期後半の土器のほか、石鏃、石匙、磨製石斧、石錘、磨石、石棒などが出土した。京都盆地での縄文時代の集落は山丘上に立地することが多く、上鳥羽遺跡や森本遺跡（向日市）の存在は注目される。

深草（ふかくさ）遺跡
*京都市伏見区：東山連峰南端、稲荷山西方に広がる扇状地、標高約20mに位置　[時代]　弥生時代中期前葉～後期

1955年から日本考古学協会により発掘調査が行われ、馬蹄形の溝の存在が確かめられつつあるが、集落の全容は明らかになっていない。弥生土器（畿内第Ⅱ様式・中期前葉）のセット、太型蛤刃石斧（はまぐりばせきふ）、方柱状石斧（ほうちゅうじょうせきふ）、扁平片刃石斧（へんぺいかたばせきふ）、石包丁（いしぼうちょう）、石鏃など多様な石器のほか、大量の鍬、鋤、容器などの木製農耕具が認められている。未製品も多くあり、製作法や使用法を知るうえで貴重な資料となった。京都盆地における弥生中期初頭から中葉にかけての初期水田稲作を示す遺跡として、学史的に著名である。

なお京都御所西側に位置する内膳町（ないぜんちょう）遺跡（上京区）では、縄文時代晩期の土器と弥生時代前期の土器が同一層から出土しているほか、烏丸綾小路（からすまあやのこうじ）遺跡（下京区）では、弥生時代中期の竪穴住居跡（庄内式期）や中期後葉の方形周溝墓が認められており、土器、石器ともに豊富である。これらも平安京以前の京都盆地を知るうえで、貴重な遺跡として評価されている。

函石浜（はこいしはま）遺跡
*京丹後市：日本海に面する砂洲上に立地し、標高約4mに位置　[時代]　弥生時代～平安時代　[史]

明治時代より遺物の採集が行われ、梅原末治も戦前に数度の調査を行っている。東西800m、南北500mの範囲に遺物が点在する。縄文時代から平安時代に及ぶ複合遺跡であるが、学史上著名なものに、遺跡の中心部付近で1903年に採集された貨泉2枚がある。中国新代（AD8～23）の貨幣であり、実年代の決定とともに、大陸との交流を示すものとして貴重である。ほかに弥生時代前・中期の土器片、鉄鏃、銅鏃、石鏃、磨製石斧、磨製石剣、石錘、勾玉（まがたま）、管玉（くだたま）などが発見されている。また貞観永宝（じょうがんえいほう）、富寿神宝（ふじゅしんぽう）といった皇朝銭の破片や青磁、五輪塔（ごりんとう）、北宋銭（ほくそうせん）など中世に比定できる遺物も認められる。函石浜遺物包含地として国史跡に指定された。なお「函石」の名の由来は、扁平な岩片になる箱式石棺があり、棺内に4個の斎坏、伸展葬の遺骸が認められたことによるという。

椿井大塚山（つばいおおつかやま）古墳
*木津川市：木津川右岸の丘陵末端部、標高約45mに位置　[時代]　古墳時代前期　[史]

1894年に、奈良鉄道（JR奈良線）の線路敷設の際に、後円部前寄りの

墳丘が切断され、さらに1953年に法面拡張工事が行われていた際に、大雨で墳丘が崩れ、竪穴式石室が発見された。多くの副葬品などの遺物が出土し、1971年には、後円部墳丘の調査が行われ、葺石が検出されている。古墳であると認識されておらず、鉄道で分断された。前方部は民家が建ち、墳丘が損なわれている。推定墳丘長は185mで、丘陵の末端を利用して構築されたものであり、丘陵を切断した幅15mほどの切通しも残る。発見された石室は、板状の水成岩に花崗岩を交えて構築され、長さ6.8m、幅1.2m、高さ2.7mであった。副葬品としては舶載三角縁神獣鏡32面、長宜子孫内行花文鏡2面、方格規矩四神鏡1面、画文帯環状乳神獣鏡1面の計36面のほか、直刀70、鉄剣十数口、鉄槍身7口、鉄鏃・銅鏃17本、甲冑・鉄鎌・鉄斧頭・鉄刀子・削刀子・鉄鉈・鉄錐・鉄銛・鉄弧形尖頭器・釣針など、武器や工具、漁具など、約300点が出土した。なかでも三角縁神獣鏡の同笵鏡の分布状況からは、大和政権の政治的影響力をとらえうるとする小林行雄らの主張もあり、その是非をめぐっては議論が絶えない。

蛇塚古墳
＊京都市右京区：有栖川と御室川の扇状地の南縁、標高35mに位置　時代　古墳時代後期　史

　元は全長約75mの前方後円墳であったが、現在は封土の大半を失って、巨大な横穴式石室のみが遺存する。太秦面影町に位置し、周囲は住宅街となっている。石室は全長17.8m、玄室長6.8m、幅3.8mを測り、石舞台古墳（奈良県明日香村）と大差ない規模をもつ。早くに封土を失い、遺物はまったく不明であるが、石室内に家形石棺が納められていたという。6世紀末～7世紀初頭頃の築造と推定されるが、嵯峨野の後期古墳墓群のなかでは最大の規模を誇り、当地一帯を支配した渡来系氏族とされる秦氏一族に関わる墓と推定される。蛇塚古墳以外に、7基の前方後円墳、円墳164基、方墳1基が知られており、北部の丘陵地に群集墓、南側微高地に大型・中型円墳があり、その南方にも前方後円墳が形成される。太秦松本町の天塚古墳は全長71mの前方後円墳で、6世紀前半の築造と推定され、後円部に2基の横穴式石室が開口している。

銚子山古墳
＊京丹後市：福田川河口の台地先端部、標高約22mに位置　時代　古墳時代中期　史

　1985年に網野町教育委員会が墳丘裾の範囲確認などの調査を行い、墳丘長約198m、前方部幅約80m、高さ10m、後円部径115m、高さ16mを誇る、日本海側では最大級の前方後円墳であることが確かめられた。3段築成で、斜面には葺石があり、各段平坦部と墳頂部に埴輪が認められ、丹

波地方に特有の合子状埴輪も確認されている。5世紀前半の築成と推定され、後円部背後には小銚子塚（円墳）、前方部に寛平法王塚（円墳）があり、陪塚と考えられている。

神明山古墳 ＊京丹後市：竹野川河口の東側丘陵端、標高約15mに位置
時代 古墳時代前期 史

墳丘長約190m、後円部直径129m、高さ26m、前方部の幅78m、高さ15mで、銚子山古墳と並ぶ規模を誇る。尾根筋を切断し構築したものであり、前方部は3段に築かれる。くびれ部には円形のつくり出しがあり、現在、周濠は見られないが、古墳東南部の字を「つつみ」と呼ぶことから、周濠があったと考えられている。未調査のため主体部の詳細は不明だが、開墾などの機会に、埴輪（円筒・家形・盾形・蓋）、石製模造品、弥生土器が採取されている。石製模造品は盒・坩・枕をかたどったもので祭祀に用いられたものと考えられる。また形象埴輪の破片の1つには、表面にヘラでゴンドラと櫂をもつ人物を描くものが認められる。4世紀末～5世紀初め頃の築造と推定されている。なお墳丘の東北側に式内社の竹野神社があり、第9代開化天皇に嫁いだ丹波の大県主の娘、竹野比売が天照大神を祀った社とされる。また後円部からは鎌倉時代の銅製経筒と和鏡が検出され、後世まで地域の信仰対象として位置づけられていたことがうかがえる。

蛭子山古墳 ＊与謝郡与謝野町：野田川中流域の河岸段丘上、標高約15mに位置
時代 古墳時代前期 史

1929年、後円部中央に位置した神社の復旧工事中に、縄掛突起を有する花崗岩製の大型舟形石棺（長軸2.8m、幅約1m）が発見され、棺外より内行花文鏡、鉄刀、鉄剣、鉄鏃、鉄斧が出土した。1984年には、石棺の覆屋改築に伴い加悦町教育委員会などが調査を行い、墳丘長約145m、前方部幅約62m、高さ約11m、後円部径約100m、高さ約13mの墳丘規模や3基の主体部の存在、埴輪列などの確認が行われた。調査後、整備が図られている。また、本古墳の南側丘陵に位置する作山古墳群（与謝野町）でも発掘調査が行われており、後円部中央から組合式石棺が発掘され、鏡や石釧、勾玉、鉄剣、鉄斧、鉄鎌などが出土している。

ほかにも、北方には入谷古墳群（与謝野町）があり、横穴式石室を主体とする群集墓であるが、アーチ状を呈する石室を有する特徴的な古墳が認められるほか、さらに北方の高浪古墳（与謝野町）では石棚付石室と呼ばれる特徴的な石室をもつ古墳も認められている。加悦谷と呼ばれるこの地域一帯には古墳が多数認められており、古くから丹後における重要な地

恭仁宮跡（くにきゅうせき）

＊木津川市：木津川北岸の平坦部、標高約50mに位置
時代　奈良時代後期　　史

1974年より京都府教育委員会により調査が進められており、東西53.1m、南北28.2mの巨大な基壇をもつ大極殿（後に国分寺金堂に施入）跡をはじめとして、掘立柱になる朝堂院の外周や古代都城の中枢建物では珍しい掘立柱建物跡なども検出されている。そもそも恭仁京（くにきょう）は藤原広嗣（ふじわらのひろつぐ）の乱直後の740（天平12）年12月に、聖武天皇が平城京からこの地に遷都したもので、以後3年ほど都となった。木津川への架橋工事に際しては、行基に従う諸国の優婆塞（うばそく）（在家信者）らも動員されたという。大極殿・大安殿など宮城の主要殿舎は、734（天平15）年正月には完成したとされるが、大極殿および歩廊は平城宮のものを解体して移建したものであったという。その後、聖武天皇が新たに近江・紫香楽で宮殿と大仏の造営を始めたことから、両立できず、恭仁宮の造営は中止された。また744（天平16）年2月には、都が難波に移され、恭仁宮の宮都としての地位を失った。746（天平18）年9月には、恭仁宮の大極殿は山背国分寺に施入された。大極殿跡とされる現・恭仁小学校北側の土壇は、国分寺金堂跡と評価され、同校東塔ノ本の土地には、15個の礎石が残されており、東塔跡といわれる。

長岡京遺跡（ながおかきょういせき）

＊向日市・長岡京市・京都市：桂・宇治・木津川の合流する平野部など、標高5〜20mに位置　時代　奈良時代後期〜平安時代初期　　史

1954年、中山修一（なかやましゅういち）らによって朝堂院中門跡を発掘したことに始まり、現在まで地点ごとでの継続的な調査が実施されている。京域は東西約4.3km、南北5.3kmの範囲と想定され、長岡宮周辺を中心として発掘調査が行われており、宮域の大極殿跡や後殿跡、回廊や築地などのほか、大路の側溝や築地跡、倉庫跡も認められている。また、平城宮跡（へいじょうきょうあと）（奈良県奈良市）と同様に、破壊された古墳で造成した整地層も認められている。なお内裏は当初の地より、後に東へ移されたことが知られ、この後期の造営に際しては、平城宮の殿舎を解体して移設された。また、この時に大規模な築地塀が内裏南側に築かれ、新たに官庁がつくられた。南、北辺が拡幅されたと考えられている。京域では、1町を細分した下級官人の邸宅跡や4〜5町規模を超える邸宅など、多様な規模・構造の邸宅が認められている。

遺物では、瓦類や建物部材、土器、陶器、木製品といった生活用具、墨書人面土器（ぼくしょじんめんどき）、木製人形、斎串（いぐし）と祭祀に関わるもの、木簡や漆紙文書や自然

近畿地方　187

遺物（種子、獣骨類など）が認められている。木簡により、全国各地よりもたらされた貢進物の数々を知ることができる。他方、1982年に長岡京市立第4中学校建設に伴い発掘された地点では、長岡京の西南隅にあたり、自然流路のなかに大量の墨書人面土器、馬形土製品、ミニチュアのカマドなどが投げ込まれている状況が検出され、大規模な祭祀が行われていたことが明らかとなった。また近隣には須恵器生産の遺跡として、松井窯が男山丘陵付近に開かれたほか、萩之庄瓦窯（大阪府高槻市）や岸部瓦窯（大阪府吹田市）が開かれ、長岡京の造営に供された。

794（延暦13）年10月、都は長岡京より平安京へと移り、旧都は農地へと変貌していった。現在は大極殿跡、大極殿後殿跡と回廊跡の北西部分、内裏南方の築地跡が国史跡に指定され、整備が進められている。

平安京遺跡

＊京都市：桂川、鴨川などの扇状地上、標高約20〜50mに位置　時代　平安時代〜江戸時代

平安京域の具体的な発掘調査は、1957年の古代学協会による勧学院跡の発掘調査を嚆矢として、以後関心が払われるようになった。特に1978年の京都市埋蔵文化財研究所の発足により、都市再開発に伴う記録保存としての発掘調査が数多く行われ、平安京の考古学的研究を本格的に推進した。多数の発掘事例を通じて、平安京域の復原を行い、南北軸の傾きが、西に0°14′30″となることを明らかにし、条坊の区画を正確に把握して調査を進めることができるようになった。内裏の遺構では、内郭回廊や承明門に関わる基壇と祭祀遺構や朝堂院朝堂、豊楽院豊楽殿の基壇なども認められており、平安宮の様相も次第に明らかとなってきている。

なお、平安京の研究は近世より行われ、藤原光世（裏松固禅）は、『大内裏図考証』（1797年）で大内裏の復原を行い、平安京の研究を進めた。明治時代には湯本文彦が『平安通志』（1895年）を著し、京都の歴史を総括的に詳述するとともに、特に実地測量に基づいて大極殿の位置を決定しようとした。その後、喜田貞吉が帝都研究の一環として平安京を取り上げ、さらに昭和期には西田直二郎が、平安京の重要遺跡について文献史料を通じて研究するとともに、初めて淳和院跡の発掘調査を実施し、さらに栗栖野瓦窯・豊楽院不老門跡などの考古学的調査も行っている。

これらの成果から、平安京の規模は東西4.5km、南北5.2kmで、朱雀大路を中心に、東を左京、西を右京とし、条坊制に基づき、東西39、南北33の道路で区画されていたことが知られる。1町は方40丈（約120m）、現在の千本通がほぼ朱雀大路の位置にあたる。右京は湿潤な土地のため早

くから放棄され、平安時代中期頃より東山丘陵の麓まで京域が拡大した。
　平安京域の調査では、1985年、平安高校の建物建設に伴う調査では、東市外町の遺構が検出され、井戸からは多くの自然遺物が出土し、市周辺の景観復元などが行われている。また1987～88年の京都リサーチパーク建設に伴う調査では、平安時代前期の大規模な建造物群が検出され、正殿（5間4面庇）や東西の脇殿といった「寝殿造」に類似する建物基礎が検出されている。平安京は京都市内の建物や道路の下に存在しているため、大規模な発掘調査はきわめて難しいが、中・小規模の地点的な発掘調査の集積によって、古代から近世までの様相が逐次解明されつつある。

鳥羽離宮遺跡(とばりきゅういせき)

＊京都市伏見区：鴨川・桂川の合流地点、標高約15mに位置　**時代**　平安時代末期～鎌倉時代前期　　史

　1960年より名神高速道路の建設に伴い発掘調査が開始され、1972年からは継続した調査が行われ、建物遺構や庭園跡などが数多く検出され、それらが鳥羽離宮に伴う遺構であることが明らかとなった。
　そもそも平安京造営時より朱雀大路を延長した路がこの地点に達しており、京との往返に便利な地であった。そのため早くから別荘が設けられ、藤原季綱(ふじわらのすえつな)の鳥羽水閣(とばすいかく)を、1086（応徳3）年に白河天皇の退位後の後院としたのが鳥羽殿（南殿）の始まりである。北殿は1088（寛治2）年、東に位置する泉殿は1092（寛治6）年に造営された。この泉殿の付近に鳥羽上皇の御所（東殿）もつくられ、田中殿も造営されたが、いずれも造営時期は不明である。そこには御堂が設けられ、南殿は証金剛院、北殿は勝光明院、泉殿は成菩提院、東殿は安楽寿院、田中殿は金剛心院が付属していた。
　確認された建物遺構には、南殿の大半、田中殿の半分、東殿の一部、北殿の一部などがある。その他、泉殿と東殿に近い地点で発見された東西100m、南北150mの舟着場や、北殿の橋、東殿の庭園（池汀と庭石）の遺構が認められている。特に1985年の調査では、金剛心院の跡から、供養願文どおりの釈迦堂・九体阿弥陀堂・小御堂・寝殿および付属建物、庭園とその施設や瓦や荘厳具類の断片なども出土した。
　現在、鳥羽殿跡に残る史跡としては、秋の山（築山）を中心とする鳥羽離宮跡公園とその南側の南殿建物跡、城南宮、安楽寿院、白河・鳥羽・近衛各天皇陵などが現存する。なお、鳥羽離宮と並び開発された土地が「白河（岡崎）」地域である。六勝寺と呼ばれる6つの寺院が建てられた。筆頭の法勝寺は、白河天皇の発願であり、八角九重塔（高さ27丈）の土壇が戦前まで残っていた。京都市動物園内の発掘調査では、地業(じぎょう)の一部と

見られる遺構が検出されている。1978年の京都パークホテル建設に伴い行われた発掘調査では、後白河法皇の院御所であった法住寺殿が存在したが、方形の墓坑が検出され、5領の大鎧を副葬した武士の墓であることがわかった。兜の鍬形には金象嵌の装飾が施され、12世紀中葉～13世紀初頭の平安時代末期の高貴な階層の武士である可能性が想定されている。

御土居跡
＊京都市：北山の南麓、紙屋川の東、鴨川の西、九条以北に位置
時代 安土桃山時代　　　　　　　　　　　　　　　　　　　　史

　御土居は1591（天正19）年閏正月より構築が開始された惣構である。総延長約23kmに及ぶが、都市化のなかでその多くは破壊され、現存する御土居は北西側に集中する。近年の発掘調査によって、土塁部分の削られた箇所においても御土居が検出されており、1982年の中央卸売市場敷地内（下京区）の調査では、幅15mの土塁と、幅約20m、深さ約5mの外濠が検出されている。2012年の京都地方気象台構内（中京区）における発掘調査では、平安時代中期以前の西堀川小路の東西路面や側溝、西堀川の様相と、その後の河川氾濫による厚い堆積層が確認された。さらに、この西堀川小路の直上に御土居が造営されたことが確認されており、御土居の造営に関する知見は近年増えつつある。現存する御土居では、北野天満宮境内や廬山寺境内、北区大宮土居町および鷹ヶ峯などの御土居が旧状をよく残しており、見学にも適している。

方広寺大仏殿跡
＊京都市東山区：東山西麓の鴨川左岸、標高約40mに位置
時代 安土桃山時代～江戸時代　　　　　　　　　　　　　　　史

　豊臣秀吉によって発願された大仏・大仏殿であり、1591（天正19）年5月より造立が始まり、1595（文禄4）年に完成した。当初の大仏は木造仏に漆喰を施したものといわれ、1596（文禄5）年の慶長地震で崩落し、その後豊臣秀頼が金銅仏で再度造立するも火災を起こし失敗。再び1608（慶長13）年に再建を目論んだ。この時に著名な「国家安康・君臣豊楽」の文字を刻む「梵鐘」もつくられた。豊臣家滅亡後も方広寺は残されたが、大仏は、1662（寛文2）年に地震で大破。1798（寛政9）年には、大仏殿が落雷による火災で灰燼に帰した。現在は梵鐘のみが往時を伝えている。

　1998年からの京都国立博物館新館建設に伴う発掘調査では、方広寺創建時の南面石垣などが検出されたほか、その後継続的な調査により、大仏台座が検出されるなど、方広寺大仏殿の具体的様相が明らかになりつつある。なお現在、豊国神社および京都国立博物館西側には、方広寺の石垣の一部が現存している。

㉗ 大阪府

大仙古墳（前方後円墳）

地域の特色 　大阪府は、日本列島のほぼ中心に位置し、西南は大阪湾および瀬戸内海に面する。東は生駒山地や金剛山地を隔てて奈良県に接し、南は和泉山脈をもって和歌山県と接する。西は猪名川および神崎川下流をもって、兵庫県との境としている。主要な河川には、淀川と大和川があり、もともとは大阪平野を南から北へ突出する形の上町台地の北東で合流し、大阪湾に注いでいた。18世紀初頭に大和川の付替工事が行われて、柏原市から西流し、大阪湾に流入するようになるまでは、河内の低地部には大和川の流路が入り組み、大きな湖沼や湿地帯が存在した。特に「河内湖」と呼ばれる入江周辺には、弥生時代の遺跡が多数点在し、畿内における稲作文化の伝播の過程を知るうえで重要である。また古墳時代には、大阪平野南部に集中して古市古墳群（藤井寺市・羽曳野市）や百舌鳥古墳群（堺市）が形成され、有力な政治権力が成立したものと考えられる。また古代には難波津が形成され、ここを拠点として対外使節が発着、外交上の要地ともなった。そして645（大化元）年には、都が飛鳥から難波に移されるなど、政治的な拠点としても役割を果たすことになる。

　中世には和泉に大内氏、次いで細川氏が勢力を拡大した。河内では畠山氏が勢力を広げるが、応仁の乱後は細川氏も加わって、戦乱が広がった。他方、蓮如没後の1532（天文元）年に山科本願寺が法華宗徒に焼かれたため、証如は本願寺を石山御坊に移し、石山本願寺となった。しかし、織田信長により、堺は自治権を失い支配下となり、石山本願寺も降伏した。そして豊臣秀吉が石山に大坂城を構築、城下町を整備して大坂の町の骨格をつくった。大坂夏の陣後、1619（元和5）年には幕府直轄地となる。その後も街区や堀川の整備が進められ、大坂城も再建された。摂河泉域は直轄領・旗本領・大名領が入り組み、岸和田、高槻に城持大名を配した。

　1868年大阪鎮台が設置。摂河泉の政務が統轄されるが、同年5月に大阪府と改称。その後、和泉は堺県、摂津8郡は摂津県、河内16郡は河内県に

分離、大阪府は市街地のみとなる。その後1887年に大和が大阪府から分離して奈良県となり、大阪府は現在と等しい領域にほぼ確定した。

主な遺跡

国府遺跡
＊藤井寺市：羽曳野丘陵北東端部の中位段丘、標高約20〜25mに位置　時代　旧石器時代〜奈良時代　史

1889年に地理学者山崎直方により石器や縄文土器、弥生土器の採集が行われ、知られるようになった。喜田貞吉、福原潜次郎らが遺跡から出土した遺物に注目し、浜田耕作はそれらを実見したうえで、1917年より本格的な発掘調査を実施した。弥生土器が多いものの、縄文時代前期の土器（北白川下層2式）が顕著である。また、人骨が100体以上検出され、「玦状耳飾」が人骨に伴って出土した。耳飾を身につけた事例として発掘時点で石膏型が取られているが、その真偽については議論もある。

1957〜59年の調査では、後期旧石器時代の瀬戸内式技法でつくられた国府型ナイフ形石器が発見された。この国府型ナイフ形石器と削器の組合せを国府石器群と呼び、その出土は東北地方南部から山陰、四国、九州南部を除く、西日本一帯で認められ、特に近畿、瀬戸内海中央部によく認められる。他方、飛鳥時代に創建された衣縫廃寺跡も本遺跡に重複するとされ、塔跡の心礎が残る。遺跡名の由来でもある河内国府については、掘立柱建物跡はあるものの、国庁跡を示す明瞭な痕跡は発見されていない。

長原遺跡
＊大阪市平野区：河内平野南端部、羽曳野丘陵に続く、標高約10mに位置　時代　旧石器時代〜鎌倉時代

1973年、市営地下鉄谷町線の延伸工事に伴い、試掘調査が行われ、1974〜79年にかけて発掘調査が実施された。また、近畿高速自動車道建設に伴い、1976〜78年にかけて調査が行われ、その後も断続的に調査が行われている。これまでに縄文時代晩期および弥生時代後期の竪穴住居跡や甕棺墓群が検出されているほか、古墳、平安時代ないし鎌倉時代の掘立柱建物跡などが認められている。遺物では、旧石器時代のサヌカイト製ナイフ形石器や有舌尖頭器、石核、破片接合も認められ、大阪市域内では初めての事例として注目された。また、縄文時代晩期の土器として、従来から近畿地方の縄文時代晩期末の型式として知られていた船橋式に後続する型式として、新たに長原式が提唱された。加えて、地表に痕跡を残していなかったが、径55mで周濠をもつ円墳と推定される塚ノ本古墳をはじめ、4世紀末から5世紀初頭の古墳時代中期の小型方形墳が200基以上も群集し

て検出されている。河内平野における古墳群の事例として注目されている。

郡家今城遺跡（ぐんげいましろ）
＊高槻市：女瀬川左岸の低位段丘上、標高約19〜20mに位置　時代 旧石器時代、奈良時代

1969〜70年、府立三島高等学校建設に伴い府教育委員会が発掘調査を実施した。奈良時代の掘立柱建物と黄褐色粘土層からサヌカイト製のナイフ形石器、フレイクなどが確認され、旧石器時代の遺跡である可能性が明らかとなった。1973〜74年に行われた高槻市教育委員会の調査では、礫群を伴う8単位の石器群が確認され、それらはさらに4つの小ブロックで構成されることが判明した。このブロック間の接合資料の存在は、きわめて貴重な意義をもつ。なお、奈良・平安時代の集落は、58基の掘立柱建物群や14基の井戸が認められ、近隣には嶋上郡衙跡（しまがみぐんがあと）（高槻市清福寺町、郡家新町）もあり、官衙に関わる遺跡とも考えられる。

森の宮貝塚（もりのみや）
＊大阪市中央区：上町台地東辺部、標高約6mに位置　時代 縄文時代中期〜晩期

1971年に労働会館の建替えと大ホールの建設に伴い、発掘調査が森の宮遺跡発掘調査団によって実施された。1974年、77年には難波宮址顕彰会（なにわのみやあとけんしょうかい）がその後も調査を行っている。貝層の規模は東西45m、南北100m以上で、主体は、縄文時代後期はマガキ、晩期はセタシジミであり、魚骨（後期は海産魚中心だが、晩期は淡水魚が認められるようになる）も多く、獣骨は少ないことから、漁労中心の生業であったことがうかがわれる。また、縄文時代後期〜弥生時代の土器、石錘（せきすい）、銛（もり）や釣針（つりばり）などの骨角器（こっかくき）が豊富に検出されている。特筆されるのは18体の埋葬骨が認められた点で、労働会館の前身の旧森之宮小学校が1934年の室戸台風で倒壊し、その再建工事に際しても人骨が出土しており、小児骨とともに女性の下顎骨を研磨したものが検出されるなど、人骨資料の豊富な遺跡として特筆される。

安満遺跡（あま）
＊高槻市：檜尾川の形成した扇状地の末端、標高6〜10mに位置　時代 弥生時代前期〜後期

1928年、京都大学農学部摂津農場建設に際して発掘が行われ、以後断続的に調査が行われている。これまでに弥生時代前期の環濠や遺跡の南辺からは同時期の用水路や堰、水田が検出されている。また、集落東方からは、弥生時代中期前半の50基を超える方形周溝墓（ほうけいしゅうこうぼ）が2群に分かれて検出されたほか、集落西側には、弥生時代中期後半の方形周溝墓が認められている。弥生時代後期以降は、周囲の丘陵部に新たな村落が形成されるなど、集落の分村化の様相を示すものと評価されており、近畿地方における弥生

時代の拠点的集落の変遷を知るうえで貴重である。弥生文化が近畿地方へと伝播した過程を議論するうえで基礎となった弥生時代前期の土器（安満B類）をはじめ、豊富な木器類や良好な木棺なども認められている。

瓜破遺跡
＊大阪市平野区：大和川右・左岸の段丘上、標高約10mに位置
時代 旧石器時代〜奈良時代

1939年、市立瓜破霊園建設中に発見され、1952年には杉原荘介を中心とした日本考古学協会により調査が行われて、弥生時代前期の土器や石器、木製品、銅鏃などが出土した。1975年の阪神高速道路松原線建設に伴う調査では、中国鏡を伴う方形周溝墓と土坑墓群が検出され、大型の石庖丁も出土している。また採集品として中国・新の貨幣「貨泉」が認められている。本遺跡の北西に近接する瓜破北遺跡（大阪市）では、弥生時代中期の2本の大溝が認められ、長径200m、短径100mの環濠集落を形成していた可能性が推測されている。また、弥生時代後期の竪穴住居跡、掘立柱建物群、井戸などは溝を越えて微高地に広がり構築されているほか、古墳時代には墓域に転換し、懸垂鏡が出土した方形周溝墓や木棺墓、土坑墓などが確認されている。

四ッ池遺跡
＊堺市：石津川左岸の低位段丘上、標高約7〜10mに位置
時代 縄文時代中期〜中世

1917年に鳥居龍蔵らによる調査によって知られ、戦後、1946〜49年にかけて末永雅雄が発掘調査を行ったほか、1967年からは第2阪和国道建設に伴い大規模な発掘調査が実施された。成果としては、縄文時代後期の土坑やピットが確認され、そこから出土した縄文時代晩期末の深鉢形土器（船橋式）の底部に籾圧痕が認められて、大阪府域での稲作文化の伝播に関わる貴重な発見となった。また弥生時代前期の集落跡や、中期の住居域を区画する大溝が検出されているが、環濠は認められていない。また台地縁辺の低地には自然流水路を隔てて、方形周溝墓を主体とする墓域も認められている。古墳時代の集落は石津川の支流の旧河川東岸微高地に移り、竪穴住居跡などが確認されている。

池上曽根遺跡
＊和泉市・泉大津市：標高8〜13mに位置
時代 弥生時代　　　　　　　　　　　　　　　　　　　　　史

1903年に地元在住の郷土史家によって発見され、1958年以降、泉大津高等学校地歴部や和泉市教育委員会などによる調査が行われ、1967〜71年にかけて、第2阪和国道建設に伴い大規模な発掘調査が行われた。弥生時代前期から後期に至る各時期の竪穴住居跡や柱穴群、貯蔵穴、井戸、こ

れらの集落を囲繞する直径約330mの不整円形の環濠が検出されている。特に弥生時代中期を主体とし、環濠も中期後半には二重になると考えられている。墓域は環濠の南部と東部から検出され、土坑墓・土器棺墓・方形墳丘墓が認められている。遺物包含層からは、土器や石器、木器、骨角器、玉類など数多くの遺物が出土した。また中期を中心とする各期の突線鈕式銅鐸片が出土したほか、石器の原材および土器が河内および紀伊方面から多量に搬入されたものと評価されており、本遺跡が拠点集落として機能していたことを示唆する。遺跡規模は、60万m²に及び、環濠内の11.4万m²が1976年に、国指定史跡となった。1991年には池上曽根史跡公園に近接して、大阪府立弥生文化博物館が開館した。

瓜生堂遺跡

＊東大阪市：長瀬川と玉串川に挟まれた沖積地、標高約5mに立地　時代　弥生時代前期～後期

1965年に工業用水道埋設工事に伴い、多量の土器や青銅器が発見され、遺跡の存在が明らかとなった。1961年以降、断続的に調査が行われており、特に50基以上検出された弥生時代中期の方形周溝墓や土坑墓のうち、第2号方形周溝墓は1mを超える盛土が残り、内部から男女各3体の成人を埋葬した木棺墓や、幼児・小児を埋葬したと見られる壺・甕棺、土坑墓が検出されている。遺物には土器のほか、石器・木製農具・工具・容器類など多くのものがあるが、磨製石器や木製品には未製品が認められず、他地域の遺跡に見られない特徴となっている。集落の規模は南北800m、東西500mに及ぶと想定され、河内平野における弥生時代中期拠点集落の1つといえる。なお河内平野中央部では、前3世紀頃には、九州系の弥生土器（遠賀川式）が多く出土し、周囲の丘陵縁辺部では同時期の縄文系の土器が主体的に認められる。しかし、前2世紀には縄文系土器がほぼ見られなくなり、弥生文化の浸透を示す傾向として評価されている。

御勝山古墳

＊大阪市生野区：上町台地の東に突出する微高地、標高約6mに位置　時代　古墳時代前期

1931年に梅原末治らによって測量調査が行われ、墳丘長約110m、後円部径54.5m、高さ約7mで、周濠や後円部の埴輪が確認され、前方後円墳と推定される。前方部はすでに府立農学校や勝山通のために削平されていたが、後円部は保存されている。1974年には南公園造成に際して前方部の緊急調査が行われ、葺石の一部やつくり出し、円筒埴輪などが検出されている。4世紀末葉～5世紀初頭の築造と推定される。大阪市内に現存する前方後円墳としては希少である。本古墳を難波京の計画に際して基準と

したとする説もある。なお「御勝山」の名は、大坂夏の陣に際して、徳川秀忠が陣を置いたことに由来する。

誉田御廟山古墳
＊羽曳野市：羽曳野丘陵の西辺段丘端部、石川左岸の標高約30mに位置　時代 古墳時代中期

墳丘長420m、後円部径252m、高さ35m、前方部幅330m、高さ34mを測り、大仙古墳（堺市）に次ぐ日本第2位の規模の前方後円墳である。応神天皇陵として宮内庁により治定されている。中・近世には古市山陵・誉田山陵とも呼ばれていた。周濠は二重にめぐらせていたが、現在、外濠については水田や宅地に変貌している。東側の周濠が前方部に沿わず内側に屈曲しているが、その理由として、本古墳の築造以前から存在した前方後円墳である二ッ塚古墳（墳丘長110m）を避けたためと考えられている。主体部は未調査であるが、墳丘には円筒埴輪列、家形埴輪、水鳥形埴輪などの形象埴輪片も採集されている。なお出土品の一部は、後円部南方に位置する誉田八幡宮に保存されている。

加えて陪塚的な存在として、鉄製武具や農工具を検出した方墳のアリ塚古墳（堺市：一辺45m）、短甲や金銅透彫鞍金具（国宝）などが出土した円墳とされる丸山古墳（堺市：径45m）など多数の古墳が存在し、また本古墳を盟主的存在として、墳丘長200mを超える大型前方後円墳が6基を数え、総数100基を超える古市古墳群が存在する。形成時期は古墳時代中期初頭から後期中葉とされるが、今後の研究が期待される。

大仙古墳
＊堺市：台地縁辺の平坦部、標高約20〜25mに位置
時代 古墳時代中期

墳丘長486m、後円部径249m、高さ35.8m、前方部幅307m、高さ34mを測る。墳丘長では日本最大級の前方後円墳である。近隣の大小古墳を合わせた百舌鳥古墳群の盟主的存在であり、仁徳天皇陵に治定される。1872年には、前方部で長持形石棺を納めた竪穴式石室が発掘され、ガラス製皿・碗、塗金を施した短甲や眉庇付冑、鉄刀などが出土したとされる。ボストン美術館には、獣帯鏡と環頭太刀の把頭が所蔵されている。後円部にも江戸時代に長持形石棺があったとする記録が残る。現在、三重の周濠が残るが、1896年頃に政府による修繕工事が行われた結果であり、本来の様相とは異なる。墳丘には両くびれ部につくり出しを備え、ほぼ3段に築かれている。葺石を用い、円筒、人物、馬、鳥などの形象埴輪や須恵器が検出され、前方部の石室は5世紀末〜6世紀初頭と推測される。陪塚である塚廻古墳（堺市）から、巨大な勾玉、銅鏡、鉄製刀剣が出土している。

周辺には14基の前方後円墳を中心とした大古墳群があり、北から南に田出井山古墳（反正天皇陵古墳、墳丘長148m）、石津ヶ丘古墳（履中天皇陵古墳、墳丘長365m）のほか、1954年に土取りのため消滅した大塚山古墳（墳丘長168m）、また東には、いたすけ古墳（墳丘長146m）、御廟山古墳（墳丘長203m）、ニサンザイ古墳（墳丘長300m）がある。陪塚や群集墳などを合わせると100基近くが確認され、百舌鳥古墳群と称されている。ただし、そのうち現存するものは50基弱ほどとされ、近隣の古市古墳群とともに、古墳時代中期の古墳築造の方法や権力の様相を考えるうえで重要な古墳群であり、研究の進展が期待される。

三ッ塚古墳
＊藤井寺市：石川左岸、段丘縁辺部の標高約30mに位置
時代　古墳時代中期

仲津山古墳（仲津姫命陵古墳・墳丘長285m）の南に位置する3基の方墳の総称。東西に並んで八島塚古墳（一辺50m）と中山塚古墳（一辺50m）・助太山古墳（一辺35m・国指定史跡）が南辺をそろえて築かれる。周濠を共有しているが、それらはすでに大半が住宅地となっている。1978年に住宅建設に先立ち、八島塚古墳と中山塚古墳の間の周濠部分について発掘調査が実施され、濠底南側から大小の巨大な木製修羅（橇）やテコなどが発見された。修羅は古墳築造の直後に置かれたと推定され、アカガシ属の自然木で、全長8.8mで二股に分かれた部材を用いている。1978年には修羅の復元（鹿児島県徳之島のカシ）が行われ、約400名の人員で14トンの花崗岩を牽引する実験を行い、話題となった。実物の修羅は大阪府立近つ飛鳥博物館（大阪府河南町）に展示されている。古墳の主体部は未調査だが、葺石や埴輪などから、5世紀中葉〜後半と推定されている。

奈良井遺跡
＊四条畷市：岡部川右岸の平野部、標高約22〜23mに位置
時代　古墳時代後期

1979年に四條畷市立市民総合センター建設に伴って発掘調査が行われた。溝で取り囲まれ、「生贄」と想定される1頭分の馬骨や頭骨のみを埋納した古墳時代中期〜後期の土坑が検出された。周溝内からは大量の土器や動物形土製品、滑石製臼玉、手づくね土器などが検出されている。本遺跡の周囲には中野遺跡（四条畷市）で馬を検出しているほか、岡山南遺跡（四条畷市）などでは取っ手付きカマドと丸底甕、甑の土器セットが検出され、朝鮮半島由来のものと考えられている。加えて、丸底やコップ状を呈する「製塩土器」が、本遺跡や中野遺跡のほか旧河内湖周縁の地域で多数認められ、本遺跡からは製塩炉と考えられるものも検出されている。

馬の飼養に際しては塩を必要とすることが知られており、讃良郡一帯は、渡来人が伝えた馬飼が盛んであったといわれ、きわめて興味深い。

太田茶臼山古墳（おおだちゃうすやま）
＊茨木市：淀川右岸の富田台地上、標高約35mに位置
時代 古墳時代中期

墳丘長約226mの前方後円墳で、周囲に二重に周濠を構築する。宮内庁により継体天皇陵として治定されている。後円部径135m、高さ19m、前方部幅147m、高さ20mを測る。後円部周堀で円筒埴輪列、人物や馬形埴輪も検出されており、墳丘にはかつて畳一枚大の巨石があり、石棺の一部とも想定される。主体部の調査は行われていないが、周濠の外側や宮内庁書陵部による墳丘裾部の調査なども行われ、5世紀中葉から後半の築造とされる。継体天皇陵としては年代的に齟齬があるため、近接する今城塚古墳（高槻市：墳丘長190m）が有力な候補と想定されている。二重の周濠の痕跡や形象埴輪などが認められ、6世紀前半の築造に比定されている。

陶邑窯跡群（すえむらかまあとぐん）
＊堺市・和泉市・岸和田市・大阪狭山市：泉北丘陵の北部、標高約60〜130mに位置　時代 古墳時代後半〜奈良時代

1961年の泉北ニュータウンの開発に伴って分布調査と発掘調査が実施され、600基を超える窯跡群が認められている。東西約15km、南北約9kmにわたって分布しており、谷によって区分され、東から陶器山、高蔵寺、富蔵、栂、光明池、大野池、谷山池の7つに分けられる。大野池地区では5世紀代を中心とした窯跡が認められ、光明池地区では8世紀代の窯跡が見られる。その後は衰退し、高蔵寺、陶器山へと集約されていく。

窯の形態は、床が傾斜する登窯（のぼりがま）と床が水平な平窯（ひらがま）からなり、後者は陶器山・高蔵寺・光明池地区などに限られ、7世紀前半以降に出現するとされる。また、窯の構築法には地下式・半地下式・地上式があるが、基本的には前二者の形態が多くを占めている。日本最大級の須恵器窯跡群（すえきかまあとぐん）であり、須恵器の型式編年の基準資料として評価されている。

高安千塚古墳群（たかやすせんづか）
＊八尾市：生駒山地西麓、標高約50〜180mに位置
時代 古墳時代後期〜飛鳥時代

大阪府域でも最大級の群集墓であり、古くは『河内名所図会（かわちのくにめいしょずえ）』にも「千塚」として登場する。現在までに総数約320基が確認されているが、その多くは消滅している。大半の古墳は径10〜15m程度の円墳であり、主体部は横穴式石室である。本古墳群で最大規模のものは、愛宕塚古墳（あたごづか）（八尾市）で径22.5m、高さ9m、羨道（せんどう）入口部の両側に土手状の突部を有する。石室は玄室長7m、玄室幅2.5〜3m、玄室高約4.1mを測る。家形石棺が

198

あったと考えられ、石室内からはガラス製小玉、水晶製三輪玉、鉄鏃、鉄鉾、石突、馬具類、銅・金銅製品、須恵器、土師器などが出土している。5世紀末から6世紀後半まで形成され、石室の構造などから3期に区分されている。なお愛宕塚古墳では、平安時代初期の須恵器や鎌倉時代の土器、瓦器、土師皿、羽釜のほか、室町時代の五輪塔も出土しており、墓所の利用が想定される。近世には古墳名となった愛宕信仰に利用されたという。

磯長谷古墳群
＊南河内郡太子町：金剛山地から派生する丘陵地帯の谷部、標高約70～80mに位置　時代　古墳時代後期～飛鳥時代

東西3km、南北2kmの範囲に点在する古墳群で、太子西山古墳（墳丘長92m・前方後円墳）や春日向山古墳（東西65m、南北60m・方墳）は著名であり、天皇陵に治定されている。また、叡福寺北古墳は聖徳太子（厩戸王）墓に治定され、1879年の修陵工事では石室が実見されている。羨道の長さ7.2m、玄室の長さ5.3mなどとされ、刳抜式の石棺あるいは棺台が置かれていたという。3つの棺が認められ、東は聖徳太子（厩戸王）、西が妃の膳臣の娘、中央は母の穴穂部間人皇女であると考えられている。本古墳群には、未調査ながら山田高塚古墳（推古天皇陵・方墳）もある。

四天王寺
＊大阪市天王寺区：上町台地の東南隅、標高約18mに位置
時代　飛鳥時代

1955～57年にかけて文化財保護委員会によって調査が行われ、金堂や講堂、中門、南大門、回廊の一部が調査されている。建物の構築時期やいわゆる四天王寺式といわれる伽藍配置などが明らかとなった。なお、塔跡は1934年の風害による倒壊後の工事で破壊されているが、凝灰岩製基壇、心礎、礎石などが検出された。創建に関しては『日本書紀』の「崇峻天皇即位前紀」に物部守屋討伐の際に厩戸王（聖徳太子）が四天王のため寺塔建立を誓ったという縁起譚があるが、同書に593（推古天皇元）年に「始めて四天王寺を難波の荒陵に造る」とあることから、その時期前後の創建と考えられている。出土瓦の文様には、法隆寺の若草伽藍跡から出土した瓦に類似するものがある。現在の建物は市民の協力により鉄筋コンクリートによって復興されたものであり、創建当初のものではない。

難波宮跡
＊大阪市中央区：上町台地北端部、標高約30mに位置
時代　飛鳥時代～奈良時代　　史

1954年以降、発掘調査が行われており、前期、後期の2期にわたる宮殿跡の様相が明らかとなった。645（大化元）年の難波遷都以来、793（延暦12）年頃に廃止されるまで、難波宮は都や陪都として日本古代史上に重要

近畿地方

な地位を占めた。考古学的成果としては、前期には瓦葺建物が認められず、内裏や朝堂院などが一体として構築されていることが明らかとなった。その後、広域にわたり焼土と見られる層位があり、土師器などの検討から7世紀中葉頃と比定されている。これは686（朱雀元）年に焼亡した記事にも関わり、孝徳天皇の難波長柄豊碕宮にあたるものと評価されている。そして後期には、蓮華・唐草文軒瓦、重圏文軒瓦など瓦類が多数検出され、いわゆる「天平尺（1尺＝29.8cm前後）」を使用して設計、造営が行われていたことから、726（神亀3）年に聖武天皇によって再建された宮殿跡と考えられている。内裏・朝堂院部分は国指定史跡となり、1971年より、朝堂院部分を中心に史跡公園として整備事業が進められている。

狭山池遺跡
＊大阪狭山市：羽曳野丘陵と狭山丘陵との間、標高約80〜90mに位置　時代 飛鳥時代〜江戸時代

　西除川とその西側を北流する三津屋川を堰止めてつくった人工の池であり、周囲約4km、満水面積は38.9haを有する。1987〜97年にかけて狭山池の総合調査が行われ、北堤では発掘調査が実施された。西・中・東の3カ所の樋をはじめとする遺構が確認され、東樋では上下2層の木樋が検出された。特に狭山池の築造期に設置されたと推定される下部の木樋の年輪年代が7世紀前半と測定され、日本最古級のため池であることが確認された。また中樋の遺構からは、1202（建仁2）年の重源による改修時に建てられた改修碑がみつかるなど、数々の重要な成果があった。なお、1608（慶長13）年には、豊臣秀頼の下で大改修が行われ、中樋と木製枠工（堤の基礎を補強する木組）も検出されており、古代以来の土木遺産の成果を示すものとして高い評価を受けている。

住友銅吹所跡
＊大阪市中央区：横長堀川の西側、標高約15mに位置　時代 江戸時代

　1990〜93年にかけて、旧住友銀行事務センター（現・三井住友銀行第1事務センター新館）の建設に伴い発掘調査が実施された。この街区には、1636（寛永13）年から1876年まで、泉屋住友家が操業する銅吹所が存在していた。そのため敷地東部では銅精錬用の炉跡が多数検出されたほか、敷地西部では店舗と住居の礎石群や蔵の基礎、地下式の穴蔵が検出された。遺物としては長崎貿易用の銅地金にあたる棹銅や各種の精錬関係資料のほか、中国清朝の青花磁器や肥前の色絵磁器など上質の陶磁器が認められており、住友家の財力や権威を示すものとして注目を浴びた。

28 兵庫県

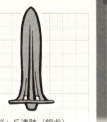
桜ヶ丘遺跡（銅戈）

地域の特色　兵庫県は、近畿地方の西部に位置する。北は日本海、南は瀬戸内海に面し、東は大阪府、京都府、西は岡山県と鳥取県に接している。県中央から北西部に、中国山地を延長した播但山地と丹波山地がある。鳥取県境の氷ノ山（1,509.8m）が最高所で、全体としてはゆるやかな山容を呈する。日本海側では、円山川以外は短く、豊岡盆地を除き平地がない。南の瀬戸内海に向かっては、加古川・市川・揖保川などが流れ、南の播磨灘沿岸に播磨平野が開け、江戸時代には干拓新田や塩田がつくられた。なお、県南東部は大阪府から続く大阪平野が広がり、丹波山地から武庫川と猪名川が流れている。また、六甲山地が連なる神戸の市街地付近は、天然の良港として発展してきたが、1995年1月に断層を震源とする兵庫県南部地震が発生した。

県域の考古学的発見として著名なものに、明石市西八木海岸から発見された「明石人骨」がある。近年では、近世人骨の可能性も指摘されており、評価は定まっていない。なお、旧石器時代の遺跡の約80％が播磨地域に集中している。縄文時代の遺跡数は播磨や但馬に多いが、住居跡などの遺構の伴うものは少ない。弥生時代の遺跡は各流域の下流に拠点的集落が立地し、西摂・播磨地域で多くの発掘が行われてきた。淡路は銅鐸・銅剣がしばしば出土しており、興味深い。古墳時代では、前期古墳は西摂・播磨・但馬地域で比較的調査が進むが、淡路・西丹波地域では不明な点が多い。

古代においては旧5カ国を含み、播磨・淡路・但馬の3国府が所在した。国衙や郡衙などは詳らかではないが、播磨国分寺跡などの寺院遺跡の調査も進められている。中世以降、摂津や播磨には赤松氏や細川氏、淡路は細川氏の後、三好氏、丹波は細川氏、但馬は山名氏といった勢力が主に活躍する。近世には、摂津・播磨には大名、旗本領のほか寺社領などが錯綜し、淡路は蜂須賀氏、丹波は7藩、但馬3藩が支配した。

1868年、摂津や播磨を主体とする旧兵庫裁判所管地の村々を兵庫県と

近畿地方　201

した。その後、摂津北部の豊崎県を併合し、1871年の廃藩置県により、摂津国を管轄する兵庫県、播磨に姫路県（改称して飾磨県）ができる。1876年兵庫県と飾磨県、豊岡県などが統合され、県域が確定した。

主な遺跡

板井・寺ヶ谷遺跡
＊篠山市：篠山川支流、宮田川西岸の微高地上、標高210mに位置　時代　旧石器時代

1984～85年まで、兵庫県教育委員会により調査が実施された。

丹波山地から延びる尾根の微高地上に位置し、姶良Tn火山灰層を挟んで、上下の層位から石器群が出土した。上層からは約750点の石器群が検出され、角錐状石器、削器、搔器、加工痕や使用痕の認められた剥片などであった。使用石材は、サヌカイトが約6割を占め、残りはチャート、凝灰岩などである。遺構も検出され、調査区中央の約725m²の範囲に破砕礫が集まる礫群と土坑が認められ、短期的な居住が行われた可能性が指摘されている。

下層からは約2,500点の石器群が検出され、ナイフ形石器、台形石器、刃部磨製石斧のほか、削器、搔器、楔形石器、錐状石器、加工痕・使用痕のある剥片などの石器組成比率が約13％を占める。使用石材にはサヌカイトとチャートのほか、頁岩、凝灰岩、砂岩、水晶などが認められ、石材比率でサヌカイトが約4割、チャートが約6割を占める。サヌカイトには瀬戸内系横長剥片剥離技術が、チャートでは縦長剥片剥離技術が認められた。遺構には、配石群10数群、単独配石多数、泥炭面中の配石3基、土坑6基、炭化物密集部や遺物集中部が認められた。

14C年代測定法では、上層石器群相当期で2万2,700～2万400年B.P.、下層石器群相当期で2万6,000～2万4,900年B.P.と評価されており、全国的にも旧石器時代の継続的な土地利用の実態や石器石材の様相が明らかにされた遺跡は貴重であり、植物、花粉分析を通じた気候、植生復元など、当該地域の後期旧石器時代の生活様相が明らかにされた点で意義深い。

別宮家野遺跡
＊養父市：鉢伏山（1221m）南側の高原東端部、標高693mに位置　時代　縄文時代草創期

1969年に発見され、70～71年にかけて関宮町教育委員会により発掘調査が実施された。石器は、石鏃、石槍、柱状磨製石斧、扁平磨製石斧、搔器、礫石器、石錘、磨石、凹石、敲石、石皿、円盤状石製品などとともに、旧石器時代に属するナイフ形石器4点も検出された。石材は軟質な

安山岩が大半で、鉄石英・チャートなども少量認められる。遺構は、集石遺構、焼土坑、土坑、柱穴状ピットなどが検出された。集石遺構は安山岩質の拳大の礫で構築され、11カ所で認められた。いずれも赤色化した礫を含み、被熱の痕跡と考えられる。集石内から炭化したクルミやカシの実も検出されている。磨石、凹石、敲石が認められることから、植物性食料の採集・加工に比重が置かれていたことをうかがわせる。柱穴状ピットについては平地式住居とする見方もあるが、議論がある。

土器は約3,000点出土している。特殊菱形文と呼ばれるくぼみをもつ押型文が最も多く、次いで山形文、格子目文、撚糸文、無文、押捺縄文などが施されている。この特殊菱形文が山形文より下層から出土している。縄文時代早期初頭の高原地帯の拠点的集落として評価されている。

大歳山遺跡
＊神戸市：六甲山系に続く独立丘陵上、標高約30mに位置
時代　縄文時代前期〜古墳時代

1924年に直良信夫によって紹介され、1961年から71年にかけて本格的な調査が行われ、旧石器時代から古墳時代まで継続した遺跡であることが明らかとなった。特に1969年の発掘において、縄文・弥生時代の遺物が大量に出土するとともに、弥生時代後期の竪穴住居跡群が発見された。

出土した縄文土器は8つに分類され、そのうち第Ⅳ類を「大歳山式土器」に比定し、近畿地方の縄文時代前期終末の標識遺跡として著名である。ほかに縄文早期末頃の条痕文土器や大歳山式土器より古い土器（北白川下層Ⅲ式）も認められたほか、晩期の突帯文土器も検出されている。

また横穴式石室を構築した墳丘長約28mの前方後円墳や弥生時代後期の竪穴住居跡が発掘されている。また旧石器時代のナイフ形石器が採集されている。遺跡は保存運動にも関わらず、宅地造成により大部分が破壊された。現在は弥生時代の竪穴住居跡数棟と前方後円墳1基を残す史跡公園として整備、公開されている。

日笠山貝塚
＊高砂市：天川の西岸、日笠山丘陵南端部の北側斜面、標高2〜4mに位置　時代　縄文時代前期後葉〜晩期中葉

1950年頃に発見され、1963年から高砂市教育委員会によって断続的に調査が行われた。貝層は東西約30m、南北約10m程度の範囲に分布し、4層に分けられている。いずれも純貝層ではなく、すべて混土貝層で、Ⅳ層のみが比較的貝の比率が高い。ハマグリ、ハイガイが最も多く、マガキが次ぐ。魚類にはクロダイ、マダイ、マフグ科など、哺乳類ではイノシシとニホンジカの骨が認められた。

近畿地方

また、貝層より屈葬人骨1体が発見されている。人骨は頭部を東側に向け、人骨の上部に花崗岩の板石と凝灰岩の角礫が配されていた。身長159cm強で、30～40歳代の男性とされる。住居跡が認められず集落の実態は不明だが、播磨灘に面する地域では唯一の縄文貝塚として貴重である。

佃遺跡 ＊淡路市：浦川北岸に広がる扇状地上、標高7～14mに位置
時代 縄文時代中期～晩期

1991～94年、本州四国連絡道路建設に伴う発掘調査として、県教育委員会によって実施された。縄文時代前期末～中世にかけての遺物が出土し、その主体は縄文時代後期～晩期である。縄文後期の遺構としては、竪穴住居跡5棟をはじめ、貯蔵穴、土器棺、土坑、溝などが認められ、晩期でも土器棺、土坑墓が検出された。また段丘南辺の低湿地では、貯蔵穴14基と丸木船を転用して板敷道とした可能性のある板材が発見された。貯蔵穴のなかには、イチイガシなどの堅果類が納められたものが多数認められた。

遺物は、膨大な土器、木器、骨角器などが検出され、特に土器は縄文時代前期（北白川上層式Ⅲ期）や中期（鷹島式・船元Ⅰ～Ⅳ式・里木Ⅱ～Ⅳ式）、後期（中津式・北白川上層式Ⅱ～Ⅲ期・一乗寺K式・元住吉山Ⅰ～Ⅱ式・宮滝式）、晩期（滋賀里式）の多様な型式の土器が数多く出土した。また、北陸地方などの他地域の土器も含まれている。石器はサヌカイト製の石鏃、削器、石錐、石匙などが検出され、板状のサヌカイト原石が集積された遺構も確認されている。このほか、緑泥片岩製の石剣や石刀類も3本出土し、北区の最終遺構面には長さ53cmの石剣・石刀類の完形品が、地面に突き刺された状況で発見された。自然遺物では、イルカ、シカ、イノシシの哺乳類、鳥類、魚類などの骨が出土し、豊富な食料資源の利用が明らかとなっている。また、木器は南区の低湿地から、杭や根太とともに丸木舟材や長円形の木製容器などが出土している。なお、平安～鎌倉時代の遺構として、掘立柱建物や井戸・溝などが発見され、輸入陶磁器類が認められている。

低湿地の貯蔵穴群をはじめ、縄文時代後期の自然環境の利用や生活の実態をとらえるうえで、基礎的な資料を提供した遺跡であり、西日本の縄文時代の集落跡としては、最大級の遺跡として評価されている。

田能遺跡 ＊尼崎市：猪名川左岸に接した沖積地、標高約7mに位置
時代 弥生時代前期～古墳時代前期　　　　　　　　　　　　　　史

1965年、工業用水の工事に伴い数多くの土器が発見され、以後翌年まで工事と平行して調査が行われた。弥生時代前期には集落が営まれ、弥生

中期中頃から後期を主体とする遺跡である。遺構は、弥生時代中期に属する円形の竪穴住居跡3棟、柱穴群、100基を超す土坑群、溝状遺構、方形周溝墓3基、壺棺、甕棺などが発掘された。特に1号方形周溝墓は東西12m、南北11m、2号墓は東西13m、南北10mと規模も大きく、それぞれ二重土坑内に高野槙の木棺を納め、ともに装身具を着けていた。特に16号木棺は老年男性と推測され、仰臥姿勢で、首から胸にかけて632個以上の碧玉製管玉の首飾を着けるなど、これらの副葬品は注目を浴びた。

弥生時代全期にわたる土器、石器、金属器、木器、玉類、骨角器など豊富な遺物が出土している。打製石器の石材にはサヌカイトが使用され、磨製石器は緑泥片岩・粘板岩などが使われている。また、石包丁と石斧には未完成品が多く認められ、集落内での石器製作がうかがわれる。加えて土坑内から砥石に転用された砂岩製の銅剣鋳型片（長さ6.5cm、最大幅6.4cm、最大厚5.3cm）が発見されており、弥生時代中期前半の土器（唐古・鍵第Ⅱ・Ⅲ様式）と共伴していた。

なお、北西から南東に走る大溝は青色砂混粘土層まで達していて、大土木工事を行っていたことが明らかとなっている。遺跡南端部の第Ⅳ調査区を中心として国史跡に指定され、復原住居や資料館などが整備された。

玉津田中遺跡
＊神戸市：明石川の中流左岸の微高地・段丘上、標高約16～18mに位置　時代　縄文時代晩期～中世

1982年以降、土地区画整理事業により発掘調査が開始された。遺跡の規模は30haを超えており、継続的に調査が行われている。調査の結果、多数の竪穴住居跡や水田跡、中期の大規模な方形周溝墓群、祭祀遺構などが検出された。特に弥生時代前・中期の遺構は、沖積地に認められているが、弥生時代中期には住居域および墓域は微高地に、水田は微高地斜面から後背湿地に認められ、土地利用の変化をとらえることができる。

竪穴住居跡は円形で、中央に炉を配し、四本柱の構造をとるものが主体である。土坑には穀物のほか、木製の鋤や飯蛸壺、軽石、サヌカイトを納めたものが認められている。弥生時代中期の水田は、住居域の西一帯と東の一部で確認されており、水路に沿って大畦畔がつくられ、そのなかを小畦畔で区画した不定形の水田がつくられていた。

また、方形周溝墓は30基を超え、3×3mの小規模な墓から7×11mまで多様である。埋葬施設としては、銅剣の切先が腰骨に刺さった状態で出土した木蓋土坑墓以外はすべて木棺墓である。

弥生時代後期および古墳時代の竪穴住居跡は、段丘上に40基発見され

ている。弥生時代後期の円形竪穴住居跡の床面からは、径7.5cmの小型仿製鏡、覆土から轡羽口の破片が2点出土している。ほかにも弥生後期の住居跡から土製鋳型の破片が出土している。この地区の出土遺物には、弥生土器のほか、土師器、須恵器、製塩土器、鳥形土製品、紡錘車、鉄製品、玉類、坩堝、石器、木製農具、槽、鳥形木製品などが認められており、豊富な遺物の様相からも、明石川流域の中核的集落であったことがうかがわれる。

会下山遺跡（えげのやま）
＊芦屋市：六甲山地の南側支脈の尾根上、標高約160〜200mに位置　時代 弥生時代中期〜後期

1956年に発見され、1961年までに遺跡のほぼ全域が調査された。遺跡からは眼下に大阪湾と西摂平野を一望することができ、いわゆる「高地性集落」の遺跡として評価されている。発掘調査により、竪穴住居跡、祭祀場、屋外炉、倉庫、墓、柵、廃棄場などの集落を構成する諸遺構が検出された。南北方向の主尾根と、その南で東西方向に派生する狭い支尾根上に住居などが営まれており、主尾根の最高所の最大規模の楕円形住居からは、土器や石器のほか、磨製石鏃、鉄鏃、鉄斧、鉇、ガラス小玉といった遺物が検出され、祭祀場と考えられている。

住居は数回にわたり建替えが行われており、多くは円形・半月形である。遺物には、完形に近い壺・甕・鉢・高坏・器台といった弥生時代後期に属する土器が中心であるが、中河内地域産とされるものや西摂平野産とされる搬入土器が含まれており、その交流の様子がうかがわれる。

石器には石鏃・石錐・刃器・柱状片刃石斧・磨製石鏃・磨製石剣・砥石・石弾・丸石・叩石などが見られる。そして特筆されるのは金属製品で、鉄器では、鉄鏃・鉇が多く、鉄鑿・釣針・鉄斧も認められる。加えて青銅器には、有茎式の銅鏃一点と漢式三翼鏃1点が認められている。なお、三翼鏃は会下山山腹の山手中学校敷地内の流土採集品とされるが、当遺跡に伴う遺物と評価されている。その他、ガラス小玉・球形土製品、丸礫、石英加工品などが出土しているが、生業活動に伴う遺物や水田耕作の痕跡は認められず、いわゆる中国の史書に記される「倭国大乱」を反映した軍事的な性格を有する集落として評価されており、西日本における高地性集落の典型例として著名である。

桜ヶ丘遺跡（さくらがおか）
＊神戸市：六甲山塊から海岸へと派生する丘陵の傾斜面、標高246mに位置　時代 弥生時代末期

1964年12月10日、花崗岩の崩壊土壌中から、大小14個の銅鐸および銅

戈7口が束ねた状態で発見された。銅鐸は互い違いに横に並べられており、その端の銅鐸の下に銅戈が納められていた。出土した銅鐸のうち、3個は流水文銅鐸で、いずれも同笵の銅鐸の出土事例があるが、第1号銅鐸は5個の同笵銅鐸のうちで初鋳とされている。また裴裟襷文銅鐸11個のうち2個には、すべての区画内に、魚を獲る男性や脱穀をする女性など人物やシカの行列といった動物など、きわめて貴重な原始絵画が描かれていた。また7口の銅戈は、樋に組紐文を飾った大阪湾型銅戈である。

兵庫県は全国でも有数の銅鐸出土数を誇り、例えば淡路島の洲本市中川原からは、元禄年間に出土した銅鐸があり、現存最古級の銅鐸の1つとされている。2015年4月にも、淡路島松帆の石材加工工場の砂置場から計7個が出土した。興味深い点としては、大小の銅鐸が重ねられて入れ子の状態で埋納され、銅鐸を鳴らす舌も認められた。これらの銅鐸のうち、松帆5号銅鐸は、神庭荒神谷遺跡（島根県出雲市）6号銅鐸、松帆3号銅鐸は、加茂岩倉遺跡（島根県加茂市）の27号と同じ鋳型で作成された可能性が指摘されており、淡路と出雲の間で、共通の工人集団や銅鐸の流通といった広域的なつながりが存在していたことをうかがわせる資料として注目されている。

丁瓢塚古墳
＊姫路市：揖保川下流、京見山山麓の低地、標高約5mに位置　時代 古墳時代前期

1987年に測量調査が行われ、墳丘長104m、後円部径53m、高さ7.5m、前方部幅約45m、高さ4.25mを測る。くびれ部が低く狭いのが特徴で、「バチ型」を呈する。2段築成で、後円部は3段の可能性がある。葺石はわずか認められている。後円部頂面の前方部寄りに竪穴式石室の一部が露呈している。石室の位置が墳丘の中央でないことから主体部ではないと見られる。出土品は認められておらず、埴輪も認められていない。わずかに竹管文の施された壺形土器の破片が採集されており、同種の文様を特色とする山陰地方との関係が指摘されている。このような墳丘をもつ古墳の代表例は、大和の箸墓古墳（奈良県桜井市）があげられる。揖保川流域の古式の前方後円墳のなかで最大の規模であり、古墳時代初頭の播磨を考えるうえで重要な古墳といえる。

五色塚古墳
＊神戸市：舞子浜に接した垂水丘陵の端部、標高約20mに位置　時代 古墳時代　　　　　　　　　　　　　　　　　　　　史

1921年に国史跡に指定されていたが、1965年より史跡整備事業に伴い発掘調査が実施された。墳丘長197m、前方部幅81m、前方部高さ11.7m、

後円部径125m、後円部高さ17mを測る。根石と埴輪列とがめぐらされ、3段築成である。なお、埴輪には円筒埴輪・朝顔形埴輪のほか蓋形埴輪のような形象埴輪も発見された。斜面の葺石は推定総量が223万3,500個、2,781トンで、下段には垂水礫層の石材を用い、中段、上段は花崗閃緑岩を用いていた。花崗閃緑岩は古墳周辺には産しないため、淡路島などから運んだ可能性が高い。ちなみに「五色塚」の名は、この葺石の色が多色であることに由来する。

整備事業は墳丘に限ったため、埋葬施設の調査は行われていない。石棺があったという伝承や墳丘上面から石製盒の破片、玉類が発見されているところから、主体部はすでに盗掘が及んでいると考えられる。

西に接する小壺古墳は、円墳では県下最大級で、径67m、高さ9m。2段築成で、墳頂と中段に円筒埴輪列がめぐり、葺石は認められていない。

五色塚古墳は古くから古跡として知られており、司馬江漢の『江漢西遊日記』(1815〈文化12〉年刊)には「仲哀王皇の陵、千壺の処」として記され、ゆえに千壺古墳とも呼ばれる。発掘調査後は全国に先駆けて古墳築造当初の姿を復元する工事が行われ、史跡公園として公開されている。

雲部車塚古墳 (くもべくるまづか)
＊篠山市：篠山川上流、篠山盆地の東辺、標高約230mに位置　時代　古墳時代中期

1896年に村民によって主体部の調査が行われた。墳丘長142m、後円部径80m、高さ12mを測り、県内第2位規模の前方後円墳である。発掘の状況は、当時の村長木戸勇助の記録が残されており、知ることができる。主体部は墳丘主軸に平行し、後円部の中心よりやや南に偏った位置に、割石積みの竪穴式石室(主軸長5.2m、幅1.5m、高さ1.5m)が構築されていた。天井石は長さ約3.6m、幅約1mの板石7個を用いていた。墳頂には石室をめぐって壺形埴輪が方形に配置され、石室床には白色の玉石を敷き、中央に長持形石棺(蓋の長さ2.2m、幅1m)が置かれていた。石棺は蓋を開けずに埋め戻したため、内容は不明という。棺外より刀剣・矛・甲冑・鏃など多数の鉄製品が出土し、その一部は京都大学総合博物館に保管されている。年代は5世紀前半とされる。

城の山古墳 (じょうのやま)
＊朝来市：円山川左岸の丘陵先端、標高約90mに位置　時代　古墳時代前期

1971年、田島地方最大の前方後円墳である池田古墳と併せて調査が行われた。東西径約36m、南北経約30m、高さ約5mの円墳である。部分的に円礫と角礫による葺石が認められるが、全体には認められないほか、

埴輪も認められていない。埋葬施設は長方形の墓坑に、箱形木棺を直葬する。墓坑の規模は、東西8.9m、南北2.9m、深さ約1.05mを測る。棺材はコウヤマキを用い、遺体の周辺に100あまりの玉類、鏡、石釧、琴柱形や盒の碧玉製品、鉄刀、刀子、鉇などが認められ、さらに約2m離れた足位に鏡が検出された。また遺体頭部から棺端までの約2mに刀剣、工具類の鉄製品が認められた。鏡は頭位の3面が方格規矩八禽鏡、獣帯鏡、唐草文帯重圏文鏡、足位の3面が三角縁神獣鏡で、但馬地域における被葬者の立場や畿内との深い関係をうかがわせる。

箕谷古墳群
＊養父市：円山川中流域、八木川下流の左岸丘陵上、標高83〜93mに位置　時代 古墳時代後期

八木川北岸の丘陵に分布する古墳群のうち、最も高所に位置する。1983年、84年に調査が行われ、5基の古墳のうち、2号墳からは戊辰の紀年銘をもつ鉄刀が発見され、話題となった。2号墳は西半のみが残り、南北約14m、東西推定約12mで、石室は長さ8.6m、幅1.2m、高さ1.7mを測る。床に15〜25cmの石を敷き、副葬品として、金環、鉄刀、鉄鏃、その他杏葉・帯金具などの馬具約40点、追葬を含む須恵器50個体以上、土師器などが検出された。銘文をもつ鉄刀は奥壁近く、床面敷石から8cm高い平面で須恵器杯1点、鉄刀1点とともに出土した。無反りの直刀で、茎部分は欠損していた。残存長68.8cm、身幅は本で2.9cm、末で2.4cm。茎に金銅装の足金具と柄金具の残存が認められた。銘は刀身の基部にあり、銅象嵌で「戊辰年五月□」と判読された。戊辰は土器の年代を踏まえて、608年が有力とされており、銅象嵌銘としては全国でも最古級の資料とされる。

播磨国分寺跡
＊姫路市：市川左岸の台地上、標高約10〜11mに位置　時代 奈良時代

1968年から71年まで発掘調査が行われ、以後断続的に調査が行われている。発掘の成果としては、築地で囲まれた方2町の寺域が確認されたほか、中軸線上に南門、中門、金堂、講堂が一直線に並ぶ伽藍配置であり、やや南東寄りに塔が位置することも判明した。金堂は基壇の南端部が発見され、東西幅は37mほどであることが確認された。回廊は中門東方に瓦積み基壇の一部と雨落溝が見つかり、幅7m前後の基壇規模が明らかになった。

主な遺物では、土器・瓦類・金銅製水煙などが認められた。土器は、築地側溝内から出土した10世紀後半から11世紀初頭の土師器が、国分寺衰

退期の様相を示す遺物として重要である。瓦は6種類の播磨系国府瓦が知られ、鬼瓦は2点、文字瓦には篦書(へらがき)による「嶋主」「英」「秦木」の3点が確認されている。

　なお、付近には播磨国分尼寺跡や前方後円墳の壇場山(だんじょうざん)古墳があり、播磨地方の中心的な位置を占めていたと考えられる。この壇場山古墳は墳丘長141mで、播磨最大の前方後円墳である。後円部墳頂に竜山石を用いた長持形石棺の蓋石が露出している。この竜山石は、東播平野中央部に位置する「竜山」より産出する石で、流紋岩質凝灰岩である。畿内における古墳の石室や石棺の多くが、この竜山石を用いたことがわかっており、その流通の様相に対しては関心が高い。また、生石神社の御神体である巨大石造物「石の宝殿」は著名である。

兵庫津(ひょうごのつ)遺跡
＊西宮市：湊川の河口の沖積地、標高約2mに位置
時代 室町時代～江戸時代

　1980年の市教育委員会による調査を嚆矢(こうし)として、1988年にはマンション建設に伴い大手前女子大学による本格的な発掘調査が実施された。その後は現在まで、30カ所以上にわたり市教育委員会によって断続的な調査が行われている。これまでに、井戸や倉庫と推定される建物基礎といった中世の集落跡や兵庫城の石垣、また近世の町家跡、船入江の石垣、道路状遺構など、中世から近世にかけての兵庫津に関わる遺構が多数検出されている。遺物には、在地系の土器が多数を占めるほか、国産陶磁器や中国龍泉窯といった貿易陶磁器も認められる。遺跡の主体となるのは1581（天正8）年の池田信輝(いけだのぶてる)による兵庫城築城以後、町場が整備され、商業活動が活発化する江戸時代であり、肥前唐津の陶磁器や明石、瀬戸、備前、丹波などの多様な産地の陶器類が認められている。

　そもそも、兵庫津は古く大輪田泊・輪田泊といわれ、平清盛(たいらのきよもり)が日宋貿易の拠点としたことは知られる。鎌倉末期以降に兵庫津と呼ばれるようになった。瀬戸内海航路の物資集散地として早くから町場が形成され、湊町として繁栄しており、近世には山陽道の宿駅の機能も併せもつ町に発展した。近世期の絵図資料が多数残されており、昨今の発掘成果と対照することにより、町割りや町屋の構造をはじめ、都市空間の実態を立体的に解明する作業が進められている。

㉙ 奈良県

キトラ古墳（北壁壁画「玄武」）

地域の特色　奈良県は、近畿地方の内陸に位置し、南部は紀伊山地に続く吉野山地、大峰山脈で和歌山県に接し、北部の東半部は大和高原と宇陀、竜門など山地を隔てて三重県に接する。県域の西半は奈良盆地が占め、その西方の生駒、金剛山地によって大阪府と接している。北は平城山丘陵などを隔てて京都府に接する。河川は、南部では十津川、北山川が南流するほか、周囲の山地より流れ出た河川を合流して大和川が形成され、亀ノ瀬峡谷を抜けて大阪平野に出る。県域は南北に細長く、吉野川を境に南北に二分され、南側の吉野山地は県面積の約3分の2を占めている。

特に、奈良盆地は古くから国中と呼ばれ、古くから歴史を育んできた。縄文時代の遺跡は少ないが、大和三山の1つ畝傍山の東麓の橿原遺跡（橿原市）では、縄文時代晩期の土器や土偶が多数出土しているほか、岡遺跡（明日香村）では竪穴住居跡も検出されている。やはり遺跡数としては、弥生、古墳、飛鳥、奈良の各時代の遺跡を多数認めることができ、初瀬川や寺川、飛鳥川、大和川など河川水系を軸として、集落遺跡が発展する。特に、畝傍・耳成・香久の大和三山に囲まれた飛鳥・藤原京の存在した地域は、古代史に関わる史跡の宝庫であり、遺跡銀座ともいえる。その中心である明日香村は、古都保存法や明日香法（明日香村の史跡保存を目的とした特別措置法）が制定され、戦後の開発行為に対して歴史的風土の保護がなされてきたが、住民生活や観光振興など現在的課題といかに向き合っていくか、難しい問題も残されている。

古代には、大和国にあたり、律令制国家の中心たる「首都」の立場にあった。平安京遷都後は寺社領や荘園が占め、江戸時代には、郡山、高取、小泉、櫛羅、芝村、柳生、柳本、田原本の諸藩が置かれるとともに、天領や飛地もあり、複雑な支配関係が存在した。

明治維新後の1868年、新政府は大和鎮台（大和鎮撫総督府）を設けたが、

近畿地方　211

同年5月には旧天領と寺社朱印地を管轄する奈良県を置いた。1871年の廃藩置県では各藩は県となり、同年11月諸県と奈良県・五条県が合併し奈良県が成立。その後の再編を経て、1887年、県域が確定した。

主な遺跡

二上山北麓遺跡群
＊香芝市：二上山北麓から西麓、標高60〜250mに位置　**時代** 旧石器時代後半

旧石器時代以降、石器素材として使われた讃岐岩（サヌカイト）の産地である。二上山の北側の春日山付近で遺跡が多く発見されている。

サヌカイト原礫の採掘坑が検出されたシル谷第1地点遺跡や旧石器時代の国府型ナイフ形石器や翼状剥片、盤状剥片などが検出された桜ケ丘第1地点遺跡など、後期旧石器時代後半から弥生時代にかけての多量遺物が採集されており、サヌカイトによる石器の生産地および消費地の関わりを検討するうえできわめて重要な遺跡群といえる。

唐古・鍵遺跡
＊磯城郡田原本町：奈良盆地のほぼ中央の沖積地、標高48〜51mに位置　**時代** 弥生時代前期〜後期

唐古池が国道24号線敷設用の採土地となったことにより、1937〜38年にかけて、末永雅雄らにより本格的な発掘調査が行われた。池の全面にあたる約2万m²が調査対象となり、三条の旧初瀬川の河道や多数の竪穴が確認された。多量の土器や石庖丁、石斧、石槍、石鏃、木製の高坏や杵、平鍬、馬鍬、鋤などの木製品も多数検出され、炭化米、種子・獣骨類などの自然遺物を含めて多種多様な遺物が認められた。小林行雄は、遺跡出土の土器を駆使して唐古第1様式から第5様式に型式分類し、その変化を系統的に意味づけた。これにより畿内の弥生土器の編年研究は大いに進歩し、各地域の様式論が展開されることになった。また人物や高床式建築、動物、舟などを描いた絵画土器も出土し、弥生遺跡の代表的な遺跡として学史的にも評価されている。

戦後、1977年の唐古池南側（大字「鍵」）の調査では集落を囲む環濠の存在が確認されたほか、土製の銅鐸鋳型や鞴の羽口、坩堝、石製鋳型片、火鑽臼などが検出され、銅鐸の鋳造が示唆されたほか、弥生中期の大溝からイノシシの下顎骨が1本の棒に通されたかたちで14体分も検出され、儀礼を示唆するものとして注目を浴びた。その後の継続的な調査でも、重弧文様をもつ裟裟襷文銅鐸の石製鋳型、玉類製作の砥石や機織具、卜骨などの祭祀遺物、褐鉄鉱容器に入ったヒスイ製勾玉、楼閣が描かれた絵画

土器など特殊な遺物も認められている。また、炭化した稲穂の束は、穂首刈りの証左であるとともに、当時のイネの収穫量を知る手掛りとして注目された。他方、弥生時代前期のドングリ貯蔵穴の存在は、縄文時代の生業を踏まえつつ、非常時に備えた弥生人の姿を示唆している。現在までの成果として、集落の大環濠（内濠）は直径400mの範囲を囲み、外濠を含めた全体では約42万m^{2}の面積に及ぶと考えられている。近年も継続的な調査が行われており、今後も新たな発見が期待される遺跡である。

中西遺跡（なかにし）
＊御所市：巨勢山丘陵の北辺部の平地、標高約110mに位置
時代 弥生時代前期〜古墳時代

1989年に国道309号線歩道工事に伴い発掘調査が行われ、弥生時代前期の遺構や遺物が確認された。2010年、京奈和自動車道御所南パーキングエリア建設に伴う発掘調査が行われた。弥生時代前期の水田跡が約9,000m^{2}にわたり検出され、既存の調査と合わせ2万m^{2}を超える国内最大級の弥生前期の水田跡とされる。水田跡は一辺3〜4mの長方形で、現在構築される水田に比べて規模は小さい。河川の洪水によって埋没したもので、東西に走る畦を基準として、850枚以上の水田が整然と並んで検出された。遺構からは、水田は継続的かつ計画的に拡張していった様子がうかがわれ、当時の水田耕作技術を検討するうえで貴重な遺跡である。

纒向遺跡（まきむく）
＊桜井市：三輪山西麓の扇状地、標高約60〜90mに位置
時代 古墳時代前期

戦前より遺跡の存在が認識されていたが、1971年に纒向小学校と県営住宅建設に伴い発掘調査が実施され、東西約2.5km、南北約1.5kmの範囲内で大字巻野内・草川・辻・太田・東田・大豆越などの旧纒向村にまたがって遺構が展開することが判明した。

太田北方辻地区では、古墳時代前期（庄内式期前半・3世紀前半）に建てられたと見られる長軸19.2m、短軸12.4mの大型の掘立柱建物と柱列からなる建物群が検出されており、居館域にあたると考えられている。さらに建物群廃絶時の大型土坑からは、意図的に壊された土器や木製品のほか、イワシ類・タイ科などの魚類、カエルなどの両生類、ニホンジカ・イノシシなどの哺乳類骨や2,000個以上のモモの種子など、多量の動・植物遺存体が出土している。また東田地区では、小学校建設時の調査において、幅約5m、深さ約1.2mの2本の大溝が検出されている。これらは人の字形に合流し、南溝にはヒノキ材の矢板で護岸が、両溝の合流点には井堰が設けられており、灌漑用とともに物資運搬用の水路とする見解が示されている。

近畿地方　213

出土した土器は古墳時代前期の土器（纏向1式～4式期）として評価されているが、そのなかには東海東部・西部、北陸、山陰、大阪湾岸、瀬戸内中部・西部、九州などの他地域のものが15～30％認められており、各地域との多様な交流を示している。また、銅鐸片や鳥形・舟形の木製品、木製仮面の出土も注目される。加えて、吉備地域に認められる弧帯文様をもつ特殊器台や弧文円板、弧文板、弧文石板なども興味深い。また鞴羽口や鉄滓なども出土し、鉄器製作の可能性が指摘されているほか、庄内3式期（3世紀中頃）の溝からは、日本列島には自生しないベニバナやバジルの花粉もあり、高度な技術や知識をもった渡来人との交流もうかがわせる。

箸墓古墳（はしはか） ＊桜井市：三輪山西麓の扇状地、標高約60ｍに位置
時代 古墳時代前期

　『日本書紀』崇神天皇10年9月の条に「昼はひとつくり、夜は神つくる」と伝承されるヤマトトトヒモモソヒメの「大市墓」に比定され、箸中山古墳とも称される。墳丘長280ｍ、後円部径160ｍ、前方部幅140ｍを測り、古墳時代初期に築かれた古墳として最大級の規模をもつ。陵墓比定地のため本格的な調査は行われていないが、墳丘上からは、畿内系の二重口縁壺や吉備系の特殊器台形土器（宮山型か）や特殊器台形埴輪（都月型か）などが採集されている。近年、後円部東裾で行われた調査において、幅約10ｍの周濠の上層に堆積した、厚さ約20～25cmの植物層の中層から、カシ類（アカガシ亜属）の材を用いた木製輪鐙が出土した。層位や土器の年代観から輪鐙の帰属時期は古墳時代前期後半（布留1式期・4世紀初め）のもので、古墳の築造後に周濠に投げ込まれたものと考えられている。馬の存在を示す国内最古級の事例として注目されている。

　箸墓古墳の北東に位置するホケノ山古墳（桜井市：墳長80ｍ）は、内行花文鏡、画文帯神獣鏡、銅鏃などが副葬され、3世紀中葉の発生前後の前方後円墳として評価されている。こうした初期の前方後円墳が点在する纏向古墳群や後述の柳本古墳群などの存在は、三輪山麓における山辺の道周辺の地域の族長による権力が拡大し、次第に王権として成立していく過程を象徴するものと評価されており、纏向遺跡の存在と併せて、邪馬台国大和説を根拠づける事例として注目を集めている。

大和天神山古墳（やまとてんじんやま） ＊天理市：龍王山の西麓、標高約90ｍに位置
時代 古墳時代前期

　1960年、国道162号線建設に先立ち発掘調査が行われた。行燈山古墳（崇神天皇陵・墳丘長240ｍ）の西方、伊射奈岐神社境内東部に位置する前方

後円墳であり、墳丘長113m、後円部径55mを測り、残念ながらすでに東側が道路によって削平された。後円部主軸と平行した竪穴式石室は、扁平な割石を小口積みに持送りとする横断面が合掌形の石室で、長さ6.1m、幅1.3m、高さ1.2mの規模をもつ。中央には現存長2.6m、幅76cmのヒノキ製木櫃が納められ、その内部には約41kgの水銀朱が敷き詰められ、その周辺に方格規矩鏡、内行花文鏡、画文帯神獣鏡、三角縁変形神獣鏡、画像鏡、獣帯鏡など計20面を検出し、櫃外でも獣帯鏡1面、方格規矩鏡、人物鳥獣文鏡の各1面で、合わせて23面の鏡が検出された。ほかに直刀3口、鉄剣4口、刀子1口、短冊形鉄器1点があり、鉄剣の1口には木装の柄の部分に直弧文が施されていた。前方部からは古墳時代前期の土師器・壺（布留式）の破片が出土し、3世紀後半から4世紀前半の築造と推定される。遺体の埋葬痕跡は認められず、行燈山古墳の陪塚と評価されている。また、大量の鏡が検出されたにも関わらず、「三角縁神獣鏡」は検出されておらず、関心を集めている。

　他方、行燈山古墳の西北方約500mに位置する前方後円墳である黒塚古墳（天理市：墳丘長131m）では、1997年から行われた埋葬施設と墳丘の発掘調査の結果、後円部中央に竪穴式石室（合掌型石室・全長8.3m）が認められ、長さ6.3mのクワ材の割竹型木棺が認められた。棺内には画文帯神獣鏡1面と刀剣類3点が副葬されていたが、棺外に33面もの三角縁神獣鏡が鏡背を外側にして検出された。なお、行燈山古墳は陵墓指定がされているため、本格的な発掘調査が行われていないが、宮内庁による墳丘工事に際して、古墳時代前期前半と想定される土器・埴輪が出土した。墳長300mを測る前方後円墳である渋谷向山古墳（天理市：景行天皇陵）とともに古墳時代前期の古墳を主体とする柳本古墳群を構成している。

桜井茶臼山古墳

＊桜井市：鳥見山北麓の丘陵の先端、標高約90mに位置　時代　古墳時代前期

　1949～50年に発掘調査が実施され、竪穴式石室と石室の周囲から底部に穿孔のある壺を配置した施設が検出された。墳丘長約207m、後円部径約110m、前方部幅約61mを測り、周濠上の区画が認められる。前方部が細長く、柄鏡形を呈する。竪穴式石室は、割石によっていねいに構築され、天井部12枚の花崗岩によって覆われていた。長さ約6.8m、幅約1.3m、高さ約1.6mの規模で、石室内は水銀朱を約200kgも用いて塗布されていた。石室中央には、コウヤマキ材（第1、2次調査では「トガ」と鑑定されていたが、2009年の再調査で判明）を用いた木棺があり、盗掘にあっ

ていたが、玉杖、勾玉、管玉、玉葉、変形琴柱形石製品、異形石製品、鍬形石、石釧などの玉・石製品のほか、内行花文鏡・三角縁神獣鏡の破片や、銅鏃・鉄鏃などが出土した。3世紀後半から4世紀前半に構築されたものと推定される。

2009年の再調査では、後円部中央の石室上部に形成した「方形壇」と呼ばれる祭壇遺構（東西9.2m、南北11.7m、高さ約1m）の調査が行われ、柱穴30基が検出された。柱穴の深さは1.3mあり、およそ地上高2.3m程度の「丸太垣」が約150本程度、方形壇を囲っていた可能性が想定されている。第1、2次調査で、石室上部から底に直径7cm前後の穿孔を施した壺形土器が長方形状に検出されたが、これらは「丸太垣」の外にめぐらされていたものと推測され、埴輪の起源など当時の葬送儀礼を検討するうえで貴重な事例といえる。鏡は13種類合計80枚程度が副葬されていた可能性が指摘されている。「是」の字が認められた鏡片を3次元計測した結果、蟹沢古墳（群馬県高崎市：円墳・径12m・古墳時代後期）の三角縁神獣鏡と一致したことが報じられている。2011年には、竪穴式石室の北と東に副室の存在が確認された。

いわゆる「磐余」と呼ばれて、豊富な宮都伝承が記紀に認められるが、磐余池や諸宮の遺構は明確には発見されていない。しかし、本古墳の存在は、大和川や粟原川沿いに峠を越え、伊勢へとつながるこの地は交通の要衝として、磐余の地が重要な意味をもっていたことを示唆していよう。

山ノ神遺跡
＊桜井市：三輪山（標高467m）西麓に位置
時代 古墳時代中期

1918年に、地元住民が開墾に際し、巨石を移動させようとしたところ偶然に発見された。巨石は「磐座」であり、長軸1.8mで周囲の5つの石とともに、割石などで地固めされたうえに構築されていた。発掘直前で盗掘されたため遺物は一部にとどまるが、小型素文鏡3、碧玉製勾玉5、水晶製勾玉1、滑石製子持勾玉1、勾玉100点以上、剣型数百点のほか、土製模造品の高坏、盤、坏、臼、杵、杓、匙、箕など、須恵器、鉄片といった多様な遺物が出土した。遺跡は大神神社の北東、三輪山の西麓に位置し、この巻向川と初瀬川に挟まれた地域では、祭祀遺跡がほかにも認められている。また、三輪山中には3つの磐座群があり、頂上に奥津磐座、標高300〜400mの稜線には中津磐座があり、拝殿背後の三ツ鳥居から少し進んだ場所には辺津磐座がある。辺津磐座は禁足地となっており、子持勾玉や滑石製臼玉などの採集が知られるが、本格的調査は行われていない。

古来、三輪山は大物主神のいます神体山として信仰されてきた。『日本書紀』崇神天皇7年8月条には、大物主神の子である大田田根子が茅渟県の陶邑で見出され、大物主神の祭祀にあたるようになったとされ、三輪山中の祭祀遺跡から出土する須恵器がそうした陶邑窯跡群でつくられたものが多いことは、この伝承とも相応しており興味深い。そして、こうした山中に巨石を伴う数多くの祭祀遺構が存在することは、その三輪山の信仰のあり方を考えるうえで興味深い。

飛鳥寺跡（あすかでらあと）
＊高市郡明日香村：飛鳥川右岸の段丘上、標高約108mに位置
時代　飛鳥時代　　　　　　　　　　　　　　　　　　　　　史

　法興寺・大法興寺・元興寺と称され、平城京の元興寺に対して本元興寺と呼ぶ。蘇我馬子が創始した寺であり、『日本書紀』や『元興寺伽藍縁起』には、588（崇峻天皇元）年に百済王がおくった僧や寺工・露盤工・瓦工・画工が参画して、飛鳥真神原で法興寺の造営に着手、同4年に仏堂と回廊ができ、593（推古天皇元）年正月に、塔心礎中に仏舎利を納めて心柱を立て、同4年11月に塔が完成したとされる。

　中心伽藍の発掘調査は、奈良国立文化財研究所を中心に1956～57年にかけて行われた。その結果、塔を中心にして、北と東と西に金堂を配し、塔前の中門の左右から回廊が構築されて、塔と三金堂を囲む特異な伽藍配置で、中門の前に南大門、回廊の北に講堂、回廊の西に西大門があり、これら大門に続く外郭の築地が存在したものと考えられている。このほか南門前の石敷広場などが検出された。寺の伽藍は1196（建久7）年6月の雷火で金堂と塔が焼け、本尊も頭と手が残存するのみという被害を蒙った。現在の安居院本堂の大仏は中金堂に安置されていたが、凝灰岩台石から動かされた形跡はなく、原位置を保っているものと考えられる。

　また、塔跡の心礎上面の中央には舎利を納める方孔がうがたれており、石蓋が施されていたと推測されている。建久年間に再埋納された舎利や玉類・金環・金銀延板・金銅飾金具と鈴・銅馬鈴・鉄挂甲などが心礎上から検出されている。これらのうち鈴・銅馬鈴・鉄挂甲などは古墳から出土する副葬品と同種類のものであり、外来文化の影響下に造営された寺院であっても、その埋納物には古来の要素が反映されていることを示唆しており、興味深い。その後の調査で、寺域北限の掘立柱塀と石組の溝が検出されたほか北東隅も確認され、南北が324mで東西の幅はやや台形状であった可能性が指摘されている。この飛鳥寺の旧寺域の南東隅に接して、飛鳥寺瓦窯跡（ようあと）（明日香村）があり、飛鳥寺創建後に築造され操業した最古級の瓦窯

近畿地方

跡と考えられる。

飛鳥寺西方遺跡（明日香村）は『日本書紀』に登場する「槻の木の広場」跡と推定されている。644年に中大兄皇子と中臣鎌足が蹴鞠に際して初めて出会った場所とされ、蘇我入鹿を暗殺した乙巳の変（645年）直後には天皇、皇太子、群臣らが集まり、この槻の木の下で盟約を交わしたとされる。これまでに石敷遺構や排水用の石組溝などが検出されており、槻の木の痕跡は検出されていないが、2017年には総柱形式の建物跡が検出されている。この飛鳥寺西方遺跡の西隣に蘇我入鹿の首塚とされる石塔がある。五輪塚・首塚と称する土盛があり、その上に花崗岩製の五輪塔が立っている。現在は水輪が上下逆に構築されているが、様式的には南北朝時代に造立されたものと考えられている。

牽牛子塚古墳
＊高市郡明日香村：高取川左岸の丘陵中央部、標高約115mに位置　時代　飛鳥時代後期　史

1912年から調査が行われ、巨大な二上山の凝灰岩を刳り抜いてつくった南向きの横口式石槨を呈し、内部は間仕切りの中壁をもって区画されて、ほぼ同形の左右2室をもつ特異な構造であることが明らかとなった。各室は奥行2.1m、幅1.81m、高さ1.3mで、それぞれの底面に低い棺台をつくり出している。そして石室内部からは、高位の被葬者のみに用いられた漆の棺「夾紵棺」の破片や人骨片が出土した。1977年の調査では、棺に取り付けられたと思われる棺座金具・鉄釘・鉄鋲なども出土し、勾玉・ガラス玉・臼玉などの玉類、人歯も検出された。棺座金具には七宝飾の亀甲形座金具や金銅製の八花文・六花文座金具など見事な装飾が施され、一部は国指定の重要文化財となり、橿原考古学研究所付属博物館に所蔵される。

2010年の再調査では墳丘周辺を発掘し、北西の墳丘裾部に石槨を囲む凝灰石の大型切石を並べた幅1mほどの敷石列が検出された。一辺の長さは約9m、対辺は約22mと推定され、その外側を囲む砂利敷きを含めると、対辺は32m以上に及ぶ正八角形を呈していることが判明した。八角墳は当時の天皇陵にも採用された形状であり、本古墳が、『日本書紀』に娘の間人皇女と合葬されたとの記述がある斉明天皇陵（在位655〜661年、皇極天皇が重祚）である可能性がより高まった。なお、宮内庁は車木ケンノウ古墳（越智崗上陵：高取町）を斉明天皇陵に比定している。

高松塚古墳
＊高市郡明日香村：檜前川と平田川に挟まれた丘陵上、標高約105mに位置　時代　飛鳥時代　史

1969年、地元住民により凝灰岩の切石が発見され、1972年に『明日香

村史』編さん事業として、発掘調査が行われることとなった。墳丘径18m、高さ5mの円墳で、江戸時代には文武天皇陵と考えられていた。墳丘南側に墓道があり、墓道の正面には凝灰岩の切石を組み合わせた横口式石槨が認められた。その南側石の外より向かって右上に盗掘坑があり、石槨内法は長さ2.65m、幅1.03m、高さ1.134mで、中には漆塗木棺（長さ2.02m、幅約60cm）が置かれていた。そして側壁面には漆喰が施され、極彩色の壁画が発見された。天井中央部に天極五星、四輔四星と二十八宿の星辰、東壁面には日像と青竜、そして男女各4人の人物群像、西壁面には月像と白虎、男女各4人の人物群像、北壁面の中央には玄武が描かれていた。盗掘のため消失した南壁面を除いて、石槨内にこうした壁画を施した古墳の発見は初めてであったため、世間の関心を集めた。副葬品としては、海獣葡萄鏡、銀装大刀の外装具、玉類や棺の飾金具などが出土した。

　古墳は国特別史跡、壁画は国宝、出土遺物は国重要文化財として位置づけられ、1976年には石室南側の前室部分に空調設備を備えた保存施設が完成した。しかしその後、数次にわたるカビの発生や修理時の人為的な損傷など壁画の劣化が社会問題となり、ついに2006年、墳丘の調査とともに石室解体が行われ、保存施設での壁画の修理が行われることになった。現在は古墳近くの「高松塚壁画修理作業室」において、保存修理が続けられており、年2回程度の一般公開が行われている。

　なお、高松塚古墳と同様に四神図と十二支像、そして黄道二十八宿を含む星宿群の天文図が描かれた壁画をもつキトラ古墳（明日香村）でも、壁画保存のため内部の発掘調査が行われ、漆棺片・歯牙・刀装具・琥珀玉などが出土したほか、壁画の保存修理のために剥取り作業が行われ、現在はキトラ古墳壁画体験館「四神の館」内の「キトラ古墳壁画保存管理施設」で修理が行われている。

法隆寺
＊生駒郡斑鳩町：生駒山地南端、大和川右岸の台地、標高約50mに位置　時代 飛鳥時代　史

　法隆寺は厩戸王（聖徳太子）の創建と伝えられる寺院であり、創建年代は金堂東座に安置された薬師如来像の光背銘から607（推古15）年とされるが、『日本書紀』にはその前年に斑鳩寺が存在していた記事があり、ほかの史料の記述とも合わせて、創建年代については依然として検討の余地がある。現在、中心的な建物は西院伽藍と呼ばれる一群で、塔を西、金堂を東に置き、中央に講堂が置いて回廊がめぐる配置の構成を示し、法隆寺式と呼ばれ特徴的な伽藍配置として評価されている。法隆寺の創建につ

近畿地方　219

いては、明治時代から議論があり、再建・非再建論争が激しく戦われた。それは『日本書紀』の670（天智天皇9・庚午）年に斑鳩宮で火災があったとする記述から、現在の伽藍が再建されたものか否かが争点であった。

1939年、石田茂作らによって西院塔頭南側の普門院境内で発掘調査が行われ、この伽藍が西院伽藍とは異なり、南に塔、北に金堂が南北方向に配置される「四天王寺式伽藍配置」であることや、現存伽藍と異なり堂塔の中心軸が北西方向へ20度ほどずれていることが判明した。また、検出された瓦類は単弁蓮華文の軒丸瓦と忍冬唐草文の軒平瓦を組み合わせたもので、西院伽藍の瓦類よりも様式が古式であり、こうしたことから、この「若草伽藍」が創建時の法隆寺であり、西院伽藍は再建されたものであることが定説となった。その後も寺域内での発掘調査が断続的に行われており、1949年の五重塔解体修理では、心礎内部から舎利容器が発見され、ガラス製舎利瓶や海獣葡萄鏡、玉類が認められた。

法隆寺の所蔵する仏像や玉虫厨子（国宝）をはじめとした寺宝類は貴重であり、その一部は1878年に皇室に献納。現在は「法隆寺献納宝物」として東京国立博物館法隆寺宝物館に保存されている。また、金堂内の白鳳期とされる壁画は1950年に模写作業中に焼失し、文化財保護法設立のきっかけとなった。また、1998年には世界文化遺産（古都奈良の文化財）の構成資産となった。なお、法隆寺より西に著名な藤ノ木古墳（斑鳩町：直径48ｍ・円墳）が位置し、未盗掘の石棺をはじめ多様な遺物が検出された。玄室には金銅製馬具類が検出されたほか、石棺内には2人（1体は20歳前後の男性、1体は年齢・性別不明）が埋葬され、その被葬者をめぐって関心が集まった。

山田寺跡
＊桜井市：各務原台地の北西端、標高約120ｍに位置
時代 飛鳥時代後期 史

1976～77年に奈良国立文化財研究所によって発掘が行われた。「乙巳の変」で活躍し、649（大化5）年に讒言により自殺した蘇我倉山田石川麻呂の創建による山田寺跡と想定され、残存する基壇跡などから、伽藍は塔・金堂・講堂と一直線に並ぶ四天王寺式とされてきた。しかし、発掘調査の結果、東西約212ｍ、南北185ｍの掘立柱塀で区画されて南門が配置され、さらに中門をもつ回廊が塔と金堂を囲み、講堂の南側で閉じる形状であることが判明し、山田寺式伽藍と名づけられた。塔の土壇は一辺12ｍで、心礎と北西の四天柱は原位置をとどめ、心礎付近から堂塔の側面を装飾していたと考えられる独尊や四尊連座などの塼仏が検出された。1977年に

は、11世紀前半に倒壊した東面回廊が横倒しの状態で検出され、柱や連子窓などの構造が確認でき、古代建築史の研究に貴重な資料を提供した。

なお1023年には、藤原道長が高野山参詣の途中に立ち寄り、山田寺の堂塔を「奇偉荘厳」と評し、感銘を受けたとされる。そして1187年には、興福寺東金堂衆が山田寺本尊の金銅丈六薬師三尊像を奪い取り、東金堂の本尊としたとする記述が、『玉葉』に認められ、その後、堂宇は衰微した。この山田寺仏頭は、現在は「興福寺仏頭」として国宝に指定されている。

藤原宮跡（ふじわらきゅうせき）

＊高市郡明日香村：奈良盆地の南、標高約70〜75mに位置
時代 飛鳥時代〜奈良時代前期　　　史

藤原宮は飛鳥浄御原宮より694年に遷都がなされ、日本列島における本格的な都城として成立した。藤原宮の位置については、江戸時代より議論があったが、1934年より日本古文化研究所によって発掘調査が行われ、南北約610m、東西約230mの規模で朝堂院が存在すること、内郭における12堂の配置と回廊の規模、さらには大極殿の規模とそれを囲む回廊および東西両殿の位置と規模が初めて明らかとなった。

1966年より奈良県教育委員会、その後は奈良国立文化財研究所が引き継ぎ、調査が進められてきた。発掘調査によって宮域の規模は東西約925m、南北906mのほぼ正方形であると考えられている。掘立柱によって構築された大垣が宮城を囲み、幅6〜7mの外堀や内堀を回っていた。堀からは多量の遺物が出土し、なかでも木簡は約3,000点近くが検出されている。成果としては「郡評論争」と呼ばれる議論がある。地方行政単位の名称として「郡」と「評」のいずれを用いていたかが争われたもので、藤原京の北面外濠から「己亥年十月上捄国阿波評松里□」（己亥年は699年）と記された木簡が出土したことにより、大宝律令制定（701年）以前には「評」を使っていたことが明らかとなった。

なお、藤原京の京域については、現在も議論がなされているところではあるが、道路遺構の検出が進み、実態が明らかになりつつある。現存する地割や旧官道の状況など歴史地理学的な視点を踏まえて、12条8坊（東西2.12km・南北3.186km）の条坊制を想定する説が有力であるが、さらに下京域を設ける「大藤原京」説（東西4.1km・南北6.2km）もある。未確定の部分も多く、今後の発掘調査が期待されている。

飛鳥池工房遺跡（あすかいけこうぼう）

＊高市郡明日香村：奈良盆地南端の丘陵部の谷間、標高約110mに位置　時代 飛鳥時代〜奈良時代　　史

1991年、飛鳥池の埋立事業に先立ち調査が行われ、さまざまな工具、

漆壺、坩堝、木製の雛型や炉跡などが検出されたことから、7世紀後半を中心とした銅・鉄・漆・木・ガラスなどの製品を生産した総合工房と判明した。さらに1996年には、奈良県立万葉文化館の建設に伴い発掘調査が実施された。谷のほぼ中央に設けられた掘立柱塀を境に北地区・南地区に区分される。北地区では石敷井戸、石組の方形池、導水路、建物跡などが検出されたほか、多量の木簡が出土し、特に「天皇聚□（露力）弘寅□」と記された木簡は、大王から天皇への過渡期を検討するうえで貴重な発見とされる。

一方、南地区では谷底に水溜めと陸橋を組み合わせた汚水処理と推測される施設が設けられ、その両側に多数の炉跡を伴った建物が検出され、各種の製品を製造した工房群が置かれた地区と考えられている。特に流通銭として疑問視されていた富本銭も出土し、真土製の銭笵（鋳型）や切断された鋳棹、バリ、溶銅、銅滓、坩堝、鞴羽口など銭貨鋳造を示唆する遺物が多数検出された。和同開珎をさかのぼる流通貨幣の存在を示す事例として脚光を浴びている。また、富本銭鋳型以外にも、中型の海獣葡萄鏡鋳型や板仏鋳型が認められている。

平城宮跡（へいじょうきゅうせき）

＊奈良市：奈良山麓丘陵の先端部、標高約60～70mに位置
時代 奈良時代前半～後半　　　　　　　　　　　　　　　　史

平城京は708年に元明天皇が平城遷都の詔を発したことに始まり、710年に藤原京から都が移された。以後、784年に桓武天皇が長岡京へ遷都するまで、都城として位置づけられた。平城京・平城宮の位置については、江戸時代末期に北浦定政が『平城宮大内裏跡坪割之図』を著し、検討を加え、明治時代以降は、関野貞らがさらに平城京の復原研究を行った。本格的な発掘調査は、戦後1954年に内裏地域を東西に横断する道路敷設に際して、内裏の回廊部分が検出されたことに始まる。奈良国立文化財研究所の拡充が図られ、以後継続的な発掘調査が実施されている。

平城宮は4つの部分から構成される。第1に天皇などの居住空間である内裏、第2に政治・儀式の場である大極殿、朝堂院、第3は内裏・朝堂院を取り巻く官衙区域、第4は東院である。1955年の発掘調査では、朱雀門の中軸線上に載る区画を和銅年間に造営の第1次朝堂院地区とし、壬生門の軸線に載るものを恭仁京（京都府相楽郡加茂町）から還都後の第2次朝堂院地区と想定しており、西側の若犬養門を軸とした範囲は官衙推定地と考えられている。そして、朱雀門の中軸線上の第1次朝堂院地区については、さらに3時期に分けられ、第1期は東西約180m、南北約320mの築地

回廊で囲まれた区画をつくり、その北側には大規模な基壇建物が存在した。基壇の規模は東西180尺（53.2m）、南北97尺（28.7m）で、桁行7間梁行2間の身舎の4面に廂がめぐる建物と推定され、全体では桁行9間（44m）、梁行4間（19.5m）の巨大建築で平城宮創建期の大極殿にあたると考えられている。この建物は、2010年に復元された。

第2期は東の内裏とほぼ同規模の約180m四方の築地回廊で囲まれた区画が形成される。東西棟の桁行9間の建物や数多くの脇殿も配される。そして第3期には、主体となる掘立柱建物を中心に、東西に南北棟の建物が配置され、平城上皇が平安時代に造営した建物である可能性も指摘されている。なお、唐招提寺の講堂（国宝）は、平城宮朝堂院の東朝集殿を移築したとされ、切妻の屋根を入母屋にするなどの改変はあるものの、平城宮唯一の建築遺構として貴重である。

1967年には、平城宮東張出し部の南東隅から東西80m、南北100mの敷地内に州浜池を構築した庭園遺構が検出された。「東院庭園」と呼ばれ、遺構を土で覆い保護したうえで、新たに原寸大で庭園を復原し、2000年に公開されている。平城宮跡の保護については、保護や顕彰を目的として「奈良大極殿址保存会」が棚田嘉十郎らによって設立され、1921年には平城宮跡の一部を買い取り、国に寄付するなどしたが、十分な成果をあげられずに解散。その後、平城宮跡は1922年に国史跡に指定された。1952年、平城宮跡は特別史跡となり、1998年には世界文化遺産（古都奈良の文化財）の構成資産として登録された。現在は国営公園化が決定し、国土交通省主管により、平城宮跡歴史公園として遺構や建造物の復元整備が進められている。ただし、域内には県道や近鉄奈良線が縦貫しており、課題も多い。

長屋王邸宅跡

＊奈良市：奈良盆地の北の平野部、標高約65mに位置
時代 奈良時代前半

1986〜89年にかけて百貨店「奈良そごう」建設に伴い、奈良国立文化財研究所によって発掘調査が実施された。平城京跡左京3条2坊1・2・7・8坪の地にあたり、敷地内は掘立柱塀で囲まれた3つの長方形区画を設けて内郭が形成され、正殿と想定される建物と脇殿がある中央内郭、四面廂付建物を中心とする東内郭、2棟の両廂付建物をL字形に配した西内郭に分かれる。遺物としては「長屋皇宮」や「長屋親王宮」と記された木簡が検出され、それによって長屋王の邸宅跡であることが確定した。ほかにも約4万点にのぼる木簡（長屋王家木簡）が出土し、その記載事項からは御所・内親王御所・西宮や長屋王・妻吉備内親王・妻妾とその子どもたちの居住

空間を示す言葉や、政所をはじめとして大炊司・酒司などの衣食住関係、工司・鋳物所などの生産関係、書法所などの写経関係、馬司・犬司・鶴司など動物を管理する部署など、家政機関のさまざまな部署が存在したことがうかがわれる。残念ながら、遺跡は百貨店建設のため破壊された。なお、平城京全体については、東西約4.3km、南北約4.8kmの長方形を呈する京域と、東北部に下京が設けられていたと考えられている。東西94条と南北8坊の道路と朱雀大路により区画された条坊制の都市計画をもっていた。その全体像は未確定な部分も多く、今後の調査が期待される。

宮滝遺跡

＊吉野町：吉野川上流右岸の河岸段丘上、標高約190mに位置
時代 縄文後期～弥生中期、飛鳥～平安時代前期 史

1930年から1938年まで、奈良県の事業として末永雅雄らによって本格的な調査が実施され、2段の河岸段丘に縄文時代・弥生時代の遺跡とともに奈良時代を中心とする遺構が確認された。

主要な遺構としては、奈良時代の瓦や石敷遺構などが検出され、石敷きに先行する遺構として、掘立柱の柱穴列があり建物群の存在が想定されている。これらの遺構から、本遺跡が『日本書紀』や『続日本紀』などに記されている飛鳥時代の「吉野宮」、奈良時代の「吉野離宮」の跡の候補地として考えられるようになった。現段階では、大海人皇子が挙兵した吉野宮と断定できる遺構は認められていないが、今後の調査が期待される遺跡である。なお、縄文時代の遺物は石敷遺構などの下から認められ、特に内陸部でありながら海産のヘナタリ（巻貝）を用いた貝殻圧痕文のある縄文時代晩期の土器（宮滝式）が出土し、標識遺跡ともなった。また弥生時代では、竪穴住居跡とともに方形周溝墓が認められ、土器や壺棺も多数発見されている。なお、遠江地方の壺形土器（嶺田式）が認められており、吉野が東西交流の要衝であったことをうかがわせ、興味深い。

金峯山経塚

＊吉野郡天川村：山上ヶ岳（大峯山）の頂上、標高1,720mに位置 時代 平安時代中期～鎌倉時代前期

1691（元禄4）年に大峰山の頂上において発見された。銅製で高さ36.4cm、表面には金が塗布され、鏨で500字あまりの銘文が刻まれていた。藤原道長によって奉納されたもので、「1007（寛弘4）年8月11日」と記されており、埋納の様子は『御堂関白記』の記載に詳細に記される。道長のほかにも白河法皇、藤原忠通、師通など多くの人々によって奉賽された遺物群があり、多数の経筒や経箱、神・仏像などが検出され、平安時代から室町時代にかけて、人々の信仰を集めていたことをうかがわせる。

㉚ 和歌山県

岩橋千塚古墳群（両面人物埴輪）

地域の特色

　和歌山県は、近畿地方南部、紀伊半島西半部に位置する。南は太平洋に面し、潮岬は北緯33度26分で本州最南端にあたる。北は大阪府、東は奈良県・三重県に接し、西は紀伊水道を隔てて徳島県に対する。いわゆる中央構造線に沿って東西に連なる和泉山脈を北限とし、紀伊半島の尾根大峰山脈の西側・南北に連なる紀和果無山脈の西側斜面に位置する。大部分は紀伊山地の山岳地帯であり、西と南側の海岸線は絶壁をなす美しい海岸線を呈する。河川は中央構造線に沿って流れる紀ノ川をはじめ、有田川、日高川、日置川、古座川、熊野川がある。こうした紀伊水道に面した海岸線には平野が形成され、特に紀ノ川や有田川、日置川下流域の丘陵や沖積地などに、弥生時代以降、古墳時代の遺跡が数多く認められる。なお、弥生中期後半から後期にかけては、橘谷遺跡（和歌山市）、星尾山遺跡（有田市）など、標高100ｍを超す山上に位置する「高地性集落」が出現している。

　古代には紀伊国が設置されていたが、古くは北部に紀伊国造、南部に熊野国造を置き、紀ノ川下流は紀氏が本拠を置いていた。伊都、那賀、名草、海部、在田、日高、牟婁の7郡があり、その大半を牟婁郡が占めている。いわゆる「熊野」と呼ばれ、熊野三山（熊野本宮大社、熊野速玉大社、熊野那智大社）の管理する土地であり、山中他界と海上他界が双方を習合して、他の宗教的聖地には見られない魅力が人々を引き付けた。熊野詣は平安時代以降に盛んとなり、京から本宮を経て、新宮・那智に至る大辺路や山中を通り熊野大社を経て那智に向かう中辺路などには、現在も当時の古道の痕跡が残る。白河・鳥羽などの上皇をはじめ貴賎を問わず数多くの人々が熊野詣を行った。また高野山金剛峰寺をはじめ、粉河寺、根来寺、道成寺など、信仰を集めた寺院も多い。

　中世には畠山・細川・山名氏などが守護となるが、基本的には畠山氏が守護職を継いだ。その後羽柴秀吉により平定され、関ヶ原の戦の後は浅野

近畿地方　225

幸長が和歌山城に入るが、1619（元和5）年に徳川家康の子頼宣が和歌山藩に封ぜられた。田辺を安藤氏、新宮を水野氏の付家老が治め、幕末を迎える。廃藩置県後、1871年7月に和歌山県、田辺県、新宮県が設立され、同年11月に和歌山県に統合された。近世の伊都郡・那賀郡の高野山寺領は和歌山県に、南・北牟婁郡と伊勢国8郡は三重県に、大和国吉野郡は奈良県に編入されている。

主な遺跡

太田黒田遺跡
＊和歌山市：紀ノ川左岸、河口部の自然堤防上、標高約5m前後に位置　時代 弥生時代前期〜中期

　区画整理事業に先立ち、1968〜71年にかけて発掘調査が行われた。竪穴住居跡15棟をはじめ弥生中期の遺構が中心だが、前期の遺構として土坑や井戸、溝、炉なども検出されている。頸部に1条から数条の突帯をめぐらせた突帯文土器が検出されているほか、いわゆる「紀伊型甕」と呼ばれる縄文時代晩期の深鉢系の土器が検出されている。紀伊型甕は口縁部と肩部に刻み目をもつ突帯が形成され、北部九州から伝播したとされる遠賀川式土器との関わりが指摘されている。こうした土器群は、畿内や東瀬戸内地域にも多く認められることから、その交流域を示唆するものとして評価されている。また遺跡の北辺では、袈裟襷文銅鐸（総高29.9cm、石舌が内蔵）が出土している。石器も豊富で、石鏃、石槍、石包丁、大型蛤刃石斧などが多数出土している。いわゆる紀ノ川流域で早い段階で水田稲作文化を取り入れた遺跡として、中核的な集落であった可能性が指摘されている。

田屋遺跡
＊和歌山市：紀ノ川北岸の沖積地上、標高約6mに位置　時代 弥生時代後期〜古墳時代後期

　1982年より国道24号線（和歌山バイパス）建設に伴い発掘調査が行われ、竪穴住居跡約60棟などが検出された。調査はその後も開発に伴い断続的に実施されている。興味深い点としては、弥生時代後期の住居形態は正方形を呈し、ベッド状遺構や中央に炉穴を有する形態であったが、その後、長方形で竪穴壁に竈をもち、床面に柱穴が認められない特徴をもつ住居跡が出現、その後正方形へと変化するといった建築史的知見が得られた。なおベッド状遺構については、近年の調査で古墳時代の住居でも認められている。長方形住居跡では陶質土器や韓式系土器が認められ、朝鮮半島からの渡来系の人々の活躍を示唆する遺跡といえる。

岩橋千塚古墳群

＊和歌山市：紀ノ川左岸、岩橋山地北側尾根など、標高約30〜150mに位置　時代 古墳時代前期〜後期　史

　1907年に大野雲外、N. G. マンローらが調査を行い、1931年には国指定史跡となった。1961年から県教育委員会による分布調査が行われ、その成果に基づいて末永雅雄、森浩一らが主要な古墳について発掘調査を実施した。独立丘陵や尾根のなかに古墳群が構成されており、岩橋前山、花山、大日山、大谷山、井辺、井辺前山の各地区に分かれている。花山地区は前方後円墳が多く、最大規模の古墳は花山8号墳で、主軸長52mの前方後円墳で、主体部は破壊が激しく規模は明確ではないが、粘土槨と見られ、床からは剣、滑石製勾玉、管玉、臼玉、ガラス小玉が出土している。丘陵の最高所に位置し、古墳群では最古級の5世紀初頭と考えられている。

　古墳群最大級の古墳は、古墳群の東側に位置する天王塚古墳で、主軸長86m、後円部径44m、高さ10m、前方部幅46m、高さ8m。3段に築成されている。主体部は横穴式石室で、全長10.95mを測り、石棚と8本の直梁を架し、高さ5.9mに及ぶ。遺物には冠帽断片、玉類、鉄鏃、挂甲、鞍、馬具類、須恵器の高杯や土師器の壺なども認められたが、盗掘により大部分は失われていた。6世紀前半と推定される。

　また、福飯ヶ峰の北斜面の井辺前山地区には、規模は和歌山県下最大級とされる井辺八幡山古墳があり、主軸長88mの前方後円墳である。後円部径45m、前方部幅57mで、3段築成で墳丘各段の平坦面には円筒埴輪列が一重にめぐり、葺石や周濠は存在しない。つくり出し部から、円筒埴輪のほかに家、盾、武人、力士、巫女、馬、猪などをかたどった形象埴輪や、大甕、壺、器台などの須恵器が数多く出土している。特に、顔に入れ墨を有し褌を締めた力士（和歌山市指定文化財）や角坏を背負った男子などは著名である。主体部は未調査だが、横穴式石室の存在が推定されている。6世紀初頭前半〜中葉の築造と推定されている。

　古墳群のうち、最も古墳が集中しているのは、岩橋前山地区であり、中・小型の円墳を主体としている。なお、岩橋千塚古墳群の横穴式石室には特色があり、変成岩の割石で築かれて、岩橋型と呼ぶ特殊な構造をもつほか、石棚、石梁を設けて玄室を高くした構造も認められる。なかでも規模、構造ともに発達のピークが天王塚古墳であるといえる。

　国の特別史跡に指定された範囲、約61万m²の面積だけでも430基の古墳があり、全国的に見てもきわめて密集した古墳群である。

近畿地方

鳴滝遺跡　＊和歌山市：和泉山地南麓、舌状台地の尾根上、標高約24〜28mに位置　時代　古墳時代中期

　近畿大学付属高校の建設に伴い、1982年に県教育委員会により調査が実施された。大型の掘立柱建物7棟（西列5棟、東列2棟）が東西方向に棟をもち、整然と並んで発見された。いずれも妻側に太い棟持柱をもった桁行4間・梁間4間の切妻の高床式建物であった。また、柱と高床を支える束柱が2本組み合わせられた構造をした箇所が認められ、建築史上も貴重な知見を提示している。いわゆる「楠見式土器」と呼ばれる須恵器が大量に発掘されたことから、紀氏に関わる倉庫群と評価されている。5世紀前半から中頃の一時期に遺物が集中しており、短期間に柱材ごと抜き取るかたちで、移転した可能性が推測されている。

　鳴滝遺跡から南東1kmほどに、楠見遺跡（和歌山市）が位置している。「楠見式土器」の発見された遺跡であり、溝状遺構と大量の土師器、陶質土器が検出された。陶質土器には、甕、壺、器台、台付鉢、甑などがある。その特徴としては、鋸歯文様、綾杉文様、絡紐文様、透かし（正方形・楕円・半円）、貼付け装飾などがあり、初期の国産須恵器には認められない要素が見られることから、朝鮮半島から渡来した陶工によって製作されたものと評価されている。

　こうした点も踏まえ、これまで取り上げた鳴滝・楠見・田屋遺跡や岩橋千塚古墳群など、紀ノ川流域の古墳時代の遺跡群は、朝鮮半島と関わりの深い、紀氏一族の活動の一端を示すものとして注目されている。

大谷古墳　＊和歌山市：紀ノ川北岸、和泉山脈の尾根端、標高約15〜30mに位置　時代　古墳時代中期　史

　1957年より京都大学考古学研究室により調査が行われ、主軸長70m、後円部径40mを測る。主体部は九州産凝灰岩製の組合せ石棺であり、後円部中央に主軸方向の墓坑に埋納されていた。石棺蓋は家形、身は長持形である。副葬品は石棺内からは素文鏡、ガラス勾玉、挂甲、剣、直刀、衝角付冑、耳飾、帯金具などが検出され、石棺外からも、日本ではきわめて珍しい馬冑、馬甲、短甲、鞍が検出されたほか、矛5本や木箱に納められた轡、杏葉、雲珠、革金具、鈴などが検出された。木箱の下からも、鐙、鞍、鉄鎌、鑿、鍬先、手斧が出土している。築造は5世紀末〜6世紀初頭と考えられ、朝鮮半島系の遺物が見られることから、密接な交流のあった紀氏一族が被葬者として推定されている。

那智山経塚群(なちさんきょうづかぐん)

＊東牟婁郡那智勝浦町：熊野那智大社飛滝権現の参道付近、標高約260〜300mに位置　時代　平安時代〜江戸時代

　1918年に遺物が発見され、1930年には約60基の経筒をはじめ、鏡、銭貨などが多数発見された。1968年、69年にも調査が行われ、経塚と修法遺構などが検出されている。経塚は巨石の周辺に構築されたものと、石を方形基壇状に構築したものなどがある。紀年銘資料では、1153（仁平3）年が最も古く、1530（享禄3）年が最新の経筒である。ほかにも銅仏像、懸仏、塔、諸尊の持物を表す銅製三昧耶形、大壇具などの特殊な祭儀に伴う遺物も出土している（『那智山滝本金経門縁起』に記載される埋経供養の形態と一致）。いわゆる那智山および熊野信仰の歴史を物語る資料として、興味深い。ちなみに那智勝浦には本州最南端の前方後円墳である下里古墳（那智勝浦町）があり、主軸長約37m、後円部径22m、前方部幅11mを測る。主体部は竪穴式石室だが、戦前に乱掘を受け、遺物は散逸している。

根来寺坊院跡(ねごろじぼういんあと)

＊岩出市：紀ノ川北岸の和泉山脈の尾根筋など、標高100m前後に位置　時代　平安時代後期〜戦国時代　史

　1976年より断続的に発掘調査が行われており、広大な伽藍の様子が明らかになりつつある。覚鑁上人によって開創された新義真言宗の総本山であり、もともとは高野山内に開かれた大伝法院を前身とする。金剛峰寺との対立から山をおり、寺領弘田荘内の豊福寺を拠点として発展、室町時代後期には坊院の数は450を超えた。発掘調査では、大量の輸入陶磁器をはじめ、茶道具、文房具、日常生活財に至るまで、数多くの遺物が出土している。特に備前焼の大甕を蔵に設置して備蓄を図るほか、寺域外でも根来塗や鍛冶などの工房跡も検出され、その勢力の大きさをうかがわせる。1585（天正13）年の羽柴秀吉による紀州攻略により、大塔、大師堂を除いて、堂宇は灰燼に帰した。境内地では中心伽藍を除いてほぼ全域に焼土層が確認されている。復興は江戸時代後期以後のこととなる。

　ちなみに高野山金剛峰寺遺跡（伊都郡高野町）でも1962年以降、発掘調査が実施されており、高野山金剛峰寺真然堂解体修理で発見された納骨遺構や奥の院の納経遺構、塔頭寺院跡や地鎮遺構などが検出されている。

㉛ 鳥取県

上淀廃寺跡(塑像片「菩薩足指」)

地域の特色

鳥取県は、中国地方日本海側の東部に位置する。東は兵庫県、西は島根県、南は中国山地を境として岡山県、広島県に接している。南部を中心に海抜1,000m級の山間地帯が分布し、北部には、日本海に面して、千代川、天神川、日野川の沖積平野が展開する。鳥取、倉吉、米子の各平野が開けており、湖山池、東郷池などの潟湖がある。総面積の約8割が標高100m以上の土地であり、中国山地の分水嶺が日本海側に寄っているため、その北斜面に位置する本県の山地は勾配が大きい。特に、西部には中国地方随一の高峰大山がそびえ、かつ山間部の日野地方と日本海に突出する砂浜弓浜半島がある。

鳥取平野千代川の河口に広がるのが著名な鳥取砂丘である。鳥取県の沿岸は海岸砂丘が発達する傾向にあり、その後背地にはラグーン(潟湖)を伴っていた。加えて、縄文時代前期には気候温暖化現象での海進などの環境安定化もあり、海岸域や河川流域に居住する傾向がうかがわれる。弥生時代には、低湿地域から乾燥地域の沖積地に遺跡が波及し、山地を含め全県下の各地域に遺跡が分布する。遺跡数は1万8,000カ所を超え、日本海側では最も多い。

県域は古代においては東部に旧因幡国、西部に旧伯耆国が位置した。伯耆国は鎌倉時代、六波羅探題南方(北条氏)が守護を兼ねており、室町時代には山名氏が守護を世襲した。江戸時代以降は、米子、黒坂、倉吉、八橋に藩が置かれて分割支配されたが、1617(元和3)年以降は池田氏が領有することとなる。因幡国は南北朝の争乱から以降は但馬国を本拠とする守護山名氏一族の勢力下に置かれた。戦国期には出雲の尼子氏、安芸の毛利氏の来襲を受け、守護の勢力は次第に弱まり、羽柴秀吉の手で攻略された。関ヶ原の戦の後は、大名の転封・改易が行われ、1617年以後は、因幡国・伯耆国32万石は池田氏の領地となった。

1871年7月の廃藩置県で、旧藩領の因幡・伯耆両国と播磨国神東・神西・

230

印南3郡内24カ村とを包括した鳥取県が置かれたが、播磨の村々は姫路県領となり、隠岐国は鳥取県となった。1876年、鳥取県は島根県に併合された。1881年9月鳥取県が再置され、因・伯両国一円を管轄し、今日に至っている。

主な遺跡

青谷上寺地遺跡
＊鳥取市：青谷平野の勝部川と日置川に挟まれた標高2.5～4.2mに位置　時代 弥生時代　史

　国道および県道建設に伴い、第1次調査が1998～2001年にかけて、約5万5,000m²を対象として実施された。遺跡は集落拠点である中心域とその外域である水田域から構成されている。中心域では掘立柱建物7棟をはじめ、土坑や溝、水田跡なども検出された。特に、木製品や自然遺物の保存状態が良好で、鉄製・石製の加工具や石器・骨角器・玉類の未製品や素材、鍛冶関連遺物などが顕著に出土するなど、手工業生産の場であったと考えられる。また、舶載の鉄器や中国の貨幣である貨泉、ヒスイ製勾玉、碧玉やサヌカイトの原石などの交易品、吉備や北近畿・北陸などからの搬入土器も認められ、物流拠点としての性格もうかがわれる。

　特に木製容器については、近年の研究成果により、九州から山陰・北陸にかけての日本海沿岸地域における桶形容器や花弁状の陽刻を施した高杯、刳物桶の意匠の共通性などもうかがわれる。また集落中心域の東側からは弥生時代後期と考えられる約5,300点の人骨が検出され、殺傷痕の認められる骨も多数検出された。脳も3点発見され、世界的にも貴重な資料が得られたとして話題となった。なお、卜骨集積遺構は慶尚南道勒島遺跡での検出例とも共通点が認められ、環日本海域を舞台とした広範な地域間交流にも関与していた可能性が指摘されている。2008年に国指定史跡となった。

妻木晩田遺跡
＊西伯郡大山町：美保湾を一望する標高90～150mの丘陵に位置　時代 弥生時代中期末～古墳時代前期初頭　史

　1995～98年にかけて、ゴルフ場をはじめとした大規模リゾート開発計画に伴い、大山町・淀江町教育委員会により発掘調査が行われ、発見された。竪穴住居跡が420基以上、掘立柱建物跡が約500棟、墳丘墓（四隅突出型墳丘墓含む）が34基、環壕など、大規模な集落の様相が明らかになった。いわゆる「高地性集落」と呼ばれるもので、おおむね東側が居住地区、西側の丘陵先端が首長の墓域といった構成が想定されている。弥生時

代後期終末以降では鍛冶、玉作、土器焼成などの活動が認められる。

特に松尾頭地区では、長辺6.8m、短辺3.4mの庇の付く掘立柱建物が検出され、「祭殿」と想定されている。加えて、大型竪穴住居から舶載鏡が検出されたほか、線刻画を施した土器片なども認められており、祭儀などを行う特別な空間であったと考えられる。遺跡全体の面積は約170haに及ぶと考えられ、現在約17haが調査されている。山陰地方のみならず、国内でも有数の規模を誇る集落遺跡として、1999年に国指定史跡となった。

阿弥大寺古墳群　＊倉吉市：国府川右岸の傾斜地、標高約70mに位置
時代　弥生時代後期～古墳時代　　　　　　　　　　　　　史

1979年、80年に農地造成工事に伴う発掘調査により、住居跡、土坑墓、掘立柱建物跡、四隅突出型の方形墳丘墓が3基発見された。1号は突出部を含めて東西17.8m、高さ0.8mと規模は3基中最大であり、墳丘には河原石で貼石が施されている。埋葬施設と思われる土坑は墳丘に2基、周溝状の法面に12基認められた。2号（7.8m〈突出部含む〉）、3号（8.8m〈突出部含む〉）で規模は小さい。いずれも壺、甕、器台といった供献土器が出土し、多くが底部に穿孔を有している点が興味深い。

橋津古墳群　＊東伯郡湯梨浜町：馬ノ山丘陵、標高約107mに位置
時代　古墳時代前期　　　　　　　　　　　　　　　　　　史

前方後円墳5基、円墳19基があり、馬ノ山古墳群とも呼ばれる。著名なものは馬山4号墳で、全長100mと推定される山陰地方最大の前方後円墳である。竪穴式石室をはじめ、箱式石棺や埴輪円筒棺が認められ、竪穴式石棺からは三角縁神獣鏡・画文帯神獣鏡・方格規矩鳥文鏡・内行花文鏡・変形盤龍鏡の5面や石釧12、車輪石3、硬玉勾玉1、管玉17、鉄製品などが出土した。また、人物を線刻した円筒埴輪片も検出されている。東郷池を中心として、当該地域の重要性を物語る古墳群として評価されている。なお、4号墳の前方部先端が切断されているが、これは近世幕末期に「橋津台場」建設のための土取り場とされたためである。

北山古墳　＊東伯郡湯梨浜町：東郷湖南岸に伸びる北山丘陵の先端部標高約30mに位置　時代　古墳時代中期　　　　　　　　　　　　　　史

1966年に山陰考古学研究所により後円部の調査が行われ、竪穴式石槨と推定される遺構と箱式石棺の2つの主体部が確認され、長さ約1.7mの石棺からは人骨のほか舶載の龍虎鏡、刀、玉類などの副葬品が多数出土した。全長110m、後円部径70m、高さ12mで、山陰地方最大の前方後円墳である。葺石のほか円筒埴輪や鶏形埴輪の一部も認められている。古

墳時代前期に橋津古墳群に始まった東伯耆の大型古墳の系列は、北山古墳で途絶える。5世紀前半の築造と推定される。

空山古墳群（そらやま）
＊鳥取市：空山中腹、標高130～150mに位置
時代 飛鳥時代（6～7世紀）

　戦後、壁画の存在が認識され、1979年度、80年度に調査が行われた。73基の古墳のうち、5基に壁画が認められた。石室形態は横穴式石室で、2号墳では盗掘より残置された須恵器、土師器、金環などが採取され、6世紀末～7世紀前半の築造の可能性が指摘されている。玄門上部の天井石に線刻で三角文と綾杉文、奥壁には鳥や綾杉文などが認められた。墳丘のよく残る10号墳では、大刀をさした武人立像が刻まれ、15号墳では天井石が原位置を保ち、持送りに積んだ石室の保存状態は良好である。玄室の3側面に線刻によって、木葉文、船、星状および船あるいは梯子状の文様が描かれる。同様の線刻壁画は周辺にも認められ、阿古山22号墳（鳥取市）では、空山15号墳と同様に船の線刻画7隻も刻まれており、興味深い。

上淀廃寺跡（かみよどはいじあと）
＊米子市：米子平野の東、丘陵上標高約20mに位置
時代 飛鳥時代　　　　　　　　　　　　　　　　　　　　　　　史

　1991年より発掘調査が行われ、国内最古級仏教壁画片が大量に出土した。5,300点を超える壁画断片を出土し、それらの3分の1以上に彩色が認められた。また、金堂および中・南塔周辺からも約3,800点の塑像片が出土しており、螺髪や足指など造形が確認できるものも多い。加えて出土した瓦からは、線刻された「癸未年」の干支銘が認められており、683（天武12）年にあたると考えられ、創建年代として比定されている。建物跡は南北12.7m、東西14.4mの金堂や東に1列に3つの塔を南北軸で配する設計は、日本の古代寺院においては類例がなく、この寺院の特徴といえる。平安時代中期には焼失したものと考えられている。

伯耆国庁跡（ほうきこくちょうあと）
＊倉吉市：国府川左岸の丘陵、標高約40mに位置
時代 奈良時代～平安時代　　　　　　　　　　　　　　　　　　史

　1973～79年にかけて調査が行われた。国庁全体の区画は、東西273m、南北227mを測り、四方は溝によって囲まれていたものと考えられる。政庁域は東西84m、南北93mで南に門を配し、前殿、正殿、後殿を配し、東西にも脇殿があった。当初は掘立柱建物群であったが、後に礎石建物に改められたと考えられ、2回から4回の建替えがなされたものと想定されている。国庁跡の東には国分寺跡や国分尼寺跡もあり、古代伯耆の中心地であったことがうかがわれる。

中国地方　233

因幡国庁跡（いなばのこくちょうあと）

＊鳥取市：袋川の扇状地である法美平野中央部、標高約13mに位置　時代 奈良時代～平安時代　史

　1977年の調査によって、平安時代前期の正殿と考えられる桁行5間、梁行2間の掘立柱建物群が検出されたほか、掘立柱建物約10棟が検出されている。墨書（ぼくしょ）土器や886（仁和2）年の文字が認められた木簡、硯（すずり）などの官衙（かん が）跡を示す遺物が発見されている。規模は確定されていないが、おおむね東西150m、南北200mに広がるものと考えられている。因幡国分寺跡も近くから発見されているほか、近年の圃場整備（ほ じょうせい び）以前には、6町四方の方角地割りによる条里制の痕跡も認められ、古代因幡の中心地であったことがうかがわれる。因幡万葉歴史館や公園整備がなされている。

コラム ● 考古学用語解説

☞「古墳」

盛土を行って、埋葬施設を構築した墓を指す。日本では3世紀以降の前方後円墳や八角墳など、特異な形態の墳丘形式をもつものを古墳と称しているが、弥生時代にも大型の墳丘をもつ墓（墳丘墓）が認められており、何をもって古墳の成立とするか、という古墳の定義とも関わり、その概念規定は一様ではない。その時期区分は4時期に分けるのが一般的であり、前方部が低く規模も小さい前方後円墳や前方後方墳が成立する3世紀後半～4世紀後半の「前期」、そして4世紀末～5世紀末の前方後円墳の前方部が後円部と同様の規模をもつようになる「中期」、前方後円墳は造営されるものの、円墳、方墳が多くなる5世紀末～6世紀末の「後期」（ただし、関東地方では大型の前方後円墳が認められる）、そして6世紀末～7世紀末の、前方後円墳はほぼ消滅し、前半では円墳、方墳、八角墳が認められるほか、群集墓なども増加するが次第に古墳造営が収束する「終末期」に分けられる。埋葬施設は前期では竪穴式石室を基本とし、粘土により郭（木棺を保護する壁）を構築したものや木棺直葬も見られるが、中期以降は横穴式石室（羨道〈追葬可能な道路〉と玄室〈埋葬用の墓室〉をもつ）に長持式石棺を納めた形態が広く用いられるようになる。

　また古墳は単独ではなく、陪塚と呼ばれる大型古墳に付随して造営されたと想定される古墳や一定の規模をもつ古墳が群在する古墳群が認められる。こうした造営背景を土地の首長的な権力や政治集団とからめてとらえることがあるが、恣意的な解釈に陥る可能性は否定できない。地理的分布や墳丘形状、埋葬施設や副葬品など多様な要素を適切に整理しつつ、慎重に検討することが大切である。

㉜ 島根県

出雲大社境内跡遺跡（宇豆柱）

地域の特色　島根県は、中国地方の北西部、日本海側に位置する。東は鳥取県、南は広島県、西は山口県に接する。海上約80kmの位置に隠岐諸島がある。南部の県境は中国山地の1,000m級の山々が連なり、山陽と山陰を分ける分水嶺となっている。山陽側の地形がゆるやかであるのに対し、山陰側は日本海に向かって急傾斜し、河川は急流となる。江川は広島県山県郡大朝町に源を発し、三次盆地を迂回して島根県に入り、日本海に注ぐ206kmの川である。なお県下の河川は、宍道湖に注ぐ斐伊川（75.2km）をはじめ、流長は短い。そのため県下には平野が少なく、石見地方では益田平野、出雲地方では出雲、松江、安来平野などがあげられる。宍道湖や中海は汽水湖であり、魚介類の豊富な漁場となっており、縄文時代以来の遺跡が周辺に多数存在している。また、比較的広い平地に恵まれた中海・宍道湖沿岸では、水田稲作も古くから行われ、他地域に比べても農耕集団の発展や他地方との交流・交易が盛んに行われていたことが、後に述べる遺跡出土の遺物からもうかがわれる。

古代律令制下では、出雲・石見・隠岐といった国に分けられるが、元来の地域性が反映されたものと考えることもでき、古墳時代の出雲地方では大型の四隅突出型墳丘墓が造営された端緒として、東西で古墳の数や規模がやや異なる傾向を示しつつ、大型古墳の築造といった統合化されていく様子がとらえられるが、石見地方では、小平野や盆地がまばらに分布することもあり、集落や古墳も孤立分散的に形成され、政治的なまとまりも十分には認められない。また、日本海に面することから、日本海沿岸のみならず大陸や朝鮮半島とも交流があったことがうかがわれる。

中世以降は荘園が発達し、守護大名として山名氏、佐々木氏などが支配した。その後、京極氏、守護代の尼子氏が支配。戦国時代には毛利氏が支配した。関ケ原の戦で毛利氏が衰退し、以後は堀尾氏・京極氏・松平氏による支配が確立し、松江藩となった。一方、石見は戦国期には毛利氏の支

配下であったが、近世は石見銀山の存在から、大部分を幕府天領とし、一部に津和野藩、浜田藩領が存在した。隠岐は古代以来の流刑地で、後鳥羽上皇などの行在所跡が残る。中世は佐々木一族の隠岐氏が治め、近世では松江藩領となっていた。廃藩置県後、出雲には松江県・広瀬県・母里県が置かれたが、その後、浜田県や鳥取県を合併。1881年に鳥取県が再分離され、島根県域が確定した。

主な遺跡

崎ヶ鼻洞窟遺跡

＊松江市：中海に突出した丘陵の先端崖裾、標高5mに位置する　時代 縄文時代前期末〜後期後半　史

1934年に発見され、同年と35年に佐々木謙、小林行雄らによって調査された。大小4つの洞窟が並び、第1号洞窟が最も大きく、入口高約7m、幅約15mを測り、奥行45mに及ぶ。遺物は入口付近を中心に出土し、土器（磨消縄文を基調とした縁帯文土器〈崎ヶ鼻式〉）、石器（石斧、石鏃、石匙、石皿、磨石など）が大量に検出された。特に、漁労を物語る石錘は200個近く認められ、骨製尖頭器や銛も出土している。加えて、自然遺物では貝類や魚骨、獣骨類も豊富に出土し、マグロなど大型回遊魚の存在は外洋への活発な漁労活動の一端を示している。また、石鏃の多くは隠岐産の黒曜石が用いられたものと考えられ、石器製作に伴う石屑も多く出土している。なお、洞窟内からは、埋葬されたと思われる縄文時代後期の人骨も出土している。中海周辺には、縄文時代の遺跡が多数認められており、海底からも土器の採集例がある。現在は海水準の上昇で水没した遺跡も存在するものと思われ、中海周辺が漁労、狩猟に適した良好な生活環境が整っていたことを物語っていよう。

西川津遺跡

＊松江市：朝酌川の河川敷、標高-0.5〜1.5m付近に位置する　時代 縄文時代前期〜弥生時代

1974年に始まった河川改修工事に伴う調査により発見されたもので、1980年より県教育委員会が発掘を行っている。遺物包含層が広範囲に形成され、弥生時代の掘立柱建物や貯蔵穴、木製農具の保管所などの遺構が発見された。特に遺物は土器だけでなく、大量の木製品（多様な形態の鍬・鋤など）やヒョウタン製容器、ゴホウラ製貝輪・結合釣針などもあり、その交流の範囲をうかがわせる。朝酌川下流にはタテチョウ遺跡（松江市）があり、ここからも同様に農具や田下駄、櫂や櫓、丸木弓、火鑽臼など木製品が大量に検出されている。珍しいものでは、中空卵形の土笛が出土し、

中国大陸との関わりも指摘されている。

神庭荒神谷遺跡(かんばこうじんだに)
＊出雲市斐川町：宍道湖低地に伸びる丘陵間の谷あい、標高約22mに位置　時代 弥生時代　史

　農道の開設に伴い発見され、1984年、85年に県教育委員会が発掘調査を実施した。1984年に銅剣358本、1985年に銅矛16本、銅鐸6個が検出され、青銅器の出土例の少ない出雲の評価に再考をうながすことになった。斜面をコの字状に造成し、東西約4.6m、南北約2.6〜2.7mの浅い埋納坑を設けて粘土を敷き、刃を立てるかたちで4列、銅剣を埋納して、さらに粘土で上面を覆っていた。銅鐸と銅矛は、銅剣の検出場所より西側約7m先の斜面を切り込み、東西約2.1m、南北約1.5mの埋納坑を設け、向かって左側に銅鐸を3個セット、紐部を向かい合わせで2列、右側に銅矛を鋒と袋部が互い違いになるかたちで納められていた。

　銅剣は全長約51cmのもので、銅鐸は小型の全長22〜24cm、銅矛は全長70cmのもの2本と、残りは全長75〜84cmである。銅矛は北部九州地方からの搬入品と考えられている。銅剣358本のうち344本のなかご部分に「×」印が刻まれていた。後述の加茂岩倉遺跡でも同様の事例が認められ、注目されている。なお、出土遺物はいずれも国指定重要文化財に指定され、史跡公園となっている。

加茂岩倉遺跡(かもいわくら)
＊雲南市：宍道湖の南西、中国山地に入った谷最奥部、標高138mに位置　時代 弥生時代　史

　1996年、大竹岩倉地区農道整備工事の途上、偶然に発見された。埋納坑は南側に張り出した尾根の先端、南東斜面につくられていた。不時発見のため明確な原位置などは特定できないが、銅鐸は「鰭(ひれ)」と呼ばれる両側面の帯部分を立てるようにして埋められていたと考えられる。出土した銅鐸は、45cm前後のものが20個、30cm前後のものが19個あり、計39個に及ぶ。大きい銅鐸に小さな銅鐸を「入れ子」状にして埋納していた。文様の付けられたものは、流水文(りゅうすいもん)銅鐸が9個、袈裟襷(けさたすき)文銅鐸が20個あり、同じ鋳型でつくられた同笵(どうはん)の銅鐸も15組26個の関係が明らかとなっている。興味深い点として、銅鐸のうち14個の「鈕（吊り手部）」に「×」の刻印が認められている。前述のように、同様の「×」の刻印が銅剣に認められた神庭荒神谷遺跡は、本遺跡から北西3.4kmに位置しており、その関わりも注目されている。遺物は国宝に指定され、発掘地点にはガイダンス施設がある。

順庵原遺跡 (じゅうなんばら)

＊邑智郡邑南町：出羽盆地の出羽川の河岸段丘上、標高約310mに位置　**時代** 弥生時代～古墳時代

　1969年に国道建設工事に伴い発掘調査が行われた。弥生時代の竪穴住居のほか、方形の四隅に突出部をもつ四隅突出型墳丘墓が発見された。順庵原1号墳は、10.8×8.3m、高さ1mの墳丘上に箱式石棺墓2基、木棺墓1基の3つの主体がつくられており、主体内部や墳丘周辺の溝からガラス小玉や管玉、弥生土器が出土した。墳丘袖裾には貼石がめぐらされ、周溝内には直径約1.3mのストーン・サークル状遺構も見られる。こうした四隅突出型墳丘墓は県内では、仲仙寺墳墓群（安来市）の9号墳や10号墳（消滅）や宮山墳墓群（安来市）の4号墳をはじめ事例が認められているが、その発見第1号の古墳として知られる。

神原神社古墳 (かんばらじんじゃ)

＊雲南市：斐伊川支流、赤川左岸の微高地、標高約34mに位置　**時代** 古墳時代前期

　1972年に赤川の拡幅工事に伴い、調査が実施された。神原神社本殿の下に存在し、南北にやや長い方墳（35×30m）。埋葬施設は南北を主軸とする竪穴式石室で板状の割石を小口積みにしており、長さ5.8m、幅0.9～1.3m、高さ1.4mを測る。割竹形木棺を設置したものと考えられ、粘土床とその棺が安置されていたと考えられる位置に、栗石を用いた排水溝が設けられている。副葬品が豊富で、素環頭太刀、太刀、鉄剣、鉄鏃、スキ先、鎌、鑿、鉇、錐、縫針2本などであった。特筆されるのが鏡で、いわゆる卑弥呼が下賜された鏡ともいわれる「景初三年」銘をもつ三角縁神獣鏡が1面副葬されていた。出雲地方では最古級の古墳として位置づけられ、古墳は消滅したが、石室が移転した神原神社境内に移築復元されている。また、神原神社古墳の背後の丘陵には神原正面遺跡群（雲南市）がある。尾根上に弥生時代後期から古墳時代にかけての墳墓が密集してつくられ、弥生後期の木棺直葬施設や土壙墓が設けられた半円形の台状墓（径25m）、尾根を切断して削り出した方形台状墓などがあったが、1982年に遺跡のほとんどは公園造成のため調査後に消滅した。

山代二子塚古墳 (やましろふたこづか)

＊松江市：茶臼山北西麓の台地端、標高23mに位置　**時代** 古墳時代　**史**

　後方部の一部が破壊されているが、2段に築成された前方後方墳。復元全長は92mであり、出雲最大級の規模をもつ。埋葬施設の調査は行われていないものの、採集された須恵器などから、6世紀中頃の築造と考えられている。野津左馬之助によって、1925年刊の『島根県史』第4巻に「前

方後方墳」の名が初めて使用された古墳として学史的にも貴重である。県内では、今市大念寺古墳（出雲市）が復元全長90mとされ、3段築成で高さ7m、前方後円墳では出雲最大級とされている。後円部南西側に全長12.8mの横穴式石室をもち、長さ3.3m、高さ1.7mの家形石棺を置く。江戸時代の1826年に開口され、金環、金銅装大刀・履など多数の副葬品が発見され、一部が大念寺に残されている。6世紀中頃～後半の築造と考えられる。1981～82年の調査で、墳丘に高度な版築状の技術が用いられていることが判明している。なお、石見地方では、周布古墳（浜田市）が現存全長66.6mの前方後円墳として著名である。

出雲玉作遺跡群
＊松江市：玉湯川上流の丘陵斜面地、標高20～50mに点在　時代 古墳時代～平安時代　史

1969年、71年に山本清らを中心に発掘調査が行われた。玉作の工房跡とされる特殊な工作用のピット（土坑）をもつ住居跡が30棟以上検出されたほか、数万点に及ぶ勾玉や管玉、丸玉などの製品や製作工程のわかる未製品、砥石や鉄製工具といった攻玉具が発見された。碧玉をはじめとする原石の産出地である花仙山が1kmほどの場所にあり、この一帯が日本でも有数の生産拠点になったと考えられる。出雲での玉作は古代の文献史料にも登場しており、平安時代の法令集『延喜式』には、毎年朝廷に進上された記載もある。現在までに調査された3区のうち宮垣地区の遺跡群は、史跡公園として整備されている。

出雲国府跡
＊松江市：意宇平野の南辺、微高地上の標高約13mに位置　時代 奈良時代～平安時代　史

風土記の丘整備の一環として、1968～70年にかけて松江市教育委員会により調査が行われた。辺560尺（約168m）四方の大溝で区画された範囲に、掘立柱建物群や石敷、溝状遺構が認められた。特に柱間・東西5間、南北4間の四面庇の掘立柱建物が出土し、国庁正殿の後殿建物であると推測されている。

遺物には土器のほかに硯や墨書木簡が出土し、「大原評□部□□」と読める木簡は、「郡」の設置以前に「評」が存在したとする「郡評論争」に重要な資料を示すことにもなった。なお、出雲国分寺跡（松江市）は出雲国府跡から東北に1.3km、茶臼山南東麓の標高約11mに位置する。1955～56年に石田茂作によって時域と主要伽藍の調査が行われ、1970～71年には県教育委員会によって調査が行われている。伽藍配置は、南北の中心線上に南門、中門、金堂、講堂、僧房を並べ、中門と講堂を回廊で結ん

中国地方　239

で金堂を囲むかたちをとる。中心線の軸は意宇平野の条里方向と一致し、遺物から鎌倉時代まで存続したことが推測されている。なお、創建期の軒丸瓦は新羅の影響を受けた出雲独自の瓦当文様である。さらに、東へ約430m離れた所には国分尼寺があり、1974年、75年に調査が行われている。

出雲大社境内遺跡（いずもたいしゃけいだい）

＊松江市：出雲平野の北西端、北山山系に接する標高約7～10mに位置　**時代** 平安時代末～鎌倉時代

1943年の仮殿建設に際して遺物が収集されたことを発端として、1955年には新拝殿建設に伴い発掘調査が行われ、1999～2000年に行われた地下祭礼準備室建設に伴う調査で巨大な神殿遺構が検出された。棟持柱（宇豆柱）や心御柱、南東側柱などと呼ばれる3本の木材を金輪でまとめた構造の柱（径約3m）が3本検出され、共伴する土器から平安時代末～鎌倉時代の神殿に伴うものと想定されている。出雲国造千家家に伝来する『金輪御造営差図』とほぼ形態的に一致し、史料の信憑性を裏づけるとともに、伝承としての巨大な神殿建築が存在した可能性を示唆する遺構として注目される。調査では、ほかにも室町時代の玉垣跡や江戸時代の本殿の基礎遺構なども検出されており、古来よりの継続的な杵築（出雲）大社の本殿営造の様相を知るうえで貴重な遺構といえる。

コラム ● 考古学用語解説

☞「埴輪」

埴輪とは、古墳の墳丘や周辺に立てられた素焼の造形物の総称である。『日本書紀』垂仁天皇32年条に、「埴土を取りて人馬及び種種の物の形を造作り、……陵墓に樹て、……是の土物を号けて埴輪と謂う」とあり、土師氏の祖である野見宿禰の進言により、殉死の代わりとしてつくられたとされるが定かではない。埴輪には、壺形埴輪と円筒埴輪および形象埴輪があり、さらに形象埴輪は家形、器財、人物、動物などに細分化される。円筒埴輪の祖型は、吉備地方の弥生時代後期の墳墓において出現する「特殊器台」と称される土器であり、家、蓋や盾などの器財埴輪が古墳時代前期後半には出現する。その後は舟や人物、動物埴輪も出現。古墳時代中期中葉には、九州から東北まで広く分布した。

　古墳時代後期には畿内で形象埴輪は少なくなり、その他の地方で盛行する。特に関東地方での踊る男女をはじめ特徴的な造形も見られ、北部九州では石人、石馬などが認められる。こうした埴輪の意義については、殉死の代用のほか、墳墓装飾や供献具、葬礼・継承儀礼を示すものなどの解釈があるが、古墳の造営目的と同様に埋葬された人物の威勢を示したものであることは疑いない。

33 岡山県

楯築遺跡（旋帯文石）

地域の特色　岡山県は、中国地方の東部、瀬戸内海中央部の北岸に位置する。西は広島県、東は兵庫県、北は中国山地を境として鳥取県、南は瀬戸内海を隔てて香川県に接する。吉井、旭、高梁の3河川は、中国山地に源を発し、吉備高原を通り南流する中国地方でも有数の河川である。これらの河川の支流を含めて沖積平野が形成されるが、東北東から西南西に延びる小丘陵が点在して平野を分断しているため、平野の規模は大きくない。また、これらの河川は、現在干拓された旧児島湾北面へと流れていた。

この旧沿岸域には縄文時代の貝塚が数多く点在するとともに、特に旭川による沖積平野である岡山平野が広がる微高地には、弥生時代の前期以降、遺跡が認められる。また律令期には、調として鉄や塩があげられるなど、その産地であったことが知られ、関連した遺跡や遺物も多数発見されており、吉井川、旭川水系の上流域には製鉄関連遺跡も多い。高梁川流域の総社盆地・平野も、縄文・弥生時代の数多くの遺跡が認められるとともに、造山古墳をはじめ古代吉備の中核的な位置を占めた土地として評価できる。

吉備国とは、古来、岡山県・広島県東部地域を指した呼び名で、律令制によって旭川・吉井川上流域の美作（備前より分化）、同下流域の備前、高梁川全流域の備中、さらに西の備後に分けられた。記紀の国生み神話にも「吉備子洲（児島）」が登場し、神武天皇の東征では「吉備国」の高島宮に滞在したことが記されるなど、早期に大和朝廷の支配下に入ったと評価されている。中世以降、土肥氏、長井氏などが備前・備中・備後国の守護となり、後に備後は山名氏、備中は細川氏、備前・美作は赤松氏と山名氏が覇権を争った。戦国時代には美作、備前は宇喜多氏、ほかは毛利領となる。

関ヶ原の戦の後は、備前、備中は池田氏、備後は浅野氏、水野氏、美作は森氏（後の松平氏）を中核として、天領やほかの大名・旗本領が複雑に

中国地方　241

混在した。廃藩置県後も15県が分立したが、1871年岡山県（備前国）・深津県（備中国・備後国東部の一部）・北条県（美作国）の3県に統合され、後に深津県は小田県と改称され岡山県と合併、1976年4月には北条県も岡山県に合併され、現在の県域が確定した。

主な遺跡

津雲貝塚（つくも）
＊笠岡市：旧笠岡湾の東、入海北岸の丘陵緩斜面、標高約6mに位置　時代　縄文時代中期〜晩期　史

1915〜21年にかけて形質人類学者の清野謙次らによる調査が行われ、貝層の直下より人骨160体以上が発見され、「日本人種論」にも利用されたほか、抜歯の痕跡など研究史上、重要な位置を占める。また、埋葬姿勢が明らかになるとともに、乳児を納めた晩期の甕形土器（かめがたどき）も知られている。加えて、鹿角製腰飾（ろっかくせいこしかざり）や貝輪といった装身具を伴う人骨が多いのも特徴的である。貝層は南北60m、東西40mほどで、ハイガイを主体とする。土器は早期〜晩期に及ぶが、中期〜晩期を主体とし、標識遺跡として位置づけられている。国指定史跡。

門田貝塚（かどた）
＊瀬戸内市：吉井川左岸の平野、沖積微高地上、標高約3mに位置　時代　弥生時代前期〜後期　史

戦前より存在が知られ、1950年以降に断続的に調査が行われて、特に弥生時代の貝塚を伴う集落遺跡であることが明らかとなった。貝層はU字状の溝に堆積しており、主体はハイガイとシジミで、獣骨や魚骨も多数検出されている。また、中部瀬戸内地域における弥生土器の標識遺跡としても著名である。土器だけでなく、貝輪や網針（あみばり）といった骨角器（こっかくき）も出土している。弥生時代だけでなく、古墳時代、奈良時代から平安時代にかけての遺構や遺物も検出されており、長く集落としての活動が継続されていたことを示唆している。1998年に国指定史跡となり、復元住居など史跡公園としての整備が行われている。

津島遺跡（つしま）
＊岡山市：旭川の旧西側分流、沖積微高地の標高約4mに位置　時代　弥生時代前期〜後期　史

1961年、62年の調査で炭化した稲籾の貯蔵穴が発見され、1968年、県立武道館建設に伴う発掘調査において、水田と竪穴住居跡（たてあなじゅうきょあと）などが全国で初めて同時に検出され、弥生時代の集落像が明らかとなった。弥生時代前期の矢板列痕（やいたれつこん）をはじめ、中期後半以後は、洪水堆積による砂層上に集落が営まれていた。同時代後期には、多数の竪穴住居跡や貯蔵穴・水路などが

検出されており、湿地に近い地点では壺棺墓群が認められている。古墳、奈良、平安時代の遺構、遺物も検出されており、継続的な土地利用の様相がうかがわれる。遺跡調査後、県内の考古学研究者を中心として遺跡保存運動が高揚し、遺跡は破壊を免れ、中核部分が国指定史跡となった。

なお、百間川遺跡群（岡山市）は沖積平野に立地する遺跡で、1977年以来、調査が行われ、百間川原尾島から兼基にかけて、約2.5kmに及ぶ広範な一帯から、特に後期終末期の水田跡が発見されている。竪穴住居跡や掘立柱建物、井戸などの集落跡も検出され、弥生時代だけでなく古墳時代へと続く継続的な土地利用の状況も認められている。弥生時代前期における微高地縁辺のみならず、沖積低地へと水田が拡大していく様相を見ることができる。

用木山遺跡

＊赤磐市：砂川右岸の低丘陵の丘陵上と斜面地、標高50〜100mに位置　時代　弥生時代中期

1969年より始まった県営山陽団地建設に伴う発掘のなかで、1971年、斜面の広範な範囲に120軒以上の竪穴住居跡や高床建物跡、貯蔵穴が多数検出されたものである。石鏃や石槍、石斧、石包丁も多数出土したほか、分銅形土製品が36点検出され、注目された。本遺跡付近では古墳も認められており（用木山古墳群）、前方後円墳（全長約37m）・前方後方墳（全長約42m）が各1基、円墳9基、方墳5基が1970年に調査され、古墳時代前期の様相が明らかになったものの、団地の建設に伴い消滅した。近接する丘陵上には弥生時代中期の遺跡が多数認められ、この時期の集落の立地形態を考えるうえで、示唆的である。また、本遺跡の北に位置する尾根に立地する便木山遺跡（赤磐市）では、弥生時代後期の土坑墓や土器棺墓が検出され、溝からは葬祭に用いられたと考えられるいわゆる埴輪につながる「特殊器台（縦長の胴部に、透し穴や弧帯文が装飾され、赤色顔料が塗布される）」や「特殊壺（特殊器台上に置かれる大形壺）」といった供献土器も発見されている。土坑墓は4〜10基程度のまとまりをもち、家族単位で行われていた埋葬の状況を示唆しているとも考えられている。

楯築遺跡

＊倉敷市：足守川右岸、王墓山丘陵の東北端、標高約50mに位置　時代　弥生時代末期　史

王墓山丘陵に点在する墳墓群の1つ。1976〜86年にかけて岡山大学を中心として断続的に調査が行われた。東北と南西にあった円丘突出部が、近年の土地開発などにより削失、改変されているが、直径約40m、高さ5mを測る不整円形を呈する。中央に墓坑が設けられ、長さ3.5m、幅

1.5mの木郭痕跡が認められた。内部には約32kgに及ぶ辰砂が詰められた木棺跡も検出され、硬玉勾玉、碧玉管玉、ガラス小玉、鉄剣などが副葬されていた。墳丘の斜面や裾に列石を配し、墳頂にも立石が立ち並んでいることが「楯築」の名の由来でもある。また、墓坑の覆土上部では特殊器台や特殊壺、土製の勾玉、管玉が出土した。また、古墳を境内地としている楯築神社の御神体である石（帯状の弧文を刻んだもの）と同じ模様をもった石の破片が共伴するかたちで認められた。

この王墓山の尾根には、ほかにも女男岩遺跡（倉敷市）や辻山田遺跡（倉敷市）などがあり、例えば女男岩遺跡では尾根の最高所中央に、長さ2.5m、幅1m以上の大型土坑が検出され、底がU字型の粘土床に両端部を石積とした構造で木棺が納められていた。人骨は青年と推定され、剣2本が副葬されていた。周辺の溝からは土器片が検出され、特殊器台や特殊壺が検出されている。特に器台上部に家形を形づくった土器は興味深い。また楯築遺跡の直下にある足守川の川底遺跡（足守川加茂B遺跡〈岡山市〉）からは卜骨が出土している。こうした一連の遺跡や遺物の様相は、古墳出現前夜の吉備地方における首長らの活動を示唆するものであり、王墓山の位置づけがどのようなものであったのか興味をそそられる。

金蔵山古墳
＊岡山市：東西に連なる操山の中央部、標高115mに位置
時代 古墳時代前期

1953年、倉敷考古館により後円部の発掘調査がなされた。竪穴式石室が2基（長さ7m・6m）、古墳長軸に対して直交して並ぶ。石囲いと円筒埴輪列がそれらの石室を方形で取り囲み、後円部中央の石室には、埴輪列の東側直下に副室が設けられており、そこには埴輪質の合子4点が発見された。中には鉄製の武具、農具、工具、漁具が納められ、当時の鉄器の様相を知る貴重な資料となった。石室は古くから盗掘を受けていたが、中央石室では筒型銅器片、鍬形石断片が、南石室からは仿製二神二獣鏡や管玉、琥珀玉、滑石製勾玉などが発見された。埴輪では、円筒、盾形、キヌガサ形のほか、水鳥や家などをかたどった形象埴輪も出土している。出土遺物の様相や埴輪の形態から、4世紀終末期築造の古墳と考えられている。

作山古墳
＊総社市：総社平野南縁の低丘陵端を利用し、標高約11mに位置 時代 古墳時代中期 史

県下で2番目の規模をもつ前方後円墳。全長約286m、後円部径174m、高さ24m、前方部幅174m、高さ22mを測る。3段築成で各段に円筒埴輪列を配し、斜面には角礫の葺石を貼っている。周濠は認められず、元来構

築されていないものと考えられる。北西側のつくり出しは現存するが、南東側墳裾は集落が存在し、現存しない。主体部は不明だが、5世紀中頃の築造と推定されている。国史跡。

造山古墳（つくりやま）
＊岡山市：足守川右岸、備中総社平野の南縁、標高約23mに位置　時代 古墳時代中期　史

全国4番目の規模をもつ前方後円墳。東側を中心として後世の改変が認められるが、推定される全長は約360m、後円部径が約224m、高さ約29m、前方部幅約230m、高さ約25m。墳丘は3段築成で、墳丘および主体部については本格的な調査が行われていないが、デジタル測量調査や墳端部、周濠などに関する学術調査が、2005年以降に岡山大学を中心として行われている。遺物は、円筒埴輪のほか、盾形・靫形・蓋形・家形の各形象埴輪が見られ、5世紀初頭頃に築造されたものと考えられている。

後円部の墳頂を中心に、戦国時代に羽柴秀吉による備中高松城の水攻めに際して、毛利方の砦として利用されたと考えられ、その痕跡が残る。前方部の墳頂には、小祠が建つほか、阿蘇溶結凝灰岩と思われる刳抜式石棺の身と蓋の断片が残置されているものの、元来造山古墳より出土したものか否か判然としていない。隣接して築かれた6基の陪塚とされる古墳を合わせて「造山古墳群」とも呼ばれる。なお、千足古墳（造山第5号古墳・墳長74m、後円部径54m・帆立貝形古墳）は吉備最古の横穴式石室が構築されており、天草砂岩による板石で石室壁を形成し、さらに壁から天井に向けては香川産安山岩の板石を持送りの強い小口積みで構築している。また石室内の仕切石（天草砂岩）には、直弧文が彫刻されている。

弥上古墳（やがみ）
＊赤磐市：盆地を望む山丘、尾坂峠の斜面、標高約110mに位置　時代 古墳時代後期

1976年に旧熊山町と県教育委員会によって発掘調査が行われた。全長30m、後円径18m、高さ4.5m、前方幅24m、高さ2.8mの前方後円墳。埋葬施設の主体は後円部で、右片袖式横穴式石室に土師質の亀甲形陶棺1基と木棺3基が認められた。出土した遺物は、円筒埴輪、トンボ玉、丸玉、石製模造品（紡錘車）、鉄鏃、刀子、金銅製杏葉、辻金具などで、壺、甕、高杯、器台などの土師器や須恵器、鉄釘が検出されている。

なお陶棺は、古墳時代後期から飛鳥時代に棺として用いられ、蓋の形状から「亀甲形」と「家形」の2種類が認められている。これまでに九州から東北地方まで出土事例があるが、岡山県は全国の出土数の約8割を占めるとされる。特に「亀甲形」は、畿内とも異なり、岡山独自の形態をもつ

と評価されており、きわめて特色ある遺物として関心を集めている。

大蔵池南製鉄遺跡 (おおぞういけみなみせいてつ)

＊津山市：久米川・倭文に挟まれた稼山の南西斜面、標高約187mに位置　時代 古墳時代後期

1980年、ゴルフ場進入道路工事に際して実施された発掘調査により発見された。南斜面地を約15m段切りし、幅約5mほどの平坦面に、7層の作業面と、箱型炉と推定される6基の製鉄炉跡が検出された。製鉄炉はスサ入粘土で幅50～60cm、長さ約100～120cmを測る。ほかの遺構として、燃料置場や排滓場なども検出され、操業年代の上限は、須恵器および土師器から6世紀後半にさかのぼるものと評価されている。古墳時代後期に比定できる製鉄関連遺跡として、貴重な遺跡といえる。

広江・浜遺跡 (ひろえ・はま)

＊倉敷市：吉備児島西岸中央の山麓、旧海浜砂州上、標高約4mに位置　時代 古墳時代後期

第3福田小学校の新築工事に伴う調査として1966年に、増築工事に伴う調査として78年に発掘が実施された。縄文時代後期後半から晩期、弥生時代の遺構、遺物が検出されたほか、古墳時代後期の多数の製塩土器が検出され、大規模な製塩活動が行われていたことが明らかとなった。そもそも岡山県内では、古くから薄手の粗製土器がまとまって出土する事例が知られ、1929年に水原岩太郎(みずはらいわたろう)が、師楽遺跡(しらく)（瀬戸内市）を標識として「師楽式土器」と名づけた。長らく用途不明であったが、近藤義郎(こんどうよしろう)が香川県喜兵衛島(きべいじま)遺跡群の調査で、古墳時代後期の塩づくりの用具であることを明らかにし、備讃瀬戸地域の海岸部における製塩活動の実態に関心が集まることとなった。師楽式土器とは、丸底でやや深いボール状を呈したもので、本遺跡でも多数出土している。それ以前の製塩土器は、脚部が付属しており、こうした形態変化が製塩技術の進展に関わるものと評価されている。

鬼ノ城跡 (きのじょうあと)

＊総社市：南に総社平野と児島湾を望む鬼ノ城山、標高約400mに位置　時代 飛鳥時代　史

1978年に鬼ノ城学術調査委員会が調査を行い、その規模や構造が明らかとなった。山頂近い8合目から9合目付近を中心に、山腹や谷合いを鉢巻状に結び、城壁が構築されている。全周約2.8km。城壁は内外側面を石積みで固められ、幅約7m、高さ6～7m。上半部は版築(はんちく)による土塁が構築される。外側石垣の積み方は多様であるが、一辺70cm程度の切石によって構築される神籠石状列石(こうごいしじょうれっせき)が著名であり、神籠石の名がこうした石積みをもつ山城の代名詞ともなっている。また、城壁が谷筋をよぎる箇所では水門が構築され、通水溝も設けられている。城内の施設としては、間口3間・

奥行3間の礎石建物跡や、1994年以降の史跡整備に伴う発掘調査により、東西南北の城門跡なども検出された。遺物は7世紀中葉から8世紀にわたる須恵器、土師器などが採集されており、先行する山城の可能性もあるものの、おおむね白村江の戦い（663年）後に構築されたと考えられている。

コラム ● 考古学用語解説

☞「特別史跡」

文化財保護法では、「貝づか、古墳、都城跡、城跡、旧宅その他の遺跡で我が国にとって歴史上又は学術上価値の高いもの」を史跡に指定し、さらに「史跡のうち学術上の価値が特に高く、わが国文化の象徴たるもの」を特別史跡とすることが明記されている。本書では史跡や特別史跡は一括して「史」の記号を付したが、特別史跡は以下の遺跡が該当する。名称は指定名称。三内丸山遺跡（青森県）、多賀城跡・附寺跡（宮城県）、大湯環状列石（秋田県）、一乗谷朝倉氏遺跡（福井県）、加曾利貝塚（千葉県）、尖石石器時代遺跡（長野県）、登呂遺跡（静岡県）、安土城跡（滋賀県）、高松塚古墳（奈良県）、山田寺跡（奈良県）、藤原宮跡（奈良県）、平城宮跡（奈良県）、岩橋千塚古墳群（和歌山県）、讃岐国分寺跡（香川県）、王塚古墳（福岡県）、水城跡（福岡県）、大宰府跡（福岡県）、吉野ヶ里遺跡（佐賀県）、名護屋城跡並陣跡（佐賀県）、基肄（椽）城跡（佐賀県）、原ノ辻遺跡（長崎県）、西都原古墳群（宮崎県）。

☞「水中遺跡」

海外では、沈没船の調査など船舶・航海技術の研究としても盛んに行われ、日本でも江差沖に沈んだ徳川幕府の軍艦開陽丸（北海道）や元寇船が出土した鷹島神崎遺跡（長崎県）などが認められる。日本では諏訪湖曽根遺跡（長野県）を嚆矢として、琵琶湖湖底遺跡（滋賀県）など湖沼や河川において調査が行われてきており、矢板を立てて水を抜き作業する陸化調査法（ドライドック法）が著名だが、海洋では潜水技術を必要とした調査が行われている。また出土遺物も脱塩処理などの保存処理が不可欠であり、専門的知識や技術、設備が多岐にわたり必要なため、残念ながら十分な研究者養成のシステムや調査体制は整えられていない。こうした水中遺跡を研究する学問領域を水中考古学と呼ぶ。

☞「海進・海退」

新生代更新世の氷河時代は、海水準が下降し、世界的な海退現象が存在した。約2万年前のビュルム氷期には約100mの海面低下があり、日本列島とアジア大陸が陸続きとなって生物の大移動があった。約6,000年前の縄文時代早期末から前期初頭には、現在より約2m海面が上昇し、各地で深い入江が形成されたことが貝塚の分布からわかる。

㉞ 広島県

矢谷古墳（特殊器台と特殊壺）

地域の特色　広島県は、瀬戸内海に面し、中国地方の中央に位置する。山陽道のほぼ中央を占め、東は岡山、北は中国山地を境として鳥取県・島根県、西は山口県に接し、南は瀬戸内海を挟んで香川・愛媛両県に対する。地形において特徴的なのは、北東〜南西方向に延長する中国山地と平行に形成された階段状地形で、道後山、冠山を主峰とする脊梁山地面（標高1,000〜1,300m）、世羅台地を含む緩斜面の吉備高原面（標高400〜600m）、山麓平坦部の瀬戸内面（高度200m以下）の3つに大別されている。平野部は河川の河口付近に限られ、世羅台地を源とする芦田川、加茂台地を源とする沼田川、県西北部の冠山（1,339m）に発する大田川などの流域に遺跡が認められ、平野に臨む低い丘陵上に弥生時代の遺跡が分布する。

　他方、日本海側へ注ぐ江川は全長206kmで、中国地方最大の河川であり、脊梁山地の阿佐山付近を源として、島根県江津市で日本海に注ぐ。水量が豊かで勾配もゆるやかであり、古来より水運が発達し、山陰と山陽の連絡に大きな役割を果たしてきたと考えられる。流域の三次盆地を中心に遺跡が分布し、特に古墳の分布は県域に1万基ほどが確認されるなかで、約3,000基が集中していることは注目される。また、中国山地一帯は全体的に風化花崗岩が分布し、砂鉄を多く含む。そのため古くから砂鉄採取と鑪製鉄が発達した。備北山地では粗粒質花崗岩が深層風化を受けた「荒真砂」には砂鉄が多く含まれ、玉鋼の原料となったという。その採掘によって多くの山間部の土砂が流出し、河床上昇や沖積平野の拡大につながったとする研究もある。

　古代律令期においては、県域の西側に安芸国、東側に備後国が置かれ、沿岸・島嶼部に早くから荘園が拓かれた。中世以降、安芸国は武田氏、備後国は山名氏が治めるも、戦国時代に入ると山陰の尼子を含めて、大内・武田・尼子・山名の勢力が相互に絡み合い、複雑化した。その後、毛利氏

が中国10カ国にまたがる大領国を形成するに至る。関ケ原の戦後、安芸・備後49万8,000石あまりを福島正則が治めたが、1619（元和5）年改易され、浅野長晟が紀州より入り、備後国の一部とともに領した。備後国の残り10万石は水野勝成が入り、福山藩となる。また、長晟の死後、子長治に5万石を分知し、三次藩ができるが、5代後嗣子がなく本藩へ還付された。1871年の廃藩置県により広島藩は広島県となり、1876年、旧福山藩とその他備後国の残りを併合して県域が確定した。

主な遺跡

帝釈馬渡岩陰遺跡
＊庄原市：帝釈川支流の馬渡川右岸、標高約450mに位置　時代 旧石器時代後期〜縄文時代前期

帝釈峡遺跡群と総称される遺跡群のうち、最初に発掘が行われた。1961年に林道工事に伴い発見され、62年に発掘調査が行われた。石灰岩の岩陰、長さ10m、奥行3mの範囲に、5つの文化層に分けられる厚さ3mの遺物包含層が確認された。旧石器時代から縄文時代前期への推移を見ることができ、最下層の5層からは横剥ぎの削器、剥片、4層からは有茎尖頭器、石鏃、無文平底土器が出土している。また、この2層からは、オオツノジカの骨が出土している。このほか、帝釈寄倉岩陰遺跡（庄原市、国史跡）からは、縄文時代早期から晩期までの文化層が確認され、瀬戸内地域の土器編年を層位的にとらえるうえで貴重な資料となった。また、縄文時代後期後半の層から、50体近い人骨が2カ所集積されるかたちで検出され、その年齢構成から各群が成人と幼児という違いにより区分されていた可能性が指摘されており、興味深い。また、名越岩陰遺跡（庄原市）では、縄文早期から弥生中期の層が検出され、特に縄文中期〜晩期の層より、岩庇の直下に柱穴列を検出し、岩陰前面を仕切って居住していた可能性を示唆している。内部には貯蔵穴と思われる土坑も認められ、焼土や灰は柱列外より検出されているという。また、縄文晩期後半の土器底部にモミ圧痕が認められている。県東北部の吉備石灰岩台地、帝釈川の渓谷周辺には40カ所以上の洞窟、岩陰遺跡が発見されており、旧石器時代から弥生時代へかけての人々の活動をとらえるうえで、きわめて貴重な知見を提示している。

洗谷貝塚
＊福山市：福山湾西岸の沼隈半島東縁、扇状地上、標高3〜8mに位置　時代 縄文時代早期〜後期

1976年の福山市教育委員会の調査により、厚さ約1m、東西40m、南北

50mを範囲とする貝層が認められており、県内有数の貝塚である。貝層下の径40〜70cm、深さ20cmの土坑2基から、一辺10〜30cmのサヌカイトの板材原石が合計34枚、45kg分検出された。遺物では、土器のほか石錘、骨角器の釣針、貝輪などが検出されている。貝層はハイガイ、マガキ、ハマグリを主体とし、アカニシ、オキシジミなどが含まれ、魚類(マダイ・クロダイ・エイなど)、獣類(イノシシ・シカなど)が認められる。特筆されるのは、底部に複数の穿孔を焼成前に施した「多孔底土器」が検出されたことで、内面には炭化物が付着していた。類例としては、松永湾西岸、丘陵先端の微高地、標高3mに位置する大田貝塚(尾道市)でも認められている。なお、大田貝塚は縄文時代前期〜後期に相当し、1925年、形質人類学者の清野謙次によって調査が行われた。後の調査も含めて74体の人骨が検出され、いわゆる日本人種論の議論の基となった人骨として、学史的に重要である。土器、石鏃、石斧など遺物も検出されているが、遺跡の詳細は不明な点も多い。

歳の神遺跡群

*山県郡北広島町:可愛川の南、低丘陵の尾根と斜面、標高290〜300mに位置　**時代** 弥生時代後期

1984年、県営工業団地の造成に伴い発掘調査が行われた。歳の神東遺跡は墳墓群、歳の神西遺跡は住居跡や古墳を主体とする。東遺跡には5群の墳墓群があり、このうち3号・4号墳墓群は、四隅突出型方形墓を築造し、前者は箱式石棺2基、土坑墓1基、後者は箱式石棺6基、土坑墓2基が主体部に認められた。四隅突出墓の形態としては古式として評価されており、県内には田尻山1号方形墓(庄原市)、矢谷古墳(三次市)、宗佑池西1号方形墓(三次市)など事例が多い。矢谷古墳では周溝から吉備に親縁性をもつ特殊器台と底を穿孔された特殊壺が、主体部から出雲系の鼓型器台が認められるなど、他地域との交流を示唆している。島根県、鳥取県をはじめ山陰地方にも四隅突出墓が認められているが、広島県の事例はやや古い時代のものと評価されており、今後の研究が期待される。

西山貝塚

*広島市:太田川を見下ろす茶磨山の山上、標高約61mに位置　**時代** 弥生時代後期

1964年、地元の中学生が巴形銅器を採集したことがきっかけで、1965年、72年に広島大学によって発掘調査が実施された。5カ所の貝塚を有し、最大は東西稜線の東斜面、南北25m、東西20mの規模を呈する。カキやハマグリが主体で、2層に分けられる。大量の弥生土器のほか、巴形銅器、銅鏃、板状鉄斧、鉇、鉄鏃、骨鏃、土製品などが検出された。隅丸方

形の竪穴住居1軒も認められている。いわゆる「高地性集落」と考えられ、近隣には畳谷遺跡（広島市）（標高約110m）や恵下山遺跡（広島市）（標高50～70m）など広島湾をめぐる沖積低地に接する丘陵状に複数確認されている。

三ツ城古墳
＊東広島市：西条盆地の南縁丘陵の先端、標高約225mに位置　時代　古墳時代中期　史

1951年に発掘調査が実施され、後円部頂上に3基の埋葬施設をもつ3段築成の古墳であることが明らかとなった。南西から北東へ延びる小支丘を利用して構築され、全長約92m、前方部幅約67m、高さ約11m、後円部径約62m、高さ約13mを測り、くびれ部につくり出しをもつ。中心の主体と想定される後円部の2号箱式石棺からは、人骨（男性）、勾玉、丸玉、銅釧、竹櫛、鉄刀、刀子が出土し、1号箱式石棺からも人骨（女性）、珠文鏡、勾玉、管玉、棺外からも鉄刀が出土した。1・2号は石梛状の石組をもつが、3号箱式石棺には認められなかった。遺物は勾玉、丸玉、銅釧、棗玉、鉄剣、鉄鏃、棺外から鉄矛、鉄鏃が出土した。墳丘には葺石、円筒埴輪列が設けられていた。北西のくびれ部のつくり出しには、方形（1辺約8m）の円筒埴輪列があり、土師器や須恵器も出土している。おおむね5世紀後半と想定され、県内最大の規模を誇る。墳丘など公園整備が進む。

二子塚古墳
＊福山市：芦田川支流服部川右岸、丘陵尾根の先端部、標高55mに位置　時代　古墳時代後期　史

東西軸の全長約66m、後円部径45m、高さ6.5mで、埋葬施設は後円部に築かれる。両袖式横穴式石室であり、古墳の主軸と直交するかたちで、南に開口し全長13mを呈する。花崗岩により構築されている。備後地域では最大級の規模であり、遺物が不詳であるため構築年代は明確ではないが、6世紀後半の首長墓として評価されている。

この古墳付近には古墳群があり、団地造成で消滅した池ノ内遺跡群（福山市駅家町、才谷古墳群4基・手坊谷古墳群5基・池ノ内古墳群4基）など箱式石棺を主体とする5世紀後半から6世紀前半に構築された小円墳や、6世紀中頃築造と想定され、備南地方最古の横穴式石室をもつ山の神古墳（福山市駅家町）や芦田川流域に特徴的な横口式石梛を有する尾市古墳（福山市新市町）など、この地域を拠点とした集団の存在をうかがわせる。特に尾市古墳は、1984年の調査で出土した須恵器から7世紀後半の築造と考えられるが、花崗岩切石で羨道を含めて十字形に石室が配置され、墳形が

多角形を志向するなど畿内の影響が認められた終末期古墳と評価でき、畿内との密接な関わりを示唆している。

梅木平古墳
＊三原市：丘陵南側の斜面、標高60mに位置
時代 古墳時代後期

　広島県最大級の横穴式石室をもつ。旧本郷町下北方字梅木に所在。墳形は開墾などで不明だが、主体となる石室は東に開口し、全長約13.3m、幅約3m、高さ約4.2mを測る。玄室奥の両袖に石柱を設け、羨道と区分している。石積みはやや粗雑だが、奥壁は巨石を3段、側壁は3段および4段で積まれており、巨石の隙間に小石を補填する。玄室の天井石は4枚、羨道も4枚で構築される。遺物は認められていないが、6世紀後半の首長墓として評価されている。なお、石室内の見学が可能である。県指定史跡。

　近隣の尾原川右岸に位置する御年代古墳（三原市、国指定史跡）は、石室の全長が約10.8mで、両袖式石室を呈する。前後に区分された玄室が2室設けられ、刳抜式家形石棺が両室に置かれている。石室、石棺とも石材は花崗岩で、切石の整美さが注目される。副葬品として、鞍金具、雲珠、辻金具や子もち須恵器が検出されており、7世紀前半に畿内の影響を受けて構築された終末期古墳として評価されている。旧本郷町域の沼田川の支流梨和川や尾原川の谷あいには、家形石棺などを納める横穴式石室をもつ後期古墳が分布し、石棺の材質が竜山石（兵庫県加古川付近で産出）であることから、畿内との密接な関係を示唆するものとして注目されている。

寺町廃寺跡
＊三次市：三次盆地東端の丘陵の南端平坦地、標高約240mに位置　時代 白鳳時代〜平安時代初期　史

　1975年より継続的に発掘調査が行われ、法起寺式伽藍配置の様相が確認された。東側に塔跡や金堂、講堂など塼積基壇が検出され、7世紀中葉の寺院跡と評価され、県内最古級の寺院跡遺跡である。出土遺物には、単弁、複弁からなる蓮華文軒丸瓦、鴟尾、小仏頭などが出土しているが、特に軒丸瓦は、瓦当面の下端に、いわゆる「水切り」と呼ばれる削り出しが認められる。平安時代の説話集『日本霊異記』に記される備後三谿寺に比定されており、百済の僧弘済の招請など、朝鮮半島との直接的な関連を示す寺院である。なお、寺院跡の北西約1.2kmには寺町廃寺跡へ瓦を供給した大当瓦窯跡（三次市）が確認されている。こうした「水切り瓦」は岡山県や島根県でも出土が確認されており、寺院文化の広がりとして興味深い。

草戸千軒遺跡

＊福山市：芦田川床に存在　時代　平安時代末期～江戸時代前期

　戦前に芦田川の付替え工事に際して墓石や陶磁器が発見され、1961年、62年より福山市教育委員会が発掘を行い、遺跡の存在が確認された。68年からは河川改修に伴い広島県教育委員会が調査にあたり、73年以降は広島県草戸千軒町遺跡調査研究所により、継続的な発掘調査が進められた。

　町の遺構は数層にわたって存在し、最下層には平安時代末期の建物跡や井戸、溝が検出されている。室町時代前半～後期の遺構は数多く検出されており、特に後半には石敷道路や柵、溝で囲まれた町割が認められた。刀鍛冶に関わる道具や土師器・漆器製作工具も散布しており、日常の生活財を含めて各家の生活を偲ばせる。

　幾度かの洪水を経験していることが知られ、文献（福山藩士宮原直倁が記した自稿本『備陽六郡誌』）によると、1673年（延宝元）年に洪水によって廃滅したとされる。また、多くの中国・朝鮮の陶磁器や渡来銭、4,000点を超える墨書木札が出土し、周辺地域の物資の集積や各地との貿易など、貨幣経済の盛行を知るうえで貴重な遺跡といえる。

コラム ● 考古学用語解説

☞「土師器・須恵器」

土師器は古墳時代以降、土をやや掘りくぼめて、700～800℃の酸化焔（酸素供給の多い炎）焼成により野焼きした土器のこと。煮炊き用の甕類や貯蔵用の壺類、坏、鉢、高坏、器台といった供膳具などがある。5世紀前葉には、朝鮮半島より窖窯で1,000℃以上の還元焔（不完全燃焼をさせた際に生じる炭素を含んだ炎）焼成により製作した青灰色の須恵器が登場し、貯蔵には須恵器、煮炊きには土師器、供膳具には両方を用いるといった使い分けが行われるようになる。陶邑窯（大阪府）の製品を中心として全国へ流通したが、次第に須恵器窯が各地につくられ、8世紀末以降は猿投窯（愛知県）の生産に代表されるように、地方窯の活動が顕著になるとともに、中世の陶器生産へと転換していく。

中国地方

35 山口県

長州藩銭座跡遺跡（寛永通宝）

地域の特色　山口県は、本州の最西端に位置する県。県の東北部は島根県、東部は広島県に接しており、南部は瀬戸内海を隔て四国、九州にも近く、西は関門海峡を挾んで九州の福岡県と対している。中央部を東西になだらかな中国山地が走り、山がちのため河川はいずれも流路が短い。そのため広い沖積平野は発達せず、平地は少ない。3面を海に囲まれており、海岸線の総延長は約1,500kmに達する。北は日本海、南は瀬戸内海（周防灘）、西は響灘で、響灘を越えて北北西約200kmで朝鮮半島に至る。こうした地理的な特質もあり、古くから大陸との交通の要所であったと考えられ、土井ヶ浜遺跡をはじめとして、弥生時代の遺跡も多数認められている。県内の遺跡は3,000ヵ所あまりを数える。

　また、県内には第三紀鮮新世～第四紀に活発な活動を示した火山帯が存在し、それが火山景観や温泉を生じさせたほか、さまざまな金属資源をもたらすことにもなった。なお、日本最大のカルスト台地である秋吉台があり、その下に著名な秋芳洞（鍾乳洞）がある。

　古代には、県域東部には周防国、西部には長門国が置かれ、それぞれ、国府が防府市と、長府（下関市）に置かれた。本文でも指摘しているが、奈良東大寺大仏の鋳造には、美祢市産出の銅が使用されている。また、平家により焼失した東大寺の再建に際し、周防国は造営料国となった。中世以後、周防国衙の役人であった大内氏が勢力を伸ばし、守護大名から戦国大名へと約200年以上にわたり周防、長門を支配した。大内氏はほかにも豊前、筑前の守護を兼ねており、安芸、石見、肥前にもその力が及んだ。その後、戦国時代には、大内氏などを破った毛利氏が県域内を含む中国地方の8ヵ国を領有したが、関ヶ原の戦に敗れた後、防長両国で公称約36万9,000石に削封された。以後、萩に城を築き、城下町とした。ほかに、西に長州長府藩5万8,000石・同清末藩1万石、南に周防徳山藩3万石、東に同岩国藩4万5,000石の毛利氏一族の支藩が分知された。

いわゆる幕末の動乱に際して、1863（文久3）年、藩庁を山口に移転。翌年には幕府による長州征伐を受ける。その後、山口から萩に藩庁を戻すが、1866（慶応2）年には再び山口に移され、明治維新を迎える。1871年7月、廃藩置県で山口県・岩国県・豊浦県・清末県の4県が成立。同年11月、これらが合併し現在の県域が確定した。

主な遺跡

岩田遺跡
＊熊毛郡平生町：熊毛半島西岸、荒木川の扇状地上、標高8mに位置　時代 縄文時代後期～弥生時代前期

1952年に発掘が始められ、継続的に調査が行われた。扇状地の末端部、湧水帯につくられたドングリの貯蔵穴や甕棺墓が検出されている。縄文土器の多くは瀬戸内系であるが、後期後半には九州系土器も認められた。加えて土偶や岩版、石皿、磨石、砥石と甑の機能をもつと思われる底に穿孔のある土器、木製品などが出土している。縄文時代の遺跡として、その規模は瀬戸内地域でも有数を誇る。

土井ヶ浜遺跡
＊下関市：響灘に面した旧砂堆、標高約6mに位置　時代 弥生時代前期～中期　史

1931年に発見され、戦後1951年より85年まで継続して調査が行われた。埋葬施設として、箱式石棺、石囲い式、土坑墓があり、約300体以上の人骨や副葬品が検出された。埋葬区域によっては、頭位方向が東に規制されるほか、人骨密度や抜歯の頻度も異なり、何らかの集団の差異を示しているものと推測される。縄文時代の人骨よりも、平均身長が高く、渡来系の要素を多分に含んでいる。副葬品には、硬玉製勾玉・管玉、ガラス小玉、ゴホウラ製腕輪、貝指輪、シャコガイ製装身具などがある。弥生時代の集団墓地では全国有数のものであり、墓制や社会構成のあり方を解明するうえで貴重な遺跡といえる。墓地遺跡としては、吉母浜遺跡（下関市）では、弥生時代前期～中期、中世の人骨が多数発掘されており、形質的には土井ヶ浜遺跡と近似した傾向をもつほか、中世人骨も弥生以来の高顔、高身長といった形質的特徴を残すものとして評価されている。

地蔵堂遺跡
＊下関市：綾羅木川左岸の小丘陵上、標高約44mに位置　時代 弥生時代

1968年に宅地造成中、箱式石棺が1基発見された。東西軸で長さ130cm、内行花文鏡1面と管玉のほか、珍しい金銅製品が検出された。鍍金の施された2本の棒状製品は、中国の戦国から漢代に貴人の乗る車蓋（傘）の骨

の先端に装着された「蓋弓帽」で、日本では唯一の出土である。先端部が花弁状を呈し、花芯部に熊の頭部がつくり込まれていた。日本列島で出土した金銅製品でも最古級のものといえる。なお、周辺には弥生時代前期～中期の貯蔵穴用竪穴群が900基以上検出された綾羅木郷遺跡（下関市、国史跡）もあり、注目される。

白鳥古墳　＊熊毛郡平生町：大星山南西麓の丘陵上、標高18mに位置
時代 古墳時代中期

　江戸時代に発見され、仿製鏡2面や巴形銅器5個、鉄刀3片、管玉11個など出土した遺物が現存し、後円部墳丘上にある白鳥神社の御神宝として保管されている（県有形文化財）。全長120m（主軸は南北方向）、後円部径65m、高さ11mで、3段に築造されている。1980年の調査では幅20mの周溝と葺石が検出された。県内最大の前方後円墳であり、当地を支配した首長の墓と考えられる。なお、熊毛半島を隔てて東側、瀬戸内海に面した向山（標高75m）に位置する茶臼山古墳（柳井市）（全長79.5m、古墳時代前期）からは、古墳出土としては日本最大級の直径44.8cmを測る鼉龍鏡が出土している。

塔ノ尾古墳　＊防府市：防府平野の独立丘陵の中腹、標高107mに位置
時代 古墳時代後期

　1785年に毛利重就が桑山の地に納涼台を建設するために破壊されたもので、後に記された『桑山古墳私考』（斎藤貞宜著、1822〈文政5〉年刊）によれば、鏡2面、鉄刀3口、鉄矛5振、鉄鏃、鈴、輪鐙、旗竿の装飾、飾履、杏葉、練玉、管玉、ガラス玉、須恵器壺、杯、高杯が出土したとされる。出土した遺物は桑山山頂に再埋納されたとされ、貞宜が聖徳太子の弟である来目皇子の陵墓と想定したことから、明治以後は山頂が宮内庁用地となっている。

周防国衙跡　＊防府市：多々良山と三田尻湾の間に広がる海岸段丘上、標高11mに位置　**時代** 奈良時代～平安時代　史

　戦前より関心がもたれ、1937年には国史跡に指定された。発掘調査は、1961年より行われており、中世史料に見られる「土居八丁」から想定される、8町四方の府域の築地土壇の一部が検出されて、位置が明らかになりつつある。また、国衙も南北に走る中央の大路を軸として、中央やや北寄りにあり、2町四方の土壇や築地も認められた。この国府から北西700mほどに周防国分寺跡があり、発掘調査によって溝や塀、塔跡などが検出されている。また、1503（文亀3）年に建てられた金堂が現存している。

なお、長門国府跡（下関市）は忌宮神社の境内付近に立地していたと推定されているが、遺構の遺存度が低く、明確な痕跡は検出されていない。

周防鋳銭司跡
＊山口市：西蓮寺山南麓の沖積段丘上、標高5m前後に位置　時代 平安時代　史

1965、71、72年に調査が行われ、炉跡や井戸、掘立柱建物跡などの工房関連の遺構が検出された。遺物には、「長年大寶」や鞴口、坩堝、「宗□」銘の印を捺した封泥板などが出土している。なお江戸時代に掘り出された和同開珎の「銭范」も伝えられる長門鋳銭司（下関市）（覚苑寺境内・国指定史跡）が廃止された後に、825（天長2）年に設置されたと考えられ、皇朝十二銭のうち、「富寿神寶」以降8種の銭を鋳造したと考えられている。平安時代の歴史書『日本紀略』には、940（天慶3）年に藤原純友によって襲撃されたことが知られている。

大内氏館跡
＊山口市：椹野川支流一の坂川右岸の河岸段丘上、標高約40mに位置　時代 南北朝時代〜戦国時代　史

1978年より発掘調査が継続して行われており、多くの遺構が発見された。1360（正平15）年に、大内弘世が大内御堀（山口市）からこの地に館を移し、西の京として京都を模して、町づくりをしたといわれるが、発掘調査の成果では時代はいま少し下るものと考えられている。館の規模は、現在の龍福寺境内とほぼ一致する100間四方の敷地を堀と土塁で囲んでいたといわれる。大内氏歴代の当主はここで政務をとり、約200年間政治、経済の中心地になる。大内義隆の代には京より公家や文化人を呼び寄せ、名実ともに西の京として繁栄した。

発掘調査の成果としては、館跡の西辺に相当する石組溝や門柱跡が発見されたほか、庭園跡が複数検出された。敷地南東部に位置する2号庭園跡は中央部に池を有する池泉式庭園で、2011年には16世紀前半から中頃を想定し復元整備されている。遺物では、饗宴で使用されたと想定される大量のかわらけや貿易陶磁器など、多数の生活財が検出されたほか、金箔を貼った瓦も検出されている。周辺の町も居館の整備とともに発展し、溝で区画された町割りなどに、京都的な要素を認めることができる。

西の京として栄えた山口だが、1556（弘治2）年に毛利元就が山口に侵攻し、時の当主大内義長が館を放棄して逃亡、役割を終えた。その後の1569（永禄12）年、大内輝弘（大内義興の弟隆弘の子）が山口奪還を図るが毛利氏に撃退され、その折山口の町は灰燼に帰した。

長州藩銭座跡

＊美祢市：中国山地西端部の小盆地、銭屋川右岸、標高約210mに位置　時代 江戸時代

　1637（寛永14）年、萩藩によって開設された寛永通寶の鋳造所である。1986年、県教育委員会によって発掘調査が行われた。屋敷図面（『美祢郡赤村新銭鋳造木屋床普請差図』）が県文書館に所蔵されており、発掘では指図に描かれる柵の柱穴列や建物跡、溝を検出したほか、坩堝300点以上、砥石40点、古寛永通宝20枚などが出土している。鋳銭停止令が幕府より出される1640（寛永17）年11月まで存続したと考えられるが、伝承ではその後も秘かに鋳銭を行い、藩命により1665（寛文5）年に焼き払われたともいわれる。また周辺地域でも、県道改良工事に伴い発掘調査が1999年より断続的に行われ、銭屋遺跡（美祢市）からは近世期の大型炉跡やからみ山などの遺構を検出したほか、炉壁、相場、羽口などの製錬関係遺物なども出土し、製錬工房跡と想定されている。

　遺跡近くには和同開珎や奈良東大寺大仏の材料となった銅を採掘した長登銅山（美祢市、国指定史跡）がある。ほかにも県内には鉱産資源が豊富に産出するため、古代より鋳銭が盛んに行われていたものと考えられる。

コラム ● 考古学用語解説

☞「中世考古学」

中世考古学の発展の契機となった草戸千軒町遺跡（広島県）は、内陸部の河川交通と陸上交通の拠点であるとともに、瀬戸内海有数の港町・鞆に近く、水陸両面での要衝の地であった。その遺物からは、物資の流通がきわめて活発であったことがわかり、瀬戸や常滑、備前、そして中国、東南アジア地域の製品も認められる。都城遺跡から発掘される木簡からは、各地からもたらされる多数の物資の名前が認められるが、そうした古代の貢納経済は、あくまで中央（京）に物資を集約させることが重要であった。しかし中世以降には、こうした広域にわたる物資流通が展開するようになる。そうした社会経済の具体相を、考古学資料は明確に示してくれるのだ。

　ほかにも大量の銭貨を甕に納めて埋蔵した遺構が、全国各地で発見されており、そうした出土銭貨研究も盛んである。中世の流通銭は、北宋や明などの渡来銭（中国銭）を用いており、その鋳造時期を基に埋納時期を推測し、貨幣流通と経済や社会・文化との関わりについて研究が進められている。中世は史料の残存数が少なく、文字記録によって判明しない生活や文化の側面では、考古学が担う役割は大きい。都市や農村、寺院、城館、鉱山や治水事業など、さまざまな人間活動の具体的な姿を知るうえで、考古学資料は豊かな知見を示してくれるのである。

㊱ 徳島県

庄・蔵本遺跡（木製品）

地域の特色　徳島県は、四国の東部、紀伊水道に面する県。北は香川県に接し、西は高知県、愛媛県に接する。中央部に四国山脈があり、その北側にいわゆる「四国三郎」と呼ばれる吉野川が流れる。その沖積平野を挟んで吉野川左岸に阿讃山脈が平行に走り、それは中央構造線に沿って形成されている。県内の約80％は山地であり、南側には剣山系の急峻な山岳地形が認められ、その間には勝浦川・那賀川が谷をなして、下流域に平野をつくる。東は紀伊水道に面し、淡路島や播磨灘に面する鳴戸海峡では著名な渦潮が見られる。

旧石器・縄文時代の遺跡は多くはないが、山地部に洞窟遺跡などが確認されている。弥生時代以降は吉野川を軸として河川流域に多く、鮎喰川周辺には青銅器の埋納遺跡が認められるなど、早くから他地域との交流が盛んであったことがうかがわれる。吉野川の上下流では、瀬戸内や畿内からの文化的な影響の強弱が認められており、興味深い。古墳は主として吉野川流域に認められ、右岸、左岸での様相の違いも指摘される。また、積石塚の存在は、きわめて特徴的といえる。古代は阿波国とされ、北方と南方に二分されていた。北方は粟国、南方は長国と呼ばれ、「粟」は忌部氏が、「長」は三輪系の海人が支配したという。

中世には佐々木経高が阿波の守護となるが、承久の乱後、小笠原長清に代わり、その一族が支配する。室町時代には細川氏が、戦国時代には三好氏が治めるも、京で松永久秀が主筋の三好三人衆を倒して実権を握る。その後、1571（天正3）年に土佐の長宗我部元親が阿波に侵入、四国制覇を完成する。この後、豊臣秀吉により四国は平定され、蜂須賀正勝・家政父子を阿波国に封じた。関ヶ原の戦以後は、淡路国も加増され、徳島藩の石高は25万6,940石となる。

1871年の廃藩置県によって阿波国および津名郡42カ村を除いた淡路国を合わせて、県制が施行され徳島県となった。その後、津名郡42カ村を

四国地方　259

加えて名東県と改称、一時は讃岐国も管轄した。しかし、1875年9月に讃岐国は分離され、再び香川県となった。次いで翌年、名東県が廃止となり、阿波国は高知県に、淡路国は兵庫県にそれぞれ併合されて、10月には徳島町に高知県徳島支庁が置かれた。1880年3月、旧阿波国が高知県から分離し、再度徳島県となり、現在の県域が確定した。

主な遺跡

廿枝遺跡（はたえだ）
＊阿南市：桑野川右岸の丘陵北斜面、標高約30mに位置
時代 旧石器時代

1967年に宅地造成に伴って発見され、ナイフ形石器、掻器、削器、尖頭器のほか、石鏃、細石刃、縦長剥片なども採集されている。石材はチャートを主体とし、サヌカイトや酸性凝灰岩なども若干、含まれている。県南部での旧石器時代の遺跡としては唯一のもので、県北部には吉野川流域に、椎ヶ丸遺跡（阿波市）をはじめ旧石器散布地が40カ所近く存在している。椎ヶ丸遺跡からは1,000点以上の石器、石核、剥片などが採集され、特にサヌカイト製のナイフ形石器70点のほか、掻器、翼状剥片、縦長剥片、石核などが認められた。ナイフ形石器の技法として、瀬戸内技法による国府型ナイフ形石器の占める割合が高いものの、瀬戸内技法によらない剥離技術を示すナイフ形石器も存在していることが指摘されている。ただし、残念ながら、層位的な把握が十分にできておらず、今後の課題となっている。

加茂谷川岩陰遺跡群（かもだにがわいわかげ）
＊三好郡東みよし町：吉野川支流、加茂谷川上流の右岸、標高240～500mに位置　時代 縄文時代早期～晩期

1969年に発見され、1970～72年にかけて、同志社大学と南九州大学によって調査が行われた。5カ所のうち、1、2、5号の岩陰遺跡が発掘調査されている。1号遺跡は縄文前期から晩期までの土器のほか、サヌカイト製石匙、石鏃などが検出された。2号遺跡からは縄文前期の土器と石組炉、5号遺跡からは縄文早期の土器と石英製石斧状石器、サヌカイト製削器、シカ、イノシシ、タヌキ、ウサギなどの獣骨類が出土している。出土した土器は県内の型式編年において重要な位置を占め、徳島県における縄文時代を検討するうえで、豊富な資料を提供してくれる遺跡といえる。

城山貝塚(しろやま)
＊徳島市：城山山麓、標高約1mに位置　**時代** 縄文時代後期〜弥生時代前期

1922年に鳥居龍蔵によって調査が行われ、県内の考古学的調査の嚆矢として著名である。徳島城内表御殿庭園北に位置する洞窟内に形成された岩陰遺跡である。1号から5号貝塚のうち、1〜3号貝塚まで発掘され、ハイガイを主体とした貝層で形成される。2号貝塚からは、屈葬人骨1体を含む3体の人骨が検出され、貝輪や土器、獣骨も認められた。5号貝塚は山頂部北側付近に位置したとされるが、現在は確認できない。ハマグリ、アサリや弥生土器、土師器が採集されている。周辺地形には海蝕痕が見られ、海岸線に近い地形であったことがうかがわれる。

庄遺跡(しょう)
＊徳島市：鮎喰川東岸の沖積平野、眉山の北麓、標高4〜6mに位置　**時代** 縄文時代晩期〜弥生時代前期

1979年の球場改築工事に伴い調査が行われ、以後断続的に調査が続いている。弥生時代前期を中心とした県内有数の集落遺跡として評価できる。前期後半の環濠と推測される大溝が検出されたほか、自然河道下層から木製品が多数出土しており、鍬や鋤などの農具や田舟、木偶なども認められた。また、徳島大学地点からも、朱塗りのミニチュアの砧や盾、臼、梯子なども認められ、人物像を刻んだ板状の木製品も検出された。また、徳島大学医学部構内地点では、前期前半の土器を伴った箱式石棺墓、配石土坑墓、甕棺墓なども認められた。加えて、日赤血液センター地点では縄文時代晩期の土器が検出されており、弥生時代への移行過程をとらえうる遺跡としても評価されている。なお、奈良・平安時代の掘立柱建物跡も認められ、自然流路から人形や斎串といった祭祀道具、曲物、箸、刀子の柄、弓などの木製品や墨書土器も出土している。また隣接する南庄遺跡（徳島市）では弥生時代中期後半から後期後半にかけての竪穴住居跡が検出され、幅6.5mの環濠の存在も明らかとなっている。土器のほか、鉄剣や勾玉、管玉、ガラス玉、石鏃、石斧、石包丁なども出土し、中期後半の打製石器製作工房跡と推測されている。

足代東原遺跡(あじろひがしばら)
＊三好郡東みよし町：吉野川上流の左岸に形成された扇状地、標高約80mに位置　**時代** 弥生時代後期〜古墳時代前期

1981年、吉野川北岸農業水利事業に伴い発掘調査が行われた。南北の広がりは不明だが、東西約180mにわたり、積石墓群が形成されていた。墓群中央には、砂岩の小礫を盛って形成された前方後円形の墳墓（残存全

長16.5m、後円部径11m、前方部長5.5m）があり、その周囲に36基以上の円形積石墓が点在している。各墓坑は、地山を20～40cm掘り下げ、円形墓坑を構築した後、人頭大の砂岩で円形の列石を築き、内部に拳大の礫や破砕した土器片を充塡し、約60cm程度に墳丘を盛る。また、積石墓の間には祭祀的な意味を想定させる土器溜りが形成されており、イノシシ形、サル形土製品も検出されている。吉野川上流域における積石墓や古墳の発展形態をとらえるうえで、重要な遺跡といえる。なお、本遺跡から南東へ約3.5kmの付近に位置する丹田古墳（東みよし町）は、積石塚の前方後円墳（全長35m、前方部幅6.6m、後円部径17.5m、高さ3m）があり、竪穴式石室から舶載鏡、鉄剣、鉄斧などが出土し、吉野川上流域の最古級首長墓として、その関わりが示唆される。

若杉山遺跡
＊阿南市：那賀川右岸、標高150～350mの範囲に分布
時代 弥生時代終末期～古墳時代初頭

戦後、ミカン畑の開墾などで石臼、石杵の採集があり、1966年の市毛勲による現地調査と紹介によって、知られるようになった。1984年より県立博物館の調査が実施され、石臼37点、石杵224点のほか、朱の原石である辰砂（硫化水銀鉱石）片や土器、勾玉、獣魚骨、貝類などが検出された。石臼は辰砂を磨りつぶす工程に合わせて形態に変化が認められ、朱の精製作業が行われていたことを示唆している。なお、遺跡付近は水銀の産出地として知られ、水井水銀鉱山が存在する。県内では本遺跡から約30km離れた、ほぼ同時期の遺跡と考えられる黒谷川群頭遺跡（板野郡板野町）でも、朱の精製を行ったことを示す朱の付着した石杵、石臼、辰砂が住居跡などから検出されている。若杉山遺跡の辰砂が搬入されたものと考えられる。

源田遺跡
＊徳島市：鮎喰川左岸、気延山南斜面の標高約32mに位置
時代 弥生時代

1948年に山林開墾中に3個の銅鐸と1本の中広形銅剣が出土した。不時発見のため正確な出土状況は不明であるが、傾斜面に3個の銅鐸のうち1個には銅剣が近くに伴い、これらに並行してもう1個の銅鐸も埋納されていたと考えられている。鮎喰川流域ではこうした青銅器の埋納遺構が数多く認められ、安都真遺跡（徳島市）では4個の銅鐸、東寺遺跡（神山町）では銅剣の破片3点、左右山遺跡（神山町）では、2本の銅剣、また園瀬川流域であるが、美田遺跡（徳島市）からは、1932年に土取り工事に際して7個の小型銅鐸が出土している。

渋野丸山古墳
＊徳島市：勝浦川支流、多々羅川北岸の山裾、標高約7mに位置　**時代** 古墳時代前期　史

前方部および後円部の先端が切り崩されているため、現存する全長は約80mであるが、県下最大の前方後円墳とされる。後円部径は約40m、高さ約8mを測る。前方部は2段、後円部は3段築成で、盾形の周濠がめぐる。大正年間より知られ、1988年には後円部に隣接する住宅の工事に伴って一部発掘調査が行われた。その結果、後円部径が約50mであったことが確認された。後円部からは草摺形埴輪、家形埴輪、円筒埴輪などが出土している。5世紀前半の築造と考えられている。

萩原墳墓群
＊鳴戸市：讃岐山脈の南麓、標高10～24mの尾根上に分布　**時代** 古墳時代前期～後期

1980～81年にかけて県道バイパス工事に伴い調査が実施された。径18mの円丘部と幅3.6m、長さ8.5mの突出部をもつ1号墓のほか、20基以上の積石墓群が広がる。1号墓からは円丘中央に竪穴式石室が認められ、舶載鏡のほか、管玉、鉄片が出土した。両突出部の付け根部より不整円形の竪穴式石室が構築され、壺棺が埋納されていた。大正年間に墳丘中央部以南が鉄道敷設に伴い削平されており、本来の形態は双方中円墳であった可能性も指摘される。積石墓発生以来、継続的に墳墓が構築されている点で貴重な遺跡といえる。

恵解山古墳群
＊徳島市：眉山南麓の尾根上、標高約20～40mに位置　**時代** 古墳時代中期

宅地造成に伴って、1964、65、67年に総数10基の円墳の発掘調査が行われた。特に、2号墳は直径25m、高さ4mで2基の箱式石棺が認められ、東棺には鼉龍鏡、勾玉、ガラス小玉、滑石製臼玉、竹製漆塗櫛、鉄刀、鉄剣、刀子とともに老年女性の人骨が、西棺には琴柱形石製品、管玉、竹製漆塗櫛、鹿骨装鉄剣、刀子、副室には短甲、衝角付冑、鉄刀、鉄剣、鉄鎌、鉄斧、鉄鏃などが副葬された老年男性人骨が出土した。石棺内部は朱が施され、8号墳、9号墳など2基の埋葬施設が認められるといった共通性が認められるほか、副葬品の組合せは在地性の高い内容を示すものとして評価されている。

段ノ塚穴古墳
＊美馬市：吉野川北岸の河岸段丘上の先端部、標高約70mに位置　**時代** 古墳時代後期　史

江戸時代より存在が知られ、1922年に『人類学雑誌』に笠井新也が「段の塚穴」として紹介したのが嚆矢とされる。東側の太鼓塚と西側の棚塚か

四国地方　263

らなり、太鼓塚は四国最大級の横穴式石室を有する古墳として著名である。太鼓塚は東西径37m、南北径33m、高さ10mの円墳で、石室は南に開口し、全長13.1m、高さ4.25mを呈する。石材は緑泥片岩で一部砂岩を用いる。平積みで石材をもち送り状にし、玄室の中央をドーム状に形成する。平面形は太鼓状のふくらみを呈し、羨道はバチ形に開く。西の棚塚は直径20m、高さ7mで、南に開口する横穴式石室である。形状は羽子板状で、全長8.65m、高さ2.8m。奥壁に石棚を付設する。石室内からの出土品はいずれも認められていないが、1951年に太鼓塚西側の墳丘裾から大量の須恵器、土師器、馬具、埴輪が出土している。いわゆる「段ノ塚穴型石室」として、吉野川左岸、美馬郡を中心に同様の形態の石室が認められており、当地の古代豪族の関係をとらえるうえで、重要な古墳といえる。

郡里廃寺跡（こおざとはいじあと）
＊美馬市：吉野川北岸の扇状地上、標高約70mに位置
時代 飛鳥時代後期　　史

　1967年、68年に石田茂作を中心に発掘調査が実施され、塔、金堂跡が検出され、法起寺式の伽藍配置の寺院跡と評価された。寺域は東西96m、南北120mで、創建時には土塁をめぐらせていた。塔は一辺40尺（約12m）、心柱の痕跡も認められ、断面八角形を呈していた。心礎は地下式で、砂岩製である。金堂は東西60尺（約18m）、南北50尺（約15m）で、基壇は後の開墾で削られている。瓦には、有稜素弁八葉蓮花文軒丸瓦、波文帯単弁十二葉蓮花文軒丸瓦、扁行唐草文軒平瓦やヘラ描きの絵の施された瓦などが出土した。阿波国では最古級の寺院跡であり、また心柱や地下式心礎など地方寺院としては、その規模も大きく、当時の豪族の活動をうかがわせる遺跡である。

阿波国分尼寺跡（あわこくぶんにじあと）
＊名西郡石井町：鮎喰川左岸、気延山東麓、標高約10mに位置　時代 奈良時代　　史

　1970年に宅地開発に際して礎石、重圏文軒丸瓦、重弧文軒平瓦などが発見され、1970年、71年に発掘調査が行われた。寺域は約158m四方で、伽藍の中心軸は真北から西へ11度振れる。条里の地割りと一致し、その線上に金堂跡や北門が位置する。遺物は瓦のほか、土師器、須恵器、緑釉陶器、青磁、白磁などで、創建時のものよりも平安期の遺物がよく認められる。こうしたことから、寺院としての存続期間が短かった可能性も指摘されている。なお、本遺跡から南へ2kmほどのところに、阿波国分寺跡（徳島市）の寺域が確認されているが、伽藍配置については依然として不明である。また、観音寺・敷地遺跡は国府跡として注目されている。

㊲ 香川県

石清尾山古墳群猫塚（内行花文鏡）

地域の特色　香川県は四国北東部に位置する県。北は備讃瀬戸を挟んで岡山県、広島県に面し、南は阿讃山地を境として徳島県、愛媛県と接している。南部の阿讃山地を除いて平地がちであり、大河川に乏しく、降雨量も極端に少ない。そのため溜池が発達しており、空海が整備したとされる満濃池は著名である。

遺跡の様相としては、瀬戸内海の島嶼部である塩飽諸島に、厖大な旧石器を伴う遺跡が確認されている。縄文時代の遺跡はあまり認められず、弥生時代以降の遺跡が、中小河川の微高地、平野部などに認められるほか、高地性集落も比較的数多く確認されている。古墳時代以降では、高松平野に隣接する丘陵部に位置する、特筆すべき積石塚群である石清尾山古墳群をはじめとして、東は津田湾岸、坂出の城山山塊、丸亀平野部などにまとまりが見られる。遺跡数は約4,800カ所で、四国で最も多い。

古代においては讃岐国であり、『日本書紀』667（天智天皇6）年11月条で、唐・新羅の侵攻に備えて、「讃吉国山田郡」に屋島城を築いたとする記事がある。古代条里制の遺構は坂出市の綾川流域や丸亀平野などに認められる。鎌倉幕府成立以後、守護職には後藤基清、近藤七国平、三浦光村が任ぜられ、宝治合戦の後は北条氏が支配した。室町時代以降は細川氏が支配し、応仁の乱以降、細川氏は衰退し、三好氏が台頭する。天正年間（1573〜92）には土佐長宗我部氏の侵攻を受け、支配下に帰した。しかし、1585（天正13）年には羽柴秀吉により四国征伐がなされ、仙石氏、尾藤氏、生駒氏が支配した後、1640（寛永17）年のいわゆる「生駒騒動」による転封まで、生駒氏が支配した。生駒氏改易後、1642（寛永19）年には松平頼重が東讃12万石に封ぜられ、高松藩が成立し、幕末に及ぶこととなった。一方、西讃には1641（寛永18）年、山崎家治が入封、その後嗣子なく断絶し、京極高和が入封して、以後京極氏が支配した。1694（元禄7）年に1万石を分封し、多度津藩が成立している。なお、塩飽諸島など島嶼

部は天領に組み込まれた。

　1871年の廃藩置県によって、各藩はそれぞれ高松県、丸亀県として成立。1873年2月には香川県は廃されて、讃岐一円は名東県（阿波国・淡路国）に併合され、県庁は徳島に置かれるなどしたが、1875年、旧讃岐国は名東県から分離し、再び香川県となるなど、幾度かの併合・分離の後、1888年、香川県が成立した。

主な遺跡

国分台遺跡（こくぶだい）　＊高松市：五色台丘陵の標高約400mに立地
時代 旧石器時代

　1959年に岡山大学の近藤義郎を中心として調査が行われた。国分台と呼ばれる丘陵に、多数の石器が散布しており、表面採集された石器は膨大である。内容としては、大型両面加工石器、尖頭器、ナイフ形石器など多様な形式が認められているほか、未製品など工房的性格を示唆する遺物も認められている。残念ながら、層位的な研究は進んでいない。立地する丘陵がサヌカイトの原産地ということもあり、今後の調査研究が期待される。

　なお、瀬戸内海に位置する井島遺跡（香川郡直島町）も旧石器の包蔵地であり、1954～55年にかけて発掘調査が行われ、2層の遺物包含層のうち、第1層とされる表土層からは土器片や石鏃のほか、スモールブレード（幅広石刃）などが出土し、第2層からは小型横長刃器と大型横長刃器が多く出土した。また、大浦遺跡（坂出市）は櫃石島に位置し、1980年に発掘調査が行われ、1万点以上の石器を検出している。ナイフ形石器が大半であり、細石器や石核、尖頭器なども認められた。羽佐島遺跡（坂出市）は無人島である羽佐島に位置し、瀬戸大橋の架橋に伴い調査が行われ、25万点を超える石器が検出されている。ナイフ形石器、尖頭器、翼状剥片、横長や縦長の剥片、細石器とその石核など多様である。他方、押型文土器や石鏃、石匙など縄文時代の遺物も認められ、旧石器時代の終末期から縄文時代への移行が瀬戸内海沿岸地域において、どのようなかたちで行われていったのか検討するうえで、重要な遺跡といえる。

南草木貝塚（みなみくさぎ）　＊高松市：江尻川左岸の河口近くの微高地、標高10m前後に立地
時代 縄文時代前期～弥生時代後期

　1938年に樋口清之によって紹介されて以来、学界でも知られ、1975年には実態把握の調査が行われている。縄文時代前期を中心として、中期から後期に至る土器を確認している。また、調査では弥生時代後期の竪穴住居

跡も検出され、製塩土器も認められるなど長期にわたる生活空間であったことがうかがわれる。その対岸、1.5kmにある小蔦島の小蔦島貝塚（仁尾町）は、造成工事などで現在は消滅しているが、縄文時代早期の貝塚であり、ハマグリ、アサリなどを主体とし、無文土器、押型文土器などが検出されている。瀬戸内海沿岸の縄文時代を明らかにしていくうえで重要な遺跡である。

大浦浜遺跡
＊坂出市：櫃石島東南部に形成された砂丘、標高約1mに立地　時代　縄文時代前期〜古墳時代後期

縄文時代前期から後期までの土器が出土しているほか、弥生時代前期の木葉文土器、製塩土器、ミニチュア土器や船形土製品といった祭祀に関わると推定される遺物などが出土している。古墳時代後期の製塩遺構も検出されており、祭祀や漁労、製塩といった活動の拠点であった可能性も示唆される。瀬戸大橋の架橋工事により残念ながら消滅している。

ちなみに、製塩遺跡としては、古代の土器製塩遺跡として、喜兵衛島製塩遺跡（直島町）も著名であり、製塩土器のほか炉や作業場などの製塩遺構が認められている。この遺跡のある直島の丘陵上の古墳からは、製塩土器が出土しており、そうした製塩に関わる集団の存在が指摘されている。

中の池遺跡
＊丸亀市：丸亀平野、金倉川東岸の標高約13mに立地　時代　弥生時代前期

1976年より現在まで断続的に調査が行われている。弥生時代前期と推定される幅3m、深さ1m前後のV字形になる大溝が3条検出されるなど、環濠を有する集落として注目された。近年ではさらに2条の溝が確認され、多重の環濠を有する可能性も指摘されている。墓坑や、県内では最古級となる水田跡も検出されている。遺物では、壺形土器、石包丁や石鏃などの石器、銅剣、獣骨類、栽培植物であるウリ類の種子も認められている。

紫雲出山遺跡
＊三豊市：燧灘に面する御崎半島の先端、紫雲出山（標高352m）に立地　時代　弥生時代中期　史

1947年に造園植樹中に土器が出土し、1955〜57年にかけて京都大学の小林行雄を中心として調査が実施された。小規模な貝塚が認められ、多数の土器や石器、鉄製品、骨角器などが検出された。石器の素材は主にサヌカイトであり、特に打製石包丁のほか、多数の石鏃が検出された。なかでも凸基式とされる石鏃が武具である可能性が指摘されて、防御的な性格を帯びた遺跡として評価された。県下では弥生時代中期の高地性遺跡として初めて調査されたものであり、県史跡に指定されている。また1988年、

資料館建設に伴う調査で竪穴住居跡と高床式倉庫の遺構が検出されたほか、近年、大型の掘立柱建物跡も発見され、注目を集めている。

森広遺跡(もりひろいせき)
*さぬき市：梅檀川右岸、標高約40mを中心に立地
時代 弥生時代後期

かつて平形銅剣が3本出土し、その後1911年に畑地より巴形銅器が8点出土したことで注目された。1978年、79年の調査で大型の竪穴住居跡をはじめとして、掘立柱建物跡のほか、建物群を区画するような溝も検出された。多数の土器や銅鐸片も発掘されており、近隣には同時期の集落遺跡が存在することから、当時の拠点的集落であった可能性も示唆される。また、約3km北東に位置する雨滝山遺跡群からは、弥生時代後期の多数の墳墓が認められており、その関係が注目されるも、ゴルフ場工事などにより多くは消滅した。なお、巴形銅器のうち3点については、九州大学筑紫地区遺跡群（福岡県春日市・大野城市）より出土した鋳型と一致し、関心を集めている。

石清尾山古墳群(いわせおやまこふんぐん)
*高松市：石清尾山の南東部、標高150～200mを中心に立地 時代 古墳時代前期 史

1931年の京都大学による調査を嚆矢として、戦後1970年以降、断続的に分布調査や緊急調査などが実施されている。栗林公園の裏手、石清尾山から紫雲山にかけて点在する積石塚、盛土墳群であり、現存するもので80基以上を有する。主要な古墳は摺鉢谷の周囲を取り囲む尾根上を中心に築造されている。とりわけ猫塚（墳丘長96m）、鏡塚（墳丘長70m）などの双方中円墳、石船塚（墳丘長57m）・姫塚（墳丘長43m）・北大塚（墳丘長40m）などの前方後円墳が著名である。

内部構造については不明なものも多いが、猫塚は1910年に鉱山試掘を偽った盗掘により、内行花文鏡2、獣帯鏡、四獣鏡、三角縁神獣鏡、小銅剣20前後、石釧1、筒形銅器3、銅鏃9、鉄斧1、鉄剣4、鉄刀1、鉄ノミ1、鉄鉈1、鉄鏃4、土師器2などが認められ、現在、東京国立博物館に所蔵されている。石船塚古墳は刳抜式石棺が露呈しているほか、前方部に竪穴式石室が認められた。羽床盆地の十瓶山の西麓の鷲ノ山には採石場があり、この石船山古墳も含めて、善通寺市から高松市に分布する古墳の石棺は、この鷲ノ山産の石材でつくられたと考えられる。『播磨国風土記』には讃岐羽若の石を求めた記載があり、羽床盆地付近の石材が瀬戸内海沿岸で利用され、それに伴う石工集団が存在した可能性も指摘されている。

また、鶴尾神社4号墳は全長41.5m、後円部径20.2mの前方後円墳であ

るが、後円部の竪穴式石室より獣帯方格規矩四神鏡の破片が出土した。この鏡は、昭和初期に石清尾山古墳出土の伝世鏡とされたものの欠失部であると判明し、伝世鏡が当古墳出土の遺物であることが明らかとなった。共伴した土器に鋸歯文などが施され、弥生時代終末期から古墳時代の初期に相当する遺物であることから、古墳群でも最古級のものとして評価されている。猫塚でも副葬品として、三神三獣鏡、四獣鏡、獣帯鏡のほか、内行花文鏡2面、石釧、小銅剣身、銅鏃、鉄鏃、筒形銅器などが検出された。積石塚という特殊な墳丘の様相を呈し、一丘陵上にまとまって構築されていることなどから、瀬戸内海沿岸における古墳文化を研究するうえで、貴重な遺跡として注目されている。1986年に「石清尾山古墳群」として、国史跡に指定されている。

富田茶臼山古墳
＊さぬき市：丘陵尾根の北端部、標高約55mに立地
時代 古墳時代中期前半　　　　　　　　　　　　　史

明治時代に後円部に相撲の土俵をつくる工事が行われ、竪穴式石室の板石が露出したことで発見された。墳丘長140mを呈し、四国最大の前方後円墳である。前方部幅約80m、高さ約10m、後円部径約88m、高さ約15mを測り、3段に築造される。現在まで主体部の本格的な調査は行われていないが、墳丘より円筒埴輪や家形埴輪が採集されており、葺石も認められる。現在後円部墳頂には妙見神社が鎮座し、北側と空堀は県道によって破壊されている。前方部には、陪塚と推定される方墳3基も認められる。古墳時代中期前半の築造と考えられる。1993年に国史跡に指定されている。

椀貸塚古墳
＊観音寺市：三豊平野の南縁、標高約30mに立地
時代 古墳時代後期　　　　　　　　　　　　　　　史

直径約37mの円墳である。墳丘高は9mを呈し、周囲に二重周濠と盛土された周堤が配される。特筆されるのは、複室構造を呈する横穴式石室で、全長14.8m、玄室の長さ6.8m、幅3.6m、高さ3.9mと、県内最大級の規模をもつ。なお、羨道の先端部は後世に積み直された可能性が指摘されている。主体部の本格的な調査は行われていないが、須恵器や鉄釘、棺金具などの鉄製品が伝わり、市立大原野小学校に保管されている。古墳の名称は、石室の前で願うと接客用の椀を貸してくれるという伝説に由来する。同じような伝承は、久本古墳（高松市）や椀貸塚古墳（善通寺）などでも認められるという。本墳の南には、平塚古墳・角塚古墳（観音寺市）があり、やはり同様の巨石を用いた横穴式石室を有する。平塚古墳は円墳としては県下最大級であり、かつては周辺に200基近くの古墳が分布していた

とされることから、古墳時代当時の拠点的な位置を占めていた地域であった可能性をうかがわせる。ちなみに、これら3基は2015年に大原野古墳群として、国史跡に指定されている。

讃岐国分寺跡　＊高松市：標高約14mに立地　時代 奈良時代　史

　1983年より断続的に調査が行われている。東西88m、南北16mの基壇に桁行21間（約84m）、梁間3間（約12m）の規模をもつ僧坊跡のほか、鐘楼跡や回廊の基礎なども検出され、2町四方の寺域の存在が確認されている。現在も千手院国分寺が位置する場所であり、境内には金堂跡や塔跡の礎石が地表に露出している。国特別史跡。東方約2kmには、讃岐国分尼寺跡（高松市）があり、礎石が多数残存し、現在も法華寺が位置している。

　なお、讃岐国庁跡（坂出市）は国分寺跡から西方約2kmの付近と認識されてきたが、1977年以降の調査により、倉庫跡と思われる掘立柱建物跡や築地の基壇が検出され、国庁跡であることが確実視されている。古代讃岐の中心地がこの付近に存在していたことを示す遺跡群といえる。

コラム　●　考古学用語解説

☞「官道」

律令国家における地方行政は、60余州（66カ国〈壱岐・対馬は除く〉）と、後に呼ばれる諸国の国府が管轄した。これらの国々からは、都へと租税が送られ、五畿七道（五畿〈大和・山城・摂津・河内・和泉〉、七道〈東海・東山・北陸・山陰・山陽・南海・西海〉）を貫いて都へと続く官道が設けられた。従来は地形や地割などの歴史地理学的な研究が行われてきたが、近年では「道」の発掘事例によって、その具体像が明らかになりつつある。

　著名なものでは、東山道の一部として開通し、後に支路となった武蔵路が東京都国分寺市で発見されている。上野・下野国から武蔵の国府に至る幅約12mの直線道路の一部と判明し（現在は国史跡武蔵国分寺跡・附東山道武蔵路跡として歴史公園が整備されている）、東の上遺跡や柳野遺跡（いずれも所沢市）、女掘遺跡（川越市）などでも多数検出されている。こうした道路を通じて、租庸調と呼ばれる租税のうち、特に「調」や「贄」が都へと運ばれた。調とは本来正丁（20～60歳の公民男子）1人が1年に10日間の労役を提供する代わりに、布2丈6尺を納める租税であるが、布以外に米や塩など地方の産物を代わりにあてることもあった。「贄」は天皇や神社への供物であり、そうした山海の産物が全国各地から貢進物として都へ送られた。その実態は藤原京や平城京より出土した付札木簡の記載により知ることができる。

38 愛媛県

上黒岩岩陰遺跡（線刻礫〈石偶〉）

地域の特色　愛媛県は、四国北西部に位置する。北は瀬戸内海に面し、高知県に接する南側には、四国最高峰の石鎚山（1,982m）を筆頭に、四国山地が東西に走る。東側は香川県、徳島県に接している。山地が発達し、四万十川や吉野川、仁淀川の水源地であるが、多くは他県に流出し、県内の河川の規模は小さい。そのため大規模な平野は形成されず、中山川の道前平野や重信川の道後平野が特筆される程度である。

そもそも瀬戸内海が現在のような地形となるのは縄文時代前期以降であり、それまでは海水面が低く、本州からの水系が豊後水道を経由して太平洋へ注いでいた。こうした地形を反映して、旧石器時代から古代にかけての遺跡の立地は、山間の盆地や平野部に隣接した山稜部付近に位置する傾向にある。県内の遺跡数は約4,000カ所を数える。

古代においては伊予国が位置し、『伊予国風土記』「逸文」にも記すように、聖徳太子をはじめ、皇族らが道後温泉に訪れた記録が残る。律令期、伊予掾として赴任した藤原純友は、日振島（宇和島市）を根拠地として瀬戸内海を荒し、941（天慶4）年に乱が平定されたことはよく知られる。この追討軍に味方した伊予国押領使・越智好方の子孫河野氏や、大島（新居浜市）に勢力をもっていた村上氏ら豪族たちが、中世以降の伊予を支配する。ちなみに、時宗の開祖一遍は、この河野氏の係累である。

戦国時代には土佐国長岡郡岡豊城を根拠とした長宗我部元親によって、圧迫され、ついに1585（天正13）年に降伏した。その後、豊臣秀吉の四国平定に際して、小早川隆景によって開城され、伊予は小早川の支配となるも、その後転封により福島正則が湯築城へ、戸田勝隆が大津城に入る。以後、関ケ原の戦前後は変遷が激しく、いわゆる「伊予八藩」と呼ばれる各藩域は17世紀代におおむね成立する。宇和島藩（伊達氏）と吉田藩（支藩）、大洲藩（加藤氏）と新谷藩（支藩）、松山藩（久松松平氏）と今治藩

（支藩）、西条藩（紀州松平氏）、小松藩（一柳氏）があった。ほか天領約2万石がこの間に散在していた。

　明治の廃藩置県後、県が置かれた後、松山・宇和島両県に併合され、それぞれ石鉄県・神山県と改称されたが、1873年に統合され、愛媛県となる。しかし、1876年、香川県が廃止され、愛媛県に併合、愛媛県が北四国一帯を管轄する大県となる。しかし1889年12月、香川県が独立分離し、現在の県域に確定した。

主な遺跡

金ヶ崎遺跡（かながさき）　＊今治市：伯方島東部、瀬戸内海へ突き出た丘陵上、標高約50m付近に位置　**時代** 旧石器時代

　1982年発見され、調査が行われた。300点以上の石器が採集され、サヌカイト製、ハリ質安山岩製のナイフ形石器、小型の舟底形石器、流紋岩製細石核などが認められた。ナイフ形石器には、いわゆる瀬戸内技法（打面調整を施した石核から規格性の高い横長の翼状剥片を連続的に剥離する）による国府型ナイフもあるが、大半はそれよりも新しい小型横長薄片のものであるとされる。ちみなに、いわゆる国府型ナイフの出土した伯方島北東の弓削島の鯨遺跡（くじら）（上島町）や生名島の立石山遺跡（たていしやま）（上島町）、佐島の百山遺跡（上島町）などが付近に位置している。

　ウルム氷期の最寒冷期にあたる約2万年前には、海水面が現在より120～135mほど低下したと考えられており、水深が約10～30mの瀬戸内海は陸化していたと推定されている。そうした地理的環境のなかで、石器製作技術が本州と四国の間で、どのような関わりをもっていたかを考えるうえで、重要な遺跡といえる。

宝ヶ口Ⅰ遺跡（ほけいぐち）　＊西条市：中山川左岸に面した段丘縁辺上、標高約100m付近に位置　**時代** 旧石器時代後半

　四国縦貫自動車道建設に伴って行われ、430点の石器類が検出され、おおむね4つのまとまり（ブロック）を形成しているほか、接合資料も確認された。出土した石器類は、角錐状石器、スクレイパー、使用痕のある剥片、石核、剥片、砕片、敲石（たたきいし）などで、石材は頁岩が主体を占め、その他に赤色珪質岩、石英、水晶、チャート、サヌカイト、安山岩、結晶片岩、緑泥片岩など多様な種類が認められた。四国縦貫自動車道建設では、東峰遺跡第4地点および高見Ⅰ遺跡（伊予市）でも、後期旧石器時代後半の石器群が検出されており、特に東峰遺跡から出土した石器群は、台形様石器

と石斧（局部磨製石斧）などが認められ、出土層位が始良Tn火山灰（約2.9〜2.6万年前）の下位であることから、後期旧石器時代前半期の四国はもとより西日本でも最古級の資料として評価されている。

上黒岩岩陰遺跡（かみくろいわいわかげ）
＊上浮穴郡久万高原町：久万川上流の右岸、標高約400m付近に位置　時代　縄文時代草創期　史

1961年に中学生によって発見され、翌62〜70年にかけて日本考古学協会を主体として江坂輝彌らによって調査が行われた。高さ約20m、石灰岩の岩陰遺跡である。表土から4m以上の堆積土のなかで層位学的発掘を行い、14層が確認された。第3層で縄文時代前期の轟系土器、第4層からは押型文土器、第6層から、無文土器、石鏃などが確認されている。最下層の第9層からは、細隆起線文土器や有舌尖頭器、線刻礫偶などが発掘されている。

また、シカの角器の刺さった女性の腰骨が検出されたほか、縄文時代前期初頭と推定される2頭のイヌの骨が検出され、近年の慶應義塾大学などの再調査により、日本最古級のイヌの埋葬骨であることが確認された。

平城貝塚（ひらじょう）
＊愛南市：御荘湾に注ぐ僧都川の右岸、標高約14mに位置　時代　縄文時代後期

1891年に宿毛貝塚とともに、高知県の寺石正路によって発見された。平城式土器の標識遺跡としても知られ、1954年から現在まで断続的に発掘調査が行われている。貝層の厚さは約1m、南北約90m、東西約60mの規模を有し、縄文後期中葉を中心とした土器、石器、骨角器のほか、人骨、獣骨、魚骨、植物種子など、多くの出土物が検出された。なかでも興味深い遺物としては、織物片や笛状の貝製品などがある。瀬戸内海北部の中津式や津雲式土器、九州北部との関わりを示す要素も認められるなど、中国、九州地方とのつながりを考えるうえでも重要な遺跡として位置づけられている。

なお、県内貝塚としては、弥生時代前期〜中期の阿方貝塚（今治市）も著名であり、ハマグリ、アサリを主体とし、土器、勾玉、石器、石包丁などが見られ、ヒョウタン型を呈する土器は特筆される。

文京遺跡（ぶんきょう）
＊松山市：石手川の扇状地、標高約30mに位置　時代　縄文時代後期〜古墳時代

戦後、1947年頃より、弥生土器や石庖丁の採集が行われ、1962年には、愛媛大学工学部本館の建設工事中に弥生時代の遺物が大量に出土し、知られるようになった。本格的な調査は1975年以来、松山市教育委員会、愛

四国地方

媛大学によって継続的に実施されている。大学構内を中心に広がる遺跡であり、これまでに縄文、弥生、古墳時代の遺構が確認され、特に弥生時代前期から後期の竪穴住居跡200棟以上をはじめとして、掘立柱建物跡、溝、墓坑などが検出されており、約25haに及ぶ拠点的集落であった可能性が指摘されている。遺物としては、石包丁、石斧、砥石などのほか、前漢鏡の破片も認められている。

また近年、土壌分析により縄文時代晩期末から弥生時代前期初頭の畑跡が確認された。国内でも最古級の遺構であり、栽培植物は不明ながら、畝を立てず、すきなどで繰り返し耕した痕跡が確認されているという。なお市内の大淵遺跡（松山市）では、縄文時代晩期後半の土器とともに、有扶外湾刃、半月状石包丁、籾痕の認められた土器などが検出され、弥生時代以前の水田稲作の可能性も指摘されている。

唐子台遺跡群
＊今治市：頓田川の河口、標高105.3mの唐子山を中心とした丘陵に位置　時代 弥生時代後期～古墳時代前期

1965年以来、土取りや団地開発などに伴い、発掘調査が実施された。尾根上を中心として、弥生時代終末期の墳墓が点在し、円形、方形、帆立貝形などの墳丘が認められる。また、唐子台10丘は、突出部を有する墳丘墓で木棺や壺棺などが7基検出され、庄内式土器が認められている。このほか、古墳時代の墳墓として、雉之尾1号墳は全長30.5m、前方部高さ2.34m、後方部高さ3.76mを測り、県内でも数少ない前方後方墳である。箱形木棺を直葬し、鉄剣や鉄斧、鉄鏃、直刀、重圏文鏡、二重口縁土器などが出土している。また、土取り工事で現存しないが、国分古墳は全長44mの前方後円墳で、竪穴式石室を有し、奈良・福岡県の古墳から出土した鏡と同范の三角縁神獣鏡1面や獣文鏡1面が出土している。久保山古墳は全長45mで、神獣鏡や鉄剣の破片が出土し、保存運動もあり、現存する。

相の谷古墳
＊今治市：来島海峡を望む独立丘陵、標高約65mの山頂に位置　時代 古墳時代前期

1966年に土取り工事に際して発見され、発掘調査が実施された。1号墳の全長は約82mで、県下最大級の前方後円墳である。前方部幅約44m、高さ約8m、後円部径約50m、高さ約10mで、墳丘は2段築成され、葺石と壺型・円筒埴輪が認められた。主体は竪穴式石室で、三角縁画像鏡、鼉龍鏡、鉄刀、鉄剣、直刀、鉄製品などが検出されている。本古墳に近接して、相の谷2号墳があり、全長53mで地山を成形して墳丘を構築し

ている。

妙見山古墳 （みょうけんさん）
＊今治市大西町：丘陵の尾根上、標高80ｍに位置
時代 古墳時代前期　　　　　　　　　　　　　　　　　　　史

1967年に後円部の乱掘が認められ、被害確認のための発掘調査が行われた。全長約59ｍ、前方部幅約29ｍ、高さ約4ｍ、後円部径約31ｍ、高さ約5ｍを測る。2段築成で、墳丘の中・下段に列石と裾石がめぐる。竪穴式石室で粘土床に割竹形木棺を設けていた。鉄刀、鉄剣などとともに、青銅鏡の痕跡が検出された。墳丘から大量の土器が検出され、大型器台や二重口縁壺形土器などが認められた。県内でも初現期の前方後円墳として位置づけられている。

古照遺跡 （こでら）
＊松山市：旧石手川の氾濫原、地表下4ｍ、標高約8ｍの砂礫層に位置　**時代** 古墳時代前期

1972年、下水道中央処理場の建設に際して発見された。1972～77年にかけて発掘調査が実施され、川の合流地点に構築された古墳時代の堰跡が検出された。3基の堰が認められ、第1堰は全長13.2ｍ、第2堰は全長23.8ｍ、第3堰は全長20ｍあり、おおむね幅2～4ｍ、高さは1ｍ前後の規模をもつ。長い横木と斜めに打ち込んだ多数の丸太材で構築されており、水田などへの灌漑施設としてつくられたものと考えられている。材料には、スギ、ヒノキ、モチノキなどが使用され、高床建物の転用財が認められ、当時の建築技術を検討するうえで貴重な資料を提供した。また、植物種子などの自然遺物も多数検出されている。

来住廃寺跡 （きしはいじあと）
＊松山市：松山平野東部、来住台地西端部の標高39ｍに位置
時代 白鳳時代　　　　　　　　　　　　　　　　　　　　史

1967～78年にかけて3次にわたる調査が行われた。講堂や塔の基壇が認められたほか、回廊と推定される遺構も認められた。鴟尾や素弁十弁蓮華文軒丸瓦や法隆寺式の複弁蓮華文軒丸瓦など瓦類も多数検出されている。本遺跡の東1kmほどには奈良～平安時代の官衙関連の遺構が認められている久米窪田Ⅱ遺跡（松山市）があり、掘立柱建物や大溝が検出され、木簡や円面硯、人形代、曲物、櫛、下駄、紡錘車なども認められ、官衙関連遺跡として注目されている。

この一帯は律令期には久米郡が置かれ、これらの遺跡の北の丘陵には、県下最大の古墳群とされる150基以上の古墳を有する古墳時代後期の久米古墳群が存在しているほか、全長40ｍの前方後円墳であった三島神社古墳（宅地化され消滅）や全長62ｍの前方後円墳である波賀部神社古墳（松

山市）、全長48mと推定される前方後円墳の二ッ塚古墳などが存在し、首長墓的な墳墓が位置することから、古代伊予に存在したとされる久米氏の拠点的な地域であったことを示唆するものと評価されている。

湯築城跡(ゆづきじょうあと)
＊松山市：石手川右岸の丘陵西端部、標高40〜55m前後に位置
時代 室町時代〜戦国時代　　　　　　　　　　　　　　　　史

1987年、動物園閉園後の再開発に伴い発掘調査が実施され、土塀跡や道、排水溝などの遺構が検出されたことから、中世の湯築城(ゆづきじょう)に伴う遺跡が遺存していることが明らかとなった。以後、南部を中心に断続的に調査が行われている。内堀、内堀土塁、外堀、外堀土塁を二重にめぐらせた平山城であり、東西約300m、南北約350mの規模をもつ。

東西に入口の門があり、城内西側および南側の内、外堀の間の平地部に、家臣団の居住空間が広がり、地区により階層差があった可能性も指摘されている。湯築城は中世、伊予国の守護であった河野氏が南北朝期以降に居城としていたものであり、1585（天正13）年に小早川隆景(こばやかわたかかげ)に開城した。

なお城内は公園として整備され、かつて道後温泉の浴槽内の湧出口として設置されていた戦国時代作製と伝わる石の「湯釜」も移設されている。

大下田窯跡(おおげたかまあと)
＊伊予郡砥部町：砥部川、御坂川の高位段丘上、標高80m前後に位置　時代 江戸時代

砥部動物園の駐車場整備に伴い、1982年に調査された連房式登窯(れんぼうしきのぼりがま)の遺構である。1号窯（全長15m）と2号窯（全長19m）があり、1号窯の灰原（捨て場）からは、陶器（碗・皿・鉢・花瓶(かびん)・急須(きゅうす)など）や磁器（碗・皿・徳利(とっくり)など）が検出され、底部に「天□辛夘□　麻生焼」の文字の書かれた陶器皿も出土した。「麻生焼」は砥部に存在した当時の村名を記したものと考えられ、年代も「1831（天保2）年」の可能性が推測されることから、江戸時代後期の砥部焼生産を考えるうえで興味深い資料といえる。また2号窯は、施釉瓦の窯と考えられ、貴重である。1号窯は砥部(とべ)町陶芸創作館に移築され、見学することができる。

39 高知県

松ノ木遺跡（松ノ木式土器）

地域の特色

　高知県は、四国西部に位置する。四国山脈が東西に連なり、南は太平洋に面し、東は香川県、徳島県、北は愛媛県に接する。県内の面積の約80％が山地であり、平野は河川流域に存在する。河川は四万十川、中筋川、後川、新荘川、仁淀川、国分川、物部川などが土佐湾へと流れ込んでいる。なお、北部には吉野川の源流があり、東流する。四国山地と太平洋に囲まれることから、文化的に交流が先進地に比べ遅れる傾向が指摘されるが、その交流範囲は決して狭くはない。

　高知県には約2,500カ所の遺跡が確認されている。そのうち旧石器時代の遺跡は洞穴遺跡などが認められるが数は少ない。また、縄文時代の遺跡は河川流域の段丘上あるいは砂丘上などに見られるものの、やはり遺跡数は多くない。他方、弥生時代の遺跡は、中村平野の広がる四万十川、中筋川などの流域や、高知平野の仁淀川、国分川、物部川の中・下流域などに多く認められており、その数も多い。古墳の数は多くはないが、特に香長平野に位置している。

　古代においては南海道に属する土佐国が位置し、かの紀貫之が国司として赴任した地でもある。現存する土佐国分寺近傍に国庁もあったと考えられる。鎌倉時代以降は摂関家の一条家が幡多郡に幡多荘を置くなどし、室町時代には細川氏が守護を務めたが、戦国期に入り、一条氏やいわゆる「土佐七雄（土佐七豪族）」とも呼ばれる本山氏、安芸氏、吉良氏、津野氏、長宗我部氏、香宗我部氏、大平氏などの勢力が拮抗した。その後、長宗我部元親が土佐1国を統一し、ついには四国の大半を支配下に治めた。豊臣秀吉の四国征伐によって長宗我部氏は土佐1国のみを安堵された。しかし関ケ原の戦において、元親の四男であった盛親は西軍に与し、改易された。その後、山内一豊が入部し、20万2,600石が江戸時代を通じて山内氏の支配する地となった。なお長宗我部氏旧臣が、山内氏の支配に馴染まず、反抗に備え領内の要衝の地に重臣を配した。

四国地方　277

明治維新後、本藩たる土佐藩と支藩の高知新田藩、重臣であった五藤家の中村藩などの所領は、1871年、廃藩置県により一括して廃止され、高知県が設置された。1876年に名東県が分割された際に、現在の徳島県にあたる阿波国の部分が高知県に編入された。しかし、1880年、阿波国部分が再び徳島県として分離され、現在の高知県域が確定した。

主な遺跡

不動ヶ岩屋洞窟遺跡
＊高岡郡佐川町：聖嶽山の中腹、柳瀬（尾川）川上流の標高約80mに位置　時代　縄文時代草創期～早期　史

　1964年、67年に発掘調査が行われた石灰岩の洞穴遺跡である。尾川川との比高差は約40mを測り、洞穴は南に開口する。高さ6mで2洞に分かれており、第1洞は奥行8mで逆U字形を呈する。第2洞は第1洞の側壁部に開口し、幅4m、高さ2m、奥行8mの支洞である。遺物は縄文時代草創期と早期の土器が混在して出土し、特に草創期は細隆起線文土器、押圧線文土器、条痕文土器などが検出されている。石器には有舌尖頭器、掻器、矢柄研磨器、局部磨製石斧などが認められた。特筆される遺物としては、縄文時代早期のタカラガイ、イモガイの装身具類が検出されている。なお洞窟名は、江戸時代には第1洞に不動尊を祀っていたことに由来する。本遺跡より4kmほど柳瀬川下流の城、台洞遺跡（佐川町）は縄文時代早期の洞穴遺跡で、人骨や動物遺体が検出されており、なかでもオオカミとされた骨は、調査した長谷部言人により「佐川狼」と命名され、著名である。なお、旧石器の石器群を層位的にとらえた遺跡としては、奥谷南遺跡（南国市）があり、ナイフ形石器や細石刃、細石核が出土しており、また縄文時代草創期の隆帯文土器も出土している。

宿毛貝塚
＊宿毛市：願成寺山の山麓の台地上、標高約5m付近に位置　時代　縄文時代後期　史

　1891年に寺石正路によって発見され、戦後本格的な調査が行われた。1949年の調査で貝塚が東西に分布していることが判明している。ハマグリ、ハイガイ、カキを主体とし、縄文後期の土器や石錘、打製・磨製石斧、石匙、スクレイパー、凹石、砥石、土偶、玦状耳飾、貝輪、骨製笄、石鏃、ヤスなどが出土している。県内の貝塚では、縄文晩期の中村貝塚（中村市）も著名であり、上部はヤマトシジミ、下部はハマグリ、カキを主体とする貝層をもつ。下部貝層の花粉分析においてイネ科の花粉が検出され

話題となったが、その評価には議論がある。

広瀬遺跡（ひろせ）
＊四万十町：四万十川中流の河岸段丘上、標高約70mに位置
時代 縄文時代前期～後期

1963年、71年に発掘調査が実施され、土器のほか石斧、石鏃、スクレイパー、叩石、砥石、土製品が検出された。特筆されるのは大量の礫石錘（れきいしおもり）が出土したことで、鮎などの淡水漁労に伴うものと評価されている。また、土器には九州系の轟B式土器も見られたほか、豊後水道文化圏、瀬戸内系の土器が認められる。なお、縄文時代後期の片粕遺跡（土佐清水市）は砂丘上の遺跡であるが、大型の礫石錘が検出されており、地引網の錘として使用された可能性も指摘されている。なお、特筆される遺物として、高さ2.7cmの岩偶（がんぐう）が出土している。

松ノ木遺跡（まつのき）
＊長岡郡本山町：吉野川左岸の低位段丘上、標高約250mに位置 時代 縄文時代前期～後期

1990年に農道拡張工事に伴い発見され、継続的に調査が行われている。土器、石器が多数検出され、特に主体は縄文時代後期前葉の土器で、深鉢、注口土器、双耳壺などが認められ、南四国を代表する標識遺跡として評価されている。この松ノ木式土器（まつのきしき）は、九州各地や島根県、三重県などでも認められており、それらの関係をとらえるうえで注目を集めている。なお、弥生時代後期から古墳時代初頭の竪穴住居跡も検出されており、集落としての継続的な土地利用の可能性を示唆している。

入田遺跡（にゅうた）
＊中村市：四万十川下流の右岸の河川敷、自然堤防上の標高約8mに位置 時代 縄文時代晩期～弥生時代前期

1935年に堤防築造に伴い、遺物が発見されたことに始まる。1952年以降、発掘調査が実施され、縄文時代晩期の突帯文をもつ土器は入田B式土器、共伴する弥生土器は入田Ⅰ式土器とされ、その標識遺跡となった。打製石斧・石鏃、叩石なども検出されたほか、入田B式土器の底部にイネ籾の圧痕が認められ、続く入田Ⅰ式土器には北九州系土器との関わりが想定されている。南四国における水田稲作文化の普及過程をとらえていくうえで、重要な遺跡といえる。なお、四万十川上流の窪川台地では銅矛（どうほこ）が多数出土し、高岡神社をはじめ神宝として伝世するものが多く認められる。現在でも銅矛が祭儀に用いられることもあり、興味深い。

田村遺跡群（たむら）
＊南国市：物部川右岸の扇状地や自然堤防上など、標高6～8mに位置 時代 弥生時代前期～後期

高知空港の整備に伴い、1979～83年にかけて発掘調査が複数の地点に

わたり実施された。四国でも最大級の集落遺跡群であり、弥生時代前期初頭の竪穴住居跡や掘立柱建物跡が検出されているほか、中期〜後期の竪穴住居跡も多数検出されている。前期初頭の遺跡からは、土器のほか、石鏃や九州から搬入されたと考えられる石斧や石包丁なども検出されている。別の地点では、前期中葉の水田跡が検出され、畦畔の痕跡や弥生人の足跡なども見られ、当時の水田稲作技術を知るうえで大きな意味をもつ。後期の住居跡からは、後漢鏡の破砕片が発見されるなど、当該地域の水田稲作文化のあり方を考えるうえで重要な遺跡群である。

なおシマイテン遺跡からは、縄文時代後期の土器や多数の打製石斧が検出され、石鏃がサヌカイト製であるなど、瀬戸内系の文化的影響を想定されている。加えて、時代は下るが、中世と考えられる溝で区画された遺構が検出されており、守護代細川氏の家臣団や在地名主層に関わる遺構と推定されている。

狭間遺跡（はざま）
＊南国市：国分川左岸、丘陵の尾根上、標高83mに位置
時代 弥生時代中期

いわゆる高地性集落とされる遺跡で、竪穴住居跡や土器、姫島産と推定される黒曜石が検出されている。なお、本遺跡の直上に狭間古墳が構築されていた。木棺直葬墓で3基認められた。副葬品はなく、土師器片のみであった。田村遺跡群を一望する位置にあり、周囲には標高280mに位置する笹ヶ峰遺跡（南国市）が存在するほか、中世には朝倉城と呼ばれた山城の位置した場所より、弥生時代中期から後期の竪穴住居跡を検出した城山遺跡（高知市）、九州を遠望できる県最西端の標高260mに位置する弥生時代中期のムクリ山遺跡（大月町）など、防御性の高い、いわゆる高地性集落遺跡の存在が認められる。これらの遺跡では、水田稲作に関わる遺物が出ない遺跡もあり、その性格については議論がある。なお、石灰洞で石灰にまかれた弥生土器が発見されたことで著名な龍河洞（香美郡土佐山田町）は三宝山（322m）の中腹、標高約180m付近に位置する高地の遺跡である。

古津賀遺跡（こつか）
＊中村市：四万十川支流、後川の左岸、標高約5mに位置
時代 弥生時代

1956年に堤防工事に際して発見され、発掘調査が行われた。遺物としては、須恵器、土師器、手捏土器、土製模造鏡、有孔、円板などが出土し、祭祀行為に伴う遺跡として評価されている。また、本遺跡より2km上流の佐岡春日神社前遺跡も祭祀遺跡とされる。これらの遺跡の特徴として、

木柱を長方形に四隅に打ち込んで、いわゆる「斎庭」をつくり、祭具を配置している遺構が認められている。

曽我山古墳(そがやま)
＊宿毛市：四万十川支流、中筋川上流の右岸、小丘陵、標高20mに位置　時代 古墳時代前期

1947年、平田中学校の造成に際して発見された。全長約60m、後円部径30m、高さ3mほどで、高知県内有数の前方後円墳であったと推定されるが、後に削平されて現存しない。造成時の証言として、礫により構築された遺構が認められたとされることから、礫槨を有する古墳であったと想定されている。仿製の獣首鏡の破片と獣形鏡、鉄刀および鉄矛が出土した。中世の土師器もともに出土し、盗掘された可能性が指摘されている。この古墳から東へ700mほどに高岡山古墳群(宿毛市)と呼ばれる2基の円墳が所在する。いずれも粘土と礫によって構築された槨を有し、遺物は1号墳では青銅製品や勾玉、2号墳では舶載鏡、石釧、玉製品、ガラス玉などが検出されている。この2基と曽我山古墳では、墳丘に埴輪は認められず、墳丘部に土師器壺破片が多く認められる。4世紀末から5世紀の築造と考えられ、土佐において当該地域が当時の中核的な位置にあったことを示唆する古墳といえる。

小蓮古墳(こはす)
＊南国市：比江山断層線の南麓、標高20mに位置　時代 古墳時代後期

現存する県内最大級の横穴式石室をもつ後期古墳。南北28m、東西22m、高さ7.13mの楕円形を呈する円墳であり、後世の削平を一部受けている。1972年に発掘調査が行われ、石室は墳丘長軸に沿って築造され、両袖式の横穴式石室である。石室の全長は10.8mで、側壁の高さは3.14mを測り、玄室は長軸7.6m、短軸2.1mを呈する。遺物としては、須恵器の坏、蓋、直口蓋、直口壺などのほか、金銅中空玉、金環、鉄刀子、鉄鏃、辻金具、轡などである。

この小蓮古墳から北北西へ約500mに位置する舟岩山古墳群は、土佐最大級の古墳数を有する。22基の古墳は舟岩山とその周辺の小山丘の斜面に位置し、1967年に12基の古墳の調査が行われた。すべて円墳であり、1号墳は径18m、最も大きな横穴式石室をもつ。石室の高さは2m、長さは羨道を含めて6.4mを測る。須恵器や土師器、鉄刀、鉄鏃、金環、ガラス製丸玉、轡、杏葉、雲珠などがあり、築造年代は6世紀後半と考えられている。ほかの古墳もおおむね6世紀後半から7世紀初頭にかけての築造であり、土佐国府や国分寺跡も近いことから、土佐国における古代の中心地

としての位置を示唆するものといえる。

土佐国分寺跡(とさこくぶんじあと)
＊南国市：国分川右岸の扇状地の中央部、標高約20mに位置　時代 奈良時代　史

1977年、78年より発掘調査が行われ、瓦溜や土師器、須恵器、木串に刺さった富寿通寶(ふじゅつうほう)10枚などが検出された。伽藍配置の位置は確認されていないが、現在も寺院の位置する土塁区画内（南北137m、東西151m）が当初からの寺域であると想定されている。なお、東南約1kmには、塔心礎が残る比江廃寺が存在している。使用された瓦は須江古窯群（土佐山田町）で焼成されたと考えられている。

この国分寺より東へ500mほどに土佐国府跡が存在したと想定されている地域があるものの、現在のところ明確な痕跡は発掘されていない。

コラム ● 考古学用語解説

☞「城郭」

城郭とは、いわゆる非常時の防御的構造をもつ武家の拠点施設である。戦国時代以前は、平時の政治・生活空間としての「館」と区別されていた。南北朝時代より合戦時の臨時施設として構築されるが、応仁の乱の勃発した15世紀後半以降は恒常的な施設となっていく。いわゆる「虎口」（城の入口）や「曲輪」（防禦線となる塁濠で囲まれた区画）が設けられ、当初は天然の地形を利用した要害の地に築かれた（山城）。次第に平地へと展開し、戦国時代後半には安土城に代表される「織豊系城郭」が誕生する。防御性を重視した「高石垣」、耐火を目的とした「瓦葺き」、漆喰などの塗込壁からなる「礎石建物」などを特徴として、単なる防御施設ではなく、「天守」に代表されるような権力の表象装置としての役割を担うことになる。また、城郭には家臣団や職人、商人を集住させ、政治、経済の拠点として「都市」の役割を包摂したものに変貌する。

1615（元和元）年に豊臣氏が滅亡した後、幕府は諸大名の領国における複数の城の存在を禁じ、多くの城郭の破却が指示された。また、同年7月には『武家諸法度』により新規の城郭建設を禁じ、各大名の領地に1つの居城のみが存在する形態が定着することになった。城下町の誕生である。

なお、北海道のアイヌ文化期においては、「チャシ」（チャシコツ・柵跡の意）と呼ばれた砦が16〜18世紀を中心に構築されるが、防御的意味で構築されたか否か、議論の余地がある。また南西諸島（琉球）では、13〜15世紀にかけて「グスク」と呼ばれる城が丘陵上に構築された。

㊵ 福岡県

伝志賀島出土(「漢委奴国王」金印)

地域の特色　福岡県は、九州の北部中央に位置する。東側に石峰山地、福智山地が続き大分県に接し、西部には東西に背振山地が走り、それに沿って阿蘇外輪山より発する筑後川が流れて、佐賀県と接する。また、中央部には三郡山地が南北に走り、その東に遠賀川が流れている。南部では矢部川を挟んで耳納山地、筑肥山地が東西に広がり、熊本県と接する。遠賀川の流域には飯塚盆地・直方平野を含む筑豊平野が開け、博多湾に臨む福岡平野は対外交渉の地になるなど、この両平野には弥生時代以降の多くの遺跡が認められる。なお、遠賀川流域には縄文時代の遺跡も認められる。また玄界灘の海上には、宗像市沖ノ島が位置し、その祭祀遺跡群は著名であり、2017年世界文化遺産(「神宿る島」宗像・沖ノ島と関連遺産群)に登録された。

　古代には、筑前国は筑後国と合わせて筑紫国といわれていた。6世紀初頭のいわゆる「筑紫国 造 磐井の乱」により糟屋屯倉が大和政権に献上されて、その支配が確立されていく。大和政権による九州支配や対外関係の拠点としての「大宰府」は、609(推古天皇17)年4月4日条に「筑紫大宰」が見られるが、「大宰府」以前の官衙の存在についても議論がある。博多は対外交渉・交易の中心である一方で侵攻の対象地ともなり、水城や元寇の防塁など関連遺跡が残る。鎌倉時代には、大宰府に鎮西奉行が置かれ、武藤(少弐)資頼が下向すると、代々世襲した。鎌倉中期には大友氏も鎮西奉行となり、両氏がモンゴル襲来の際に差配する。室町時代には、少弐氏が没落し、大内氏が守護となり筑前を領国化。戦国期には大内氏が毛利氏により滅亡し、大友氏が筑前を領国化した。豊臣秀吉による九州平定により、筑前一国は筑後2郡・肥前1郡半とともに小早川隆景が領した。

　関ケ原後、小早川秀秋は備前岡山に移封。豊前中津の黒田長政が筑前一国を与えられ、黒田氏は新たに城下町を建設し、出身地にちなんで福岡と名づけた。怡土郡には天領のほか中津藩、対馬藩領があった。また支藩と

九州・沖縄地方　283

して、秋月藩、東蓮寺藩がある。1870年の廃藩置県後は、福岡県、秋月県が成立。1871年に、秋月県、天領、旧黒田氏領の飛地であった怡土郡（伊万里県・中津県・厳原県管地）も同時に合併され、現在の県域が確定した。

主な遺跡

椎木山遺跡（しいのきやま）
＊北九州市：響灘に向く低丘陵、標高20～25mに位置
時代 旧石器時代後期

1985年、県の職業訓練校建設に伴い調査が行われた。旧石器時代に帰属する竪穴住居跡（たてあなじゅうきょあと）が2軒検出されたことは特筆される。その他、貯蔵穴、土坑（どこう）の存在が確認されている。1号住居跡は隅丸方形（すみまるほうけい）を呈し、約6.5×3.5m。柱4本と西南隅に小土坑があり、北側に炭化物と焼土が認められた。削器（さっき）、礫器（れっき）、剥片などが検出された。2号住居跡は変形五角形で、北東側に階段状の入口をもつ。柱穴や土坑は認められず、削器、剥片が出土している。ほかの遺構、遺物包含層からは、ナイフ形石器、削器、石錘（せきすい）、彫刻刀形石器（ちょうこくとうがたせっき）、石核（せきかく）、剥片、敲石（たたきいし）なども認められた。全国的に見ても旧石器時代の住居跡の発見は稀有であるが、近年その真偽について疑問が呈されており、さらなる検討が求められている。

門田遺跡（もんでん）
＊春日市：梶原川右岸、春日丘陵西端の中位段丘上、標高約30mに位置　時代 縄文時代草創期～中世

1972～75年に発掘調査が実施され、北台地と南台地、中間の谷地区からなる。台地上より旧石器時代の遺物包含層のほか、谷地区からは縄文時代草創期の爪形文土器（つめがたもん）が検出され、近接する柏田遺跡（かしだ）（春日市）の縄文時代後期中葉の竪穴住居跡や縦長剥片を利用した鏃（やじり）、つまみ形石器、打製石斧（せいせきふ）、石錘などの検出例とともに、福岡平野における縄文時代を再検討するうえで注目されている。

なお、弥生時代中期前半の2列に並んだ甕棺墓群（かめかんぼぐん）の存在や、中期後半中頃の土坑墓群に認められる大量のガラス玉の副葬、甕棺墓から検出された鉄戈（てっか）、有樋鉄剣（ゆうひてっけん）などが注目を集めている。またイチイガシの貯蔵穴や木製品も確認されている。近年の調査では、弥生時代中期の掘立柱建物（ほったてばしらたてもの）の柱穴の可能性をもつ遺構や古墳時代、中世の掘立柱建物跡、製鉄炉跡なども確認されている。なお、現在は山陽新幹線車両基地が位置している。

山鹿貝塚（やまが）
＊遠賀郡芦屋町：遠賀川右岸の河口近く、砂丘上、標高約10mに位置　時代 縄文時代前期～晩期

1962～68年にかけて3次の調査が実施された。縄文時代前期、中期、

後期の各時期の貝層が認められ、前期ではハマグリやイソシジミを主体とし、中期ではマガキ、オキシジミが増加し、後期ではマガキが主体となる。土器には瀬戸内系の文化との接触をうかがわせるものもある。また18体の埋葬人骨が検出され、男性8体、女性7体、乳幼児3体のうち、女性は装身具が多く認められ、特に2号人骨の女性は、サメ歯の耳飾、緑色の石材の大珠、鹿角製叉状垂飾品や貝輪を着装するなど、特別な位置にあったことをうかがわせる。

曲り田遺跡
＊糸島市：脊振山地から派生する低丘陵、標高10～15mに位置　時代　縄文時代晩期～弥生時代前期

1980～81年にかけて、県教育委員会によって発掘調査が行われた。縄文時代晩期の方形を呈する竪穴住居跡が30棟ほど発見され、弥生時代中期前半から後期後半の竪穴住居跡11棟も検出された。ほかに弥生時代前期の支石墓、甕棺墓などが発掘されている。遺物は縄文晩期の夜臼式土器や炭化米、籾圧痕土器、大陸系の磨製石器群、紡錘車のほか、紀元前4世紀の竪穴住居跡（16号住居跡）より、日本列島で最古級とされる鉄器が発見された。板状鉄斧の頭部で、鉄鉱石を素材とした鍛鉄とされる。

昨今のAMS-14C年代測定法の進展で、弥生時代の「開始時期」が約500年さかのぼるとする見解が示されたことから、本遺跡の鉄器が中国大陸で使用された時期と変わらない紀元前10世紀のものとなり、弥生時代のAMS-14C年代測定法による成果の真偽が議論されることとなった。しかし近年、再検討のうえ、明確な出土位置が不明であることから、弥生前期とする評価はおおむね否定されている。現在、弥生時代前期の鉄器として確定しているのは、前田山遺跡（行橋市）と山の神遺跡（山口県下関市）のもので、前期末の土器などとともに検出されている。

縄文晩期の遺物の様相をもちつつ、水田稲作文化の要素を示す遺物が認められるほか、『魏志』「倭人伝」にいう「末盧国」と「伊都国」の境界にあたると考えられており、朝鮮半島との関わりや弥生文化への移行期をとらえるうえで重要な遺跡である。現在公園として整備されている。

四箇遺跡
＊福岡市：早良平野の室見川右岸の微高地、標高約22mに位置　時代　縄文時代～古墳時代

1974～77年にかけて、団地建設などに伴い発掘調査が実施された。早良平野内の微高地にあたり、縄文後期の竪穴住居跡が検出されたほか、弥生時代前期後半から中期中葉にかけての住居跡や甕棺墓、石棺、溝状遺構などが検出された。縄文時代の遺物は、泥炭層から出土した木製品や漆器

類、マメ・ヒョウタンなどの栽培植物の種子などがあり、当時の生産技術などを再考させるものとなった。なお、近接する吉武遺跡群は弥生時代の大規模な墓地群で、吉武高木遺跡からは鏡や銅剣など「王墓」的な副葬品をもつ墓も認められている。

下稗田遺跡
＊行橋市：長狭川西岸の丘陵と谷部、標高約30ｍに位置
時代 縄文時代晩期～弥生時代前期

1979～84年に宅地開発に伴い発掘調査が実施され、弥生時代前期から中期を主体とする150棟以上の竪穴住居跡や2,000基近い袋状竪穴遺構などが検出された。土坑墓や石棺墓、甕棺墓なども多数検出され、その他弥生後期の竪穴住居跡70棟以上や方形周溝墓、古墳時代後期の竪穴住居跡80棟や円墳1基など、西日本でも有数の長期にわたり使用された大規模集落であったことがうかがわれる。木製農耕具や杭、矢板囲なども検出されており、痕跡はないものの水田稲作が営まれていたと推定される。

南西側の丘陵に隣接する前田山遺跡（行橋市）も弥生時代の集落跡とともに土坑墓などの墳墓群を有し、古墳時代の横穴墓100基以上が検出されている。前田山遺跡の南西4kmには竹並横穴墓群（行橋市）があり、5世紀から8世紀にかけての1,000基を超える県内最大級の横穴墓群が検出されるほか、畿内型の前期前方後円墳、石塚山古墳もあり、これらの遺跡は当該地域が中心的な位置を占めていたことを示唆している。

須玖岡本遺跡
＊春日市：那賀川右岸の須玖丘陵、標高約30ｍに位置
時代 弥生時代　　　　　　　　　　　　　　　　　　　　史

1899年に住宅建設に際して、花崗岩の巨石下より甕棺墓が発見され、棺の内外より、前漢鏡30面以上、細形・中細形銅剣、銅戈、銅矛、ガラス璧、ガラス勾玉、管玉などの副葬品も認められ、学界に知られるようになった。1929年に、京都大学による調査が行われ、11基の甕棺墓が発見されるとともに、細形銅剣1本を検出した。戦後は数度にわたる調査が実施され、甕棺墓群50基近くが検出されており、ガラス小玉を多数副葬する甕棺墓も確認されている。

春日丘陵一帯からは、多くの甕棺墓が検出されているが、副葬品を有する甕棺墓は本遺跡に集中している。また本遺跡の南に位置する、岡本町4丁目遺跡（春日市）からは、弥生時代中期前半から後期初頭の甕棺墓群130基以上、竪穴住居跡のほか祭祀関連遺構や小銅鐸の片麻岩製鋳型が出土している。加えて、須玖岡本遺跡から北に位置する須玖永田遺跡（春日市）からは、溝に囲まれた掘立柱建物跡が確認され、石製の鋳型、銅矛の

中子、るつぼなどが多量に発見され、弥生時代後期から末期にかけての青銅器の製作工房であったことをうかがわせる。特に小型仿製鏡の石製鋳型は全国的にも貴重である。

こうした事例以外でも須玖岡本遺跡一帯には青銅器製作の痕跡を示す遺構や青銅器の出土が多数認められており、全国的にも最大級の規模とされる。そうした様相から、本遺跡周辺は『後漢書』「東夷伝」に記される、西暦57（建武中元2）年、後漢の光武帝より「漢委奴国王」の金印を与えられた「奴国」の中心的な位置にあったと考えられており、本遺跡も奴国の「王墓」群として評価されている。なお「漢委奴国王」の金印が1784（天明4）年に農夫により発見された、志賀島叶崎遺跡（福岡市）は1973年に発掘調査が行われ、自然の沢と思われる溝が検出され、弥生土器や須恵器などが認められたが、特に人為的な遺構は検出されなかった。

板付遺跡
*福岡市：御笠川と諸岡川に狭まれた台地、標高約12m付近に位置　時代 弥生時代前期　史

江戸時代より銅矛の発見などで知られ、大正時代には甕棺とともに細形銅剣や銅矛も認められるなど、遺跡の存在が知られていた。戦後、1961年に日本考古学協会などにより発掘調査が実施されて以降、断続的に調査が行われている。台地上に幅2～4m、深さ約2～3mの断面V字形を呈する環溝が、東西約80m、南北約110mにわたり楕円形に構築されていることが確認された。遺構の主体は弥生時代であるが、旧石器、縄文時代や後続する古墳～中世の遺構も認められた複合遺跡である。

環溝の内外には、竪穴住居跡や貯蔵穴が多数認められている。土器は、夜臼式のほか、弥生前期の板付式の標識遺跡としても知られる。台地の低位段丘上には、旧諸岡川から水路が引き込まれ、井堰が設置されるなど、水利技術の一端がわかる。また、畦畔で囲まれた水田も発見され、人の足跡も検出された。弥生前期以前の水田がさらに下層より認められており、日本列島でも早い時期に水田稲作が開始されたことを示唆している。弥生時代前期末には、北部九州でも有数の集落に発展していたと考えられ、北方の板付北小学校や南側の台地にも集落が広がっていたことが、貯蔵穴群や墓地からうかがわれる。本遺跡は水田稲作農耕の開始期における諸問題を提起するとともに、弥生時代の生活や社会を解明するうえで、集落、墓地、水田を一体としてとらえうる遺跡として注目を集めている。

立岩遺跡群
*飯塚市：嘉穂盆地を流れる遠賀川右岸の独立丘陵、標高約50mに位置　時代 弥生時代前期～中期

1934年に中山平次郎によって石庖丁製作跡として紹介されて以後、10カ所以上の遺跡が発見され、調査が継続して行われている。遺構としては貯蔵穴と考えられる袋状竪穴群が各所で見つかっているほか、1963年に調査が行われた堀田遺跡では、甕棺墓が40基以上認められている。棺内からは前漢鏡や鉄戈、鉄剣、銅矛、ガラス管玉、貝輪などの副葬品も多数検出された。石蓋の単棺で大型の棺は、「立岩型」とも呼ばれ、当該地域の中心的な立場にある集団の墓域であると考えられている。焼ノ正、下ノ方遺跡は、石庖丁が多数出土し、製作工程のわかる未製品の数も多く、石庖丁製作跡と考えられている。石庖丁などの石材は立岩丘陵の西北、笠置山に露頭するアズキ色を呈する輝緑凝灰岩を利用したものと考えられ、この石材の石庖丁が県内はもとより、九州各地でも検出されており、当時の地域的なつながりをとらえるうえで貴重な遺跡であるといえよう。

志登支石墓群

＊前原市：瑞梅川と池田川に挾まれた微高地上、標高約6mに位置　時代 弥生時代前期　史

1963年に文化財保護委員会が発掘を実施し、10基の支石墓のうち、4基の支石墓と8基の甕棺墓を調査した。支石墓は玄武岩あるいは花崗岩の平石と1～3個の支石を用いて構築され、下部構造は石敷き、石囲い、土坑などの形態からなる。打製石鏃や朝鮮半島との交流をうかがわせる柳葉形の磨製石鏃が検出され、弥生時代前期の構築と推定されている。甕棺墓は縄文時代終末期から弥生時代中期にかけてのもので、北部九州における弥生時代の墓制を考えるうえで重要な遺跡である。

本遺跡の南、約3kmの舌状台地上に位置する平原遺跡（前原市）は周溝墓群で、中心となる18×14mの方形周溝墓では、棺内からガラス勾玉、管玉、連玉、小玉、メノウ管玉、琥珀丸玉などのほか、棺外から素環頭大刀、刀子、径46.5cmの日本最大級の内行花文鏡のほか方格規矩鏡などの破片が多数検出された。単独葬の方形周溝墓としては、九州最古級であり、『魏志』「倭人伝」に登場する「伊都国」に関わる遺跡として注目される。

岩戸山古墳

＊八女市：八女丘陵の中央部、標高約45mに位置　時代 古墳時代中期　史

いわゆる八女古墳群のなかの中心的存在であり、北部九州では最大級の前方後円墳である。墳丘長132m、空濠と外堤を有し、総全長は約180m近くにもなる。前方部幅95m、後円部径70m、高さ13.5mを測る。2段築成からなり、主体部は本格的な調査は行われていない。墳丘には円筒埴輪がめぐるほか、いわゆる「石人」「石馬（馬・鶏・水鳥・靫・盾・刀など）」

が多数認められ、全国的にも特異な様相を呈する。この様相は、『筑紫国風土記』の逸文に記載された「筑紫君磐井」の墳墓に関する描写と一致し、磐井氏が大和政権に反逆し、討伐された記載とも重なることから、被葬者の特定できるきわめて貴重な古墳である。

王塚古墳
＊嘉穂郡桂川町：遠賀川上流、穂波川右岸の台地、標高約34mに位置　時代 古墳時代後期　史

　1934年、採炭で陥没した水田復旧のための土取り工事に際して、横穴式石室の一部が露呈し、発見された。墳形は前方後円墳であり、墳丘長は約78mと推定され、周囲に空壕と外堤がめぐる。横穴式石室の長さは4.3m、幅3.1m、高さ3.8mを測る。羨道が約4mあり、全長は8mを測る。遠賀川流域では最大級の規模で、石室の壁画は特筆される。床と羨道部以外の石室全面が赤色に塗られ、石室下半に赤・黄・緑・黒・白の5色で三角文を基調とした幾何学装飾文様が描かれ、玄門に近い側壁には靫、楯、太刀が、玄門左右の袖石には人物の騎乗する赤・黒馬、左右隔障の前面、灯明台には双脚輪状文、そして文様間を埋める蕨手文が描かれる。石室上半には黄色粘土による珠点文が施される。二体併床かつ未盗掘であったため副葬品は豊富であり、神獣鏡、太刀、槍、刀子、鏃、挂甲小札、轡、杏葉、雲珠、辻金具、管玉、棗玉、切子玉、丸玉、小玉、金環、銀鈴などが検出された。6世紀中葉の築造と推定される。国特別史跡。

沖ノ島祭祀遺跡
＊宗像市：玄界灘の沖、宗像海岸より約57kmの島内に点在　時代 古墳時代～平安時代

　1954年の宗像神社復興期成会よる発掘調査を契機として、断続的な調査が行われ、標高約80mに位置する沖津宮の社殿裏の巨石群一帯に祭祀に伴う遺構が点在している。おおむね3期に分けてとらえられており、Ⅰ期は巨石群の岩上での祭祀が想定され、多数の銅鏡や石製品、武器、工具類などが認められ、4世紀末から5世紀前半とされる。Ⅱ期は岩陰での祭祀が想定され、新羅など朝鮮半島からもたらされた金銅製品を多く含み、5世紀後半～6世紀に行われていたと考えられている。Ⅲ期は露天での祭祀が想定され、須恵器、土師器など土器を中心とし、奈良三彩の陶器も認められる。皇朝十二銭のうち「富壽神寶（818年鋳造）」も認められるが、この頃には祭祀場としての意義が失われていたものと考えられる。

　遺物の総計は12万点に及び、神域として人の出入りがほとんどなかったことから、遺物が手付かずで残存しており、「海の正倉院」の異名をもつ。現在でも宗像神社の沖津宮が祭られており、海上交通の祈願を行い、日本

の海上祭神の原点とも評価される遺跡である。2017年世界文化遺産の構成資産となった。

宮地嶽古墳(みやじだけ) ＊福津市：宮地嶽の中腹、標高約45mに位置
時代 古墳時代後期

　国内でも有数の石室を有する円墳。径34m、東向きに開口した横穴式石室の全長は22mで、見瀬丸山古墳(みせまるやま)（奈良県橿原市）に次ぐ規模である。江戸時代に風災害で開口し、宮地嶽神社境内の奥之宮不動神社として不動尊が石室内に祀られてきた。1934年、石室周辺より金銅製の壺鐙(つぼあぶみ)、鞍橋(くらぼね)覆輪金具(おおいわかなぐ)、杏葉(ぎょうよう)などの馬具類や頭椎大刀(かぶつちのたち)、銅碗(かなまり)、ガラス板、ガラス丸玉、須恵器などが発見された。1951年には羨道から離れた場所で、金銅製透彫竜文冠(こんどうせいすかしぼりりゅうもんかんむり)の破片が発見されている。また、本古墳の入口前方の丘陵からは、ガラス製の小壺を収めた青銅製の骨蔵器が発見されており、本古墳の副葬品の多様さもあって、その被葬者が誰であるか注目されている。宗像氏の一族に関わるとする評価が有力である。

水城(みずき) ＊大野城市：四王寺山地と台地に挟まれた部分、標高約25mに位置
時代 飛鳥時代　　　　　　　　　　　　　　　　　　　　　　　　　　　　史

　1930年に調査がなされた後、1972、75年に県教育委員会により本格的な発掘調査が行われ、全長1.2km、高さ13m、基底部の幅80mの土塁の構造や、前面（博多側）に構築された幅60mほどの濠の存在が明らかになるとともに、濠へ導水したと考えられる木樋が検出された。国特別史跡となっている。水城の中央を流れる御笠川をせき止めて内側に水を貯める意図があったかは不明であるが、大宰府防衛のために築かれた大堤といえる。白村江の敗戦の後、664年に築かれたと考えられている。

　その翌年、水城の北東約2kmの四王寺山地の標高410mの山塊に築かれた大野城(きいじょう)（太宰府市・大野城市・宇美町）は、日本最大級の山城跡であり、基肄城(きいじょう)（筑紫野市・佐賀県三養基郡基山町(くだら)）とともに百済の技術により構築された「朝鮮式山城」である。城域は四王寺山全体に及び、馬蹄形の稜線上に土塁をめぐらせるとともに、200m近い石垣も築かれている。城門は4カ所あり、中心の盆地に約70棟の掘立柱建物群が確認されていることから、相当数の籠城兵員が想定され、日本では稀有の山城跡である。

大宰府(だざいふ) ＊太宰府市：四王寺山の南側山麓、標高約30〜45mの平地に位置
時代 奈良時代〜平安時代　　　　　　　　　　　　　　　　　　　　　　　史

　江戸時代より礎石跡の存在が知られ、1922年に国史跡、1953年には国特別史跡に指定されている。1968年以降、断続的に発掘調査が続けられ

ている。3つの時期に区分され、第Ⅰ期は掘立柱建物跡が認められるものの、建物配置は明瞭ではない。第Ⅱ・Ⅲ期は、東西110m、南北211mの範囲に中心政庁である朝堂院形式の建物が配置され、礎石瓦葺建物であった。正史上では建物群に関する記事はないが、正殿と中門の間の回廊で囲まれた部分が朝集殿であり、正殿後方の建物が内裏に相当する施設であったと考えられている。Ⅱ期の遺構面には焼土層が一面に確認され、941（天慶4）年の藤原純友による大宰府放火の痕跡と評価されている。

政庁西側の台地部分には、20個以上の礎石が現存しており、福岡藩による1820（文政3）年調査では130個以上存在していた記録が残る。3×9間の建物跡であり、大規模な役所群の存在も想定される。中央政庁の範囲は、東西7町、南北4町に及び、南側中央に突出した部分があるほか、西側からは掘立柱建物群が検出され、官人層の住居群であったと考えられている。政庁の範囲からは、1,000点以上の木簡が検出され、「掩美嶋（奄美諸島）」の付札も認められ、西南日本の中心であったことがうかがわれる。

これら政庁の前面、南側に中央大路を軸として、左右に東西12坊、南北22坊の条坊制による都市が広がっていた。1坊は1町四方（109m）で、これまでの発掘調査では側溝や道路遺構の一部が検出されている。これらの官衙関連の瓦類を製作した国分瓦窯跡（太宰府市）が政庁跡の北西、筑前国分寺跡（太宰府市）の北に位置し、アーチ状に日干しレンガを積み、スサ入りの粘土で仕上げた特殊構造の登窯の様相が明らかとなっている。

鴻臚館跡

＊福岡市：樋井川右岸、福崎丘陵の先端、標高約10mに位置
時代　奈良時代前期〜平安時代中期　　　　　　　　　　史

1987年より平和台球場改修工事に伴う発掘調査によって、対外的な応接施設である「鴻臚館」の関連遺構が発見された。現在までに、奈良時代以前の塀や門の遺構、また奈良時代の塀や掘立柱建物跡、また平安時代の大型礎石建物や土坑、溝などである。『日本書紀』の688（持統2）年に、新羅国使全霜林を「筑紫館」で応接した記事があり、平安時代以降「鴻臚館」の名称が登場することから、それぞれの時代に対応した遺構と考えられている。遺物としては、多量の瓦類や土師器などのほか、中国越州窯青磁をはじめ長沙窯磁器、荊窯白磁、イスラム陶器、西アジアガラス器など海外よりもたらされた遺物が数多く検出されている。おおむね9世紀前半までは、唐や新羅の使節を接待・宿泊させる迎賓館であり、遣唐使や遣新羅使が大陸へ渡る支度を整える対外公館であったといえる。1995年には福岡城跡である舞鶴公園内に鴻臚館展示館が完成した。

元寇防塁跡(げんこうぼうるいあと)
＊福岡市：博多湾沿岸の海岸の砂丘、標高約5mに点在
時代 鎌倉時代後期

1913年に中山平次郎(なかやまへいじろう)が学界に紹介し、同年7月、福岡日日新聞主催の史蹟現地講演会により今津地区に現存した防塁などの発掘調査が実施された。石材や構築技術について初めて明らかとなり、以降断続的に調査が行われてきた。1968年に本格的な発掘調査が行われ、石積みや基礎の構造が明確になるとともに玄武岩や花崗岩を主体とする石材産地の比定が進められ、地区による技術の違いも明らかとなった。この発掘調査は、文献史料による研究から指摘されてきた、総距離数約20kmに及ぶ「石築地(いしついじ)(防塁)」を半年から1年という短期間で構築するための具体的な方法についても新たな知見を得るとともに、その保存の必要性を提起し、その後の保存対策を進めていくための契機ともなった。

博多遺跡群(はかたいせきぐん)
＊福岡市：那珂川と石堂川の沖積作用による砂丘、標高約10mに点在 **時代** 平安時代後期～江戸時代

1976年以降の市営地下鉄建設に伴う発掘調査により関心を集め、現在まで断続的に調査が行われている。弥生時代以降から近世までの遺構が多数検出されているが、特に平安時代末以降の「博多津」における対外交易の中継地としての発展を示す遺構や遺物が発掘されている。博多の初出は、『続日本紀(しょくにほんぎ)』759(天平宝字3)年3月24日条に見える「博多津大津」である。1157年には平清盛(たいらのきよもり)が大宰大弐(だざいのだいに)となり、本格的な開発が進むとともに「袖の湊(そでのみなと)」を築き、宋人百堂(そうじんひゃくどう)と呼ばれる墓地や大唐街(だいとうがい)と呼ばれる居留地が造成された。遺物には中国龍泉窯(ちゅうごくりゅうせんよう)や同安窯(どうあんよう)の青磁をはじめとして、貿易陶磁器類が大量に出土しており、当時の対外交易の様相を如実に示している。清盛の開発以前の11世紀後半と考えられる1万点に及ぶ大量の白磁片が検出されるなど、定説よりも開発時期は早かったとの評価もされている。また宋銭や木簡、墨書の認められる陶磁器類、獣骨、魚骨類、木製品や土製品といった日常生活に伴う廃棄物や馬の埋葬遺構なども出土している。

16世紀以降は、堺とともに対外貿易の中継都市として栄え、宣教師のルイス・フロイスによる『日本史』には、商人による自治都市であった博多の繁栄が記される。なお、戦国期の戦火により街区の多くが焼失したが、豊臣秀吉による「太閤町割(たいこうまちわり)」によって復興し、黒田氏による新たな城下町福岡とともに、商業の拠点として繁栄する。そうした街区変化も遺構の様相から読み取ることができる。2017年には、青・白磁3,000点以上で構成される「福岡県博多遺跡群出土品」が国重要文化財に指定された。

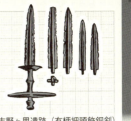

吉野ヶ里遺跡（有柄把頭飾銅剣）

地域の特色　佐賀県は、九州の北西部に位置し、西は入り組んだ長い海岸線を呈し、玄界灘に面する。東は福岡県に接し、糸島半島との間に唐津湾、西の長崎県、北松浦半島と東松浦半島との間に伊万里湾があり、湾内には大小の島が散在する。内陸部には背振、天山、多良、雲仙の各山地が存在し、南は有明海に面して、筑後川、嘉瀬川によって形成された佐賀平野、六角川の白石平野などが広がる。これらの平野部や隣接する丘陵部、河岸段丘上に弥生時代の遺跡が多数認められ、脊振山地の南麓、丘陵地帯に存在する吉野ヶ里遺跡（神埼郡吉野ヶ里町など）は著名である。また玄界灘に面する海岸沿いなどには、葉山尻支石墓群（唐津市）をはじめ朝鮮半島とのつながりを示唆する遺跡が多数存在する。

　古代には肥前国の東半部にあたり、玄界灘に面し大宰府も近いことから、外敵の侵入に備えて肥前国各地には「烽」が設けられていたとされる。また、平安時代末期には松浦地方に、松浦党と称される水軍的性格の強い嵯峨源氏の末流と称する武士団が形成された。鎌倉幕府成立後、守護として武藤氏が赴任、大宰府に守護所を置き統治した。モンゴル襲来後、肥前国守護は鎮西探題が兼任し、鎌倉幕府滅亡まで継承された。室町時代は少弐氏が守護として支配、戦国時代に三瀬宿（神埼郡三瀬村）に本拠を置いた少弐氏の家臣、神代勝利が山内を統一し、佐賀平野の竜造寺隆信とたびたび合戦を行い、覇を競った。なお佐賀平野には、直鳥城（神埼市）をはじめ、独特の水路を活用した中世城郭が存在する。

　豊臣秀吉による九州平定後は、肥前の東半は龍造寺隆信の子政家に与えられたが、朝鮮出兵には鍋島直茂は龍造寺家臣団を率いて出兵。佐賀藩政の実権は直茂の手に移った。唐津は寺沢広高が領有した。そして1607（慶長12）年に龍造寺政家・高房父子が死去し、鍋島氏は佐賀城（佐賀市）を根拠として名実ともに領主となった。唐津の一部は宗氏の対馬藩田代領となり、唐津藩領、鍋島支藩領（蓮池・小城・鹿島）が存在した。

廃藩置県後、諸藩は県となり、以後、各県の合併が行われる。佐賀の乱後、三潴県に併合されるなどしたが、1883年5月、佐賀県域が確定した。

主な遺跡

白蛇山岩陰遺跡（しらへびやまいわかげ）
＊伊万里市：国見山の麓、標高約100mに位置
時代 旧石器時代

1971年から73年にかけて、佐賀県立博物館によって発掘調査が実施された。旧石器～縄文時代の岩陰遺跡であり、基盤となる砂岩が風化作用により浸食してできた上洞と下洞からなる。上洞は奥行約6m、間口約40mを測り、下洞は奥行約7m、間口約8mで、いずれも南東方向に開口している。岩陰の土は地表から約3.5m堆積が認められ、13層に分けられている。上洞の2～9層からは、縄文時代各期の土器、石器が検出されており、11～13層では旧石器時代の細石刃、細石核が認められた。石器素材として利用された黒曜石が豊富に露出する腰岳にも近く、土器および石器の編年研究のうえでも重要な遺跡である。

多久遺跡群（たく）
＊多久市：鬼ノ鼻山（標高435m）の北麓に点在
時代 旧石器時代

サヌカイトの原産地として知られる丘陵上に、現在40カ所を超える遺跡が確認されており、日本でも最大級の石器製作遺跡群とされる。1960年に明治大学によって調査された三年山遺跡や1977～79年に市教育委員会によって調査された茶園原遺跡では、サヌカイト製の20cmを超える大型の尖頭器が多く出土し、知られるようになった。加えて多量の折損品、剥片、石核が認められ、大規模な石器製作跡として評価されている。また掻器、削器、船底形石器、剥片、石核などが発見されているほか、遺跡ごとの特徴もあり、山王遺跡では剥片の割合が少なく、石器製作跡というよりも生活跡として評価されている。

東名遺跡（ひがしみょう）
＊唐津市：佐賀平野中部の微高地、標高約0.5～3mに位置
時代 縄文時代早期　　　　　　　　　　　　　　　　　　　　　　　史

1990～96年にかけて、巨勢川調整池建設に伴い、発掘調査が実施され、微高地の部分より多数の集石遺構（炉跡）や人骨が発見された。縄文時代早期後半（塞ノ神式）から前期前半の土器（轟A式）が検出され、集落遺跡と評価された。その後、調整池建設の工事が進められたが、2003年に貝塚が発見されたため、再度2004～07年に発掘調査を実施し、国内最古級の縄文時代早期の湿地性貝塚であることが明らかとなった。6カ所の

貝塚が検出されており、貝種は主にヤマトシジミ、ハイガイ、アゲマキ（マテガイ）、カキなどであった。動物の骨や角、骨角製品も多く出て、第2貝塚では多数の土坑が発見され、ほぼ当時の状態を保ったドングリ（イチイガシ、クヌギ、ナラガシワなど）の貯蔵穴や皿・鉢類や櫛などの木製品、多数の編み籠など有機質の遺物が多数検出されており、国内でも類例が少なく貴重である。貝玉や貝輪といった貝製品や幾何学模様を描いた鹿角製の装身具などの骨角器も多数出土したほか、動物遺体でニホンジカやイノシシのほか、カワウソやアシカ、スッポンなどの骨も検出されている。なお、出土遺物の14C年代測定法により、遺跡の活動時期は約7,000年前との評価がされており、それは縄文海進（約6,000年前）で海中に没したことを示す貝塚上部に堆積する5m以上の粘土層からもうかがわれる。国史跡。

菜畑遺跡
＊唐津市：唐津平野西端の丘陵先端部、標高約10mに位置
時代　縄文時代前期〜弥生時代中期　　　　　　　　　　史

1979年、都市計画道路建設に伴い、市教育委員会により発掘調査が行われた。1980〜81年の発掘調査によって、板付遺跡（福岡県）の夜臼式期よりも古いと考えられる縄文晩期後半の山ノ寺式期に帰属するとされる水田跡が発見された。現在のところ、日本列島でも最古級の水田跡として評価されている。水田遺構は18m²あまりの田で、直播きによるイネの栽培が行われていたと推測されている。炭化米も250粒ほど検出されており、そのうち100粒以上がジャポニカ種であることが判明した。また、弥生時代前期にあたる層位からは、大規模な水田が営まれていたことと推定される水路や堰、排水口、杭や矢板を用いた畦の仕切りなども認められた。遺物としては、縄文時代晩期後半から末の層位から石庖丁、木製農耕具（手鍬・えぶりなど）、有茎磨製石鏃、有柄石剣といった朝鮮半島系と考えられる道具類や磨製・打製石斧、磨石、十字形石器、打製石鏃、スクレイパーといった縄文時代以来の道具も認められ、そうした文化的変化の様相をとらえるうえで、貴重な資料を提供した。土器でも、壺、甕、高坏といった弥生土器に見られる器種が存在しており、平織りの布目痕のある土器や紡錘車など、織布技術の存在も示唆されている。

また、アワやオオムギ、ヒョウタン、モモ、シソ、ゴボウなどの栽培植物の種子も認められているほか、ブタの下顎骨を用いた祭祀の形跡や骨角製品も認められている。なお、縄文時代前期の遺構としては、土坑や土坑墓、溝が検出され、多数の土器、石器も検出されている。1983年には、

水田稲作の日本列島における初期形態を示す遺跡として、国史跡に指定された。

宇木汲田遺跡
＊唐津市：唐津平野南部の夕日山北麓の微高地、標高約5mに位置　時代　縄文時代末〜弥生時代中期

1930年に耕地整理中に青銅製武具を伴う甕棺墓などが認められ、戦後、1957年には東亜考古学会、1965年、66年には九州大学を中心とした日仏合同調査によって、弥生時代中期初頭から中期中頃の甕棺墓が129基、発見された。甕棺墓からは朝鮮半島製と考えられる細形の銅剣、銅矛、銅戈や多鈕細文鏡、銅釧、硬玉勾玉、碧玉管玉、ガラス管玉などが多数出土した。また1983年の調査では、銅鐸舌が検出されている。青銅器の出土数としては、日本全国でも最多級の遺跡とされ、弥生時代中期以降の唐津平野における中核的な埋葬遺跡として評価されている。

吉野ヶ里遺跡
＊神埼市・神埼郡吉野ヶ里町：脊振山地の南麓、平野部の段丘上、標高約5〜20mに位置　時代　弥生時代前期〜後期　史

1970年代より開発行為に伴い、いくつかの調査が実施され、遺構の存在が確認されていたが、1986年より工業団地開発に伴い、本格的な発掘調査が実施された。その結果、大規模な弥生時代の集落跡であることが確認され、考古学者の佐原真をはじめとして、保存を求める市民運動が高まるとともに、1989年に大規模な環濠集落の発見の報道がなされるに及んで、同年3月、県は周辺地域の開発を中止し、1990年に国史跡、1991年には国特別史跡に指定され、1992年には国営歴史公園として整備されることが決定した。

本遺跡は吉野ヶ里丘陵一帯に広がるもので、弥生時代前期、中期、後期にわたる継続的な集落遺跡である。時代ごとに変遷を整理するならば、まず弥生時代前期初頭と推定される小規模な環濠の一部が1999年の発掘により検出され、縄文時代晩期の水田農耕の伝来から比較的早い段階より、集落が丘陵南端に形成されたと考えられている。この後に集落は、約2.5ha規模へと発展したと推定されており、環濠跡内部より、大量の土器や石器のほか、カキ、アカニシ、テングニシ、サルボウなどを主体とする貝類や、イヌ、シカ、イノシシ類などの獣骨が検出された。また青銅器の鋳造に用いたと考えられる鞴の羽口なども出土している。

弥生時代中期には、南部の丘陵全体に20ha規模の集落として拡大したと考えられており、特に丘陵尾根筋には600m、2,000基に及ぶ甕棺墓群が

認められたほか、多くの竪穴住居跡や貯蔵穴と推定される土坑が検出されており、居住域と倉庫域が区別されていた可能性が指摘されている。環壕跡からは、大量の土器や石器が出土したほか、低地部より船形木製品も出土している。また青銅製の環や数点の朝鮮系無文土器片も検出されている。

弥生時代後期には集落は北方へ拡大し、外側の環濠とは別に、柵や望楼的な建物跡を有する内環壕によって囲まれた空間（北内郭・南内郭）の存在が確認されている。北内郭は、二重の環壕で囲まれ、中期の墳丘墓に南面する形で「祭殿」として評価されている大型の掘立柱建物跡が存在するなど、集落において中心的な人物の居住や祭祀的な空間として考えられている。なお、この墳丘墓は尾根筋の甕棺墓群と異なり、ガラス製管玉や有柄把頭飾銅剣、絹布片などが検出された甕棺墓もあり、特別な階層の人物を埋葬した区域として評価されている。

南内郭は、集落内において階層的に上位の人々の居住区と考えられている。加えて、南内郭西方に存在する多数の掘立柱建物跡は、その規模や構造から大規模な高床式倉庫群と推定され、「市」の存在を示唆するものとしてとらえられている。この頃には、集落規模は40haを超すものとなり、国内でも最大級の規模の環壕集落として評価されている。

遺物では、遺跡の西側の沖積地部分より、木製品が多数出土しており、農耕具（鋤・鍬・鎌・斧・臼・杵など）や容器、建築部材が認められている。特に鋳型鉄斧用の組合せ式斧柄がほぼ完形で検出されており、斧柄の構造が判明する遺物として貴重である。また青銅製品を鋳造したと考えられる遺構や鋳型、坩堝、鎌、鍬などの農具、斧、鉇、刀子などの工具も認められている。特に高純度の錫片が出土しており、青銅を調合する技術もあった可能性が指摘されている。

このように、本遺跡は弥生時代全般にわたる集落の変遷を確認できるほか、その集落の構造を知ることができ、いわゆる「クニ」の中心的な集落の全貌や、弥生時代における社会構造など原始的国家形成を解き明かすうえで、数多くの情報を提供するきわめて貴重な遺跡として評価できる。

なお、現在も整備が続けられている国営吉野ヶ里歴史公園は、特に「弥生時代後期後半（紀元3世紀頃）」を復元整備の対象時期としており、弥生時代後期後半に建てられていたと推定されている建物群を、弥生時代の層位に土盛りを行い、遺構の真上に復元整備を行っている。

銚子塚古墳
＊佐賀市：脊振山系の南麓部に近い微高地、標高約15mに位置　時代 古墳時代前期　史

1951年に墳丘部の測量が行われ、くびれ部から底部を穿孔した壺形埴輪が採集されている。佐賀平野における最古期の大型前方後円墳である。墳丘長約98mで佐賀平野では2番目の規模を誇る。周囲に幅約20mの周壕をもつ。墳丘は後円部3段、前方部2段築成と推定され、花崗岩円礫の葺石をもつ。4世紀後半の築造と推定され、佐賀平野における古墳文化の伝播と成立に重要な関わりをもつ古墳と評価されている。国史跡。

なお、県下最大級の古墳は、船塚古墳（佐賀市）で、全長114m、後円部径63m、高さ10m、前方部幅62m、高さ9m、3段築成の前方後円墳である。主体部は明らかでないが、後円部に明治期の盗掘坑があり、内面が赤く塗られた竪穴式石室であったと伝えられている。築造年代は5世紀中頃と推定されている。

谷口古墳
＊唐津市：玉島川河口付近の独立丘陵上、標高約20mに位置　時代 古墳時代前期　史

1909年に住民により、後円部の2つの石室が掘削され、多数の副葬品が発見された。戦後、1952年以降、数回の調査が京都大学や九州大学により実施され、墳丘長約77m、前方部幅約24m、高さ約9m、後円部径約30m、高さ13.5mの前方後円墳であることが確かめられた。墳丘には葺石や円筒埴輪片が認められ、主体部は1989年の発掘調査で、初期の横穴式石室の要素をもつ竪穴系横口式石室の構造であることが判明した。石室は東西2室あり、天井部が特異な合掌式である。規模は東石室が全長2.95m、幅1.6m、西石室が長さ3.16m、幅1.85mを測る。両室とも松浦砂岩製の長持型石棺が納められている。東石室からは、男性骨1体と三角縁神獣鏡2や位至三公鏡1、変形四獣鏡2のほか、勾玉、石釧、玉類、鉄剣が検出された。また棺外からも、鉄剣、鉄刀、鉄鏃など豊富な遺物が認められた。西石棺からも、男性骨1体、三角縁神獣鏡2や鉄刀が検出された。また、石室外に刳抜式舟形石棺と土師器の壺棺が発見されている。

築造時期は4世紀末頃と推定され、玄界灘沿岸における古墳文化の展開を考えるうえで重要な古墳である。なお、東石室は公開されていないが、保存修理が実施されており、古墳南隣にある公民館の脇には復元された西石室の長持形石棺が展示されている。国史跡。

田代太田古墳
＊鳥栖市：大木川と山下川付近の河岸段丘上、標高51mに位置　時代 古墳時代後期　史

戦前より装飾古墳として知られており、1975〜76年にかけて保存工事が実施され、本格的な調査が行われた。墳丘は一部削平を受けているものの、2段築成の円墳と考えられ、直径約40m、高さ約6mを測る。主体部は後室、中室、前室の3室からなる横穴式石室であり、石室全長約9m、後室天井部はドーム状の持送りで、高さ約3.1mである。装飾壁画は後室奥壁と中室に赤・黒・緑の3色を用いて描かれている。後室側壁には、人物や騎馬人物、船、楯、高坏、円文、花文、三角文、蕨手文(わらびてもん)などが描かれ、中室の両袖石には同心円文、船上人物などが認められる。副葬品としては、後室よりガラス管玉、碧玉製管玉、中室より碧玉製管玉、前室より鉄鏃(てつぞく)、馬具片などが認められている。出土遺物や石室構造により6世紀中〜後半の築造と考えられる。国史跡。

基肄城跡(きいじょうあと)
＊福岡県筑紫野市、三養基郡基山町：基山と坊住山の2峰にまたがる、標高400m前後に位置　時代 飛鳥時代　　史

　日本が唐・新羅(しらぎ)と戦って敗れた白村江の戦いの後、665年に水城(福岡県太宰府市・大野城市・春日市)などとともに国内防備のため築かれた朝鮮式山城である。『日本書紀』では、百済(くだら)の遺臣が築城指揮にあたったことを記しており、朝鮮式山城として評価されている。城域は総延長4.3kmにわたる土塁が、筒川の谷筋を取り囲む尾根上を一周し、その内部に建物跡が40棟以上検出されている。特に南側には、谷をふさぐかたちで長さ26m、高さ約8mにわたる石塁が築かれており、その下部には方形の通水口が設けられている。建物跡はすべて巨大な礎石を用いた総柱で、有事の際の食糧、兵器などを蓄えた倉庫と考えられている。国特別史跡。

肥前国府跡(ひぜんこくふあと)
＊佐賀市：筑紫平野西部、嘉瀬川の扇状地、標高約10mに位置　時代 奈良時代　　史

　古くから肥前国府として想定されていた地であり、1975年以降、継続的に発掘調査が実施された。その結果、政庁跡区域と内外の主要な建物跡が検出されて、国庁跡の全容が明らかとなった。南北約105m、東西約77mの平面長方形にめぐる溝跡と、その内側の築地によって囲まれた空間の内部に、前殿・正殿・後殿が南北中軸線上に並び、前殿の東西両側に各2棟の脇殿が配置される。正殿の東西には回廊があり、郭内を南北に二分している。国庁跡の周辺では、倉庫や国司の居館と考えられる遺構も検出されているほか、役所跡と想定される建物群の遺構も検出されている。現在、南門と築地塀(両翼約10m)の建物が復元されている。

肥前名護屋城跡群

＊唐津市・東松浦郡玄海町：東松浦半島最北端、波戸岬に続く標高約90ｍに位置
[時代] 安土桃山時代　　　　　　　　　　　　　　　　　史

　1976年以降、保存整備のための発掘調査が継続的に実施され、本丸をはじめとする曲輪や諸大名の陣屋跡が多数確認されている。名護屋城跡は、いわゆる文禄・慶長の役（1592〜98）と呼ばれる、豊臣秀吉による朝鮮半島への侵略の根拠地として構築された城郭である。築城は諸大名への割普請で行われ、1591（天正19）年に築城が開始されて、わずか5カ月で完成を見たといわれる。石垣、土塁、堀、建物跡、門跡などの遺構が良好に残存し、名護屋城跡を中心とする半径3kmの範囲には130カ所以上の諸大名の陣屋跡が分布している。基本的には、中世山城の構造を呈し、近年では、城下町や軍用道路である「太閤道」なども調査が行われている。名護屋城跡と23カ所の陣跡が国の特別史跡に指定され、現在史跡整備が進められている。

肥前磁器窯跡

＊武雄市・嬉野市・西松浦郡有田町：黒髪山の南麓、有田川上流域を中心に点在　[時代] 江戸時代　　　史

　1965年、三上次男らにより天狗谷窯跡（有田町）の発掘調査が実施され、5基以上の階段状連房式の登窯が発見された。古文書に記された磁器創始の記録に合致するものとして注目を集め、以後窯跡の調査が実施された。山辺田窯跡（有田町）や原明窯跡（有田町）をはじめ有田町域の窯跡にとどまらず、百間窯跡（武雄市）、不動山窯跡（嬉野市）など、肥前における近世初頭の磁器生産の様相を明らかにする窯跡が多数存在している。江戸時代初期に朝鮮の技術者により有田町泉山で磁石場が発見されたことにより、わが国の磁器生産が始まり、これにより有田周辺で多くの磁器窯が築かれた。これらの窯跡群は、そうした日本の磁器生産の技術やその発展過程を明らかにするうえできわめて貴重な遺跡であり、特に百間、不動山、天狗谷、原明、山辺田の5つの窯跡と泉山磁石場跡および柿右衛門窯跡（有田町）は、国史跡として指定されている。なお、松浦川上流の岸岳山麓には、皿屋窯・皿屋上窯・帆柱窯・飯洞甕上窯・飯洞甕下窯（唐津市）などの窯跡が所在する。これら窯跡は釉薬や成形技法、窯詰めの手法といった製品や窯構造の特徴から陶器窯であり、この地域の陶器生産の初期にあたる16世紀末頃のものと推定されている。これらの陶器窯も国史跡に指定されている。

㊷ 長崎県

原ノ辻遺跡（人面石）

地域の特色　長崎県は、九州の最西端に位置する県。北は佐賀県、西は北松浦・肥前・西彼杵などの半島と五島列島の島々からなる。東南部は島原半島から有明海を隔てて熊本県に連なる。なお、島原半島には普賢岳（1,359m）を主峰とする雲仙火山が見られる。また対馬・壱岐は、それぞれ福岡・佐賀両県に相対している。アジア大陸に最も近いという地勢的特徴もあり、完新世以前は大陸とも陸続きであった。県内では西北部を中心として旧石器時代の遺跡が多数認められており、人類の日本列島への展開ルートを考えるうえでも重要な地域といえる。海水準上昇による大陸との分離後も、対馬、壱岐などの島々を通して、大陸とのつながりが継続されており、縄文時代早期の曾畑式土器は、朝鮮半島の朝鮮櫛目文土器との類似性が指摘されている。そして中国史書における記述にあるように、弥生、古墳時代はもちろん、歴史時代に至るまで文化交流の幹道であったことは論をまたない。そうした大陸とのつながりを示す遺跡が多数認められるが、平野部が乏しいこともあり、内湾や入江を多く含む海岸線沿いの海浜部や丘陵平坦部に点在している。

古代には肥前国の西半にあたり、平安時代の法令集『延喜式』主計上には、肥前国の貢進物として海産物が多いが、海岸線の長い地勢的な特性によるものと思われる。また、外敵の襲来に備え、軍団が置かれ、国内各地に烽が設けられて、備えを固めていたという。平安時代末期以降、松浦地方には嵯峨源氏の末流を称する松浦党が形成され、船を利用して貿易や水軍としての力をもった。中世には大宰府に鎮西探題が設置され、肥前国守護は鎮西探題が兼任し、鎌倉幕府滅亡まで継承された。そして戦国時代、松浦地方の波多氏、平戸松浦氏、杵島地方の後藤氏、彼杵郡の大村氏、島原半島の有馬氏、五島列島の宇久氏などが台頭、1550（天文19）年ポルトガル船が平戸に入港し、南蛮貿易の舞台として栄えた。1587（天正15）年の豊臣秀吉の九州平定により、県内では松浦氏、大村氏、有馬氏、五島

氏は本領を安堵され、近世を経て幕末に至る。長崎は幕府代官が支配し、長崎貿易を監督した。他方、キリシタン禁令により、平戸、大村、島原、五島列島では多くのキリスト教信者が弾圧を受け、潜伏キリシタン文化を生み出した。明治に入り廃藩置県により、肥前は佐賀県、蓮池県、小城県、鹿島県、唐津県、島原県、平戸県、福江県、大村県が置かれたが、その後の統廃合を経て、1883年、現在の県域が確定した。

主な遺跡

泉福寺洞窟（せんぷくじどうくつ）

＊佐世保市：相浦川左岸の丘陵の南斜面砂岩壁、標高約90mに位置　時代 旧石器時代〜縄文時代草創期　史

1969年に地元の中学生によって発見され、1970年から佐世保市教育委員会により麻生優（あそうまさる）が中心となって調査を行った。旧石器時代から平安時代までの12層にわたる遺物包含層を確認し、ナイフ形石器を含む文化層を最下層として、その上に細石刃文化層（さいせきじんぶんかそう）が厚く認められた。そのさらに上の10層では、縄文時代草創期の豆粒文土器（とうりゅうもんどき）が出土し、熱ルミネッセンス法による自然科学的分析で、約1万2,000年前という世界的にも古い値が測定され、話題となった。同じく草創期の土器の1つである隆起線文土器（りゅうきせんもんどき）との前後関係など、編年的な位置づけについては、いまだ議論の途上であり、今後の検証が期待される。

なお、県北部にはこうした洞穴遺跡が点在しており、本洞窟の北約10kmに位置する福井洞窟（佐世保市）は、同じく旧石器時代終末期から縄文時代草創期を主体とする遺跡で、15層のうち7層に遺物を伴う文化層が認められ、最下層からは大型両面加工石器が出土し、炭素14年代測定で約3万1,900年前の値が算出された。また、上位の第2・3層からはそれぞれ爪形文土器（つめがたもんどき）と隆起線文土器が出土するとともに、細石刃、細石刃核が共伴して検出され、土器の初現形態を考えるうえで重要な発見とされた。また「舟底型細石核」は黒曜石の円礫を輪切りにし、鱗状（うろこ）の加工を施してポイント状の祖形（ブランク）をつくり出して、細石刃剥離（さいせきじんはくり）を行うもので、その特徴的な技法は「西海技法」と呼ばれている。その他、縄文時代早期を主体として古墳時代に続く岩下洞穴（佐世保市）は、押型文土器（おしがたもんどき）のほか曽畑式系の土器も検出され、詳細な調査により炉や埋葬跡など洞内の生活様相が具体的に明らかとなり、洞窟内での調査方法を確立するうえで大きな役割を果たした。

中山遺跡
なかやま

＊平戸市：平戸島の北隣、度島の中央部の丘陵鞍部、標高約40mに位置　**時代** 旧石器時代

　1975〜76年にかけて平戸市教育委員会により、遺跡範囲を確認する調査が行われ、旧石器時代の文化層を2層確認し、炉跡8基（上層7・下層1）とともに、ナイフ形石器、台形石器を主体とし、剥片尖頭器、彫器、掻器、ハンマーストーン、磨石などを含む大量の石器群を検出した。台形石器は島原半島の標高200〜250mに位置する、旧石器の層位的変遷を日本で初めて確認した百花台遺跡（南高来郡国見町）の台形石器と形態的な類似が指摘され、石器組成が多様化していく段階を示すものと評価されている。洞窟ではなく、平地に位置する「開地遺跡」（丘陵・台地上につくられた遺跡）として貴重である。

深堀遺跡
ふかほり

＊長崎市：長崎湾の南部、沿岸の浜堤上、標高約5mに位置
時代 縄文時代前期〜弥生時代後期

　1964〜66年にかけての、長崎大学・別府大学による合同調査や市教育委員会による調査が断続的に行われており、遺跡はA〜F地点に分かれる。旧後背湿地にあたるE地点からは、縄文時代前期の瀬戸内系の土器が多く見られ、遠隔地との交流の痕跡を示している。ほかの地点は、弥生時代以後の墓地や貝塚が認められ、B地点では弥生時代中期初頭〜中葉の土坑墓や甕棺墓が多く検出されているが、人骨の身長は男性156.4cm、女性148cmと小さく、縄文時代の形質を引き継いだ集団に属していたことを示している。

礫石原遺跡
くれいしばる

＊島原市：雲仙火山山麓地の標高約230〜300mに位置
時代 縄文時代後期〜晩期

　1955年に三会中学校、島原高校による調査が行われ、その後、1958年に島原市教育委員会、1960〜62年に日本考古学協会西北九州総合特別委員会などによって確認調査が実施された。1990年には県道改良工事に伴い、県教育委員会によって緊急調査が実施されている。縄文時代晩期の平地式住居跡や一辺約2mの方形石組遺構、直立した合口の甕棺墓2基と集石10基からなる墳墓群などが検出された。出土遺物にはモミ圧痕の認められる土器、農耕具に比定される扁平打製石斧、石鏃、石匙、磨製石斧、石皿、砥石、紡錘車、勾玉、管玉などが認められ、何らかの農耕の存在が推定されている。

原山支石墓群(はらやましせきぼぐん)

＊南島原市：雲仙岳南麓の高原性台地上、標高約250mに点在　時代　縄文時代晩期～弥生時代　史

1956年、60年に日本考古学協会西北九州調査特別委員会が調査を行い、その後は史跡整備を目的として北有馬町教育委員会によって調査が実施されている。雲仙南麓の丘陵上に3群に分かれて存在していたが、第1地点は戦後の開拓によって消滅した。残りの2群のうち、第2（楠峰）地点に6基、第3（原の尻川）地点に54基が現存している。下部構造の大半は箱式石棺で、甕棺、土坑墓も認められる。巨石を支石で支える大陸の要素をもつ墓制を導入しつつも、下部構造に縄文時代の墓制が継続する様相は、縄文から弥生への文化の移行形態を検討するうえで重要な遺跡といえる。

原ノ辻遺跡(はるのつじいせき)

＊壱岐市：壱岐島の幡鉾川の下流域、舌状台地の標高約10～20mに位置　時代　弥生時代前期～終末期　史

明治時代末に発見され、大正時代、松本友雄(まつもとともお)、山口麻太郎(やまぐちあさたろう)、鴇田忠正(ときたただまさ)ら郷土史家により学界へ紹介がなされた。1948年には京都大学を中心とした東亜考古学会によって、51年には京大人文科学研究所によって発掘調査が行われた。その後は教育委員会による調査が進み、1993年以降、圃場整備事業の工事に伴い緊急調査が実施されて、台地を三重にめぐる環濠が検出され、大規模な環濠集落であることが判明した。加えて1996年には、大陸の土木技術の影響を受けたと推測される船着き場と考えられる遺構が検出され、東アジアでも最古級の遺構として注目された。

これまでに出土した遺物は膨大な量にのぼり、弥生土器、土師器はもとより、楽浪土器(らくろうどき)、無文土器、三韓土器(さんかんどき)など大陸、朝鮮半島系の遺物も多く、青銅鏡や中国式銅剣、三翼鏃(さんよくぞく)、五銖銭(ごしゅせん)、貨泉(かせん)なども認められている。その他、トンボ玉、銅鏃、楯、短甲、青銅器の鋳型、卜骨、ココヤシ製笛、人面石など、大陸や朝鮮半島系の遺物、金属器など多様である。コメ・ムギなどの植物遺体や動物骨も認められている。1997年、『魏志』「倭人伝」に記載された「一支国(いきのくに)」に比定できる遺跡として国史跡に指定され、2000年には特別史跡の指定を受けた。現在も史跡整備に伴い調査が継続されており、2010年に一支国博物館が開館するとともに、整備が進行中である。

このほか、壱岐の弥生時代中期～後期の拠点的な集落遺跡として、カラカミ遺跡（壱岐市）、車出遺跡(くるまで)（壱岐市）があり、いずれも環壕をもち大陸との交渉をうかがわせる豊富な遺物が検出されている。

なお、壱岐では銅矛(どうほこ)の出土事例が、この原ノ辻遺跡の2本と、1961年に壱岐最北端の海岸の「セジョウ神」と呼ばれていた石祠の下より出土した

中広銅矛3本（天ケ原遺跡〈壱岐市〉）と、熊野神宮に伝世する1本が知られるが、対馬では100本を超える銅矛の出土が認められており、興味深い。

里田原遺跡
＊平戸市：一関川および里川に囲まれた低地、標高17～19mに位置　時代　縄文時代晩期～弥生時代中期

1972年にガソリンスタンド建設に伴って発見され、以後調査が継続されてきた。これまでの調査で、特に弥生時代の水門や護岸、畦畔と推測される遺構やその他水利施設が検出された。土器、石包丁や工具などの石器、鉄器のほか低湿地遺跡であることから、木製品の残りもよく、製作工程のわかる遺物も認められることから、工人集団の存在も指摘されている。また磨製石剣や方鉛鉱の把頭飾が検出され、注目されている。ほかにも、縄文時代晩期の支石墓も認められ、甕棺からは多紐細文鏡が検出されるなど朝鮮半島との関わりも示唆されている。

鬼の窟古墳
＊壱岐市：壱岐島のほぼ中央部、標高113mに位置　時代　古墳時代後期

1936年に京都大学が最初の調査を行い、戦後1953年には東亜考古学会の調査、1970年には九州大学によって石室の実測が行われた。1989年の石室側石と天井石の修復工事に際して、旧芦辺町教育委員会によって本格的な石室の実測と墳丘測量が実施された。径45m、高さ13mの円墳で、石室は南に開口している。前室・中室・玄室の3室と羨道からなる全長16.5mの横穴式石室を有し、石室は県内でも有数の長大な規模をもつ。玄室内には、組合式の箱式石棺と推定される板石が置かれている。遺物は、石室内より、須恵器、土師器、陶質土器、新羅土器、鍍金鐔金具、鉄鏃、馬具、鈴などが出土した。6世紀末から7世紀初頭に築造されたものと考えられている。

なお、島内では多数の古墳が残存し、双六古墳（壱岐市）は県内最大の前方後円墳で、全長91m、後円部径43m、前方部幅36mを測る。6世紀後半と推定される2段築造で、石室は、羨道と前室・玄室からなる約11mの複室構造を呈する。1997年からの調査では、金製品、金銅製大刀柄頭、馬具類、トンボ玉、中国製二彩陶器（北斉）、新羅土器などが検出され、大陸との交渉をうかがわせる多彩な遺物が出土した。

壱岐嶋分寺跡
＊壱岐市：壱岐島中央部、谷江川右岸の標高約100mに位置　時代　奈良時代～平安時代

1987年より発掘調査が行われ、塔や金堂、講堂の基壇や、門跡、寺域を区画する溝などが確認された。壱岐にはもともと官寺は存在せず、壱岐

直の氏寺を国分寺として転用したことが、『延喜式』に記載されているという。名称は「壱岐嶋分寺」とされ、僧五口が置かれたとされるが、氏寺から官寺にいつ頃に転用されたのか定かでない。平安時代には国分寺として機能していたことが史料より明らかであるが、確実な起立年代は不明である。いわゆる国分寺の伽藍配置とは異なっており、軒丸瓦には、平城宮の資料との類似点も指摘され、中央との関わりをうかがわせる。8世紀後半から11世紀初頭の遺構群と評価されている。

鷹島神崎遺跡（たかしまこうざき）
＊松浦市：鷹島南岸海底、海面下-25～-5mに位置
時代 鎌倉時代後期　　　　　　　　　　　　　　　　　　　　**史**

古くから多量の壺などが引き上げられていたが、1980年より文部省科学研究による調査が行われ、中世の船舶や関連する遺物を検出し注目を浴びた。いわゆる「元寇」と呼ばれる、1281（弘安4）年の「弘安の役」に際して、暴風雨によって壊滅したとされる元軍の関連遺跡と考えられている。一連の調査により、鷹島南岸（汀線から沖合200m、延長7.5km）が周知の埋蔵文化財包蔵地として登載されることとなり、当該地区内における開発行為は陸上と同じく文化財保護法による調査の対象となった。これまでに床浪地区と神崎地区が緊急調査の対象となり、調査が行われている。遺物では木製椗（いかり）や碇石、船舶の部材、鉄製冑（かぶと）、管軍総把印（かんぐんそうはいん）、「てつはう」と推定される土製品、陶磁器類が検出されており、元寇の実態を証明する多彩な遺物に関心が集まっている。

原城跡（はらじょうあと）
＊南島原市：有明海に張り出した丘陵、標高約30mに位置
時代 鎌倉時代後期　　　　　　　　　　　　　　　　　　　　**史**

1992年以降に史跡整備事業として発掘が開始され、断続的に調査が行われている。調査の結果、十字架、メダイ、ロザリオなど、いわゆる「島原の乱」に関わると考えられるキリシタン関係資料を多く検出した。原城は、もともと日野江城の支城として有馬貴純（ありまたかずみ）によって築かれた。

その後、天草四郎（あまくさしろう）を旗印とした「島原・天草の乱」が1637（寛永14）年に起こり、その舞台となった。本丸、二の丸、三の丸、天草丸などの曲輪（くるわ）が形成され、周囲4kmの山城であった。なお、多数の刀傷を負った人骨が検出されており、その戦闘の激しさを物語っている。乱の終局後は、城は破壊されたといわれていたが、調査の結果、石垣のほとんどが破壊された後、埋没した状態で検出され、それが「破城」の作法による破却であることが指摘されている。1938年に国史跡に指定され、現在も整備が進められている。

43 熊本県

チブサン古墳（玄室石棺）

地域の特色

熊本県は、九州の中央部、北は福岡県に、東は大分県と宮崎県、南は鹿児島県にそれぞれ接し、西は有明海に臨む。いわゆる地帯構造線が、四国から大分県臼杵（うすき）を経て熊本県八代を結んで走っている。大分県との境に、湧蓋（わくた）・久住（くずみ）・祖母（そぼ）の峰々、宮崎県との境には国見・烏帽子・江代・市房の峰々があり、これらの山々から発する筑後川、菊池川、白川、緑川、球磨（くま）川などがいずれも西流し、中流には小国（おぐに）・阿蘇・矢部・甲佐・中球磨の盆地、下流に玉名・熊本・八代（やつしろ）の広大な平野を形成して有明海、不知火（しらぬい）海に至る。西には天草上島・下島・大矢野島など、無数の島々が点在している。

遺跡の分布としては、県北部で旧石器時代の遺跡も認められ、縄文・弥生時代の遺跡は旧海岸線や内陸部、山間部などに各地に認められるが、古墳や横穴群は県北部を中心に分布し、県内に195基存在する装飾古墳は著名である。古代九州は、筑紫・火・豊・曾の4国に分かれており、肥後国は、大部分を火国（ひのくに）に属していた。7世紀末、肥前・肥後などの国として分化した。国府は、天平年間以前の益城国府（ますきこくふ）（下益城郡城南町）から託麻（たくま）国府（熊本市国府）に移り、次いで飽田（あくた）国府（同市二本木）に移ったとする説が有力であるが、明確ではない。益城国府近くには熊本県内で最古級とされる陳内廃寺があり、託麻国府近くには国分僧寺・国府尼寺跡が確認されている。一宮は阿蘇神社である。

肥後国は、王家領と安楽寺領の荘園が多いとされ、菊池氏は大宰権帥藤（ふじ）原隆家（わらのたかいえ）の郎等で、阿蘇氏は阿蘇社の神主家、益城郡木原山一帯には木原氏が勢力を広げた。鎌倉時代は守護として名越氏、安達氏が就任したが、後に北条得宗家（ほうじょうとくそうけ）が掌握した。南北朝期には菊池氏が南朝方で活躍するが、その後制圧され、大友氏が肥後の守護となる。戦国時代には北部で竜造寺（りゅうぞうじ）氏、南部は島津氏の進入が始まり、一時、北部は竜造寺氏の支配下に属したが、島津氏が肥後国統一をなしとげた。豊臣秀吉（とよとみひでよし）による九州平定後は、

肥後北半国を加藤清正に、南半国を小西行長に与え、球磨郡は相良氏に安堵した。関ケ原の戦後、加藤氏が肥後1国の領主となり（球磨郡を除く）、熊本城と城下町を完成したが、子の虎藤（忠広）の代に改易、細川氏が入り肥後国を統治した。廃藩置県後は、熊本県と人吉県が置かれた。1871年11月には熊本県と八代県になるも、1872年6月には合併し白川県となった。1876年に熊本県と改称した。

主な遺跡

沈目遺跡
＊熊本市：浜戸川右岸の舞ノ原台地、標高約30〜35mに位置
時代　旧石器時代〜平安時代

1972年の調査で古墳時代の住居跡が検出された。近年、始良Tn火山灰の直下から、鋸歯状削器などの石器が出土し、注目を浴びている。

轟貝塚
＊宇土市：宇土半島の丘陵東端、台地縁辺の標高約10mに位置
時代　縄文時代前期

1919年に浜田耕作、清野謙次らによって発掘調査が実施された。縄文早期末から前期にかけての土器や人骨18体分も検出され、その後も多くの人骨を出土している。轟貝塚として有名なのは須崎であるが、水田を隔て東側の西岡台の北西端にも貝層があり、この2地点を総称して轟貝塚と呼ぶ。マガキ、ハイガイを主体とする内湾性の貝塚である。1958年に行われた発掘調査を基に、松本雅明が1961年、『考古学雑誌』第43巻第3号に「轟式土器の編年」の表題で、縄文時代前期を轟A・B・C・Dの4型式に細分し、編年を試みている。その後も調査が断続的に行われており、1983年にはドングリを埋蔵した貯蔵穴が検出されている。なお、石器にはサヌカイト製のものが多く見られる。

三万田東原遺跡
＊菊池市：合志川と菊池川に挟まれた台地上、標高約80mに位置　時代　縄文時代後期

1931年に在野の考古学者坂本経堯により発掘が行われ、多数の遺物を検出した。遺跡の規模は東西500m、南北300mの広範囲に及ぶ。

1968〜69年に農業構造改善事業に先だって調査が実施され、縄文時代の竪穴住居跡2基を検出し、九州では初の完掘事例となった。遺跡西側には、積石をもつ土坑や甕棺が検出されている。出土遺物は、「三万田式」の標識土器のほか、石斧・石鏃・石匙なども検出されている。特に十字形石器や石棒のほか、扁平な打製石器や土偶の出土量も多く、原始勾玉や垂飾なども発見されており、初期農耕文化の存在を示唆するものとして関

心を呼んだ。ちなみに、上南部遺跡（熊本市）では、後頭を球形として、顔面平坦で眼を形成する特徴をもつ土偶が100点以上出土しており、著名である。

二子山石器製作遺跡
*合志市：菊池台地の中央、二子山（標高85m）に位置　時代 縄文時代後期～晩期

　1930年に坂本経堯によって発見され、開発計画に先立ち、1965～70年にかけて、断続的に調査が行われた。二子山山中には金峰山火山系の玄武岩質安山岩の露頭が認められるが、ここから採集、剥離した石材や石器の製作時に生じる砕片、石器の未製品などが多数堆積していた。石器製作跡であることが確認された。石器の形態は主に扁平打製石斧であり、本遺跡周辺で出土する石器も二子山産石材によるものが多く認められ、一説には約15km程度の供給圏の存在も指摘されている。なお、この丘陵には2基の円墳が存在し、それが地名の由来であるといわれている。

方保田東原遺跡
*山鹿市：菊池川中流右岸の台地、標高約35～40mに位置　時代 弥生時代終末期～古墳時代初期　史

　1950年に原口長之によって発掘が行われ、その後1972～84年にかけて山鹿市教育委員会が調査を実施した。広大な集落遺跡であり、約10万m²の範囲を有し、竪穴住居跡120軒以上、木棺墓、溝などが認められている。遺物では、巴形銅器が検出されているほか、鏡や銅鏃など青銅製品も多く出土した。また鉄製品も多く、鉄鏃、刀子、手鎌などのほか、石庖丁形態の鉄製包丁も検出されている。加えて板状や棒状などの形態の鉄素材も認められ、2軒の住居跡に集中することから、工房的な位置づけにあったことを物語っており、貴重である。

チブサン古墳
*山鹿市：菊池川支流、岩野川右岸の台地東端、標高約50mに位置　時代 古墳時代後期　史

　主軸長44m、後円部径24m、前方部幅15.7m、高さ7mを測る。墳丘には埴輪、葺石が確認され、北側に濠が残る。後円部南側に開口する石室は複式の横穴式石室であり、後室の奥に長さ2.3m、奥行0.9m、高さ1.45mの家形石棺が置かれる。石室内側に赤、白、青による彩色、装飾が施されていることで著名である。まず右側壁には、7つの円文と王冠をかぶった人物が、また正面と左側壁には、円文と三角文で構成されたものが描かれる。正面中央の円文と菱形は特徴的で、女性の乳房にも似ているというところから、地元では乳の神として信仰され、「チブサン」の名の由来ともされている。墳丘上には石人が残存していたといわれ、現在東京国立博物

九州・沖縄地方　309

館に収蔵されている。

なお、西方200mに隣接するオブサン古墳は円墳で、やはり装飾を有する。平安時代の追葬や近世以降の信仰（チブサン〈乳房さん〉に対してのオブサン〈産さん〉）の奉賽銭なども認められる。また、1977年の西南戦争では、前室部の閉塞石などが出され、掩体（えんたい）の一部として使用された。

全国で確認されている660基の装飾古墳のうち、約3割にあたる195基が熊本県に存在しており、特に山鹿市周辺、菊池川流域では117基の装飾古墳が確認されている。弁慶が穴古墳（べんけいがあな）（山鹿市）、大坊古墳（だいぼう）（玉名市）や袈裟尾高塚古墳（けさおたかつか）（菊池市）のほか、井寺古墳（いでら）（上益城郡嘉島町）は1857（安政4）年5月13日の地震により崩壊し、発見されたという。明治後期に盗掘され、1916～17年に熊本県内の装飾古墳の実測調査が行われた折、本古墳の特異な装飾文様が「直弧文」（ちょくこもん）と命名されたことで知られる。他方、人物像などを浮彫とした鍋田横穴（山鹿市）や、赤色などで文様の彩色された石貫穴観音横穴（いしぬきあながんのんよこあな）（玉名市）、石貫ナギノ横穴群（玉名市）は、装飾の施された横穴墓群として著名である。なお、石貫穴観音横穴は後世に、観音菩薩が浮彫され、「穴観音」（あなかんのん）として現在も信仰の対象となっている。

江田船山古墳（えたふなやま）
*玉名郡和水町：清原台地の標高約30mに位置
時代 古墳時代後期　　　史

1873年に、後円部の石棺式石室（横口式家形石棺）から多数の副葬品が一括して出土した。1917年に京都帝国大学の浜田耕作、梅原末治（うめはらすえじ）によって調査が行われた。さらに1954年に梅原が再調査を実施、その後も町教育委員会や県教育委員会よって調査が実施されている。前方後円墳を呈し、現存する墳丘の主軸長は47mだが、かつては67mあったと考えられている。後円部径約41m、前方部幅約40mと推定される。高さは後円部10m、前方部7.5m。3段築成で後円部の中央に、西に開口した横口式家形石棺があり、4枚の板石を組み合わせて棺をつくり、蓋は屋根型を呈する。

出土遺物としては、棺内から青銅鏡（神人車馬画像鏡・画文帯神獣鏡（がもんたいしんじゅうきょう）・獣帯鏡・変形四獣鏡など6面）、金製耳飾、金銅沓（こんどうくつ）、金冠、甲冑（かっちゅう）などが検出され、朝鮮半島の新羅、百済（くだら）系や中国六朝系の要素が認められる。なかでも、75文字の銘文および馬像の銀象嵌（ぎんぞうがん）の施された鉄製大刀は著名である。当初は刻まれる人名「獲□□□鹵大王」を反正天皇（はんぜいてんのう）としていたが、稲荷山古墳（いなりやま）（埼玉県行田市）の金錯銘鉄剣（きんさくめいてっけん）に「獲加多支鹵大王」（ワカタケル）が認められたことから、雄略天皇説が有力となった。王名以外に、治天下・奉事・典曹人・八月中など、「辛亥」銘鉄剣と共通する語が見られる。銘文の内

容は、「ワカタケル」に典曹人(てんそうにん)として奉事する「无[利]弖(む[り]て)」が大刀をつくった経緯、着刀する者への吉祥句、大刀の製作者、書銘者の名である。

本古墳近辺には、西南戦争で砲台が設けられた塚坊主山古墳(つかぼうずやま)(和水町)をはじめ、虚空蔵塚古墳(こくぞうづか)、京塚古墳(きょうづか)、などがあり、清原古墳群(せいばる)として知られている。なお、塚坊主山古墳は玄室内の石棺式石室(石屋形)の奥壁および左右の側壁に装飾が認められ、県内最古級の装飾古墳とされている。

鞠智城跡(きくちじょうあと) ＊山鹿市：台地上、標高145mに位置　時代 飛鳥時代　史

周囲の3.5km、面積約55ha(ヘクタール)の規模をもつ、いわゆる「朝鮮式山城」であり、1967年より県教育委員会によって断続的に発掘調査が行われ、八角形建物跡をはじめとする70棟以上の建物跡や貯水池跡、土塁跡などの遺構が検出された。『続日本紀』698（文武天皇2）年5月甲申条に城名が初出するが、築城や廃城の時期は不明である。

中心域と想定される台地の周縁は、北・西側が丘陵、東・南側は急崖となり、天然の要塞となっている。また、西側の尾根上には内側に犬走状の平坦面を形成した土塁(がわばしら)が認められる。土塁の切れ目に門礎と推定される遺構も認められる。発掘調査では、21棟の礎石建物跡が検出されている。特に1棟は堅牢な礎石で、周囲より焼土や炭化米などが認められたことから、米倉(こめぐら)である可能性が指摘されている。また、柱穴が建物の外壁部分だけに掘られた、側柱(がわばしら)の掘立柱建物跡(ほったてばしら)や総柱の掘立柱建物跡も検出され、前者は兵舎、後者は倉庫としての利用が推定されている。加えて八角形建物跡は4基認められており、朝鮮半島との関わりを示唆するものとして注目されている。

コラム ● 考古学用語解説

☞「木簡」

木片を用いて墨書が施されたものを総称して木簡と呼ぶ。元来、「簡」とは竹の意で、木製のものは牘・札と呼んだ。中国の楼蘭遺跡やニヤ遺跡などで発掘されて関心を呼び、紙が発明される前後の中国において盛んに利用されていたとされる。日本でも藤原・平城両宮跡から多数の木簡が出土し、その研究が進められている。記載内容には文書木簡、付札などがあり、特に調・庸などの荷物に付した「国郡里戸主姓名（税目・数量）年月日」を記す「貢進物付札」からは、各地から都へもたらされたさまざまな物資の具体的な姿を知ることができ、極めて貴重な資料といえる。ほかにも、落書きや習書の類も多く、各地で出土する木簡によって、文字文化の広がりを知ることができる。

44 大分県

岩戸遺跡（尖頭器）

地域の特色　大分県は、九州地方の東北部、瀬戸内海の西端に位置する。北は福岡県、西は熊本県に接し、南は宮崎県、東は周防灘・豊予海峡・豊後水道を隔てて中国・四国に対する。臼杵・八代構造線を境として、南は古生層・中生層で石灰岩地形がある。海岸はリアス式海岸を呈し、津久見・佐伯などの良港が認められる。いわゆる中央構造線の北には、国東半島や鶴見・由布・久住などの火山群があり、別府・由布院・天ヶ瀬などの温泉も多い。河川には、大野川、大分川が県の中央部を流れ、別府湾に入る。特に大野川流域には旧石器時代の遺跡も多い。

県域は、古代においては豊前の一部と豊後全域を占め、全国の八幡宮の総本宮である宇佐神宮は、いわゆる神仏習合の祖型であり、伊勢神宮とともに第2の皇室の宗廟として崇敬を集めた。鎌倉時代には、大友氏が守護として入部、土着し、他方で志賀・一万田・田原・戸次などの庶家も早く土着し領主化していった。

南北朝時代以降は、大友氏が守護領国を形成し、著名な大友宗麟は南蛮貿易を行い、北九州6カ国守護職と日向・伊予半国を支配した。大分市、旧府内には大友氏関連の遺跡が残る。また戦国時代には、みずから洗礼を受けた大友宗麟の保護により、キリスト教の布教が進められたことから、キリシタン墓碑など関連遺跡が多数残されている。

1593（文禄2）年、宗麟の子の大友義統（吉統）が朝鮮の役における失敗により、豊臣秀吉から除国、小藩に分割された。江戸時代には、日田が天領となり、代官所が置かれたほか、豊後国では府内に竹中氏、日根野氏、大給松平氏が治め、臼杵には稲葉氏、佐伯には毛利氏、岡には中川氏、森には久留島氏、日出には、木下氏、杵築には小笠原氏、能見松平氏が領した。豊前国では、中津が黒田氏、細川氏、小笠原氏、奥平氏、千束は小笠原氏が治めた。また各地には肥後、延岡、島原藩の飛び地領も点在した。1871年7月、廃藩置県で豊後は、府内・臼杵・佐伯・岡・森・日出・杵築

7県と、熊本（旧熊本領）・島原（旧島原領）・延岡（旧延岡領）・日田（天領）の4県計11県となり、同11月統合されて大分県となった。豊前も同じく中津県・豊津県・千束県となり、後に統合されて小倉県となる。その後、1876年4月小倉県を廃し、同8月には下毛・宇佐2郡が大分県に編入され、現在の県域が確定した。

主な遺跡

岩戸遺跡（いわと）

＊豊後大野市：大野川と奥岳川に挟まれた、標高140mの段丘上に位置　時代　旧石器時代後期

1979年に東北大学の芹沢長介によって調査が行われ、以後3次にわたる調査の結果、旧石器を多数検出して成果を上げた。文化層としては、姶良・丹沢火山灰層（AT層）を挟んで上層部に2層、下部に1層確認されている。特にAT層直上の層位からは、大きさ10cmほどの結晶片岩を用いた岩偶が出土し、話題となった。遺物としては、AT層直上の層位から瀬戸内技法を伴うナイフ形石器、三稜尖頭器、スクレイパーなどが多数認められ、その上部層でも縦長剥片の基部や先端部に調整剥離を加えたナイフ形石器などが見られるなど、東九州はもとより日本の旧石器文化を研究するうえで、重要な成果が認められた。

なお、この大野川流域には、細石刃、細石核などを多数出土した市ノ久保遺跡（犬飼町）や赤化した河原礫を含む集石遺構の認められた百枝遺跡（三重町）など旧石器時代の遺跡が多数認められ、特に大野原台地には、駒方遺跡群（大野町）をはじめ50以上の遺跡が立地する。年代比定の鍵層となるAT層などを基に文化層の整理が行えることから、九州地域における旧石器時代を研究するうえでも、重要な地域となっている。なお、この地域の南側、番匠川の上流に、著名な聖嶽洞穴（南海部郡本匠町）が位置する。

早水台遺跡（そうずだい）

＊速見郡日出町：国東半島の基部、別府湾に面した河岸段丘上、標高35mに位置　時代　旧石器時代後期～縄文時代早期

1953年以降、断続的に発掘調査が行われ、1963年からの本格的な調査では、上層（Ⅰ・Ⅱ層）より住居跡を含む、縄文時代早期の押型文土器が出土した。1964年の下層（Ⅲ・Ⅳ層）の調査では、ナイフ形石器など旧石器時代の石器と比定できる遺物が多数発見されて話題となった。本遺跡は、縄文時代早期の押型文文化の標識遺跡としても著名であり、東九州縄文土器編年のなかでは早期前葉～中葉に位置づけられている。縄文時代の

石器としては、石鏃・尖頭状石器が多く出土しているほか、削器などの剥片石器や、石斧・尖頭状礫器・凹石などの礫核石器が認められている。石材は主としてチャート、ガラス質安山岩が使用されている。加えて、黒曜石は西九州伊万里産と見られる黒色黒曜石が用いられ、国東半島北方の周防灘に位置する姫島産の石材はガラス質安山岩に限られる。実は姫島産黒曜石は、縄文時代においては、大分県はもとより、宮崎・鹿児島県をはじめ、九州地方でその使用が認められ、四国や中国地方でも分布が認められる。こうした点から、姫島産黒曜石の利用のあり方の時代による違いを知るうえで、興味深い傾向として評価されている。

また、下層出土の石器群、特に石英脈岩・石英粗面岩製とされる500点に及ぶ石器については、昭和30〜40年代の前期旧石器存否論争のなかで中心的な問題となった。現在では、新たな再調査のなかで、九重火山の九重第1軽石（Kj-P1、約5万年前）に由来する火山ガラスが検出された層位よりも後の年代であると考えられており、これまでの調査成果の再検証が求められている。いずれにせよ、わが国における前期旧石器存否の論争のなかで、丹生遺跡（大分市）とともに学史的に重要な遺跡である。

小池原貝塚

＊大分市：乙津川左岸の台地北端部の傾斜地、標高約40mに位置　時代　縄文時代後期

1961年、65年に別府大学の賀川光夫らによって調査が行われ、カキ・ハマグリなどを主体とする貝層が検出された。土器は磨消縄文あるいは沈線のみを主体とした2種類が認められ、「小池原式土器」の標識遺跡となっている。これらの土器の特徴が九州北部や四国西南部にも認められるなど、縄文時代後期前半の文化の様相をとらえるうえで、重要な遺跡といえる。他方、近隣する貝塚である横尾貝塚（大分市）は、さらに乙津川の上流に位置し、戦前から知られた貝塚である。縄文時代前期と中期後半〜後期初頭の遺物が認められ、貝層の下部はヤマトシジミ、上部はハマグリを主体としている。土器の構成には、瀬戸内の中期に比定される土器も認められるなど、小池原貝塚とともに他地域との交流を知る遺跡として重要視されている。

下郡遺跡

＊大分市：大分川右岸の低地、標高約4〜5mに位置　時代　弥生時代前期末〜後期

1987年より土地区画整備事業に伴い実施された発掘調査により、環壕に囲まれた住居跡や埋葬遺構などが検出された。偏平片刃石斧、柱状抉入片刃石斧、太形蛤刃石斧など大陸系の磨製石器や、紡錘車、石包丁な

どのほか、青銅製鉇（やりがんな）が出土している。また、多数の木器が検出されたことでも知られ、隣接する下郡桑苗遺跡（しもごおりくわなえ）からは、ブタと比定される獣骨が検出された。いわゆる「家畜」としてのブタが弥生時代前期末以降の日本に存在していたことは、弥生文化のとらえ方を大きく変えるものとして話題となった。

安国寺集落遺跡（あんこくじしゅうらく）
＊国東市：国東半島の東、田深川右岸の低湿地、標高8〜10m前後に位置　時代 弥生時代後期　史

1950〜52年にかけて、九州文化綜合研究所と県の共同調査が実施され、馬蹄形の溝に囲まれた集落跡の存在が確認された。集落をとりまく大溝や多数の柱穴跡、建築部材も確認されたほか、泥炭層から多数の木製品が出土し注目を浴びた。弥生時代終末期の東九州を代表する遺跡として、当時は「西の登呂」とも呼ばれた。1985年以降、断続的に調査が行われ、杭や矢板、農耕具としての又鍬（またぐわ）、平鍬（ひらぐわ）、横鍬（よこぐわ）、鋤（すき）、手斧の柄などが多数検出されている。また、土器は壺（つぼ）、甕（かめ）、鉢（はち）、高坏（たかつき）、器台（きだい）などが出土し、「安国寺式土器」（あんこくじしきどき）の型式が設定されて、標識遺跡となっている。

鹿道原遺跡（ろくどうばる）
＊豊後大野市：白鹿山西側の台地上、標高約130mに位置　時代 弥生時代後期終末〜古墳時代初頭

1989年以降、工場誘致に伴い発掘調査が実施され、竪穴住居跡が200基以上検出されるなど、県内でも最大級の集落遺跡として注目を集めた。焼失住居などの検討から住居の廃絶と移転に関して興味深い議論が提起されているほか、土器以外にも鉄鏃（てつぞく）、鉇（てつがね）、鉄鎌（てつがま）、鉄斧（てっぷ）、勾玉（まがたま）、管玉（くだたま）、小型仿製鏡（ぼうせいきょう）なども認められている。ほかにも大野原台地には、高添遺跡（千歳市）、舞田原遺跡（まいたばる）（犬飼町）、二本木遺跡（にほんぎ）（豊後大野市）など弥生時代の集落遺跡が認められ、弥生時代後期から古墳時代初頭にかけて主要な位置を占めていた地域であったことを示唆している。

赤塚古墳（あかつか）
＊宇佐市：駅館川右岸の宇佐台地、標高約30mに位置　時代 古墳時代前期　史

1921年に地元住民により発見され、京都大学の梅原末治（うめはらすえじ）らが調査を実施し、三角縁神獣鏡（さんかくぶちしんじゅうきょう）を含む舶載鏡（はくさいきょう）5面と碧玉製勾玉（へきぎょくせいまがたま）、鉄斧、鉄刀片、土器片などを確認した。全長57.7m、前方部幅21m、高さ2.5m、後円部径36m、高さ4.8mを測る。九州でも最古級の前方後円墳であり、4世紀後半の年代が比定されている。出土した三角縁神獣鏡は、後に小林行雄（こばやしゆきお）による同笵鏡（どうはんきょう）の研究により、椿井大塚山古墳（つばいおおつかやま）（京都府）をはじめとする畿内から北部九州にかけての古墳との関わりを、鏡の分有関係でとらえる試み

においても大きな役割を果たした。

　この古墳の周辺には5基の前方後円墳があり、川部・高森古墳群とも呼ばれ史跡公園として整備されている。免ヶ平古墳（宇佐市）は、現在前方部が削平され、円墳状を呈しているが、もともとは全長約52mの前方後円墳であったと考えられている。竪穴式石室を有し、中国製鏡や碧玉製釧など畿内の影響をうかがわせる。1988年には、保存整備調査で、新たに箱形石棺が発見され、女性と推定される人骨1体が確認された。宇佐地域の首長墓に関わる資料として、興味深い古墳群といえる。

弥勒寺跡（みろくじあと）
*宇佐市：寄藻川右岸の丘陵の麓、標高約20mに位置
[時代] 奈良時代〜江戸時代　　　　　　　　　　　　　　　史

　1954年から断続的に調査が行われ、宇佐神宮の神宮寺である弥勒寺の遺構が明らかとなった。1868年の神仏判然令によって破却、廃絶するまで存在していたもので、寺域は南北750尺（220m）、東西500尺（150m）、薬師寺式の伽藍配置を呈する。記録では738（天平10）年に金堂、講堂の造営を開始し、743（天平15）年には東西2基の三重塔が建立されたとされる。金堂跡の礎石11個、講堂跡の礎石13個などが確認されているほか、築地や溝の存在も認められている。瓦は法隆寺文様の軒平瓦と大宰府（鴻臚館）系の軒平・軒丸瓦が認められている。

豊後国分寺跡（ぶんごこくぶんじあと）
*大分市：大分川左岸の河岸段丘上、標高約30mに位置
[時代] 奈良時代　　　　　　　　　　　　　　　　　　　　史

　1974年より大分市教育委員会により発掘調査が実施され、東西183m、南北300mの寺域が確認されるとともに、伽藍配置の全容が明らかとなった。南から、南門、中門、金堂、講堂が一直線に並ぶ形式であり、塔は回廊内の西寄りに存在したと考えられており、礎石規模が一辺約18mと大きく、それから推定される高さは60m級で七重塔であった可能性も指摘されている。全国の国分寺と比較しても、規模が大きく興味深い。

下藤地区キリシタン墓地（しもふじちくキリシタンぼち）
*臼杵市：大野川支流の野津川左岸、標高約130mに位置　[時代] 中世末〜近世初頭

　もともと村の共有墓地として近世より利用されてきた場所であったが、1957年に青山巖氏によって、殉教者である常珎（ジョウチン）の墓と考えられる十字架を刻んだ石造墓標が発見され、1999年にも石造十字架の一部と考えられる「INRI」銘の認められる墓標が発見されるなど、キリシタン墓地の可能性が指摘されていた。2010年より発掘調査が実施され、墓標や地下の墓坑に伴う多数の石組遺構が検出された。当時の下藤村の洗礼名リアンと

いう地侍がキリシタンとなった村人のために1579（天正7）年頃につくった墓地と評価されており、全国的にもほぼ完全なかたちのキリシタン墓地の検出は初めてである。また、直径4mの円形の広場と想定される石敷遺構や礼拝道と考えられる幅3mほどの石敷遺構、礼拝堂の可能性のある礎石建物の遺構が検出されている。これらの空間構成は、日本に滞在した外国人宣教師らの記述とも類似しており、日本における近世以前のキリシタン墓地の事例としてきわめて貴重な遺跡といえる。現在、県指定史跡として調査が進められている。

コラム ● 考古学用語解説

☞「墓標」

墓塔とは、もともとは釈迦の遺骨を納めたストゥーパ（仏舎利塔）であった。しかし次第に亡くなった人を礼拝・供養する際の標、「墓標」として仏塔を建てるようになる。日本では、奈良時代に僧・行基（668〜749）が亡くなった際に「多宝ノ塔」を建てたという記録が初見とされるが、その具体的な姿は伝えられていない。平安時代以後は、石造墓塔（五輪塔・宝篋印塔・無縫塔など）や木製の卒塔婆が建てられるようになり、もっぱら供養塔としての墓が造立された。中世の墓の多くは、高僧や公家、武士階層が建てており、東日本で隆盛した「板碑」も供養塔として、関東諸地域で活躍した土豪ら武士層が造立した。

しかし近世になり、墓の造立は庶民層へと爆発的な広がりを見せる。その背景にはキリシタン禁教を背景とした宗門改があり、檀家制度があったことは疑いない。必ず寺院の檀家として所属することが義務づけられた結果、葬送から埋葬に至る過程を仏式で進めることが多くなり、戒名を授け、墓標を造立するという現代につながる葬制・墓制のスタイルが確立していく。

こうした墓標造立の風習は、近世には全国的に認められ、その石塔形態は当初多様な地域色があった。しかし、次第に櫛型や方柱型など文字を刻むことのできる碑面が複数面もある形態が好まれるようになる。それは代々続く家意識の強まりによって、戒名を刻む面をたくさんもつ墓標形態が好まれるようになったからと考えられている。こうした社会の変化を適切に墓標は反映しており、歴史時代の考古学的研究の意義はそこにある。

45 宮崎県

西都原古墳群（子持家形埴輪）

地域の特色　宮崎県は、九州の南東部に位置し、北は大分県、西は熊本県、南西は鹿児島県に接し、東は太平洋の日向灘に面している。北部から西部にかけて九州山地、南西部に霧島山地、南部に日南山地があり、五ヶ瀬川、小丸川、一ツ瀬川、大淀川など主な河川は九州山地より太平洋に向かって流れる。各河川の下流に沖積平野が広がり、特に中央部は宮崎平野と呼ばれる。山間地には加久藤・小林・都城などの盆地がある。

遺跡は、旧石器時代より各地に多数存在するが、特に4世紀以降の畿内型古墳群が、河川流域を中心として新田原・茶臼原・西都原・本庄・六野原、生目などにあり、当時の大和王権と日向との密接な関係を示唆している。『古事記』や『日本書紀』には、高千穂はいわゆる「天孫降臨」の地として記され、天岩戸神社（高千穂町）は天照大神の天の岩戸伝説の地であるとされるなど、神話に登場する地名が県内にも多く認められる。また『日本書紀』には景行天皇が日向を根拠地として熊襲征伐を行った逸話が記されるが、その折に、目の出る方に向き、日当りの良い土地という意味で「ひむか」と名づけたと説話に記されている。

『延喜式』によれば、平安時代には牧が置かれていたとされ、下総国・肥前国と並んで牛馬の官営牧が多かった。鎌倉幕府成立後、島津忠久が島津荘の惣地頭となり、日向・大隅・薩摩三カ国の守護を兼任していたが、1203（建仁3）年に比企氏の乱に連座して日向国の守護職を没収された。南北朝時代は大友、細川、畠山、大友、今川、島津氏と変遷する。しかし、豊臣秀吉による九州平定により、日向国は島津氏と、筑前国から入部した秋月氏、豊前国から入部した高橋氏、在地土豪伊東氏とに分割されることになった。関ヶ原の戦後は、高橋・秋月・伊東氏は旧領を安堵されたが、佐土原の島津氏は、一時江戸幕府の蔵入地となり、後に佐土原島津家として再興された。1602（慶長7）年、諸県地方を中心とする島津家領は安堵

318

され、以後、幕末まで続く。廃藩置県により、延岡・高鍋・佐土原・飫肥・鹿児島の6県が置かれた。その後、1873年に宮崎県が発足したが、3年後に鹿児島県に合併。そして1883年、鹿児島県より分離し、県域が確定した。

主な遺跡

後牟田遺跡
＊児湯郡川南町：宮崎平野北部の河成段丘の縁辺部、標高約50〜54mに位置　時代 旧石器時代

住宅団地造成および都市計画道路建設に伴い、1993年より4次にわたる発掘調査が実施され、1999年からも断続的に調査が行われている。第Ⅰ、第Ⅱ、第Ⅱb、第Ⅲ、第Ⅲb、第Ⅳ、第Ⅴの文化層が確認され、県内最古級の旧石器時代遺跡に位置づけられる。主体をなす文化層としては、第Ⅱ文化層の石器群と、第Ⅲ文化層の石器群である。

第Ⅱ文化層では多数の剥片・石核類が出土し、接合資料が確認されていることから、石器製作作業の痕跡として評価されている。全般的に縦長剥片が少なく、定形性は強くないとされる。ナイフ形石器や基部加工石器が主体的であり、削器・斧形石器・台形様石器なども認められる。後期旧石器時代前半期に位置づけられる。

第Ⅲ文化層では、礫群4基と配石2基が確認されている。剥片・石核類や石器の点数は全体的に見て少なく、礫塊石器が顕著とされる。これらは石皿、磨石、敲石的な機能が想定されており、植物質食料の活発な利用の可能性が指摘されている。他方、素材剥片の剥離をはじめとする石器製作作業の痕跡は十分に認められない。石器組成としては、鋸歯縁削器、基部加工石器が主体的であり、台形様石器が見られないことから、やや古相の石器群として評価され、年代測定や自然科学分析の結果から、おおむね3万5,000年前の中期／後期旧石器時代移行期に属すると考えられている。

なお、第Ⅴ文化層より下位の最古層は、8万9,000〜8万4,000年前から4万年前までを下限とする年代が推定されているが、遺物は主に自然礫の可能性が高いとされる。ただし一部に石器の可能性のあるものが含まれており、現在も検討が進められている。南九州における中期〜後期旧石器時代の様相を考えるうえで、貴重な知見を与える遺跡として注目されている。

船野遺跡
＊宮崎市：一ツ瀬川右岸の段丘上、標高約80mに位置　時代 旧石器時代

1970〜72年に別府大学によって調査が行われた。もともと地元の郷土史家によって資料採集がなされたもので、3つの文化層が確認され、いわ

ゆる「アカホヤ」と呼ばれる約7,300年前の鬼界カルデラの噴火に伴う火山灰に相当する、橙色をした砂質層の下部に安定した遺物包含層が認められた。3つの文化層が検出されており、集石遺構や竪穴状遺構なども認められている。下層の第Ⅰ文化層からは、小型ナイフ形石器、スクレイパーが出土し、第Ⅱ文化層において細石刃、細石核が認められるほか、台形様石器、ナイフ形石器、尖頭器などが検出された。第Ⅲ文化層では、台形様石器が認められないほか、黒曜石ではなく流紋岩製石器が主体を占めるといった変化が認められた。細石核は「船野型」として東九州の細石器文化を構成する代表的資料として知られる。

下弓田遺跡
＊串間市：志布志湾に注ぐ福島川河口付近の砂丘、標高約5mに位置　時代　縄文時代後期

　宮崎県串間市南方字狐塚にある縄文時代後期の遺跡。志布志湾に注ぐ福島川の河口付近に広がる砂丘地帯にある。1959年にAとBの2地点で県教育委員会によって調査が行われた。方形の竪穴住居跡と長方形の平地式と呼ばれる住居跡が検出されている。

　層位は6層確認されており、第2層を上層、第3層を中層、第4層以下は下層として区分されている。出土した土器はいわゆる「市来式土器」と呼ばれる、貝殻による条痕文の施された土器が主体をなす。加えて下層の幅の狭い刺突文を主体とし、口縁部が小さく「く」の字状に肥厚する土器（下弓田式）と、中層の口縁部が「く」の字状に幅広に肥厚し、貝殻の腹縁による刺突文が施される土器（市来式）、さらに上層の「く」の字状口縁で肥厚せず、間隔が粗い貝殻の腹縁による刺突文の施された土器（草野式）の3種に分類され、南九州の貝殻文系土器が層位的に細分編年された。

　その他、石器には石斧、石鏃、敲石、磨石、石皿や石錘などが認められ、漁労を中心とした採集を行っていたことが推測される。

　なお、近隣の大平遺跡（串間市）から出土した土器は、これらの貝殻文系土器群と大きく様相が異なっており、奄美・沖縄系の土器との関係も指摘されるなど、南九州における縄文土器文化の交流の一端が示されている。

平畑遺跡
＊宮崎市：清武川と加江田川に挟まれた台地、標高約24mに位置　時代　縄文時代晩期・平安時代～中世

　宮崎大学の建設に伴い、宮崎県教育委員会により1980年より断続的に調査が実施されている宮崎学園都市遺跡群の遺跡。縄文時代後期から晩期を中心とした集落と平安時代の集落跡が検出され、縄文時代の竪穴住居跡が後の調査を含めて67軒検出されており、県内でも有数の集落遺跡であ

る。石刀や岩偶といった遺物も検出されている。

松添貝塚
＊宮崎市：日向灘に面し、南北に走る小砂丘、標高約6〜10ｍに位置　時代　縄文時代晩期

　1962年に別府大学によって調査が行われ、1972年には市教育委員会による調査も実施されている。貝層は東西約12ｍ、南北約18ｍを測り、楕円形を呈する。土器の主体は、貝殻文系土器と黒色研磨土器である。貝殻文系土器では、貝殻文が口縁部と胴部の2段に並列する特徴的な文様構成を示す土器が認められ、「松添式」の標識遺跡として位置づけられている。

　黒色研磨土器には、網の圧痕の認められるものがあり、漁網を示す資料として注目された。石錘が100点以上検出されているほか、貝輪や骨製釣針など漁労に伴う遺物も認められている。また、カキ、アワビ、サザエなどの貝類やタイ、ブリ、マグロなどの魚骨のほかクジラの肋骨も出土している。興味深い遺物として、鹿角製ヘアピンが出土し、沖縄の髪飾りとの関わりも指摘されている。

檍遺跡
＊宮崎市：大淀川左岸の砂丘列、標高約10ｍに位置　時代　弥生時代前期

　1951年、52年に市立檍中学校の校庭より小児用甕棺が発見され、その後日本考古学協会によって1956年以降、継続的な調査が実施された。砂丘上に形成された墓域であり、合せ口甕棺墓と配石土坑墓からなる。配石墓は9基認められ、砂岩の扁平な礫を隅丸方形や不整形な長方形、楕円形の石畳状に配するもので、直下に土坑を構築し、遺体を屈葬で埋葬したものと想定されている。こうした配石墓は、中ノ浜遺跡（山口県）、梶栗浜遺跡（山口県）、鳥ノ浜遺跡（鹿児島県）などの事例が確認されている。なお隣接地には、倒卵形の後円部をもつ墳丘長52.5ｍの前方後円墳（檍1号墳）が立地する。

熊野原遺跡
＊宮崎市：清武川と加江田川に挟まれた台地上、標高約20ｍに位置　時代　弥生時代終末期

　宮崎大学の建設に伴い、宮崎県教育委員会により1980年より断続的に調査が実施されている宮崎学園都市遺跡群の遺跡であり、1981年より調査が行われたA・B・Cの3地区の調査のうち、特にB地区では弥生時代後期後葉の竪穴住居跡が18基検出された。注目を集めたのはその形態であり、円形および方形を基調として内側に複数の突出壁を有するいわゆる「日向型間仕切り住居」が認められたことである。その形状から「花弁形住居」とも呼ばれ、鹿児島県の一部を除いて他地域での事例は認められて

いない。間仕切りがつくられる意義については不明であるが、南九州の独自の文化を示す要素として、今後の検討が期待される。

西都原古墳群
＊西都市：宮崎平野中央部、一ッ瀬川右岸の台地、標高約20〜70mに位置　時代 古墳時代前期〜後期　史

　江戸時代より古墳の存在が地誌にも知られ、1912〜17年にかけて、県知事の主導による調査が行われ、浜田耕作、黒板勝美、柴田常恵ら東京大学、京都大学などのそうそうたる権威をそろえて実施された。台地全体に古墳が広がり、10の支群より構成されている。総数は300基を超え、前方後円墳32基、方墳1基、円墳277基などで構成されている。特に主たる男狭穂塚（墳丘長176m）、女狭穂塚（墳丘長176.3m）の両古墳は陵墓参考地に指定されている。女狭穂塚古墳は九州で最大級の規模をもつ（男狭穂塚は前方部が崩壊している）。ちなみに、1980年5月に女狭穂塚古墳が盗掘されたことから、円筒埴輪などの資料が公開され、注目された。
　大正期の発掘時の出土遺物としては、柄鏡式古墳（13号）から三角縁神獣鏡が検出されたほか、陪塚からは舟形埴輪や大型の子持家形埴輪などが出土している。この子持家形埴輪については、母屋を中心に4棟（前後に入母屋造、左右に切妻造）の付属屋がある特殊な構造をもち、母屋は竪穴住居を表すとされることから、全体の平面形が「日向式間仕切り型住居」と類似しているという指摘もある。戦後、1956年には、111号墳の墳丘直下から、長方形プランの妻入構造の玄室をもつ地下式横穴墓（4号）が発見され、珠文鏡、管玉、勾玉、ガラス玉などのほか、直刀5本、鉄鏃50本、短甲3領（横矧板革綴短甲1・横矧板鋲留短甲2）が出土した。
　また、鬼の窟古墳は土塁と空堀をめぐらせた2段築成の円墳（径26m）で、全国的にも稀有な形状を呈する。横穴式石室を有し、後期古墳に相当する。県内では横穴式石室は千畑古墳（西都市）が著名である。1952年、西都原古墳群は国指定特別史跡となり、さらに1966年には、古墳群の位置する一帯は、国内でも先駆けて史跡公園として風土記の丘に整備された。
　なお、県内には西都原を含めて9つの古墳群が認められており、その数も900基を超える。そのうち最も古い前方後円墳は、同じ一ッ瀬川流域の新田原古墳群の下屋敷1号墳（墳丘長27m）で4世紀前半とされる。また、画文帯神獣鏡など、大和を含めて各地の古墳との関わりを示す同笵鏡の存在も多数確認されており、注目される。

大萩地下式横穴墓群
＊小林市：大淀川支流、岩瀬川左岸の丘陵、標高約200mに位置　時代 古墳時代中期

農地保全整備事業に伴い、地下式横穴墓の発見が相次いだことから、1973年より県教育委員会により発掘が行われ、その後断続的に調査が行われている。古墳時代の横穴墓だけでなく、弥生時代終末期の土坑墓も検出された。地下式横穴墓は、いわゆるシラス層を掘って構築され、玄室の形状は長方形で天井を切妻造妻入とするものや平入のもの、また方形寄棟造片袖式といった形態も認められる。遺物は刀子や鉄鏃、貝輪などで、島内地下式横穴墓群（えびの市）は多数の副葬品で知られる。

　宮崎平野では、基本的に地下式横穴墓の形態が、長方形切妻造妻入とする構造に定型化されているのに対して、方形寄棟造は西県諸地域によく見られる形態とされ、この2つの形態の横穴墓が同時期に併存していた可能性が指摘されている。さらに切妻造片袖式の横穴墓には、鉄鏃、剣、刀子の副葬品の組合せが伴うなどの傾向も指摘されており、地域や集団の特徴が、こうした埋葬形態の様相にも影響を与えているものと考えられる。

寺崎遺跡
＊西都市：一ッ瀬川右岸の中位段丘面、標高約20mに位置
時代　奈良時代

　日向国衙跡については、その位置が特定されていなかったが、1989年以降の県教育委員会による確認調査により、この寺崎遺跡が官衙の中心的箇所であることが特定された。具体的には、東西方向に並ぶ柱穴列や、幅2.5mの東西溝が検出され、国衙の北限に関連する溝と推定された。また1998年の調査では、10世紀末から11世紀初頭の梁間4間の二面庇付東西棟建物跡で、正殿と推定される遺構や掘立柱建物なども認められ、中枢建物の存在も明らかとなっている。おおむね3期に時期区分されている。8世紀後半とされる「主帳」と記された墨書土器や「厨」と記された墨書土器が出土している。今後さらなる発掘調査を通じて、日向国衙の様相が明らかになるものと思われる。

日向国分寺跡
＊西都市：一ッ瀬川右岸の中位段丘面、標高約20mに位置
時代　奈良時代　　　　　　　　　　　　　　　　　　　　　　　　　　史

　1961年に県教育委員会による調査が行われ、布目の丸瓦、平瓦などが検出された。1995年以降、市教育委員会による調査が行われ、中門や回廊跡、金堂と推定される地業跡が検出され、伽藍配置の詳細が明らかになりつつある。日向国分寺の創建年代については明らかになっていないが、『続日本紀』の756（天平勝宝8）年には日向国分寺の存在が確認されることから、741（天平13）年に聖武天皇により、国分寺・国分尼寺建立の詔が発せられて以降、756年までには建築されたものと考えられる。

九州・沖縄地方　323

46 鹿児島県

上野原遺跡（異形石器）

地域の特色　鹿児島県は、九州本島の西南端に位置する薩摩半島、および東南隅の大隅半島を中心として、半島西南海上に連続する種子島、屋久島、薩南諸島、奄美諸島を含む範囲を県域とする。北は熊本県、東は宮崎県と境を接する。熊本県との境は出水山地に位置し、その南には川内川が流れる。日向国に発し、西流して東シナ海に注ぎ、下流に川内平野を形成する。また、薩摩半島南端の開聞岳は薩摩富士とも称され、北麓の開聞神（枚聞神社）は式内社として、薩摩・大隅両国で最も高い神階を与えられていた。東側には霧島火山群、大隅半島中央部に高隈山脈、南端には国見山・甫与志岳などが連なる肝属山地があり、佐多岬に及ぶ。大きな平野は見られない。

県域は、カルデラの噴火による広域火山灰が堆積し、火山活動と人間活動の葛藤の歴史が遺跡として残されている。遺跡の多くは河川流域のシラス台地上や縁辺部に認められるほか、海岸沿いにも見られる。また薩南諸島の先史時代については奄美大島、屋久島などに遺跡が確認されており、独自の文化的要素が認められる。

薩摩国は日向国より分出したもので、薩摩の号は『日本書紀』653（白雉4）年7月条に「薩麻之曲竹島之間」とあるのが初見で、709（和銅2）年6月の勅には「薩摩・多禰両国司」と見える。薩摩は隼人居住の国であり、阿多隼人、薩摩隼人、甑隼人などがある。大隅国は襲国にあたり、大隅直や曾君、加士伎県主、肝衝などの豪族が割拠した。薩摩国では平安時代より薩摩（阿多）平氏一族が領したが、鎌倉時代には島津荘下司（地頭）に島津氏が補任され、中世を通じて領国支配を強化した。大隅国は菱刈、蒲生、吉田、税所、加治木、肝付、禰寝氏などの豪族が割拠するも、島津氏の支配するところとなる。豊臣秀吉の九州平定では、出水郡などの一部を除き島津氏に薩摩国の領有を認めた。関ヶ原の戦では、島津義弘が西軍に参加するも、巧みな外交で領国を保持し、幕末に至る。

1871年、廃藩置県により薩摩国はすべて鹿児島県となり、大隅国もすべて鹿児島県に属したが、同年11月、都城県の新設により同県に編入される。1873年都城県廃止により、旧大隅国が復し、現在の県域が確定した。

主な遺跡

上場遺跡
＊出水市：通称上場高原安山岩台地上の丘陵先端部、標高450mに位置　[時代] 旧石器時代〜縄文時代前期

1965年に発見され、翌年から継続的な調査が行われた。6層の層位が確認され、第1層は縄文時代前期の土器（塞ノ神式）と石鏃、第2層からは、上部で押型文土器と石鏃、下部からは爪形文土器と細石刃、細石刃核、切断剥片、第3層の上部も爪形文土器と細石刃、細石刃核、下部で細石刃、細石刃核、切断剥片が認められ、土器と細石刃の共伴関係が認められた。第4層は、台形石器、切断剥片、ナイフ型石器、掻器、削器、彫器、そして第5層はシラス層と呼ばれる入戸火砕流に相当し、遺物は認められなかった。第6層は上部で、ナイフ型石器、台形石器、切断剥片、掻器、削器、チョッピング彫器、粗製尖頭石器、下部からは切断剥片、チョッパー、チョッピングツール、楕円形石器などが出土した。特に、第4層から直径3.7mと7mの楕円形を呈する竪穴住居跡が国内で初めて2基検出されたことは内外の関心を集めた。

旧石器時代の石器が層位的に把握されるとともに、更新世末期（約2万6,000年前）に、シラス（南九州に広く分布する軽石質の火山灰砂）を噴出させた姶良カルデラの噴火による火砕流の層位前後で生活の断絶がなく、文化的な継続性が認められたことは、災害を乗り越えて住み続ける旧石器時代の人々の生活を理解するうえで、貴重な成果を得た遺跡といえる。

高橋貝塚
＊南さつま市：万之瀬川支流、堀川右岸のシラス台地上、標高11mに位置　[時代] 縄文時代晩期〜弥生時代前期

1949年、多布施小学校の寺師宗俊教頭により発見され、1962年、63年に発掘調査が実施された。貝塚の主体は現在の海岸より2.5km内陸に位置し、東西10m、南北7m、厚さ76〜117cmの堆積を示す。現在は玉手神社境内にあたり、一部に削平が認められる。貝類の主体はナガガキ、オキシジミ、ハマグリなどで、また、イノシシの牙でつくられた釣針やサメ歯でつくられた鏃など、漁労、狩猟に伴う骨角製品も認められており、そうした生業活動を反映した、マダイ、スズキ、エイ、サバ、サメなどの魚類、イノシシ、シカなどの哺乳類といった自然遺物も多数検出されてい

九州・沖縄地方

る。

　遺物包含層は5層あり、第2層に弥生時代前期後半の土器（高橋2式）が認められ、第3～5層には弥生時代前期前半の土器（高橋1式）と縄文時代晩期の土器（夜臼式）が検出された。いわゆる縄文・弥生時代移行期の遺跡として貴重であり、籾痕土器も認められている。石器組成を見ても、縄文時代以来の打製石斧や局部磨製石斧、石鏃、石槍などが認められる一方、大陸系とされる磨製石鏃や磨製石剣、偏平片刃石斧、石庖丁、太形蛤刃石斧などが検出されており、南九州地域への初期稲作文化の伝播の様相を知るうえで貴重である。また鉄製品と推定される遺物も認められているほか、南海産巻貝（ゴホウラ・オオツタノハなど）を加工した貝輪の製作をうかがわせる未製品もあり、他地域との幅広い交流がうかがわれる。

宇宿遺跡　＊奄美市笠利町：笠利半島東岸、海岸砂丘の内縁の台地面、標高13mに位置　時代　縄文時代　史

　1933年に発見され、1955年に日本考古学協会によって、1978年には笠利町教育委員会によって発掘調査が行われた。縄文時代から歴史時代に該当する奄美地方特有の土器（宇宿上層式・宇宿下層式［面縄東洞式・嘉徳Ⅰ式、Ⅱ式・面縄西洞式］）が検出されたほか、特に宇宿下層式に伴い、九州本土の縄文時代後期の土器（市来式・一湊式）が認められたことは特筆される。そうした本土の土器の要素と奄美特有の押引文を施した折衷土器も認められることから、当時の人々の交流を示す事例として興味深い。なお宇宿上層式は弥生時代の土器と共伴している。

　その他の遺物では、上層から須恵器、青磁、滑石製品が出土したほか、磨製石斧・打製石斧・磨石・叩石・石皿・砥石・ノミ形石斧・石棒といった石製品、貝輪、貝製垂飾などの貝製品、骨銛、牙製垂飾、骨製簪といった骨角製品も検出されている。自然遺物ではイノシシなどの哺乳類、タイ、フエフキダイ、スズキ、ブダイ、ハリセンボンなどの魚骨、アマオブネ、オハグロガキ、イソハマグリなどの貝類が確認されている。

　遺構としては、周囲を礫で囲んだ石組の方形住居跡2基と敷石住居跡1基が認められ、前者は宇宿上層式、後者は面縄東洞式の住居と推定されている。また埋葬遺構も認められ、縦157cm、横60cm、深さ37cmの袋状土坑に母子の遺体を合葬したものであった。母親は南西向きに仰臥伸展葬がなされ、子どもは母親の股間付近に、4個の礫で覆われるかたちで埋葬されていた。母親の身長は144cm、年齢20代前半で、子どもは新生児

と推定されている。母親の頸付近にガラス製丸玉2、ガラス製小玉40、骨製管玉4が検出された。南西諸島の先史時代を理解するうえで重要な遺跡であり、国史跡に指定されている。

上野原遺跡（うえのはら）

＊霧島市：錦江湾奥、検校川右岸の台地、標高約260mに位置　時代　縄文時代早期　史

　1986年、内陸工業団地（国分上野原テクノパーク）の建設に伴って発見され、県教育委員会によって継続的な調査が1996年まで実施された。造成地の4つの工区ごとに、遺跡の主たる様相が異なる。

　調査地北西側の1工区からは弥生時代中期末と推定される竪穴住居跡や掘立柱建物跡など、弥生時代の集落跡が検出された。ちなみに、竪穴住居跡の形態では「花弁形住居」と呼ばれる南九州独特のタイプが認められた。そして、3工区からは縄文時代から歴史時代までの遺跡が発見されているが、特に縄文時代早期後半の土器（平栫式）が主体を占め、この時期の土器群としては県内でも質・量ともに豊富である。

　南東側の3工区からは石蒸炉とされる集石炉が200基以上も発見され、加えて対で土坑に埋納された縄文時代早期後葉（約7,500年前）の壺形土器も出土した。ほかにも土製耳飾や石製耳飾、土偶や用途不明の土製品、環状石斧、異形石器など、祭祀的な要素が想定される遺物も多数出土している。特に土製耳飾は、日本列島本土では後期から晩期の代表的な遺物とされてきたが、本遺跡では約4,000年近く早いことになり、注目が集まった。また縄文時代後期の遺構として、深さ2mにも達する狩猟用の落し穴が90基ほど並んで検出されている。この3工区から出土した縄文時代早期後半の一括遺物は、1998年に国重要文化財に指定された。

　北東側の4工区からは下層から、早期前葉の土器（前平式）を伴う竪穴住居跡52軒、石蒸炉と考えられる集石遺構39基、土坑多数、道跡2本など各種の遺構が認められ、いずれも約1万1,500年前の桜島起源の薩摩火山灰層（P14）の上層に構築されていた。竪穴住居跡52軒のうち10軒の竪穴住居内は、約9,500年前の桜島の火山灰（P13）で埋まっており、この降灰とほぼ同時期に10軒の竪穴住居が存在していたことが判明した。1集落における住居数の単位を知るうえで貴重な発見とされる。上層からは、縄文時代晩期の竪穴住居跡や炭化した木の実の貯蔵穴、弥生時代の竪穴住居跡群や畑畦（はたあぜ）、柵列（さくれつ）、円形周溝などが検出されている。

　このように本遺跡では、縄文時代早期前半の多数の遺構が発見されており、上野原台地がきわめて早い時期から生活の一大拠点となっていたこと

を示唆している。加えて、弥生時代から古墳時代の竪穴住居跡や掘立柱建物跡も多数検出されており、縄文時代のみならず、弥生時代から古墳時代に至るまで継続して生活が営まれていたことが明らかになった。遺跡の一部は、1999年に国史跡に指定され、「上野原縄文の森」と呼ばれる県営公園として整備が進められている。

王子遺跡（おうじいせき）
＊鹿屋市：笠野原台地北西縁辺部、標高72mに位置
時代　弥生時代中期末〜後期初頭

1979年に発見され、県バイパス道の建設に伴い1981〜84年に発掘調査が行われた。竪穴住居跡27軒、掘立柱建物跡14軒など集落に伴う遺構が検出された。竪穴住居跡の平面形態には、方形、隅丸方形、円形などが認められる。特に方形や隅丸方形を呈する住居跡の主柱穴は2本が基本となっているほか、南側の壁際に土坑を有し、ベッド状の張出し遺構が認められるものなど特色がある。円形の住居跡にも、ベッド状遺構が全周するものや、障壁の間にベッド状遺構を有するものなどがある。掘立柱建物跡は1×1間のものが多く、4×4間と想定されるものが最大である。うち6棟には棟持柱の柱穴が認められ、権威性の高い建物である可能性も指摘されている。

遺物としては、在地系の土器（山ノ口式）の甕・壺・鉢が中心である。ほかに北部九州（須玖式）や東九州（下城式）、瀬戸内系の土器に影響を受けたものが認められる。石器では磨製石鏃・砥石などが出土し、9号住居跡では磨製石鏃の未製品が多数認められ、工房跡と推測されている。鉄製品や鉄滓、土製勾玉などの土製品も出土している。本遺跡は南九州の弥生時代の集落構造を考えるうえで貴重であり、北部・東部九州や瀬戸内地方との土器の関係を理解するうえで重要といえる。遺跡は保存運動も実施されたが、一部遺構の移設が行われたものの、遺跡主体部は工事により消滅した。

広田遺跡（ひろたいせき）
＊熊毛郡南種子町：広田川河口の右岸、海岸砂丘上の標高約6mに位置　時代　弥生時代後期後半〜古墳時代併行期　史

1955年、台風により砂丘の一部が崩壊し、住民らにより人骨や貝製品が発見されたことをうけ、1957年には盛園尚孝、国分直一が中心となって、翌58年、59年にも金関丈夫や森貞次郎、三島格といった考古学者により調査が行われ、国内でも稀有な墓地遺跡であることが明らかとなった。合葬を含む埋葬遺構90基、157体分と推定される人骨と、副葬された4万点を超す貝製品が検出された。上層の人骨は自然礫や珊瑚塊によって構築さ

れた石組のなかに頭骨や四肢骨などを寄せ集めたり、散骨した状態で発見
されている。最下層人骨は極端な屈葬が行われ、周辺に珊瑚塊を配置した
ものが多い。

　これら下層の埋葬人骨に副葬された膨大な貝製品のなかには、日本最古
の文字とも評価される「山」の字を彫刻した貝符があるほか、竜佩形貝
製垂飾、饕餮文の透かし彫のある貝符・竜佩・貝小珠などが出土した。
また、彫文の施された貝釧や貝輪、ガラス小玉も多数認められている。
遺物の特徴として、古代中国の青銅器に見られる文様との類似が指摘され
ており、大陸からの移住者が埋葬された可能性も推測されている。

　近年も継続して発掘調査が実施されており、墓域がさらに広がる可能性
が指摘されている。2006年に鹿児島県黎明館および国立歴史民俗博物館
が所有する貝製品や土器、ガラス小玉、石器が国重要文化財に指定された
ほか（町所有遺物は2009年追加指定）、2008年には遺跡が国史跡に指定さ
れた。

唐仁古墳群

＊肝属郡東串良町：肝属川河口付近の左岸の微高地、標高約4mに位置　時代　古墳時代　　史

　前方後円墳と円墳合わせて百数十基からなる鹿児島県最大の古墳群であ
り、本州南端の畿内型古墳群である。1990年に大塚古墳と役所塚古墳の
墳丘測量調査が行われたが、本格的な発掘調査は行われていない。

　主体となる大塚古墳は墳丘長140m、後円部径65m、高さ10.5m、前方
部の高さ4mで、周濠を入れた全長は約185mと推測されている。後円部
には大塚神社が存在しており、削平を受けているものと考えられている。
神社拝殿の渡り廊下の直下に竪穴式石室の蓋石5個が露出している。石室
内には縄掛突起が両端に付けられた凝灰岩製の舟形石棺があり、棺外北側
に横矧板鋲留短甲が副葬されていた。竪穴式石室と直交して花崗岩の板
石5枚でつくられた小型の組合せ式の箱式石棺があり、石枕が検出されて
いる。これらの石室・石棺については、1932年に調査が行われた。

　その他の前方後円墳としては、100号墳（役所塚）が全長57m、後円部
径34m、後円部高さ3.8m、前方部高さ2.8mを測り、前方後円墳は計6基
存在する。円墳は最大規模の33号墳が径40m、高さ5.2mを測る。14号
墳（後迫塚）からは水晶切子玉・緑色の管玉・ガラス製小玉などが出土
したと伝えられている。この地域では墳丘墳と同じ墓域に地下式横穴墓が
構築される事例が見られるが、砂丘に立地することもあり、地下式横穴墓
は見られない。年代はおおむね5世紀後半と推定される。1934年に「史蹟

名勝天然記念物」として、当時132基の古墳が国史跡に指定された。

大隅国分寺跡（おおすみこくぶんじあと）
＊国分市：国分平野、舞鶴城跡西方に隣接する微高地、標高約10mに位置　時代　奈良時代　史

　古くより想定される寺域からは古瓦の出土が認められていたが、1981年に確認調査が行われ、雨落溝の一部や掘立柱建物跡4カ所および創建時の瓦が多量に発見された。軒丸瓦には単弁と複弁などの3種類の蓮華文（れんげもん）があり、軒平瓦は3種類の偏向唐草文（へんこうからくさもん）がある。このうち軒平瓦は日向国分寺のものと類似するものである。寺域は古瓦の分布範囲によって推定されるほか、1987年に行われた層塔北西に位置する鍛冶屋馬場遺跡の発掘調査によって、大溝跡の一部や多量の創建時の古瓦が発見され、寺域の西境界が確認された。

　方2町が推定される寺域の中心部にあたると思われる現在の国分市公民館分室の前には1142（康治元）年銘の六重石造層塔が建つ。『弘仁式』主税寮の日向国の正税・公廨（くげ）（役所の用度物）などを記した箇所に「国分寺料三万束」とあり、『弘仁式』が成立した820（弘仁11）年頃までには建立されていたと考えられている。1921年に国史跡に指定されている。

薩摩国分寺跡（さつまこくぶんじあと）
＊川内市：川内川右岸、洪積台地上、標高約13mに位置　時代　奈良時代　史

　1968～70年に県教育委員会によって、1978～83年に市教育委員会によって発掘調査が行われ、寺域内の主要建物の配置などが明らかになってきている。寺域は並行する2列の溝に挟まれた築地塀で囲まれ、南北約120～132m、東西約121mと推定されている。創建時の伽藍配置は川原寺式といわれ、中軸線上に南大門・中門・中金堂・講堂などが並び、塔と西金堂が向かい合う。2次にわたる建物が確認されているが、南大門跡と中門跡は削平されて確認できない。

　寺跡からは多量の瓦が出土しており、軒丸瓦は8種、軒平瓦は9種、鬼瓦は4種認められている。1期の軒丸瓦は複弁蓮華文（ふくべんれんげもん）、軒平瓦は唐草文（からくさもん）を主文様とするもので、鬼瓦は大宰府都府楼系とされる。2期の軒丸瓦は蓮華文が退化し、軒平瓦は鋸歯文（きょしもん）・格子文（こうしもん）を主文様とするもので、これら2期の瓦は、それぞれ創建期と再建期のものであり、その境は10世紀中頃と想定されている。また多量の土師器（はじき）のほかに須恵器（すえき）や奈良三彩、緑釉陶器（りょくゆうとうき）、青磁、白磁、硯（すずり）（転用硯・猿面硯（えんめんけん））なども出土している。土師器のなかには「大寺」、「坊」など墨書土器（ぼくしょどき）も含まれており、金属製品には風鐸（ふうたく）の「舌」など全国的にも出土例の少ないものもある。また土製品には

錫杖の鋳型や鞴口などが認められており、寺域内における工房の存在をうかがわせる。創建年代は不明であるが、『続日本紀』756（天平勝宝8）年に26ヵ国の国分寺に灌頂幡などが頒下された記事があるが、そのなかに薩摩国は含まれていないことから、薩摩国の国分寺の成立はこれ以降のことと考えられている。1944年に塔跡、1976年に主要建物群が国史跡に指定され、現在は史跡公園として復元整備されている。

知覧飛行場跡
＊南九州市：麓川と永里川の間に広がるシラス台地上、標高約150mに位置　**時代** 昭和前期

県道改築工事に伴い、2014年に市教育委員会、2015年に県埋蔵文化財センターが発掘調査を実施した。知覧飛行場跡は、1941年に大刀洗陸軍飛行学校知覧分教所として開所し、教育隊が置かれた。太平洋戦争の戦況悪化に伴い、滑走帯の拡張や掩体壕（航空機の格納庫）、誘導路などの建設が進められた。陸軍実戦部隊が配置されており、1945年4月から6月まではいわゆる「神風特別攻撃隊」の「特攻機」が飛び立った地でもある。発掘調査の結果、遺構としてはコンクリート製溜枡、副滑走路側溝、土側溝、誘導路の溝跡などが検出された。また、遺物には陸軍関係の統制食器、金属製品、ジュラルミン片などが出土した。いわゆる戦争関連遺跡に対する考古学的調査を本格的に行った事例の1つとして貴重である。

コラム ● 考古学用語解説

☞「近世・近現代考古学の危機」

1997年に文化庁が都道府県あてに通達した「通知」がある。「埋蔵文化財の保護と発掘調査の円滑化等について」と題された通知の「1）埋蔵文化財として扱う範囲に関する原則」には、次の内容が記されていた。

1. おおむね中世までに属する遺跡は、原則として対象とすること。
2. 近世に属する遺跡については、地域において必要なものを対象とすることができること。
3. 近現代の遺跡については、地域において特に重要なものを対象とすることができること。

言い換えれば、近世や近現代の遺跡は、地域において必要と判断されなければ、調査対象としなくともよいという意味が含まれており、このことが埋蔵文化財行政における近世や近現代遺跡の調査の歯止めとなっていることは否めない。

47 沖縄県

首里城京内跡（中国青磁）

地域の特色　沖縄県は、沖縄本島を中心として、北緯24〜28度、東経123〜132度内の琉球列島とその領海からなる。琉球列島は鹿児島県の西端、与論島を境として、北東から南西方面に太平洋に向けて弓なりに連なる群島であり、台湾島近くの与那国島まで連なる島々より構成される。島々の地形は、地質構造に影響されており、特に山地をもつ高島と、山地がなく台地主体の低島に大別されている。低島とはサンゴ礁が隆起した島であり、粟国島、伊江島、宮古諸島、竹富島、黒島、波照間島、大東諸島などが典型例である。沖縄島では特に中南部に低島域が認められ、琉球石灰岩の台地が主体であり、こうした地形が洞穴遺跡における化石人骨の残存状況にもよい影響を与えている。また、琉球列島は沖縄諸島と先島諸島に二大別されるが、考古学的にもその文化は異なっている。沖縄の時代区分は本土と異なり、先史〜古代の大半は貝塚時代であり、特に弥生時代〜平安時代は沖縄諸島では「貝塚時代後期」、先島諸島では「無土器期」としてとらえられている。その後13世紀以降、地域共同体を単位に琉球独特の大型城塞が出現した（グスク時代）。14世紀には、沖縄島に中山・南山・北山という3つの王国（三山）が成立するが、王権は不安定で、実権はグスクの城主である按司が掌握していたとされる。三山は明との朝貢冊封体制を積極的に進め、経済的基盤を固めた。

　そして、佐敷出身の尚思紹・巴志父子によって1420年代に武力統一がなされ、中山王を頂点とする統一琉球王国（第一尚氏）が成立した。その後1470（明の元号、文明2）年に尚円王が新たな王統をひらいた（第二尚氏）。3代尚真王は中央集権策をとり、琉球全島にわたって強固な王国の基礎を確立した。しかし1609（慶長14）年、島津氏が進貢貿易の利益を得るべく侵略し、琉球国王に大島諸島を除いた琉球諸島8万9,000石の知行目録を与え、諸島からの貢租を命じた。しかし、対外的には進貢貿易を行うため、こうした関係を秘匿し続けた。

そして1872年、明治新政府は、鹿児島県大山綱良参事をして、琉球国王に上京を命じ、尚泰を琉球藩王となした。また、前年に起こった漂流宮古島島民に対する台湾住民による惨殺事件を契機に台湾へ出兵し、清より琉球の施政権を認めさせた。そして政府は1879年、廃藩置県を藩王に通告、ここにおいて琉球王国は消滅し、沖縄県が誕生した。

主な遺跡

白保竿根田原洞穴遺跡

＊石垣市：白保から盛山にかけて分布する洞穴内、標高30〜40mに位置　**時代** 旧石器時代

2007年より、新石垣空港の建設に伴いNPO法人沖縄鍾乳洞協会が行った調査で、洞穴内から人間の頭、脚、腕などの骨9点が発見され、2010年より県立埋蔵文化財センターにより調査が行われ、1,000点以上の人骨片が出土した。特に全身の骨格が出土した骨は、高齢の成人男性とされ、身長約165cmで全身が地上の岩間に、あおむけの姿勢で極度の屈葬の状態で葬られていた。骨に含まれる「コラーゲン」を抽出して行った14C年代測定法による分析からは、約2万7,000年前の値を得ている。こうした状況から、いわゆる「風葬」が行われていた可能性が指摘されており、ほかの人骨も風葬的な埋葬形態をしていた可能性が指摘されている。

本洞窟からは、少なくとも19体分以上の骨があることもわかり、旧石器時代の人骨の出土事例としては「世界最大級」であるとされる。

港川遺跡

＊島尻郡具志頭村：雄樋川河口、琉球石灰岩丘陵の崖、標高約15〜30mに位置　**時代** 旧石器時代

1967年に大山盛保が、採石場となっていた割れ目（フィッシャー）からイノシシの化石を発見し、翌68年には数点の人骨を確認したことに端を発する。その後1968、70、74年の3次にわたり、東京大学の鈴木尚らによって本格的な発掘調査が行われた。人骨が5ないし9体分発見され、そのうち4体は完全か、ほぼそれに近い全身の骨格がそろっていた。更新世（洪積世）に属する人類で、いわゆる新人（ホモ・サピエンス・サピエンス）にあたり、人骨とともに出土した木炭片を基に、14C年代測定を行い、約1万8,000年前（1万8,250±650年B.P.）の結果が得られ、当時日本最古級の人類化石として注目を浴びた。

いずれも20〜30代の成年で、男性2体、ほかは女性である。平均身長は男性が153cm、女性が144cmで、特に保存状態の良好な1号人骨（壮

年後期の男性)については、詳しい形質人類学的分析が行われた。

 小柄で、小さめの脳容量、広く低い顔などの特徴から、中国華南の柳江人(3万5,000年前)と似ているとする説もあるが、依然として議論がある。また、抜歯の痕跡があり、日本最古級の資料と評価されている。また、頭骨の穿孔や左右上腕骨下部の欠失が認められ、何らかの葬送儀礼によるものと推測されている。ちなみに沖縄本島では、その後山下町第1洞穴遺跡(那覇市)より、3万7,000年前の小児骨が発見され、宮古島のピンザアブ洞穴(宮古島市)では2万6,000年前の成人骨の一部、炭久米島の下地原洞穴(久米島町)では、1万5,000年前の乳児骨が発見されるなど、化石人類の発掘事例が認められており、今後も新たな発見が期待される。

古我地原貝塚
＊うるま市:金武湾奥、琉球石灰岩丘陵上の標高60〜70mに位置　[時代] 新石器時代前期(縄文時代中期末〜後期初頭)

 沖縄自動車道建設に伴い、1983年、84年に沖縄県教育庁文化課によって発掘調査が行われた。崖上からは竪穴住居や炉跡などの集落跡が検出され、崖下では貝塚が確認された。遺物は在地系の土器(伊波式・仲泊式)に加えて、特に奄美系土器(面縄前庭式・面縄東洞式、嘉徳Ⅰ式A、嘉徳Ⅱ式)が多数検出され、特に面縄前庭式土器と仲泊式土器の中間タイプの土器が出土するなど、沖縄貝塚時代前期前半の土器編年を研究するうえで重要かつ貴重な発見となった。また、特徴的な貝製品としては、装飾品と思われる小型のイモガイ類を扁平に加工した小玉が大量に出土している。イノシシやジュゴン、クジラなどの骨で加工された漁具と推測されるヤス状刺突具や骨輪なども出土している。石製品には勾玉状製品やいわゆる「蝶型骨器」の祖形と見られる彫刻石製品が認められている。

中川原貝塚
＊中頭郡読谷村:海岸砂丘上、標高約4mに位置
[時代] 貝塚時代前期(縄文時代中期〜後期、弥生時代)

 1990年から翌年にかけて発掘調査が行われ、後期を主体とする3時期の文化層が確認された。後期前半の層からは、岩陰を意識した位置に箱式石棺墓が1基認められ、伏臥伸展葬で棺内に副葬品はなかった。被葬者は14歳前後と推定されている。また柱穴ピット群も確認されている。

 遺物では在地系の甕形の無文尖底土器とともに、弥生時代前期〜中期の南九州の土器(高橋Ⅱ式・入来式・山ノ口式など)が出土している。

 加えて特筆される遺物では、県内でも事例の少ない鉄斧や青銅製鏃、中国の五銖銭、小型方柱状片刃石斧などが検出された。五銖銭は前漢以

来隋まで鋳造され、通用した銭貨だが、久米島の大原貝塚（具志川村）では10点以上検出されており、その流通経路に関心が集まるとともに、東シナ海における多角的な交流の一端を示す事例として注目される。その他の遺物では、貝斧、貝製鏃などの貝製品、石斧、磨石、棒状石器といった石器類が出土している。特に未加工のゴホウラ、イモガイの集積が認められ、貝輪の原材料としてストックされていたものと推測されている。こうした貝類集積は、貝塚時代後期前半（弥生時代相当期）を主体とする具志原貝塚（伊江村）でもイモガイの集積が認められ、多数の貝製品（腕輪、垂飾、錘など）が検出されており、こうした貝類が九州などとの交易としても重用されていたものと推測されている。

後期後半にあたる層からは、方形の掘立柱建物跡1棟が確認され、無文の甕形土器が多く出土しているほか、破損面を再研磨した貝札が2点出土しており、その性格が注目される。最下層では遺構は認められず、前期（伊波式）、中期（カヤウチバンタ式）の土器片が検出されている。

下田原貝塚
*八重山郡竹富町：波照間島北海岸、琉球石灰岩上の緩傾斜面、標高3～9mに位置　時代 貝塚時代前期（下田原期）

1954年に発見され、54～85年まで数次にわたって発掘調査が行われた。先島諸島における著名な集落遺跡である。確認された層位5層のうち、Ⅱ～Ⅳ層が遺物包含層で、Ⅲ層に貝塚が形成される。住居の形態は不明だが、柱穴遺構が確認され、長軸1.7mのやや大きめの楕円形状炉跡1基や50cm程度の円形状炉5基などが検出されている。遺跡北側には、西から東へ傾斜する全長36m、幅0.8m、深さ5～15cmの溝状遺構も認められた。

遺物は、本貝塚を標識遺跡とする「下田原式土器」が知られる。牛角状、瘤状の把手が付属するものや、まれに爪形文、沈線文、刺突文などが施され、底部は丸く安定した平底である。石垣島の太田原貝塚（石垣市）でも下田原土器が大量に認められ、沖縄本島や九州には見られない特徴的な土器として、南方系の文化的背景なども含めて検討が進められている。

その他の遺物では、イノシシや魚骨を利用した骨製品や牙製品が多数出土している。骨針、骨錘、牙製尖状製品、鑿状製品、サメ歯製品のほか、猪牙、犬牙、椎骨・顎骨製の装身具など、先島では本貝塚だけに出土する。貝製品はⅢ層で最も多く、スイジガイ製・クモガイ製利器、ヤコウガイ蓋製貝刃、シレナシジミ製貝刃や利器、貝匙、タカラガイ製・イモガイ科貝製の装飾品などが出土している。石器には、磨石、凹石、石皿、砥石、敲石、円盤状製品などがある。14C年代測定により、今から約3,800年前

九州・沖縄地方　335

の値が得られており、先島諸島の先史文化を知るうえで貴重な遺跡である。

真志喜安座間原第1遺跡

＊宜野湾市：海浜低地の砂地、標高4〜5mに位置　時代　貝塚時代（縄文時代後期〜弥生時代）

米軍基地返還に伴う真志喜区画整備事業により、1985年から市教育委員会により発掘調査が実施された。県内でも有数の埋葬墓群が検出されるとともに、竪穴住居跡が複数検出された。埋葬施設は、土坑墓18基、石囲墓7基、配石墓3基、石棺墓1基などがあり、腕輪や耳飾などの着飾品が副葬されている事例や頭部をヒレジャコとオオシラナミといった大型貝類で包み込むように埋葬されていた点に注目が集まった。同様の事例は、1977年に調査が行われた木綿原遺跡（読谷村）でも箱式石棺墓や貝の副葬などに認められている。垂飾品のなかで、ジュゴンの下顎骨で製作された「蝶型骨器」は、吹出原遺跡（読谷村）や嘉手納貝塚（嘉手納町）でも同様の形態の骨器が認められており、関心を集めた。

人骨の形質人類学的検討からは、縄文時代人の特徴をもち、年代的には縄文時代晩期から弥生時代中期と推定されている。一部、北部九州弥生人の形質を有する人骨も認められているという。

浦底遺跡

＊宮古島市：宮古島東部、新辺海岸の砂丘上、標高約5mに位置　時代　貝塚時代中期（先島先史時代後期）

1987〜88年に町教育委員会によって調査が行われ、約2,500年前の貝塚と100カ所以上の被熱した礫群が出土した。焼礫はいわゆる焼石料理に使用したものと考えられている。また、シャコガイ製の貝斧が200個近く検出された。貝斧は南太平洋諸島やフィリピンなどにも分布し、蝶つがい部を利用するものと肋平行（貝の成長線と平行の筋）を利用するものがある。フィリピンと先島諸島（南琉球）は蝶つがい利用に限られることから、焼石料理の存在を含めて、その文化的関係性が示唆されている。

浦添ようどれ遺跡

＊浦添市：琉球石灰岩の丘陵上、北側断崖面中腹、標高約115mに位置　時代　グスク時代〜第二尚氏

史跡浦添城跡整備に伴い、1996年から市教育委員会により発掘調査が実施された。浦添ようどれは、1261年に英祖王によってつくられた墳墓で、「ようどれ」とは琉球語で夕凪を意味し、古代には墳墓を指したとされる。

浦添城跡北側崖下の中腹付近に形成されており、岩壁に掘られた東西2つの洞窟を墓室として、それらを石積みで囲む構造をもつ。発掘調査の結果、初期のようどれ造営（第1期）の遺構、また尚巴志時代（第一尚氏）に、

崖に形成された横穴（墓口）を堅牢な石積みで塞ぎ、墓庭の外側に擁壁を築くなどの石積み構造へと大改修した際の遺構（第2期）、さらに尚寧王（1564～1620年）の時代（第二尚氏）には東西墓室のある「一番庭」を中心とした大規模石積み改修の遺構（第3期）が検出された。

『琉球国由来記』に認められる咸淳年間（南宋元号、1265～74年）に造営されたという記述と矛盾しないことが裏づけられるとともに、戦前、墓庭に設置されていた石碑「ようとれのひのもん（極楽山之碑文）」に刻まれていた、1620（清の元号、萬暦48）年の尚寧王の修築に加えて、尚巴志王時代に大改修を行っていたことが明らかとなった。

「一番庭」から見て、向かって右側が西室（英祖王陵）、左側が東室（尚寧王陵）とされ、その周りを石牆、アーチ門の中御門が囲んでいる。その外は「二番庭」が広がり、天然の岩で形成されたトンネル状の「暗しん御門」があったが、これらの大半は沖縄戦で破壊された。

この第2期の大改修の廃材を埋めた「瓦溜り遺構」も検出され、高麗瓦系瓦が743点、大和系瓦が92点出土し、銅釘、鉄釘、漆塗膜片、金銅製飾り金具が出土している。そしてこれらの遺物から、初期「ようどれ」には瓦葺建物が建てられ、漆塗りの柩が安置されていたことが明らかとなった。なお、瓦の胎土分析の結果では、いずれの瓦も沖縄本島の同一工房で焼成されていた可能性が指摘されている。

次に、西室内には中国産の閃緑岩製の石厨子（石棺）が3基認められた。また東室には閃緑岩製1基、微粒子砂岩製1基、石灰岩製1基の計3基の石厨子が認められた。西室にある閃緑岩製石厨子は、漆塗板厨子（木製厨子）を、第2期の改修時に置き換えたものと推測されており、3基の石厨子のうち、一番大きなものが英祖王の石厨子と見なされている。これらの厨子には遺骨が納められているものがあり（両室とも2基ずつ）、洗骨を行う沖縄古来の埋葬習俗のあり方を知るうえでも貴重な資料といえる。また、西室の石厨子3基と東室1基には、その側面に仏像彫刻が施されており、沖縄に残る仏像彫刻としては最古級の資料とされている。

なお、浦添城跡から北西へ1.5kmほどの丘陵には英祖王の父王の墓である「高御墓」が位置し、その近くには、南九州系の土器（市来式）を出土した浦添貝塚（浦添市）がある。

首里城跡
＊那覇市：琉球石灰岩の丘陵上、標高130m前後に位置
時代 第一尚氏時代～明治時代　　　　　　　　　　　　史

1936年、伊東忠太らにより発掘調査が実施され、1960年にも部分的な

発掘調査が行われた。1985年、86年には正殿の復原工事に先立ち、基壇遺構の調査が実施され、以後は国営沖縄記念公園の整備の一環として、断続的に調査が行われている。

首里城は、三山に分立していた琉球を統一した尚巴志（1372〜1439）によって王城として整備がなされ、以後琉球王国の王宮として発展してきた。城は内郭と外郭に大きく分けられ、催事を執り行う御庭（前之御庭）やその西に位置する下之御庭、祭祀空間である京の内、居住空間の御内原などに分かれていた。外郭には歓会・久慶・継世・木曳の四門があった。

御庭には正殿（二重3階建、入母屋造、本瓦葺、桁行11間・梁間7間、正面中央5間庇および3間向拝付き）を中心に、右側に北殿、左側に南殿や番所があり、重要な儀式の場であった。南殿の奥には国王が日常政務を執る書院、世子・王子の応接などに使用された鎖之間などがあった。正殿の発掘調査では、5期の変遷が認められており、最古層の第1期では、本土の「大和系古瓦」の出土が認められる。正殿は何度も焼失と再建を繰返しており、第1期の上部に構築された基壇は火災で焼失した痕跡が認められ、1453年の「志魯・布里の乱」に比定されている。その年代についてはさらなる検討が必要とされているが、建物と基壇が次第に拡張されていったことがわかるとともに、正殿の向きは変わらず、創建当初の西向きを厳格に踏襲してきたことが明らかとなった。

なお、15世紀末から16世紀中期の尚真王・尚清王の代に整備が行われた。1494（明の元号、弘治7）年に城北側に円覚寺が創建されたほか、1501（弘治14）年には、城の西側に王家の陵墓として、現在、世界文化遺産の構成資産の1つ「玉陵」を整備した。さらに1519（明の元号、正徳14）年には、歓会門の西方に、同じく世界文化遺産の構成資産である園比屋武御嶽石門を整備するなど、王城としての骨格が整えられた。

京の内の発掘調査では、15世紀中頃に焼失した倉庫跡が検出され、大量の廃棄された陶磁器が出土した。中国浙江省の龍泉窯周辺で生産された青磁を中心として、明代初めの酒会壺や明代紅釉水注、元代の青花など、中国陶磁が多数認められた。またベトナムやタイの陶器、日本の備前焼などもあり、その交流の広がりをうかがわせる。これらの遺物は首里城京の内出土陶磁器（付金属製品・ガラス玉）として国重要文化財に指定されている。

1879年の琉球処分により、城は接収され陸軍駐屯地となるも、後に城跡は陸軍省から首里市へ払い下げられた。時の首里市会は1923年に老朽化を理由として正殿の解体を決議。しかし鎌倉芳太郎、伊東忠太の奔走に

より解体は止められ、翌年正殿を史跡名勝天然記念物に仮指定し、沖縄神社拝殿とした。1925年に特別保護建造物に指定、1929年には正殿は国宝となる。1923～33年に国費による解体修理が行われ、歓会・瑞泉・白銀・守礼の4門と円覚寺、園比屋武御嶽石門なども国宝指定された。

しかし、沖縄戦では第32軍司令部陣地が城跡の地下に構築されていたため、米軍の砲撃にさらされ、正殿をはじめ木造建造物は焼失し、城壁も破壊された。発掘調査でも、沖縄戦時の多数の爆弾破裂痕が確認されており、戦闘時の破壊の激しさを物語っている。ちなみに、司令部地下壕は現在も一部残存しているが、保存・公開を検討しているものの、計画は進んでいない。戦後に琉球大学の校舎が建設されたため、基礎工事により石垣や建物基礎なども破壊されていた。1992年には国営沖縄記念公園として開園し、1998年には世界文化遺産の構成遺産として登録された。

沖縄陸軍病院南風原壕群（おきなわりくぐんびょういんはえばるごうぐん）

＊島尻郡南風原町：手登根川右岸の丘陵上、標高約50～60mに位置　時代　昭和時代

1994～98年にかけて、6ヵ所の残存している壕に対して、町教育委員会によって測量調査および発掘調査が行われた。発掘調査の結果、アンプルや点滴液、薬瓶、缶入り軟膏といった薬品や顕微鏡、鉗子、注射器など医療に関わる遺物が多数出土した。この施設は、陸軍第32軍直属の病院部隊による戦時病院であり、もともとは中城湾要塞病院を吸収し、那覇市の私立開南中学校、済生病院を収用して開院した。しかし、1944年10月10日の空襲によって施設の大半が被災したため、分院であった兼城の南風原国民学校へ移転し、同時に学校裏手の黄金森に病院壕の構築を開始した。掘られた壕の数は30～40本とされ、第1外科、第2外科の組織壕と本部壕や薬品壕、手術壕など、用途により使い分けられていた。

実際の運用は1945年3月より開始され、傷病兵の看護補助を目的として、沖縄師範学校女子部、県立第一高等女学校の生徒、および引率教諭など約200名で編成された、いわゆる「ひめゆり学徒隊」が動員され、同病院へ配備された。しかし、5月20日戦況の悪化により首里の第32軍司令部が撤退し、5月25日までに各診療科やひめゆり学徒隊、歩行可能な傷病兵も南部へと撤退した。この時、歩行不可能な傷病兵に対しては自決強制や毒物による薬殺が行われたとされる。1990年、南風原町は、全国で初めて「第二次世界大戦に関する遺跡」として町指定文化財とし、保存、活用に向け整備を行っている。

● 基本文献　(著者名五十音順)

【辞典・事典類】

小野正敏他編『歴史考古学大辞典』吉川弘文館、2007年
江戸遺跡研究会編『図説 江戸遺跡研究事典』柏書房、2001年
大川清・鈴木公雄・工楽善通編『日本土器事典』雄山閣出版、1996年
大塚初重他編『日本古代遺跡事典』吉川弘文館、1995年
学生社編集部編『国指定史跡事典』学生社、2012年
角川日本地名大辞典編纂委員会編『角川日本地名大辞典』(全47巻・別巻2巻)角川書店、1979〜91年
国史大辞典編集委員会『国史大辞典』(全15巻)吉川弘文館、1979〜97年
古代交通研究会編『日本古代道路事典』八木書店、2004年
田中　琢、佐原真編集代表『日本考古学事典』三省堂、2002年
文化財保存全国協議会編『新版 遺跡保存の辞典』平凡社、2006年
平凡社編『日本歴史地名大系』(全48巻・索引2巻)平凡社、1979〜2005年

【シリーズ類】

戸沢充則監修、勅使河原彰他(編集委員)『シリーズ 遺跡を学ぶ』(全100冊・別冊4冊)新泉社、2004〜14年
森　浩一企画・監修『日本の遺跡発掘物語』(全10巻)社会思想社、1983〜85年
森　浩一企画『日本の古代遺跡』(全46冊※13冊未完)保育社、1982〜97年
『日本の遺跡』全51巻、同成社、2005〜16年

※各遺跡の発掘報告書については、紙幅の都合で割愛するが、下記の国立文化財機構奈良文化財研究所が管理する「全国遺跡報告総覧」に登録された報告書を活用した。一般に利用しづらい埋蔵文化財の発掘調査報告書を電子化して、インターネット上で検索・閲覧できるようにしたもので、すべてを網羅したものではないが、画期的なコンテンツである。
https://sitereports.nabunken.go.jp/ja

● 引用・参照文献　(著者名五十音順)※入手が容易なものを主とした。

新井房夫編『火山灰考古学』古今書院、1993年
大阪府立弥生文化博物館編『弥生時代研究への熱いまなざし―森本六爾、小林行雄と佐原真』大阪府立弥生文化博物館、2003年
岡田康博『三内丸山遺跡―復元された縄文大集落』日本の遺跡48、同成社、2014年
工藤雄一郎、国立歴史民俗博物館編『さらにわかった！縄文人の植物利用』新泉社、2017年
黒板勝美編輯『國史大系』(新訂増補・新装版、全60巻・別巻2巻)吉川弘文館、1998〜2001年

クロード・レヴィ＝ストロース著、大橋保夫訳『野性の思考』みすず書房、1976年
小林達雄『縄文人の世界』朝日選書、1996年
小林達雄編『考古学ハンドブック』新書館、2007年
小山修三『縄文時代—コンピュータ考古学による復元』中央公論社、1984年
坂本太郎他校注『日本古典文学大系』(67・68巻、日本書紀) 岩波書店、1965〜67年
佐々木忠二郎・飯島　魁「常州陸平介墟報告」東京大学法学部・理学部・文学部編纂『学芸志林』第6巻、第31冊、1880年
佐原　真「5 分布論」近藤義郎・横山浩一他編『岩波講座 日本考古学〈1〉研究の方法』1985
佐原　真「原始・古代の考古資料」朝尾直弘他編『岩波講座 日本通史 別巻3史料論』岩波書店、1995年
篠田謙一『日本人になった祖先たち—DNAから解明するその多元的構造』NHK出版、2007年
鈴木公雄『考古学入門』東京大学出版会、1988年
鈴木公雄『考古学はどんな学問か』東京大学出版会、2005年
鈴木公雄ゼミナール編『近世・近現代考古学入門』慶應義塾大学出版会、2007年
鈴木　尚『骨は語る 徳川将軍・大名家の人びと』東京大学出版会、1985年
勅使河原　彰『日本考古学の歩み』名著出版、1995年
西本豊弘編『弥生時代の新年代』雄山閣、2006年
濱田耕作『通論考古学』岩波文庫、2016年（大鐙閣、1922年初版）
浜松市役所編『浜松市史 資料編4』浜松市役所、1961年
文化庁文化財部記念物課『埋蔵文化財関係統計資料—平成28年度』文化庁、2017年
藤田富士夫『縄文再発見—日本海文化の原像』大巧社、1998年
町田　洋・新井房夫『新編 火山灰アトラス』東京大学出版会、2003年
松井　章「生存保障のために試みられた多様な工夫」小林達雄編著『最新 縄文学の世界』朝日新聞社、1999年
松井　章編『環境考古学マニュアル』同成社、2002年
光谷拓実編著『年輪年代法と文化財』日本の美術 No.421、至文堂、2001年
H. J. エガース著、田中琢・佐原真訳『考古学研究入門』岩波書店、1981年
I. タッターソル著、馬場悠男訳「現生人類への道—私たちはいかにして人間になったか」『人間性の進化—700万年の軌跡をたどる』別冊日経サイエンス151、2005年
V. G. チャイルド著、近藤義郎・木村祀子訳『考古学とは何か』岩波新書、1969年

●遺跡名索引

あ 行

会津大塚山古墳(福島県)	64
相の谷古墳(愛媛県)	274
檍遺跡(宮崎県)	321
青塚古墳(長野県)	147
青谷上寺地遺跡(鳥取県)	231
赤塚古墳(大分県)	315
赤土坂遺跡(岐阜県)	151
赤羽台遺跡(東京都)	100
秋田城跡(秋田県)	53
朝日遺跡(愛知県)	165
朝日貝塚(富山県)	122
足代東原遺跡(徳島県)	261
飛鳥池工房遺跡(奈良県)	221
飛鳥寺跡(奈良県)	217
安土城跡(滋賀県)	180
吾妻古墳(栃木県)	74
穴太遺跡(滋賀県)	179
安満遺跡(大阪府)	193
阿弥大寺古墳群(鳥取県)	232
荒尾南遺跡(岐阜県)	153
荒屋遺跡(新潟県)	117
荒屋敷遺跡(福島県)	63
洗谷貝塚(広島県)	249
安房国分寺跡(千葉県)	97
阿波国分尼寺跡(徳島県)	264
粟津湖底遺跡(滋賀県)	176
安国寺集落遺跡(大分県)	315
伊川津貝塚(愛知県)	164
壱岐嶋分寺跡(長崎県)	305
池上遺跡(埼玉県)	88
池上曽根遺跡(大阪府)	194
池之元遺跡(山梨県)	138
伊興遺跡(東京都)	105
伊皿子貝塚(東京都)	103
胆沢城跡(岩手県)	41
出雲国府跡(島根県)	239
出雲大社境内遺跡(島根県)	240
出雲玉作遺跡群(島根県)	239
板井・寺ヶ谷遺跡(兵庫県)	202
板付遺跡(福岡県)	287
一丈木遺跡(秋田県)	51
一乗谷朝倉氏遺跡(福井県)	135
井戸尻遺跡(長野県)	145
因幡国庁跡(鳥取県)	234
稲荷森古墳(山形県)	58
稲荷山古墳(埼玉県)	89
乾田II遺跡(群馬県)	80
伊場遺跡(静岡県)	159
今池遺跡(新潟県)	120
岩宿遺跡(群馬県)	79
石清尾山古墳群(香川県)	268
岩橋千塚古墳群(和歌山県)	227
岩田遺跡(山口県)	255
岩戸遺跡(大分県)	313
岩戸山古墳(福岡県)	288
岩櫃山遺跡(群馬県)	81
上野原遺跡(鹿児島県)	327
宇木汲田遺跡(佐賀県)	296
宇宿遺跡(鹿児島県)	326
後野遺跡(茨城県)	67
後牟田遺跡(宮崎県)	319
姥塚古墳(山梨県)	141
姥山貝塚(千葉県)	94
馬高遺跡(新潟県)	118
浦添ようどれ遺跡(沖縄県)	336
浦底遺跡(沖縄県)	336
瓜生堂遺跡(大阪府)	195
瓜破遺跡(大阪府)	194
漆下遺跡(秋田県)	53
上場遺跡(鹿児島県)	325
江上弥生遺跡群(富山県)	122
会下山遺跡(兵庫県)	206
恵解山古墳群(徳島県)	263
江曽原遺跡(山梨県)	141
江田船山古墳(熊本県)	310
越前焼古窯跡群(福井県)	134
江釣子古墳群(岩手県)	41
榎田遺跡(長野県)	147
蛭子山古墳(京都府)	186
海老山遺跡(岐阜県)	151
王子遺跡(鹿児島県)	328
皇子山古墳(滋賀県)	178
王塚古墳(福岡県)	289
近江大津宮錦織遺跡(滋賀県)	178
近江国庁跡(滋賀県)	178
大岩山遺跡(滋賀県)	177
大内氏館跡(山口県)	257
大浦浜遺跡(香川県)	267
大枝遺跡(京都府)	182
大下田窯跡(愛媛県)	276
大隅国分寺跡(鹿児島県)	330
大蔵池南製鉄遺跡(岡山県)	246
大平山元遺跡(青森県)	32
太田黒田遺跡(和歌山県)	226
太田茶臼山古墳(大阪府)	198
太田天神山古墳(群馬県)	82
大谷古墳(和歌山県)	228
大塚古墳(静岡県)	158
大戸古窯跡群(福島県)	65
大蔵山遺跡(兵庫県)	203
大萩地下式横穴墓群(宮崎県)	322
大鼻遺跡(三重県)	171
大洞貝塚(岩手県)	39
大森貝塚(東京都)	102
大湯環状列石(秋田県)	52
陸平貝塚(茨城県)	67
御勝山古墳(大阪府)	195
沖縄陸軍病院南風原壕群(沖縄県)	339
沖ノ島祭祀遺跡(福岡県)	289
岡津製塩遺跡(福井県)	134
女方遺跡(茨城県)	68
御土居跡(秋田県)	190
鬼の窟古墳(長崎県)	305
お宮の裏遺跡(長野県)	145
男女倉遺跡(長野県)	144
尾張国分寺跡(愛知県)	167
女堀遺跡(群馬県)	85

か 行

甲斐銚子塚古墳(山梨県)	140
垣ノ島遺跡(北海道)	26
柏谷横穴群(静岡県)	161
加曾利貝塚(千葉県)	93
勝坂遺跡(神奈川県)	112
方保田東原遺跡(熊本県)	309
門田貝塚(岡山県)	242
金ヶ崎遺跡(愛媛県)	272
金蔵山古墳(岡山県)	244
金森遺跡(岩手県)	38
鹿の子遺跡(茨城県)	71
上黒岩岩陰遺跡(愛媛県)	273
上侍塚古墳(栃木県)	75
上高津貝塚(茨城県)	68
上本郷貝塚(千葉県)	94
上屋地遺跡(山形県)	56
神山遺跡(新潟県)	117
上淀廃寺跡(鳥取県)	233
亀ヶ岡遺跡(青森県)	34
亀ヶ崎城跡(山形県)	59
加茂岩倉遺跡(島根県)	237
加茂谷川岩陰遺跡群(徳島県)	260
唐古・鍵遺跡(奈良県)	212
唐子台遺跡群(愛媛県)	274
烏丸崎遺跡(滋賀県)	177
唐橋遺跡(滋賀県)	178
神居荒神谷遺跡(島根県)	237
神原神社古墳(島根県)	238
鎌原埋没村遺跡(群馬県)	85
基肄城跡(佐賀県)	299
鞠智城跡(熊本県)	311
来住廃寺跡(愛媛県)	275
北裏遺跡(岐阜県)	152
北白川遺跡群(京都府)	182
北山古墳(鳥取県)	232
鬼ノ城跡(岡山県)	246
城輪柵跡(山形県)	58
清戸迫横穴(福島県)	64
切込焼西山磁器工房跡(宮城県)	48
金生遺跡(山梨県)	139
金峯山経塚(奈良県)	224
金鈴塚古墳(千葉県)	96
久々原古墳(東京都)	104
九合洞窟遺跡(岐阜県)	151
草戸千軒遺跡(広島県)	253
糞置遺跡(福井県)	132
九谷磁器窯跡(石川県)	129
杏形遺跡(宮城県)	46
恭仁京跡(京都府)	187
九年橋遺跡(岩手県)	40
熊野原遺跡(宮崎県)	321
雲部車塚古墳(兵庫県)	208
胡桃館遺跡(秋田県)	54
礫石原遺跡(長崎県)	303
黒井峯遺跡(群馬県)	83
郡家今城遺跡(大阪府)	193

342

元寇防塁跡(福岡県)	292	下田原貝塚(沖縄県)	335	楯築遺跡(岡山県)	243
牽牛子塚古墳(奈良県)	218	下野国府跡(栃木県)	76	谷口古墳(佐賀県)	298
源田遺跡(徳島県)	262	下稗田遺跡(福岡県)	286	田能遺跡(兵庫県)	204
小池原貝塚(大分県)	314	下藤地区キリシタン墓地(大分県)	316	玉津田中遺跡(兵庫県)	205
国府遺跡(大阪府)	192	下触牛伏遺跡(群馬県)	79	多摩ニュータウン遺跡群(東京都)	101
上野国分寺跡(群馬県)	84	下宅部遺跡(東京都)	100	田村遺跡群(高知県)	279
鴻臚館跡(福岡県)	291	下弓田遺跡(宮崎県)	320	田屋遺跡(和歌山県)	226
郡里廃寺跡(徳島県)	264	釈迦堂遺跡群(山梨県)	138	垂柳遺跡(青森県)	35
古我地原貝塚(沖縄県)	334	酒呑ジュリンナ遺跡(愛知県)	164	段ノ上穴古墳(徳島県)	263
国分台遺跡(香川県)	266	順庵原遺跡(島根県)	238	断夫山古墳(愛知県)	166
五色塚古墳(兵庫県)	207	寿能泥炭層遺跡(埼玉県)	89	千網谷戸遺跡(群馬県)	80
小瀬ヶ沢洞穴遺跡(新潟県)	117	首里城跡(沖縄県)	337	千カモリ遺跡(石川県)	126
古都賀遺跡(高知県)	280	庄遺跡(徳島県)	261	千種遺跡(新潟県)	119
古照遺跡(愛媛県)	275	上行寺東遺跡(神奈川県)	115	地蔵堂遺跡(山口県)	255
小長曽陶器窯跡(愛知県)	168	上ノ国勝山館(福井県)	133	チブサン古墳(熊本県)	309
小蓮古墳(高知県)	281	城ノ山古墳(兵庫県)	208	銚子塚古墳(静岡県)	160
是川遺跡(青森県)	33	じょうべのま遺跡(富山県)	124	(佐賀県)	298
誉田御廟山古墳(大阪府)	196	白滝遺跡群(北海道)	25	長者ヶ原遺跡(新潟県)	119
さ 行		白鳥古墳(青森県)	256	長者久保遺跡(青森県)	32
歳勝土遺跡(神奈川県)	113	白鳥城跡(富山県)	124	銚子山古墳(京都府)	185
斎宮跡(三重県)	174	白蛇山岩陰遺跡遺跡(佐賀県)	294	長州藩錢座跡(山口県)	258
西都原古墳群(宮崎県)	322	白保竿根田原洞穴遺跡(沖縄県)	333	知覧飛行場(鹿児島県)	321
歳の神遺跡群(広島県)	250	城山貝塚(福島県)	261	月見野遺跡群(神奈川県)	111
最花貝塚(青森県)	32	新地貝塚(福島県)	58	佃遺跡(兵庫県)	204
サイベ沢遺跡(北海道)	26	真福寺貝塚(埼玉県)	88	津雲貝塚(岡山県)	242
相模国分寺跡(神奈川県)	114	神甲山遺跡(京都府)	186	作山古墳(岡山県)	244
桜井茶臼山古墳(奈良県)	215	陶邑窯跡群(大阪府)	198	造山古墳(岡山県)	245
桜ヶ丘遺跡(兵庫県)	206	周防国衙跡(山口県)	256	津島遺跡(岡山県)	242
桜台古墳群(徳島県)	123	周防鋳銭司跡(山口県)	257	角塚古墳(岩手県)	40
薩摩国分寺跡(鹿児島県)	330	杉沢台遺跡(秋田県)	51	椿井大塚山古墳(京都府)	184
里田原遺跡(長崎県)	305	杉谷A遺跡(富山県)	123	寺崎遺跡(宮崎県)	323
里浜貝塚(宮城県)	45	須玖岡本遺跡(福岡県)	286	寺野東遺跡(栃木県)	73
猿投山西南麓古窯跡群(愛知県)	167	宿毛貝塚(高知県)	278	寺町廃寺跡(広島県)	252
讃岐国分寺跡(香川県)	270	鈴木遺跡(東京都)	99	寺山遺跡(福島県)	61
狭山池遺跡(大阪府)	200	鱸沼遺跡(宮城県)	46	天花寺廃寺跡(三重県)	173
崎ヶ鼻洞窟遺跡(島根県)	236	珠洲焼古窯跡(石川県)	129	天神原遺跡(福岡県)	63
三十稲場遺跡(新潟県)	118	砂川遺跡(埼玉県)	87	天神前遺跡(千葉県)	95
三殿台遺跡(神奈川県)	113	住友銅吹所跡(大阪府)	200	天神森古墳(山形県)	58
三内丸山遺跡(青森県)	34	仙台城中遺跡(福島県)	61	土井ヶ浜遺跡(山口県)	255
椎木山遺跡(大分県)	284	泉福寺洞窟(長崎県)	302	東京大学構内遺跡(東京都)	108
紫雲出山遺跡(香川県)	267	早水台遺跡(大分県)	313	唐仁古墳群(鹿児島県)	329
汐留遺跡(東京都)	107	曽我山古墳(高知県)	281	塔ノ尾古墳(山口県)	256
四箇遺跡(福岡県)	285	空山古墳群(鳥取県)	233	堂之上遺跡(岐阜県)	152
紫香楽宮跡(滋賀県)	179	**た 行**		尖石遺跡(長野県)	146
寺家遺跡(石川県)	128	帝釈馬渡岩陰遺跡(広島県)	249	土佐国分寺跡(高知県)	282
蜆塚遺跡(静岡県)	158	大仙古墳(大阪府)	196	十三湊遺跡(青森県)	36
静川遺跡(北海道)	27	鷹島神崎遺跡(長崎県)	306	轟貝塚(熊本県)	308
賤機山古墳(静岡県)	161	多賀城(宮城県)	47	鳥羽離宮遺跡(京都府)	189
沈目遺跡(熊本県)	308	高橋貝塚(鹿児島県)	325	富沢遺跡(宮城県)	45
蒔内遺跡(岩手県)	39	高松貝塚(奈良県)	218	富田茶臼山古墳(香川県)	269
四天王寺(大阪府)	199	高安千塚古墳(大阪府)	198	虎塚古墳(茨城県)	69
志登支石墓群(福岡県)	288	多久遺跡群(佐賀県)	294	都立一橋高校内遺跡(東京都)	107
磯長谷古墳群(大阪府)	199	武田氏館跡(山梨県)	141	鳥浜貝塚(福井県)	132
志苔館(北海道)	29	蛸ノ浦貝塚(岩手県)	38	登呂遺跡(静岡県)	158
芝丸山古墳(東京都)	104	大宰府跡	290	**な 行**	
渋野丸山古墳(徳島県)	263	田代太田古墳(佐賀県)	298	内藤町遺跡(東京都)	109
シベチャリチャシ(北海道)	30	貝木遺跡(静岡県)	157	尚江千軒遺跡(滋賀県)	180
清水柳北遺跡(静岡県)	157	立岩遺跡群(福岡県)	287	長岡京遺跡(京都府)	187
下郡遺跡(大分県)	314	立が鼻遺跡(長野県)	144	中川原貝塚(沖縄県)	334

遺跡名索引　343

長坂二子塚古墳(石川県)	127	鳥山遺跡(山形県)	56	三ッ城古墳(広島県)	251
中里貝塚(東京都)	103	肥前国府跡(佐賀県)	299	三ッ塚古墳(大阪府)	197
中西遺跡(奈良県)	213	肥前磁器窯跡(佐賀県)	300	三ッ寺Ⅰ遺跡(群馬県)	83
中の池遺跡(香川県)	267	肥前名護屋城跡群(佐賀県)	300	港川遺跡(沖縄県)	333
長原遺跡(大阪府)	192	美々遺跡群(北海道)	27	南草木貝塚(香川県)	266
長屋王邸宅跡(奈良県)	223	日向国分寺跡(宮崎県)	323	南山古墳(三重県)	173
中山遺跡(長崎県)	303	兵庫津遺跡(兵庫県)	210	美濃国分寺跡(岐阜県)	154
那智山経塚群(和歌山県)	229	瓢箪山古墳(滋賀県)	177	御墓山古墳(三重県)	172
難波宮跡(大阪府)	199	平出遺跡(長野県)	147	見晴台遺跡(愛知県)	166
菜畑遺跡(佐賀県)	295	平城貝塚(愛媛県)	273	三原田遺跡(群馬県)	80
浪岡城跡(青森県)	36	平畑遺跡(宮崎県)	320	三万田東原遺跡(熊本県)	308
奈良井遺跡(大阪府)	197	ピリカ遺跡(北海道)	25	宮畑遺跡(福島県)	290
鳴滝遺跡(和歌山県)	228	昼飯大塚古墳(岐阜県)	153	宮滝遺跡(奈良県)	224
男体山頂遺跡(栃木県)	76	広江・浜遺跡(岡山県)	246	妙見山古墳(愛媛県)	275
南堀貝塚(神奈川県)	112	弘川遺跡(滋賀県)	179	弥勒寺跡(大分県)	316
西川津遺跡(島根県)	236	広瀬遺跡(高知県)	279	妻木晩田遺跡(鳥取県)	231
西方前遺跡(福島県)	62	広田遺跡(鹿児島県)	328	武蔵国府関連遺跡(東京都)	106
西田遺跡(岩手県)	38	琵琶塚古墳(栃木県)	75	武者ヶ谷遺跡(京都府)	182
西ノ前遺跡(山形県)	57	深草遺跡(京都府)	184	村上込の内遺跡(千葉県)	97
西山貝塚(広島県)	250	深堀遺跡(長崎県)	303	村松白根遺跡(茨城県)	71
二上山北麓遺跡群(奈良県)	212	吹浦遺跡(山形県)	57	最寄(モヨロ)貝塚(北海道)	28
日本橋一丁目遺跡(東京都)	108	フゴッペ洞穴(北海道)	28	森将軍塚古墳(長野県)	148
入田遺跡(高知県)	279	フシココタンチャシ(北海道)	29	森添遺跡(三重県)	171
庭田貝塚(岐阜県)	152	藤本観音山古墳(栃木県)	74	森の宮貝塚(大阪府)	193
根古谷台遺跡(栃木県)	73	藤原宮跡(奈良県)	221	森広遺跡(香川県)	268
根来寺坊院跡(和歌山県)	229	二子塚古墳(広島県)	251	森本遺跡(京都府)	183
納所遺跡(三重県)	172	二子山石器製作遺跡(熊本県)	309	諸磯貝塚(神奈川県)	112
野川遺跡(東京都)	99	不動ヶ岩屋洞窟遺跡(高知県)	278	門田遺跡(福岡県)	294
野毛大塚古墳(東京都)	105	不動堂遺跡(富山県)	122	**や　行**	
野々江本江寺遺跡(石川県)	128	船玉古墳(茨城県)	70	弥上古墳(岡山県)	245
野火付遺跡(長野県)	149	舟塚山古墳(茨城県)	69	矢瀬遺跡(群馬県)	81
信長公居館跡(千畳敷遺跡)(岐阜県)	155	船野遺跡(宮崎県)	319	柳之御所跡(岩手県)	42
は　行		文京遺跡(愛媛県)	273	山鹿貝塚(福岡県)	284
梅木平古墳(広島県)	252	豊後国分寺跡(大分県)	316	山口館跡(岩手県)	43
博多遺跡群(福岡県)	292	平安京跡(京都府)	188	山代二子塚古墳(島根県)	238
萩平遺跡(愛知県)	164	平城宮跡(奈良県)	222	山田寺跡(奈良県)	220
萩原墳墓群(徳島県)	263	別宮家野遺跡(兵庫県)	202	大和天神山古墳(奈良県)	214
白山古墳(神奈川県)	114	蛇塚古墳(京都府)	185	山中遺跡(静岡県)	162
白山平泉寺(福井県)	135	伯耆国庁跡(鳥取県)	233	山ノ神遺跡(奈良県)	216
はけうえ遺跡(東京都)	99	方広寺大仏殿跡(京都府)	190	山谷古墳(新潟県)	120
函石浜遺跡(京都府)	184	法隆寺(奈良県)	219	湯築城跡(愛媛県)	276
狭間遺跡(高知県)	280	宝ケ口Ⅰ遺跡(愛媛県)	272	用木山遺跡(岡山県)	243
橋津古墳群(鳥取県)	232	保渡田二子山古墳(群馬県)	82	吉野ヶ里遺跡(佐賀県)	296
箸墓古墳(奈良県)	214	ポロモイチャシ(北海道)	30	吉見百穴(埼玉県)	90
橋原遺跡(長野県)	146	**ま　行**		四ッ池遺跡(大阪府)	194
廿枝遺跡(徳島県)	260	曲り田遺跡(福岡県)	285	吉崎・次場遺跡(石川県)	127
八王子城跡(東京都)	106	纒向遺跡(奈良県)	213	米ヶ森遺跡(秋田県)	51
八丁鎧塚(長野県)	148	真志喜安座間原第1遺跡(沖縄県)	336	丁瓢塚古墳(兵庫県)	207
浜山玉作遺跡(富山県)	123	松木遺跡(埼玉県)	87	**ら　行**	
原城跡(長崎県)	306	松添貝塚(宮崎県)	321	雷神山古墳(宮城県)	46
原日山遺跡(福井県)	133	松ノ木遺跡(高知県)	279	龍角寺古墳群(千葉県)	95
原山支石墓群(長崎県)	304	松原内湖遺跡(滋賀県)	176	鹿道原遺跡(大分県)	315
播磨国分寺跡(兵庫県)	209	真脇遺跡(石川県)	126	**わ　行**	
原ノ辻遺跡(長崎県)	304	箕谷古墳群(兵庫県)	209	若杉山遺跡(徳島県)	262
日笠山貝塚(兵庫県)	203	神子柴遺跡(長野県)	145	和田山・末寺山古墳群(石川県)	127
東金子窯跡群(埼玉県)	91	水城(福岡県)	290	椀貸塚古墳(香川県)	269
東釧路貝塚(北海道)	25	水木田遺跡(山形県)	57		
東名遺跡(佐賀県)	294	水子貝塚(埼玉県)	87		

47都道府県・遺跡百科

	平成30年2月25日　発　　　行
	令和 2 年2月25日　第3刷発行

著作者　　石　神　裕　之

発行者　　池　田　和　博

発行所　　丸善出版株式会社

〒101-0051　東京都千代田区神田神保町二丁目17番
編　集：電　話 (03) 3512-3264／FAX (03) 3512-3272
営　業：電　話 (03) 3512-3256／FAX (03) 3512-3270
https://www.maruzen-publishing.co.jp

© Hiroyuki Ishigami, 2018

組版印刷・富士美術印刷株式会社／製本・株式会社 星共社

ISBN 978-4-621-30224-8　C 0539　　　　　Printed in Japan

JCOPY 〈(一社)出版者著作権管理機構 委託出版物〉
本書の無断複写は著作権法上での例外を除き禁じられています。複写
される場合は、そのつど事前に、(一社)出版者著作権管理機構(電話
03-5244-5088, FAX 03-5244-5089, e-mail : info@jcopy.or.jp)の許諾
を得てください。

【好評関連書】

47都道府県・**伝統食百科**　ISBN 978-4-621-08065-8　定価（本体3,800円＋税）
47都道府県・**地野菜/伝統野菜百科**　ISBN 978-4-621-08204-1　定価（本体3,800円＋税）
47都道府県・**魚食文化百科**　ISBN 978-4-621-08406-9　定価（本体3,800円＋税）
47都道府県・**伝統行事百科**　ISBN 978-4-621-08543-1　定価（本体3,800円＋税）
47都道府県・**こなもの食文化百科**　ISBN 978-4-621-08553-0　定価（本体3,800円＋税）
47都道府県・**伝統調味料百科**　ISBN 978-4-621-08681-0　定価（本体3,800円＋税）
47都道府県・**地鶏百科**　ISBN 978-4-621-08801-2　定価（本体3,800円＋税）
47都道府県・**地名由来百科**　ISBN 978-4-621-08761-9　定価（本体3,800円＋税）
47都道府県・**肉食文化百科**　ISBN 978-4-621-08826-5　定価（本体3,800円＋税）
47都道府県・**汁物百科**　ISBN 978-4-621-08947-7　定価（本体3,800円＋税）
47都道府県・**温泉百科**　ISBN 978-4-621-08996-5　定価（本体3,800円＋税）
47都道府県・**和菓子/郷土菓子百科**　ISBN 978-4-621-08975-0　定価（本体3,800円＋税）

ISBN 978-4-621-30122-7
定価（本体3,800円＋税）

ISBN 978-4-621-30047-3
定価（本体3,800円＋税）

ISBN 978-4-621-30167-8
定価（本体3,800円＋税）

ISBN 978-4-621-30180-7
定価（本体3,800円＋税）

ISBN 978-4-621-30158-6
定価（本体3,800円＋税）

ISBN 978-4-621-30182-1
定価（本体3,800円＋税）